股权激励密码

李善星 武元政 周敬芳 / 主编

清华大学出版社
北京

内 容 简 介

本书以股权激励为主题，详细介绍了股权激励的理论体系，系统整理了股权激励的十二大模式，完整阐述了股权激励的十二大要素，全景呈现了各类型公司实施股权激励的特殊规定和流程，首次提出了中小企业股权激励"四维五核六步"落地法。

商场如战场，瞬息万变，企业破解股权激励密码，领悟股权激励真谛，能够充分发挥股权激励的魅力，激发员工的积极性，促使企业获得稳健、长远的发展。股权激励将助力中小企业运筹帷幄，决胜千里。

本书为读者学习股权激励知识、用好股权激励、提升股权设计能力、保障公司稳健发展提供理论指导、实践经验和案例参考。本书适合中小企业家、有志于创业的人、各公司的合伙人和管理人员、从事股权咨询服务的中介机构以及对股权知识感兴趣的人阅读。

本书封面贴有清华大学出版社防伪标签，无标签者不得销售。

版权所有，侵权必究。举报: 010-62782989，beiqinquan@tup.tsinghua.edu.cn。

图书在版编目(CIP)数据

股权激励密码 / 李善星，武元政，周敬芳主编 . —北京: 清华大学出版社，2022.9
ISBN 978-7-302-61403-6

Ⅰ. ①股… Ⅱ. ①李… ②武… ③周… Ⅲ. ①股权激励－基本知识 Ⅳ. ① F272.923

中国版本图书馆 CIP 数据核字 (2022) 第 136148 号

责任编辑: 施 猛 王 欢
封面设计: 熊仁丹
版式设计: 方加青
责任校对: 马遥遥
责任印制: 刘海龙

出版发行: 清华大学出版社
网　　址: http://www.tup.com.cn，http://www.wqbook.com
地　　址: 北京清华大学学研大厦 A 座　　邮　　编: 100084
社 总 机: 010-83470000　　邮　　购: 010-62786544
投稿与读者服务: 010-62776969，c-service@tup.tsinghua.edu.cn
质 量 反 馈: 010-62772015，zhiliang@tup.tsinghua.edu.cn

印 装 者: 北京同文印刷有限责任公司
经　　销: 全国新华书店
开　　本: 185mm×260mm　　印　　张: 20.75　　字　　数: 442 千字
版　　次: 2022 年 10 月第 1 版　　印　　次: 2022 年 10 月第 1 次印刷
定　　价: 79.00 元

产品编号: 098246-01

编委会

主　编　李善星　武元政　周敬芳

编　委　（排名不分先后）
　　　　　刘永新　贾成文　刘海颖　耿贵珍
　　　　　许永娟　刘宵寅　宫国明　李　娜

我眼中的这本书与作者

2022年4月9日上午,周敬芳老师发来微信,她兴奋地对我说,李善星老师写了一部书,并耐心地为我讲解了书中内容。通过周老师的讲解,我对此书有了初步印象。周老师又对我说,李善星老师想找我为这本书写一篇序。我听后喜忧参半,喜的是李善星老师对我如此信任,忧的是怕自己写不好这篇序。当我研读李善星老师的《股权激励密码》后,更是诚惶诚恐,很担心自己对李善星老师的"股权激励密码"解读不到位。

我和李善星老师曾见过一次面,也通过微信互相联系过。在与李善星老师交流的过程中,我能够感觉到他是一个善良、公道、务实的人,他很懂别人的心思,乐于把方便让给别人。回忆这些感受,我很高兴地接受了为这本书写序的任务。经过几天的研读,尽管理解得不那么透彻,我还是要评价一番。

我应该是这本书的第一个读者,经过思考,写序从此处开始,遂言如下:

> 善星著书底蕴深,
> 学思总结益他人。
> 财富密码手中握,
> 知己知人知耕耘。

就这本书的内容而言,我认为这本书:知当下,洞规律,观长远,赴未来。我坚信这本书对读者是有帮助的,具有引领性与指导性,更有利于实践。

李善星老师在很多基层岗位工作过,他有丰富的实践经验。他思维缜密,眼光超前,站在时代的前沿,像这样的著书立说者,实属难得。

（一）这是一部醍醐灌顶的书，遂言如下：

> 集中精力把文阅，
> 醍醐灌顶感受深。
> 脑心并用知书魂，
> 此书就是凯旋门。

这是一部蕴藏着智慧的书，这部书给人以力量，启迪人的思想。

（二）这是一部量体裁衣的书，遂言如下：

> 量体裁衣匠人心，
> 股权激励管理魂。
> 魂魄就是此书根，
> 寻根必是路中人。

这是一部量体裁衣的书，作者以成功企业家的视角来著书立说。作者思路清晰，限制性股票（权）、虚拟股票（权）、股票期权、股票增值权、业绩股票（权）、延期支付、期股、管理层收购、分红权、虚拟股票期权、账面价值增值权、干股，股权激励的十二种模式清清楚楚。

（三）这是一部因地制宜的书，遂言如下：

> 行成于思圣人训，
> 心血凝聚著书人。
> 股权激励是真谛，
> 引来慧眼辨明珠。

这是一部因地制宜的书，这部书结合企业实际情况对股权激励进行解读，得体、真实、实用、生动。

  定目标：有的放矢、对症下药
  定对象：优胜劣汰、公平公正
  定模式：量体裁衣、举一反三
  定载体：直接持股、间接持股
  定数量：总量控制、个量分配
  定价格：有理有据、巩固效果
  定时间：待机而动、把握节奏

定来源：有股可售、有钱可购
定条件：不立规矩、难成方圆
定调整：量价联动、变与不变
定规则：未雨绸缪、防患未然
定考核：家有家规、有章可循

（四）这是一部清楚明白的书，遂言如下：

> 著书必有著书智，
> 相印同心同一音。
> 江山处处谁主宰，
> 唯有道清著书人。

作者以独特的视角，融会贯通的笔法，将普遍性与特殊性相结合，揭示了股权激励的规律，把复杂的问题简单化。

公众公司的概念和法律体系、上市公司股权激励的通用规定、创业板上市公司的股权激励、科创版上市公司的股权激励、北交所上市公司的股权激励、非上市公众公司的股权激励，作者说得清清楚楚，明明白白。

（五）这是一部循序渐进的书，遂言如下：

> 舞文弄墨作者风，
> 著书文字属高明。
> 为我中华抒壮志，
> 引领企业更豪情。

这本书详细介绍了各类型公众公司的股权激励实施流程，针对广大中小企业，创新性地提出了"四维五核六步"落地法。

（六）这是一部运筹帷幄的书，遂言如下：

> 运筹帷幄展鹏程，
> 足智多言全球通。
> 放眼世界放眼亮，
> 心中处处有明灯。

作者以"提高对股权激励的认识、破解股权激励的密码、运筹帷幄以决胜千里"三句话概括全书要旨。

对于我这个门外汉来说,我在书中看到了"加油站",我需要孜孜不倦地学习……

聂生斌
中国思想餐饮和餐饮思想连锁企业 313 羊庄
2022 年 4 月 17 日

认识股权激励，赢得企业未来
——写给彷徨在股权激励门口的中小企业

据统计，中国中小企业的平均寿命不到3年，中国每年约有100万家中小企业破产倒闭，能够生存3年以上的中小企业只有不到10%；而美国中小企业的平均寿命将近7年，是中国中小企业平均寿命的两倍多。中国中小企业不仅生命周期短，能做大做强的也寥寥无几。导致这一现状的重要原因便是企业主知识匮乏、格局较小，其中企业主对股权激励的认知不够是一个重要方面。

一、股权激励有助于促进企业发展

股权激励有助于促进中小企业发展，广大中小企业想要突破3年生命周期魔咒，股权激励是至关重要的利器。

股权激励对于企业发展至关重要，企业发展到一定阶段最好予以实施，但是不能一步到位，不能操之过急，需要统筹规划，需要与股权顶层设计和企业未来发展结合起来，对于每一次实施股权激励的比例及激励对象都要通盘考虑。在中小企业的发展历程中，至少有以下3个阶段需要股权激励。

（1）在企业发展初期，由于资金紧张，可以通过股权激励的方式留住关键的创业合伙人，一方面可以获得部分融资，另一方面能够减轻支付现金薪酬的压力。

（2）在企业成长期，通过股权激励留住核心人员、引进人才，为企业上市做准备。

（3）在企业上市之后，可以进一步拓宽激励对象覆盖面，通过股权激励带动企业整体业绩的上升和股票市值的增长。

在企业发展过程中，至少在上述几个阶段需要进行股权激励，也可以根据企业的情况，在特定的阶段增加股权激励的频次。每一轮股权激励，都有其特定的目的和价值；每一轮股权激励，激励对象侧重点都有所差异。前后几轮的股权激励不是孤立的，而是成系统的、前后衔接的，所以需要统筹规划、通盘考虑、系统设计，切忌盲目分配，避免企

业陷入捉襟见肘的困境。

二、股权激励的土壤已今非昔比

有很多人可能会质疑，目前市场上也有一些发展比较好的企业并没有实施股权激励，这可能有以下两个原因：一是这些企业成立得比较早，股权激励的土壤尚未成熟；二是这些企业可能采取了虚拟股权激励等方式，这些信息并未公开。然而，这种企业的数量毕竟有限，大多数企业不同程度地实施了股权激励。

2021年是"十四五"开局之年，中国资本市场步入高质量发展期，全面注册制的推进为上市公司股权激励的发展提供了肥沃的土壤，制度层面的持续创新和突破，不仅体现了国家对于资本市场开放的信心和决心，同时也给企业实施股权激励注入了新动力。

资本市场的快速发展为中小企业股权价值的实现提供了场所，因此上市公司也热衷于实施股权激励，利用股权激励带动公司业绩的增长，提振市场信心，进而带动股价上升，实现股东权益的最大化。

随着资本市场的快速发展、注册制的全面推进，中小企业上市的路径日渐通畅，中小企业上市之路不再"难于上青天"，因此中小企业资本运作的意愿日渐浓厚，股权激励的实施范围也日渐扩大。

三、提高对股权激励的认知有助于做大企业价值

某知名财经博主说过一句话："你永远赚不到认知之外的那部分钱。"说到底，人和人之间的差距源于认知的差别。就像《教父》里的那句话："用一秒钟就看透本质的人，和花半辈子也看不清事物本质的人，注定会有不一样的命运。"

以上两句话应用到股权激励上尤为恰当，很多中小企业在发展过程中认识到了股权激励的价值，提前做了股权激励的安排，选择合适的股权激励方式，因此企业的发展更加稳健、长远。然而，还有很多中小企业主由于没有认识到股权激励的价值，故步自封，由家族成员掌控全部股权，虽然也有一些企业发展得不错，但是发展的速度相对比较缓慢，员工的认同度相对较低，创业元老的归属感也比较差，因为他们没有股权，自始至终都是打工者，难以起到主人翁作用。

创业者需要提高对股权激励的认知，应学会利用未来可预期的股权价值做成现在的事情，需要在不同发展阶段采用不同的股权激励方式，需要进行股权顶层设计，善于利用股权助力企业稳健、快速发展。创业者认知水平高，就会比别人提前看到事情的本质，提前看清企业中长期的发展趋势，才会清楚虽然实施股权激励稀释了一部分股权，但是如果将蛋糕做大了，那么大股东获得的价值只会更大。

四、破解股权激励的密码

得益于国家对资本市场的高度重视、资本市场的快速发展以及注册制的全面推进，

股权激励迎来前所未有的发展良机,股权时代已经到来。作为股权时代最大的受益群体,中小企业应立足主营业务、加大创新力度、促进企业稳健增长,同时应加强股权管理、规范经营活动、防范潜在风险。

  本书力求全面阐述股权激励的理论及应用方法,并辅以大量的真实案例,旨在让广大中小企业能够破解股权激励密码,掌握股权激励的真谛,并将股权激励应用到企业的经营管理过程中,指引企业走向更好、更远的未来。

  本书凝聚了众多一线投资银行人员的真才实学和经验积累,汇集了大量的真实案例与经验教训。本书有助于中小企业主读懂股权激励、善用股权激励,希望本书能够对中小企业的成长有所助力,帮助中小企业赢得未来。

2022 年 4 月 18 日于北京

前言

当前，中国企业家正面临截然不同的外部环境，国内外经济形势空前复杂，科技革命深入影响各行各业，影响着企业的生存环境。德鲁克曾经说过："企业家应该视变化为理所应当，不可或缺。他或许不引起变化，但是他能够寻找变化，应对变化，将变化视为机会并充分利用。"在如此复杂的时代背景下，股权激励的价值得以更好地体现。将员工变成股东，员工才能与企业共同成长、共担风险。企业家只有充分运用股权激励的力量，才能更好地应对未知的未来。

一、写作缘起

笔者在为中小企业服务的过程中发现，很多中小企业主都面临一个同样的问题：股权激励知识匮乏。部分中小企业主虽然具备股权激励意识，但是没有完全掌握股权激励的逻辑和精髓，难以游刃有余地运用股权激励，往往做了一些事倍功半的事情。

1. 禅心

当前，中国资本市场步入高质量发展期，注册制的全面推进为上市公司股权激励的发展提供了肥沃的土壤。制度层面的持续创新和突破，不仅体现了国家对于资本市场开放的信心和决心，同时也为企业实施股权激励注入了新动力。但是很多中小企业主缺乏对股权激励的基本认识，在股权激励实施过程中容易产生风险隐患。本书系统解读了股权激励的各个方面，从理论到实践，涵盖各类型企业。能够帮助中小企业主运筹帷幄、用好股权激励，这是笔者的第一个夙愿，也是笔者将十余年为中小企业服务的经验整理成本书的禅心。

2. 初心

国内外实践证明，股权激励对于改善企业治理结构，降低代理成本，提升管理效率，增强企业凝聚力和市场竞争力，具有积极的作用。但是股权激励不是简简单单的股权分配问题，股权激励是一个体系、一套系统，与企业的经营发展、企业治理、战略规划以及企业文化息息相关，对企业的未来发展起到至关重要的作用。但是很多中小企业时常忽视股权激励的重要性，没有将股权激励摆在应有的重要位置上，缺乏对股权激励的重视和合理使用。笔者的第二个夙愿是帮助企业重视股权激励、用好股权激励，助力中小

企业稳健、长远地发展,这是写作本书的初心。

3. 苦心

纵观国内有关股权的图书,有些图书虚张声势、过分夸大,将股权激励放在高于一切的地位上。股权激励的重要性毋庸置疑,但是股权激励只是股权体系的一部分,需要站在顶层设计的高度统筹布局、着眼未来,才能够真正发挥股权激励的作用。本书以"股权激励密码"为主题,完整呈现了股权激励的理论体系,系统整理了股权激励的十二大模式,完整阐述了股权激励的十二大要素,讲述了各类型企业实施股权激励的特殊规定和流程。只有破解股权激励密码,领悟股权激励真谛,才能运筹帷幄,充分发挥股权激励的魅力。希望本书能给读者带来不一样的感觉,这是笔者的第三个夙愿,也是笔者写作本书的苦心。

二、主要内容

本书内容翔实、案例丰富、通俗易懂,力求以全面的分析、专业的解读、独到的见解、真实的案例,全景呈现股权激励所涉及的法律知识、理论体系、激励模式、激励要素及实施流程等。

全书一共有七章,主要内容如下所述。

第一章是"醍醐灌顶:股权激励重识与定位"。本章对股权激励进行重新解读、重新定位,梳理股权激励的价值,让中小企业主重新认识股权激励,摆正股权激励的地位,为以后运用股权激励打好基础。

第二章是"量体裁衣:股权激励十二大模式"。常见的股权激励模式有限制性股票(权)、虚拟股票(权)、股票期权、股票增值权、业绩股票(权)、延迟支付、期股、管理层收购、分红权、虚拟股票期权、账面价值增值权、干股等。但是大多数中小企业主不熟悉上述模式,难以做到对症下药、灵活使用。本章系统整理了十二种股权激励模式的概念、使用条件、限制因素等,并对每种激励模式的优缺点做了分析,同时对十二种模式做了系统的对比和总结。每种股权激励模式都有其特点,并适用于企业发展的不同阶段。中小企业在选择股权激励模式时需要综合考虑自身的各种因素,包括行业特点、发展阶段、管理团队、股权结构、未来规划等,综合考虑评估之后再选择适合自己的激励模式,切忌盲目效仿。只有适合自己的模式才是最好的模式,也只有适合自己的模式才能达到最理想的激励效果。

第三章是"因地制宜:股权激励十二大要素"。在股权激励的设计方案中,需要综合考虑的因素比较多,主要包括定目的、定对象、定模式、定载体、定数量、定价格、定时间、定来源、定条件、定调整、定规则、定考核,也称为股权激励"十二定"。本章系统讲述了股权激励十二大要素的定义、规定、使用方法、设置方法等,并给出对应案例。中小企业在设计股权激励方案时,可以因地制宜,根据不同要素的具体内容、企业特点设计出自己的激励要素,这也是股权激励方案的核心内容。

第四章是"特殊主体：公众公司的股权激励"。公众公司，包括上市公众公司（上市公司）和非上市公众公司（俗称新三板挂牌公司）。由于公众公司信息需要公开披露，所受规范和约束比较多，关于公众公司的股权激励也有专门的法规和要求，公众公司在实施股权激励时需要按照相关的法规和要求进行设计，履行相应的信息披露流程。本章系统讲述了主板上市公司、创业板上市公司、科创板上市公司、北交所上市公司、非上市公众公司等特殊主体的股权激励法规体系、一般要求、核心要素、常用模式以及激励计划的主要内容等，有助于公众公司，尤其是非上市公众公司在实施股权激励时学习和借鉴。

第五章是"循序渐进：股权激励的落地流程"。股权激励的落地是一项复杂的系统性工程，尤其是对于公众公司来说，规范性文件比较多。本章按公司类型对公众公司股权激励落地流程做了详细介绍。对于普通中小企业，股权激励的流程并没有明确的规范和文件要求，但这并不意味着中小企业可以随心所欲，因为股权激励不是一个简简单单的股权分配问题，股权激励事关公司股权结构、股权设计及股东利益，是股权体系设计的一项重要内容，实施股权激励需要从顶层设计的角度出发，避免盲目分配股权，最终导致股权出现问题或者风险。本章根据股权激励的实施流程，创新性地提出了"四个维度、五个核心、六个步骤"，助力中小企业做好股权激励。

第六章是"形似神异：员工持股计划的落地"。上市公司员工持股计划与股权激励受不同法律体系的规范，因此从严格意义上来说，员工持股计划不属于股权激励，但是员工持股计划在一定程度上具有激励的效果，与股权激励有很多相似之处，因此，在平时的运用中，很多中小企业难以准确地区分员工持股计划和股权激励。本章系统讲述员工持股计划的基本概念、法规体系、主要内容、经典案例及各个类型公司的实施流程。

第七章是"运筹帷幄：助中小企业决胜千里"。中国很多中小企业以家族企业的形式存在，由家族成员持股。这种企业缺乏有效的股权激励，抵御风险能力较差，员工忠诚度较低，当企业处于低谷时，大多数员工会各奔东西，企业的平均寿命自然较短。商场如战场，瞬息万变，作为驰骋商海的商业领袖，尤其需要慎思明辨、具有远见卓识，企业家只有充分运用股权激励的力量，才能更好地应对未知的未来，才能百战不殆、决胜千里。

三、核心价值

本书是"股权系列三部曲"的第二部，第一部《股权顶层设计》已出版。笔者力争通过"股权系列三部曲"完整阐述关于股权的方方面面，让初学者认识股权，让中介服务者读懂股权，让中小企业主掌握股权，让看到此书的读者茅塞顿开，对股权不再迷惑，对股权了然于心。

本书主要致力于为中小企业主学习股权激励知识、用好股权激励、提升股权设计能力、保障企业稳健发展提供理论指导、实践经验和案例参考。

本书特别适合以下读者学习使用：

一是立志将来创业的人，未雨绸缪；

二是已经创业的企业家，防患未然；

三是实施股权激励的人，答疑解惑；

四是企业主要管理人员，茅塞顿开；

五是为企业服务的讲师，举一反三；

六是对股权感兴趣的人，学以致用。

四、殷切希望

本书既是笔者对自己从事投资银行业务十余年经验的总结，也是笔者为了更好地服务中小企业而进行的思考。笔者及其团队在十余年投资银行职业生涯以及为中小企业提供服务的历程当中，先后考察了三千余家中小企业，与数百家中小企业进行过深度交流，从中积累了大量的经验。本书汇集了一线投行人员的真才实学，数千家中小企业的经验积累，以及大量真实案例，只为助力中小企业走得更快、更稳、更远。

本书汇集了笔者及其团队大量的实践经验，同时融合了数十个各具特色的真实案例，提出了诸多富有价值的原创观点，力求以朴实、精练的语言，为读者呈现关于股权激励的核心内容。但是限于时间仓促及笔者力薄才疏，本书可能还存在不完善之处，衷心地希望读者能够多提宝贵意见，笔者将在日后的工作和为企业服务过程中对本书予以提升和完善。尽管笔者为撰写本书做了大量的准备和规划，但在本书付梓之际，依然犹如大姑娘出嫁，倍感忐忑；衷心地希望本书能够得到读者的青睐，并能够持续更新与完善，成为股权领域经久不衰的畅销书；更殷切地希望本书能够发挥其应有的价值，为中小企业的成长保驾护航。

2022 年 4 月 18 日于北京

目录

第一章 醍醐灌顶：股权激励重识与定位　1

一、重新认识股权激励　2
（一）什么是股权激励　2
（二）股权激励的理论基础　3
二、股权激励的历史渊源　7
（一）从晋商辉煌看股权激励　7
（二）现代股权激励的发展　8
三、股权激励的价值体现　8
（一）完善公司的治理结构　8
（二）提高公司经营水平与业绩　9
（三）保护公司利益　9
（四）建立企业的利益共同体　10
（五）约束经营者短视行为　10
（六）留住人才，吸引人才　10
（七）提升公司的融资能力　11
（八）实现公司价值最大化　11
四、股权激励的重新定位　11
（一）不能为了激励而激励　11
（二）股权激励需要顶层设计　12
（三）股权激励需要兼顾未来　13
五、股权激励的非凡魅力　13
（一）实施股权激励制度的上市公司数量屡创新高　13
（二）非上市公司实施股权激励热情高涨　14
（三）股权激励的魅力日趋体现　15

第二章 量体裁衣：股权激励十二大模式　16

一、限制性股票（权）　17
（一）相关概念　17
（二）限制条件　17
（三）优缺点　19
二、虚拟股票（权）　23
（一）相关概念　23
（二）主要特点　23
（三）优缺点　23
（四）经典案例　24
三、股票期权　27
（一）相关概念　27
（二）实施前提　28
（三）《上市公司股权激励管理办法》的特别规定　28
（四）优缺点　29
（五）经典案例　29
四、股票增值权　31
（一）相关概念　31
（二）优缺点　32
（三）与股票期权的异同　32
（四）经典案例　33
五、业绩股票（权）　34

（一）相关概念　34
　（二）有关规定　35
　（三）优缺点　35
　（四）经典案例　36

六、延期支付　37
　（一）相关概念　37
　（二）优缺点　37
　（三）延期支付与股票期权的对比　38
　（四）经典案例　39

七、期股　40
　（一）相关概念　40
　（二）优缺点　40
　（三）期股与股票期权的对比　41
　（四）经典案例　42

八、管理层收购　43
　（一）相关概念　44
　（二）优缺点　44
　（三）上市公司的特别规定　44
　（四）经典案例　46

九、分红权　48
　（一）相关概念　48

　（二）岗位分红权与项目收益分红　49
　（三）分红权的延伸　51
　（四）分红权的优缺点　52
　（五）经典案例　52

十、虚拟股票期权　53
　（一）相关概念　53
　（二）股票期权、虚拟股票（权）和虚拟股票期权的比较　54

十一、账面价值增值权　54
　（一）相关概念　54
　（二）优缺点　55

十二、干股　55
　（一）相关概念　55
　（二）干股的类型及定性　56
　（三）干股的延伸　56
　（四）对中小企业实施干股激励的建议　58

十三、十二种模式的综合比较　58
　（一）从权和利的分配角度比较　58
　（二）从股权激励要素的角度比较　59
　（三）小结　59

第三章　因地制宜：股权激励十二大要素　60

一、定目的：有的放矢、对症下药　61
　（一）完善公司治理结构，丰富公司内部管理制度　61
　（二）激励和留住人才，助力员工实现自我价值　63
　（三）降低人力成本，丰富公司融资渠道　64
　（四）促进公司发展，实现公司长远规划　65

二、定对象：优胜劣汰、公平公正　66
　（一）关于激励对象的相关要求　66
　（二）激励对象的确定　68
　（三）案例解析　69

三、定模式：量体裁衣、举一反三　72
　（一）股权激励模式的比较　72
　（二）选择股权激励模式的考虑因素　74

四、定载体：直接持股、间接持股　77
　（一）持股方式　77
　（二）持股平台　78
　（三）持股平台的优势　79
　（四）案例解析　80

五、定数量：总量控制、个量分配　80
　（一）关于总量的相关规定　80
　（二）关于个量的相关要求　81
　（三）激励对象之间的个量分配　82

六、定价格：有理有据、兼顾效果　84
　（一）上市公司的规定　85
　（二）非上市公众公司的规定　86
　（三）其他非上市公司　87

七、定时间：伺机而动、把握节奏　88

（一）有效期　89
（二）授予日或授权日　89
（三）限售期或禁售期　90
（四）等待期或行权限制期　91
（五）可行权日及行权有效期　92
（六）有关时间节点的总结　92
（七）其他公司类型如何确定时间节点　98

八、定来源：有股可授、有钱可购　99
（一）股份（权）来源　99
（二）资金来源　101

九、定条件：不立规矩、难成方圆　102
（一）关于条件设置的相关规定　102

（二）条件未达到的处理措施　103

十、定调整：量价联动、变与不变　107
（一）数量的调整方法　107
（二）行权价格的调整方法　108
（三）相关说明　108

十一、定规则：未雨绸缪、防患未然　109
（一）定规则应遵循的相关规定　109
（二）具体执行　109

十二、定考核：家有家规、有章可循　111
（一）确定考核指标的基本原则　111
（二）考核指标的设定　112
（三）考核的具体实施　113

第四章　特殊主体：公众公司的股权激励　114

一、公众公司的概念与法规体系　115
（一）公众公司的概念　115
（二）公众公司股权激励的法规体系　116

二、上市公司股权激励的通用规定　117
（一）股权激励的一般要求　117
（二）股权激励的要素　118
（三）限制性股票的具体规定　121
（四）股票期权的具体规定　121
（五）股权激励计划的主要内容（定方案）　122
（六）股权激励的监督管理　123
（七）其他说明　124

三、创业板上市公司的股权激励　136
（一）股权激励的对象　136
（二）股权激励的模式　137
（三）股权激励的授予价格　137
（四）股权激励的数量　137
（五）股权激励的限售　138
（六）股权激励计划草案　138

四、科创板上市公司的股权激励　139
（一）股权激励的对象　140
（二）股权激励的模式　140
（三）股权激励的授予价格　140
（四）股权激励的数量　141
（五）股权激励的限售　141
（六）股权激励计划草案　141

五、北交所上市公司的股权激励　145
（一）股权激励的一般要求　145
（二）股权激励的要素　145

六、非上市公众公司的股权激励　148
（一）股权激励法规的出台背景及特点　148
（二）股权激励的一般要求　149
（三）股权激励的要素　150
（四）股权激励计划的主要内容（定方案）　152
（五）其他说明　153

附：本章的主要用语及注释　168

第五章　循序渐进：股权激励的落地流程　170

一、自我评估：论证实施前提和时机　171
（一）评估实施前提　171

（二）论证实施时机　172
（三）开展落地实施　173

二、上市公司：实施程序与信息披露　173
　（一）审议　173
　（二）实施　176
　（三）调整　177
　（四）变更　177
　（五）终止　177
　（六）股权激励的信息披露　178

三、创业板公司股权激励的业务办理　181
　（一）股权激励方案的制定　181
　（二）限制性股票、股票期权的授予、登记　183
　（三）第一类限制性股票解除限售　186
　（四）第二类限制性股票归属　187
　（五）股票期权行权　189
　（六）股权激励方案的变更和调整　192
　（七）股权激励方案的终止　192
　（八）限制性股票、股票期权的注销　194
　（九）其他事项　195

四、科创板公司股权激励的信息披露　196
　（一）适用范围　196
　（二）限制性股票类型　196
　（三）信息披露的主要内容　196
　（四）附件　197

五、北交所公司股权激励的实施流程　198
　（一）审议阶段　198
　（二）实施阶段——限制性股票　200
　（三）实施阶段——股票期权　203
　（四）调整阶段　206
　（五）变更阶段　207
　（六）终止　207

六、非上市公众公司股权激励的实施流程　208
　（一）审议　208
　（二）实施　209
　（三）调整　209
　（四）变更　210
　（五）终止　210
　（六）信息披露　210
　（七）股权激励业务办理指南　211

七、中小企业：四维、五核、六步落地法　215
　（一）股权激励落地实施的四个维度　215
　（二）股权激励落地实施的五个核心　216
　（三）股权激励落地实施的六个步骤　217

第六章　形似神异：员工持股计划的落地　223

一、重新认识员工持股计划　224
　（一）员工持股计划的相关概念　224
　（二）员工持股计划的主要作用　224
　（三）员工持股计划的优缺点　225
　（四）员工持股计划与股权激励的区别　225

二、员工持股计划的法规体系　227
　（一）员工持股计划的规范历程　227
　（二）《指导意见》的起草说明　228
　（三）规范员工持股计划的法律法规　230

三、一般上市公司的员工持股计划　231
　（一）员工持股计划的基本原则　231
　（二）员工持股计划的核心要素　231
　（三）员工持股计划的管理（定模式）　232

　（四）员工持股计划的审议流程　233
　（五）员工持股计划的实施流程　234
　（六）员工持股计划的信息披露　235
　（七）员工持股计划的监督　236

四、北交所上市公司的员工持股计划　245
　（一）员工持股的一般要求　245
　（二）员工持股计划的核心要素　246
　（三）员工持股计划的实施流程　247

五、非上市公众公司员工持股计划　251
　（一）员工持股计划的基本原则　251
　（二）员工持股计划的核心要素　251
　（三）员工持股计划的管理（定模式）　252
　（四）员工持股计划的审议流程　252

（五）员工持股计划的变更、终止 253
（六）员工持股计划的信息披露 253
（七）业务办理指南 254
六、试点创新企业的员工持股计划 263
（一）关于上市前实施的员工持股计划 263
（二）关于上市前制定、上市后实施的期权激励计划 264
七、一般中小企业的员工持股计划 265
（一）员工持股计划的实施背景 265
（二）员工持股计划的基本原则 265
（三）员工持股计划的要素设计 265
（四）员工持股计划的审议程序 266
（五）员工持股计划的变更、终止 268
（六）员工持股计划的存续管理 268
附：全国股转系统热点问答第 30 期（股权激励和员工持股计划专刊） 268

第七章　运筹帷幄：助中小企业决胜千里　271

一、提高对股权激励的认知 272
二、破解股权激励密码 273
三、运筹帷幄以决胜千里 277
（一）企业家的格局决定企业的结局 277
（二）善用激励以决胜千里 278

附录 A　上市公司股权激励管理办法　279

附录 B　关于上市公司实施员工持股计划试点的指导意见　291

附录 C　北京证券交易所上市公司持续监管指引第 3 号——股权激励和员工持股计划　295

附录 D　非上市公众公司监管指引第 6 号——股权激励和员工持股计划的监管要求（试行）　303

致谢　310

第一章

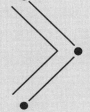

醍醐灌顶：股权激励重识与定位

　　股权激励自首次出现至今经过60多年的发展，目前已风靡全球。全美市值较大的500家上市公司中有超过90%的公司实施了不同类型的股权激励制度，全球市值较大的500家企业中也有超过90%的企业实施了不同类型的股权激励制度。股权激励之所以备受青睐，是因为它具有增强企业凝聚力和市场竞争力的作用。

　　虽然股权激励具有其独特的作用，但只有破解股权激励密码、认识股权激励真谛才能避免问题的发生，才能够充分发挥股权激励的作用。本章将对股权激励进行重新解读，让中小企业主能够重新认识股权激励，为以后运用股权激励打下良好的基础。

一、重新认识股权激励

（一）什么是股权激励

随着国内资本市场的快速发展以及经济全球化进程的不断推进，职场人士对"股权激励"一词已经不再陌生，虽然股权激励在国内起步较晚，但是发展非常迅速。上市公司实施股权激励已经非常普遍，越来越多的非上市公司也开始重视股权激励的作用。股权激励已深入人心，在公司的发展过程中，越来越普及。

按照通俗的概念来理解，股权激励是为了公司的长远发展、激励和留住核心人才而推行的一种以股权为标的、对公司员工进行的长期激励机制。《上市公司股权激励管理办法》对股权激励进行了定义：股权激励是指上市公司以本公司股票为标的，对其董事、高级管理人员及其他员工进行的长期性激励。

股权激励的概念包含以下4个层次的内容。

1. 以股权为标的

顾名思义，股权激励必须以股权（对于股份公司来说指的是股票）为标的，而与股权毫无关联的激励政策，不能视为股权激励。激励对象获得股权往往带有一定的附加条件，例如完成一定的业绩、满足一定的工作年限要求等。即便是一些虚拟的股权激励方式，也以股权为标的，只是激励对象往往不直接持有真实的股权，而是拥有基于虚拟股权的分红权。

2. 长期性激励

与员工的奖金、绩效工资等激励方式不同，股权激励是一个长期性的激励政策。员工的奖金和绩效工资一般与当期经营成果和员工表现直接挂钩，是短期性的激励政策；而股权激励是长期性的激励政策，激励对象持有股权后往往会有一定的锁定期，即使锁定期已过，员工基于对公司的看好和未来的分红，一般也会长期持有股权。公司实施股权激励，往往是公司创始人、管理层对公司未来长期看好的一种表现。

3. 激励对象为员工

股权激励必然有激励对象，股权激励的对象为公司的员工，可以是全体员工，也可以是部分员工。股权激励的对象，包括但不限于公司的董事、高级管理人员和核心人员，一般员工也可以成为激励对象。对非公司内部员工给予股权，不属于股权激励。

4. 具有一定的目的性

关于股权激励的目的，每个公司都会有不同的出发点，但是归纳起来无非两个：一是为了公司更好地发展；二是为了激励和留住人才。通过股权激励，使激励对象能够以股东的身份、以主人翁的精神，参与公司的决策，分享公司的利润，共担经营风险，从而使员工能够勤勉尽责，进而保障公司的长远发展。

在国际上，股权激励已经被上市公司普遍采用。股权激励可以把股东的长远利益、公司的长期发展结合在一起，从而促使公司经营者在谋求公司与股东利益最大化的同时获得自身利益的最大化。股权激励是一种长期的激励机制，可以在一定程度上防止公司经营者的短期经营行为，防范"内部人控制"等侵害股东利益的行为。

（二）股权激励的理论基础

股权激励的理论基础有三个：委托代理理论、人力资本理论和利益相关者理论。

1. 委托代理理论①

现代化公司的主要特征是所有权与经营权分离。公司出资人以其投资，依法对自己财产所享有的占有、使用、收益和处分的权利，属于所有权。在现代公司中，公司经营者往往不是财产所有者，所有权和经营权是分开的，公司经营者依据股东授权及相关法律法规，对公司财产拥有经营权。公司所有者及经营者作为两个不同的利益主体，存在各自不同的利益出发点，从而产生了委托代理问题。

1976年，经济学家契尔·詹森（Michael Jensen）和威廉·麦克林（William H. Meckling）在他们的论文《企业理论：管理行为、代理成本和其所有者结构》中首次提出了委托代理理论。该理论认为，现代企业是以经营权和所有权的彼此分离为特征的，所有者委托经理人从事经营与管理决策，所有者为委托人，经理人为代理人，两者之间形成一种委托代理关系。委托代理关系的典型案例如图1-1所示。

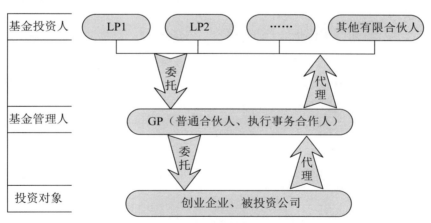

图1-1 委托代理关系的典型案例

委托代理关系会带来"内部人控制"问题，即作为代理人的企业高层经营人员在受托组织经营的过程中拥有信息优势，其行为不能直接被委托人观察，在实际企业经营活动中会损害委托人的利益。委托人利益与代理人利益不一致、市场的不确定性，这些都容易导致代理人产生道德风险，比如偷懒主义和机会主义，代理人获得较多的报酬却付出较少的劳动，或为了其自身利益的增长而忽略委托人的利益。

---

① 杨晓刚. 股权激励一本通 [M]. 北京：人民邮电出版社，2017.

在委托代理关系中，所有者是委托人，而经营者是代理人。从自身利益或效用最大化的角度出发，代理人不可能处处为其委托人的最佳利益着想。为了减少代理人与委托人的利益分歧，委托人通常可采用如下两种措施。

（1）监督。由委托方监督代理人的经济活动，以保障委托方的经济利益。监督当然是有代价的，这种代价，我们称之为监督成本。

（2）激励。激励是指通过经济手段或其他相关手段对经营者最大化所有者利益的行为进行相应的补偿，以减少代理人与委托人之间的利益分歧。这些手段包括代理人（企业经理与员工）参与企业的利润分成，企业依业绩对经理人员或其他员工进行奖励，经理人员或其他员工持有股票或股票期权从而分享公司股票增值的好处，等等。

由于委托代理关系在社会中普遍存在，委托代理理论被用于解决各种问题。如国有企业中，国家与国企经理、国企经理与雇员、国企所有者与注册会计师、公司股东与经理、选民与官员、医生与病人、债权人与债务人都是委托代理关系。

鉴于此，委托代理理论逐渐成为股权激励的重要理论基础之一。薪酬，尤其是股权薪酬，是解决代理问题的主要手段。设计科学而合理的股权激励方案，能够有效地激励管理层努力实现股东价值最大化。

2. 人力资本理论[①]

人力资本理论源于经济学研究。20世纪60年代，美国经济学家舒尔茨和贝克尔在美国经济年会上发表了演讲《人力资本投资》，对经济发展动力做出全面解释，创立了人力资本理论。

该理论认为，物质资本指物质产品的资本，包括厂房、机器、设备、原材料、土地、货币和其他有价证券等；而人力资本则是体现在人身上的资本，即对生产者进行教育、职业培训等支出及其在接受教育时的机会成本等的总和，表现为蕴含于人身上的各种生产知识、劳动与管理技能以及健康素质的存量总和。

1）人力资本管理的任务

根据企业发展战略的要求，有计划地对人力资源进行优化配置，激发员工的积极性和创造性，提高生产率和经济效益，推动企业发展，是人力资本管理的主要任务，其具体任务包括如下几个。

（1）人力资源的计划与配置。通过计划、组织、吸引、招聘、选择、配置等方式，保证供给足够数量和质量的劳动力和专业人才，满足企业发展的需要。

（2）促进人力资源潜力的发展。通过教育与培训等方式，不断提高员工的劳动技能和专业技术水平，增加企业人力资本积累，提高企业经济效益和社会效益。

（3）规划员工职业发展生涯。企业与员工双方利益最大化，是实现企业目标的根本保证。为此，要通过对员工的选拔、任用、考核和奖惩，积极协助和引导员工制订切合实际的职业发展计划，并尽可能地实施，促进全体员工尽快成长。

---

① 人力资本理论 [EB/OL]. (2021-01-22)[2022-06-05]. https://baike.so.com/doc/5418497-5656661.html.

（4）业绩评估和激励。依据工作分析成果，制定明确的工作说明书和严格的工作规范，作为业绩评估依据，并根据评估结果，运用合理的报酬、福利、晋升及其他激励形式，激发员工的积极性和创造性。知识经济时代，人力资本的激励方式主要是人力资本的产权尤其是收益权的实现。

（5）协调劳动关系。运用各种手段，对管理者与被管理者、员工与雇主、员工与员工之间的关系进行协调，避免产生矛盾和纠纷。按照国家法律规定，维护员工合法权益不受侵犯，保证劳动法的实施。

2）人力资本管理的意义

在人类所拥有的一切资源中，人力资源是第一宝贵的，自然成为现代管理的核心。不断提高人力资源开发与管理的水平，不仅是发展经济、提高市场竞争力的需要，也是一个现代人充分开发自身潜能、适应社会、改造社会的重要措施，更是一个单位、一个地区、一个民族、一个国家长期兴旺发达的重要保证。人力资源管理具有如下意义。

（1）通过人力资源管理，实现人力资源的精干和高效，充分利用其价值，充分发挥人的有效技能。

（2）通过采取一定措施，充分调动广大员工的积极性和创造性，促使员工发挥主观能动性。调查发现，按时计酬的员工每天只需发挥自己20%～30%的能力，就足以保住个人的饭碗；但若充分调动其积极性、创造性，其潜力可发挥出80%～90%。

（3）培养全面发展的人。人类社会的发展，无论是经济、政治、军事还是文化的发展，最终都要落实到人——一切为了人本身的发展。教育和培训在人力资源开发和管理中的地位越来越高，马克思指出，教育不仅是提高社会生产水平的一种方法，而且是造就全面发展的人的唯一方法。

人力资本管理模型如图1-2所示。

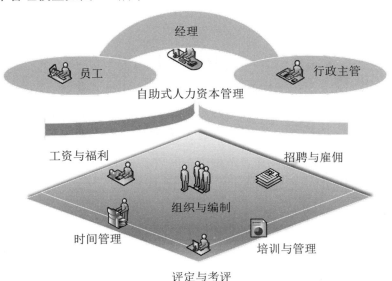

图1-2　人力资本管理模型

随着时代的发展，人力资本在公司的发展过程中发挥越来越重要的作用。人力资本最大的特点是属于个人，而且流通比较频繁、容易，因此只有采取有效的激励方式才能调动人的积极性、提升人力资本的投资收益率。股权激励是重要的人力资本投资和管理方式之一。

3. 利益相关者理论[①]

利益相关者理论是20世纪60年代在西方国家逐步发展起来的，20世纪80年代以后其影响迅速扩大，开始影响美、英等国的公司治理模式，促进了企业管理方式的转变。利益相关者理论认为，随着时代的发展，物质资本所有者在公司中的地位呈逐渐弱化的趋势。

1984年，弗里曼出版了《战略管理：利益相关者管理的分析方法》一书，明确提出了利益相关者管理理论。利益相关者管理理论是指企业的经营管理者为综合平衡各个利益相关者的利益要求而进行的管理活动。与传统的股东至上主义相比较，该理论认为，任何一个公司的发展都离不开各利益相关者的投入或参与，企业追求的是利益相关者的整体利益，而不仅仅是某些主体的利益。利益相关者包括企业的股东、债权人、雇员、消费者、供应商等交易伙伴，也包括政府部门、本地居民、本地社区、媒体、环保组织等压力集团，甚至包括自然环境、人类后代等受到企业经营活动直接或间接影响的客体。利益相关者模型如图1-3所示。

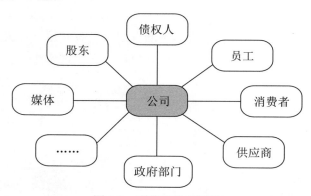

图1-3 利益相关者模型

这些利益相关者与企业的生存和发展密切相关，他们有的分担了企业的经营风险，有的为企业的经营活动付出了代价，有的对企业进行监督和制约，企业的经营决策必须考虑他们的利益或接受他们的约束。从这个意义讲，企业的生存和发展依赖于企业对各利益相关者利益要求的回应质量，而不仅仅取决于股东。

根据上述理论，企业的发展离不开利益相关者的相互作用。职业经理和员工都是重要的利益相关者，对他们的绩效评价和股权激励会影响企业的长期经营和发展。

---

① 利益相关者理论[EB/OL]. (2021-01-22)[2022-06-05]. https://baike.so.com/doc/5418497-5656661.html.

二、股权激励的历史渊源

（一）从晋商辉煌看股权激励

晋商，通常意义上指明清500年间的山西商人。晋商经营盐业、票号等商业，尤其以票号最为出名。晋商开创了股权激励的先河，推出了身股制度。

1. 身股制度

晋商为了激励员工的积极性，率先实施股权激励制度——身股。身股，又称顶身股，是晋商在股份制中一个独特的创造。晋商给不出资的优秀员工一定的身股，让其参与经营、管理和分红。

身股是与银股相对应的称呼，企业开办资金由股东出资，称为财股或银股。经理人和高级员工凭其在企业的贡献，不用出资，享受企业的分红，称身股或人力股。

一般大掌柜（即总经理）身股一股，谓之"全份"，不能再高了。二掌柜、三掌柜身股八厘、七厘（一厘等于0.1股）不等，其他高级员工的身股从半厘到七厘、八厘不等。银股可享永久利益，父死子继，永不间断。而身股则仅可及身，一旦享有人死亡，其利益立即停止。身股较高者，还可酌情给予故身股。一般各伙友入号在三个账期以上，工作勤奋，未有过失，即可由大掌柜向股东推荐，经各股东认可，即可享有相应的身股。

2. 身股与分红股的区别

（1）身股没有比例限制。现代公司的分红股是指公司提取一定比例（一般不超过50%）的利润分配给激励对象。晋商的身股没有比例限制，他们规定具体每一个人享有的身股数额，每次分红时，将可分配利润除以身股和银股的总数，再乘以具体人的持股数额，就是应得分红。比如银股总数为M，身股数为N、N_1、N_2、N_3…可分配利润为Q，具体到持有N股的人应得的分红就是$Q \div (M+N+N_1+N_2+N_3+\cdots) \times N$。从理论上来说，身股总数可以无限扩大。

（2）身股的激励是持续的。晋商授予员工的身股数额不是恒定的，而是随着资历、贡献的变化而变化的。能力强、贡献大的员工的身股增长快，能力差、贡献小的员工的身股增长慢或不增长，严重失职的员工的身股可能还会减少。以大德通票号为例，看过《乔家大院》这部电视剧的读者可能还记得有高钰这么一个人物，这个人物是真实存在的。1889年，高钰、赵调元、郝荃、王振铎的身股分别是三厘、二厘、二厘、五厘，但是到了1908年分红时，高钰和郝荃的身股已经为一股，而赵调元的身股只有四厘半，王振铎的身股原来最高，后来只增加到七厘。晋商身股这种变化的好处就在于对激励对象的激励是持续的。晋商的伙计在没有身股的时候盼着有身股，有了身股盼着涨身股。

3. 股权激励助推了晋商的辉煌

身股制度具体开始实施的时间无法考证，道光四年（1824年）日升昌开张时，晋商的身股制度已经相当成熟了，一直到1949年最后一家晋商企业大德通公私合营，身股制度实行了两三百年。在这两三百年的历史中，身股制度一直有效地激励着员工。

当年晋商身股非常普遍,几乎所有企业的高级员工都有身股。晋商身股与分红股一样,不需要支付任何对价,员工凭着本身对企业的贡献即可享有分红的权利。

晋商何以成为中国商帮翘楚,称雄商界 500 余年?一方面源于晋商"诚信"和"团结"的商帮政策,另一方面则源于晋商开创的股权激励机制——身股。

晋商的身股制度承认了员工的人力资本价值,并且准确地给予了价格(股数),而且如果银股的投资人——东家,直接兼任总经理,他也要有一股的身股,可见晋商对人力资本的高度认同。现在很多中小企业老板都不在企业领工资,显然两者的理念是完全不同的。

(二)现代股权激励的发展

股权激励最早由美国旧金山的律师路易斯·凯尔索(Louis Kelso)在 19 世纪 60 年代提出,并在 1952 年由美国的辉瑞公司最早使用。股权激励作为一种长期激励机制在 20 世纪 90 年代得到长足发展。在西方主要市场经济国家中,美国企业实行股权激励的情况最为普遍。美国是多种股权型报酬的产生地,其股权激励的做法也最具有典型性。

中国的股权激励起步于 20 世纪 90 年代。2006 年,中国证监会《上市公司股权激励管理办法(试行)》和国资委、财政部《国有控股上市公司实施股权激励试行办法》及相关税收、会计配套政策先后颁布施行。之前,国资委还颁布了《企业国有产权向管理层转让暂行规定》等一系列有关国资转让的部门规章;之后,中国股权激励实践才开始走向法治化、规范化、可复制、可持续的发展轨道。

目前,中国多层次资本市场体系基本完善,上交所、深交所、北交所及全国中小企业股份转让系统(以下简称全国股转系统)都逐步完善了关于股权激励的法律体系。随着我国公司治理结构的不断完善、资本市场的日趋成熟和股权激励相关法律法规的不断健全,我国股权激励未来的发展空间将会更广阔,股权激励市场将会日渐成熟。在资本市场日趋完善、上市公司股权激励日渐流行的带动下,中小企业实行股权激励的热情也日渐高涨,未来必将带动一大批中小企业走向更光明的未来。

三、股权激励的价值体现

国内外实践证明,股权激励对于改善公司治理结构、降低代理成本、提升管理效率、增强公司凝聚力和市场竞争力,起到了非常积极的作用。结合企业管理及公司治理的实践,总结上市公司股权激励的现状和效果,从大的方面来说,股权激励的价值主要体现在以下几个方面。

(一)完善公司的治理结构

在所有权和经营权分离的情况下,现代企业管理的核心是处理"委托—代理"关系,这就是公司治理的核心问题。其中最重要的问题就是委托人(股东)如何激励和约束代理人（公司经营者）的行为，以谋求公司与股东利益最大化，这也就是如何建立合理的激励约束机制的问题。实施股权激励，其实质就是在企业的所有者和经营者之间建立利益共享、责任共担的利益分配机制，通过利益关系来完善公司的激励约束机制。

"股份公司的董事管理的不是他们自己的钱而是别人的钱，因此，我们不能期望他们会像私人合伙企业中的合伙人那样尽心尽力。在股份公司的业务管理中，漫不经心和浪费总是无所不在。"

——亚当·斯密《国富论》，1776 年

（二）提高公司经营水平与业绩

实施股权激励有利于完善企业的激励约束机制，激发经营者的积极性和创造性，从而有利于提升企业的经营水平和业绩。

从理论上讲，实施股权激励后，企业的管理人员和技术人员成为公司股东，具有分享企业利润和成长收益的权利。经营者会因为自己工作的好坏而获得奖励或惩罚，这种预期的收益或损失具有一种导向作用，它会大大提高管理人员、技术人员的积极性、主动性和创造性。员工成为公司股东后，能够分享公司经营带来的溢价收益，有利于刺激其潜力的发挥。这就会促使经营者大胆进行技术创新和管理创新，采用各种新技术降低成本，从而提高企业的经营业绩和核心竞争能力。

从实际来看，股权激励经过了较长时期的实践检验，积累了一定的经验数据。20世纪90年代，美国相关统计数据表明，在性质相同的企业之间，实施了认股证计划的公司，与没有实施认股证计划的公司相比，前者带来的股东投资回报率比后者平均高出 2 个百分点。国内上市公司实施股权激励的比例也屡创新高，从实际数据来看，股权激励的实施对于上市公司的业绩具有一定的提升作用。

（三）保护公司利益

股权激励在一定程度上能够保护公司利益、维护股东权益。根据《上市公司股权激励管理办法》，上市公司具有下列情形之一的，不得实行股权激励："（一）最近一个会计年度财务会计报告被注册会计师出具否定意见或者无法表示意见的审计报告；（二）最近一个会计年度财务报告内部控制被注册会计师出具否定意见或无法表示意见的审计报告；（三）上市后最近 36 个月内出现过未按法律法规、公司章程、公开承诺进行利润分配的情形；（四）法律法规规定不得实行股权激励的；（五）中国证监会认定的其他情形。"

上述规定意味着，存在一些负面问题或者经营较差、财务存在问题的上市公司是无法实施股权激励的。这在一定程度上有利于规避大股东损害上市公司利益的行为，可避免对上市公司声誉和公司形象造成重大负面影响，进行影响后续计划的实施。

此外，公司以股权形式给予企业经营者一定的管理权，使他们能够以股东的身份参与企业决策、分享利润、承担风险。正是由于股权激励计划将经营者的利益与公司的利益捆绑在一起，使经营者保护自身利益与保护公司利益的目标得到高度统一，从而促使其勤勉尽责地为公司的长期发展服务，进而能够起到保护公司利益的作用。

（四）建立企业的利益共同体

一般来说，企业的所有者与员工之间的利益不是完全一致的。所有者注重企业的长远发展和投资收益，而企业的管理人员和技术人员受雇于所有者，他们更关心的是在职期间的工作业绩和个人收益。两者价值取向的不同必然导致双方在企业运营管理中行为方式的不同，且往往会发生员工为个人利益而损害企业整体利益的行为。实施股权激励的结果是企业的管理者和关键技术人员成为企业的股东，其个人利益与公司利益趋于一致，因此有效弱化了两者之间的矛盾，从而形成企业利益的共同体。

马克思指出："人类社会各经济时代人们为之奋斗的一切，都与其经济利益有关。"成就员工即成就公司，成就了员工的利益，最终能够成就公司的利益，通过股权激励，员工和公司成为利益共同体，奋斗目标才会保持一致。

（五）约束经营者短视行为

传统的激励方式，如绩效、年终奖等，对经理人的考核主要集中在短期财务数据，而短期财务数据无法反映公司的长期投资收益，因而采用这些激励方式，无疑会影响重视长期投资收益的经理人的利益，客观上刺激了经营决策者的短期行为，不利于企业长期稳定地发展。

引入股权激励后，考核公司业绩不但关注当年度的财务数据，而且会更关注公司未来的业绩和持续价值创造能力。此外，作为一种长期激励机制，股权激励不仅能使经营者在任期内得到适当的奖励，而且在卸任后还能延期实现部分奖励，这就要求经营者不仅关心如何在任期内提高业绩，还必须关注企业的长远发展，以保证获得自己的延期收入，由此可以进一步弱化经营者的短期行为，有利于提高企业在未来创造价值的能力和长远竞争的能力。

（六）留住人才，吸引人才

在非上市公司实施股权激励计划，有利于企业稳定和吸引优秀的管理人才和技术人才。实施股权激励机制，一方面，可以让员工分享企业成长所带来的收益，增强员工的归属感和认同感，激发员工的积极性和创造性；另一方面，当员工离开企业或做出不利于企业的行为时，将会失去这部分收益，这就提高了员工离开公司或"犯错误"的成本。因此，实施股权激励计划有利于企业留住人才、稳定人才。

目前，高端人才越来越重视股权激励，股权激励制度逐步成为企业吸引优秀人才的有力武器，尤其对于一些未来有上市前景的企业，股权激励对于吸引人才尤为重要。由于股权激励机制不仅针对公司现有员工，而且公司为将来吸引新员工预留了同样的激励条件，这种承诺能给新员工带来很强的利益预期,具有相当强的吸引力,有助于企业聚集大批优秀人才。

(七)提升公司的融资能力

股权激励能够提升公司的融资能力,关于这一点,可以从内部融资和外部融资两个方面来理解。

1. 内部融资角度

股权激励往往也是企业内部融资的一种手段,通过让管理层及核心员工入股,既将公司利益与员工利益绑定在一起,也能够为企业带来一定的融资资金,但一些无偿的股权激励或虚拟股权等方式除外。

2. 外部融资角度

外部投资机构投资一个企业,首先看重的是人,此处的人不仅包括创始人也包括管理团队,团队的稳定性是投资机构关注的一个重点,往往一个企业的没落与一些核心人员的变动息息相关。

在企业实施股权激励之后,核心管理团队和核心人员的稳定性会大幅提高,因此更容易得到外部投资机构的青睐,能够获得更多的投资机会,融资变动会更加容易、更加顺畅。

(八)实现公司价值最大化

财务管理的核心目标是实现公司价值最大化,公司价值最大化即公司市场价值最大化,所谓公司价值是指公司全部资产的市场价值,主要表现为公司未来的收益以及按与收益相应的风险报酬率作为贴现率计算的现值,即未来现金净流量的现值。对于上市公司而言,公司价值的直观体现便是市值,即股本总额乘股票价格。

公司价值与股权设计、股权激励密切相关,公司价值最大化理论成为公司所有者和管理者共同追求的目标,这就要求公司管理层在确保公司持续性创造价值、承担企业社会责任的基础上,为全体股东创造更多财富。在外部投资者入股时,他们希望以较低的价格购买公司股权,再以较高的价格出售公司股权,以此获取高额的投资回报。对于企业创始人来说,外部投资者入股的价格越高对自己越有利,因此公司价值与引进投资、股权激励等息息相关。

股权激励事关公司股权结构、股权设计及股东利益,实施股权设计及股权激励时首先要思考的问题便是公司估值问题,通过股权激励可以使公司所有者和管理者的目标达成一致,进而为实现公司价值最大化奠定基础。

四、股权激励的重新定位

(一)不能为了激励而激励

股权激励在普通中小企业中日渐流行,股权激励的价值逐步被认可,但是大多数企业只是知道股权激励是个好制度,大家都在用,所以我也得用,导致股权激励流于形式,变成为了激励而激励,最终并没有起到很好的效果。

中小企业创始人或大股东在做股权激励之前,需要进行自我调研和评估,评估企业所处的发展阶段、目前面临的主要问题,必要时可以聘请专业的咨询服务机构进行指导,进而设计出符合自身特点和发展需要的股权激励方案,切忌盲目跟风,为了激励而激励,以免导致激励效果不佳。

股权激励不是万能的,只有利用好股权激励才能发挥事半功倍的效果,如果利用不好往往难以达到预期的效果,最终退股时还会导致股权变动频繁,影响公司股权和管理层的稳定性,因此公司在实施股权激励时要避免盲目跟风,需要谋定而后动,才能发挥股权激励的最佳效果。

(二)股权激励需要顶层设计

1. 股权设计是一套顶层设计体系

股权设计,是指公司的股权架构整体设计、股权架构动态调整以及各股东之间相互制衡与约束的整体安排。股权设计属于公司组织的顶层设计,事关公司的稳定、发展与未来,直接影响公司的融资与上市等,因此应将股权设计上升到公司顶层设计的高度,公司创始人需要高度重视。

传统的企业战略和商业模式解决做什么、怎么做等企业自身的问题,即企业内部问题;而股权设计解决的是谁投资、谁来做、谁收益的问题,属于公司顶层设计的范畴,具体来说,主要解决的是公司股东之间利益分配、约束制衡的问题,超越了企业内部问题的范畴。

股权设计,不仅仅要解决股东之间股权比例的问题。股权比例只是股权设计的表象,是综合众多因素之后股权比例关系的外在体现。股权设计需要综合考虑的因素很多,既包括公司内部因素,也涉及公司外部因素。股权设计是一个体系,需要采用系统性思维进行整体设计。

股权设计的体系如图1-4所示。

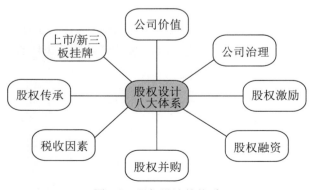

图1-4 股权设计的体系

2. 股权激励是股权设计的重要体系之一

股权激励事关公司股权结构、股权设计及股东利益,是股权设计的重要体系之一。实施股权激励需要从股权设计、股权布局的顶层设计高度出发,切忌盲目分配股权,以免导致股权出现问题或者风险。

股权关系随着公司的出现而出现,随着公司的消亡而消失,股权关系伴随着公司生命周期的每一个阶段。只要存在股权关系,就需要进行合理的股权设计,以保证公司的稳定和发展。随着很多股权争端的出现,中小企业越来越意识到股权设计的重要性。

现代企业发展越来越离不开外部投资人、职业经理人以及核心人员,职业经理人和核心人员也越来越不满足于赚取单一的工资,股权激励成为大家越来越关注的管理机制。有效实施股权激励,能将创始人、合伙人、职业经理人以及员工的利益紧紧地绑定在一起,大家同心协力,能够保障公司的稳定与快速发展。

(三)股权激励需要兼顾未来

股权激励是一种长期激励措施,需要兼顾未来,综合考虑未来股权的变动趋势、税收筹划、上市等因素。

将股权激励与企业的未来发展、上市结合在一起,能够更有效地发挥股权激励的作用,更有利于激发员工的积极性。

将股权激励与未来股权变动可能涉及的税收等因素结合起来统筹规划,能够有效地减少税收成本。

将股权激励与未来股权变动以及上市等因素综合起来进行规划,做好顶层设计,能够有效地防范股权风险,保障创始人的控制权,避免未来出现控制权之争。

因此,股权激励不仅是一种激励手段,还是一套统筹公司顶层设计与内部管理、兼顾公司经营管理与长远发展的体系,需要综合考虑、全盘打算、兼顾当前、着眼未来,才能事半功倍。

五、股权激励的非凡魅力

美国是公司实施股权激励最为普遍的国家,股权激励制度也较为成熟。目前,全美市值较大的500家上市公司中有超过90%的公司实施了不同类型的股权激励制度。全球市值较大的500家公司中也有超过90%的公司实施了不同类型的股权激励制度。股权激励的魅力可见一斑。

(一)实施股权激励制度的上市公司数量屡创新高

股权激励制度自20世纪60年代起源于美国之后,迅速风靡全球,在促进公司发展、完善公司治理、激励与留住人才、家族企业代际交接等方面发挥了重要的作用。国内上市公司实施股权激励的案例非常多,披露股权激励计划的上市公司数量也屡创新高。

2021年是"十四五"开局之年,中国资本市场步入高质量发展期,注册制的推进为上市公司股权激励发展提供了肥沃的土壤。制度层面的持续创新和突破,不仅体现了国家对于资本市场开放与国际接轨的信心和决心,同时也给企业实施股权激励注入了新动力。

纵观国内A股资本市场,实施股权激励的上市公司数量屡创新高。根据Wind数据,以预案公告日来统计,2021年A股共有818家公司发布了834份股权激励计划,股权激励数量较2020年同期增加83.30%。其中,12家北交所公司发布了12份股权激励计划。

最近3年实施股权激励的上市公司数量统计图如图1-5所示。

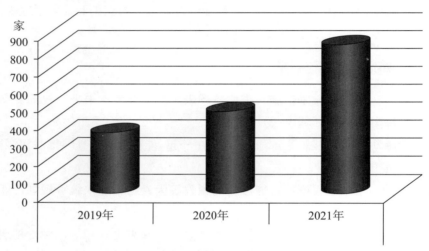

图1-5 实施股权激励的上市公司数量统计图

(二)非上市公司实施股权激励热情高涨

近些年,中小企业老板越来越认识到股权激励的重要性和现实作用,为了实现特定的目的,开始逐步推行相应的股权激励计划。

10年前我们和中小企业老板谈股权激励的时候,他们还非常排斥,总觉得这样做会稀释他们的股权,他们把股权看得很重。那一时期的大多数中小企业都是家族式公司,家族成员持股比例大多接近100%。近几年,中小企业明显不再排斥股权激励,而且开始热衷于实施股权激励。因为大家都意识到,蛋糕做大了,虽然持股份额减少了,但分享的收益反而会更高。

以《乔家大院》中乔致庸当年投资的大德通票号为例,1888年大德通票号有银股20股、身股9.7股,到1908年银股还是20股,身股达到23.95股,身股总数超过银股。当然,也不用担心身股总数太多会损害银股的利益,身股数是随着公司规模和业务量增加而增加的。1888年20股银股共分红约为17 000两白银,1908年20股银股分红达到340 000两白银,虽然银股占总股数比例从69.34%降到45.50%,但是分红却增加了20倍。

中小企业对股权激励日渐重视，我觉得主要得益于以下几个原因。

（1）国内多层次资本市场体系基本健全，全面注册制逐步推进，中小企业上市之路较以往顺畅，很多中小企业迎来难得的上市机遇。上市必然会带来股权稀释，中小企业创始人也需要以一种更开放的心态面对股权。

（2）中小企业家对股权的认知日渐成熟，不再保守，他们能够认识到稀释一部分股权可以起到更大的作用，能够笼络人才、吸引资金，助推企业发展，将蛋糕做大。

（3）国内职业经理人日益看重股权，职业经理人和核心管理人员不再局限于短期的薪酬和奖金，越来越看重股权的价值，希望在公司的发展过程中能够分享公司成长带来的溢价收益。

（三）股权激励的魅力日趋体现

股权激励自首次出现至今经过 60 多年的发展，目前已风靡全球。股权激励之所以能够如此长盛不衰，究其原因离不开自身的魅力。

股权激励"魅力"何在？为何越来越多的上市公司和中小企业热衷于实施股权激励计划呢？ 本章介绍的股权激励的价值其实都是股权激励魅力的体现。股权激励能够把公司的利益和员工个人利益进行捆绑，激发员工的工作积极性，增强员工对的认同感和归属感，有利于公司留住人才，从而有利于公司中长期业绩的提升。

但是，股权激励的魅力与问题是相伴相生的，只有能够破解股权激励密码、认识股权激励的真谛才能充分发挥股权激励的魅力。本书将会带领读者破解股权激励密码，还原股权激励真相，辅导中小企业设计股权激励流程，助力中小企业运筹帷幄以决胜千里。

第二章

量体裁衣：股权激励十二大模式

常见的股权激励模式包括限制性股票(权)、虚拟股票(权)、股票期权、股票增值权、业绩股票（权）、延迟支付、期股、管理层收购、分红权、虚拟股票期权、账面价值增值权、干股等。大多数中小企业主对上述模式比较陌生，难以做到对症下药、灵活使用。

本章系统整理了十二种股权激励模式的概念、使用条件、限制因素等知识，并对每种激励模式的优缺点做了分析，同时对十二种模式做了系统的对比和总结。每种股权激励模式都有其特点，并适用于企业发展的不同阶段。中小企业在选择股权激励模式时需要综合考虑并评估自身的各种因素，包括行业特点、发展阶段、管理团队、股权结构、未来规划等，再选择适合自己的激励模式或组合模式，切忌盲目效仿。只有适合自己的模式才是最好的模式，才能达到理想的激励效果。

一、限制性股票（权）

限制性股票（权）是上市公司和非上市公司常用的股权激励模式。股票是和股份公司相对应的概念，而与有限公司相对应的概念是股权，因此对于有限公司而言，更准确的概念应该是限制性股权，这是很多人经常误解的地方。

（一）相关概念

对股份公司而言，限制性股票指股份公司按照预先确定的条件授予激励对象一定数量的本公司股票，激励对象只有在工作年限或业绩目标等达到股权激励计划预先设置的条件时，才可出售限制性股票并从中获益。

对于上市公司而言，《上市公司股权激励管理办法》对限制性股票有专门的定义，限制性股票是指激励对象按照股权激励计划规定的条件，获得的转让等部分权利受到限制的本公司股票。限制性股票在解除限售前不得转让、用于担保或偿还债务。

对于有限公司而言，限制性股权是指有限公司按照预先确定的条件授予激励对象一定数量的本公司股权，激励对象只有在工作年限或业绩目标等达到股权激励计划预先设置的条件时，才可出售限制性股权并从中获益。

基于对限制性股票（权）定义的分析，限制性股票（权）具有以下特点。

（1）激励对象获得的是真实存在的股票（权），而在通过持股平台间接持股的股权激励模式中，激励对象并非直接持股。

（2）激励对象获得的股票（权）具有一定的限制性条件。

（3）激励对象获得的股票（权）通常具有所有权和表决权等，股东权利通常是完整的。

（4）激励对象获得的股票（权）既可以是无偿的，也可以是有偿的。

（5）能够稀释原有股东的持股比例。

（二）限制条件

有限公司、股份公司和上市公司对限制性股票（权）的定义大同小异，基本原理都是一致的。无论是哪种公司形式，最关键的部分是限制条件，限制条件的设置是采用限制性股票（权）模式的核心。从国内外的实际案例和经验总结来看，限制条件主要体现在两个方面：一是获得条件；二是出售条件。

1. 获得条件

获得条件是指激励对象获得股票（权）的条件。激励对象只有在符合一定条件的前提下才可以获得本公司授予的股票（权），获得条件的设置并没有统一的规范，具有较大的灵活性，各个公司可根据自身情况自行设定。

常见的获得条件有以下几个。

（1）满足一定的工作年限，例如在本公司工作 5 年以上才可以成为激励对象。

（2）达到一定的公司职级，例如激励对象必须是本公司二级部门副总经理以上级别的人。

（3）满足一定的考核标准，例如年终考核必须达到优秀或者超过 90 分才有机会成为激励对象。

（4）完成一定的工作业绩，例如公司本年度净利润增长 20% 以上才授予激励对象股票（权）。

2. 出售条件

出售条件是指激励对象获得的股票（权）。激励对象只有在符合一定条件的前提下才可以出售股票（权）套现，出售条件的设置没有统一的规范，具有较大的灵活性，各个公司可以根据自身情况量身定制。

常见的出售条件有以下几个。

（1）持股满一定的年限方可出售，例如持有股票（权）2 年以上才可以出售。对于非上市公司一般没有特殊限制，非上市公司可以自行约定限售年限。限制一定的持有年限是大多数公司采用的方式。

（2）限制一定的出售价格，由于很多激励对象获得的股票（权）价格相对较低，有些公司为了维护自身的公司价值，避免股票（权）被低价抛售，会对激励对象设置一定的出售价格要求。

（3）满足一定的绩效考核标准，有些公司会设置一定的绩效考核标准，比如激励对象完成一定的业绩或者发挥一定的价值之后，才允许激励对象自行出售获得的股票（权）。

（4）其他限制性条件。各个公司可根据自身情况自行制定，只要不违反相关法律法规的要求即可。

3. 上市公司的特殊限制

对于非上市公司，尤其是有限公司而言，并没有特殊的限制或者约定，公司的自由度较大，可以根据自身情况设定股票（权）的获得条件或者出售条件，只要不违背《中华人民共和国公司法》（以下简称《公司法》）等相关法律法规的要求即可。但上市公司属于公众公司，在公开市场上市交易，有公开的交易价格，股价异动可能损害成千上万中小股民的利益，因此上市公司的限制条件较多。

《上市公司股权激励管理办法》对上市公司限制性股票的特殊限制主要有以下几个方面。

（1）授予价格方面的限制。上市公司在授予激励对象限制性股票时，应当明确授予价格或授予价格的制定方法。如图 2-1 所示。授予价格不得低于股票票面金额，且原则上不得低于下列价格较高者：①股权激励计划草案公布前 1 个交易日的公司股票交易均价的 50%；②股权激励计划草案公布前 20 个交易日、60 个交易日或者 120 个交易日的公司股票交易均价之一的 50%。上市公司采用其他方法确定限制性股票授予价格的，应当在股权激励计划中对定价依据及定价方式做出说明。

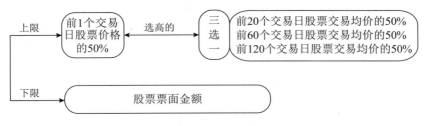

图 2-1　限制性股票授予价格的限制

（2）限售间隔时间的限制。限制性股票授予日与首次解除限售日的间隔不得少于 12 个月。

（3）分期解除限售及其比例的限制。在限制性股票有效期内，上市公司应当规定分期解除限售，每期时限不得少于 12 个月，各期解除限售的比例不得超过激励对象获授限制性股票总额的 50%。当期解除限售的条件未成就的，限制性股票不得解除限售或递延至下期解除限售，应当按照《上市公司股权激励管理办法》第二十六条的规定处理。

假定某限制性股票分三批授予，每批分两期解除限售，每期解除限售比例为 50%，则授予及解除限售的时间安排如图 2-2 所示。

图 2-2　限制性股票授予及解除限售的时间安排

（三）优缺点

1. 主要优点

（1）激励对象能够实际持有公司的股票（权），能够真实感受到股权激励的魅力，有助于激励对象将精力集中在公司的长远战略上，与公司共同成长，努力完成公司各个阶段的发展目标。

（2）激励对象能够实际持有股票（权），通常具有一定的表决权，能够参与公司股东（大）会决议，有利于发挥激励对象的主人翁精神，有助于实现决策的民主化，能够有效地改善公司的法人治理结构。

2. 主要缺点

（1）激励对象持有的股票（权）通常有一定的限制条件，不可以随意出售。

（2）对于上市公司而言，如果二级市场价格波动较大，股票的涨跌会直接影响激励对象的收益。在股票市场行情低迷的熊市，可能会导致激励对象无法获得预想的股权激励收益，甚至有可能赔钱。

（3）由于需要实际发行股票（权）或者转让老股给激励对象，大股东的股权会被稀释，对公司的控制力度会有所下降，但是大股东也可以通过利用持股平台间接持股等方式保障对公司的控制权。通常在激励对象人数较多的情况下，建议采用持股平台间接持有公司的股票（权）。

对于快速发展中的中小企业，尤其是有上市预期的公司，采用这种方式具有较好的激励效果。激励对象能意识到股票上市将会带来巨大的溢价收益，能激发其工作积极性。

限制性股票（权）是上市公司和非上市公司都普遍采用的股权激励方式，因此案例非常多，也最为大众所熟知。

案例 2-1　柳药股份（603368）2019 年限制性股票激励计划

根据东方财富网 2019 年 3 月 28 日公告的广西柳州医药股份有限公司（以下简称"柳药股份""公司"或"本公司"）《2019 年限制性股票激励计划（草案）》，柳药股份采用的股权激励模式为限制性股票，以下为限制性股票激励计划的简要内容。

1. 限制性股票激励计划的基本要素

（1）本激励计划采取的激励工具为限制性股票。股票来源为公司从二级市场回购的本公司 A 股普通股。

（2）本激励计划拟授予的限制性股票数量合计为 3 085 354 股，约占本激励计划草案公告时公司股本总额 259 073 441 股的 1.19%。其中，首次授予限制性股票数量为 2 785 000 股，占本激励计划拟授予股票总数的 90.27%，占本激励计划草案公告日公司股本总额 259 073 441 股的 1.07%；预留授予限制性股票数量为 300 354 股，占本激励计划拟授予股票总数的 9.73%，占本激励计划草案公告日公司股本总额 259 073 441 股的 0.12%。预留部分未超过本次拟授予权益总量的 20%。

本次全部在有效期内的股权激励计划所涉及的标的股票总数累计未超过公司股本总额的 10%。本激励计划中任何一名激励对象所获授限制性股票数量均未超过本激励计划草案公告时公司股本总额的 1%。

（3）本激励计划首次授予的限制性股票的授予价格为 15.06 元/股。预留授予的限制性股票的授予价格不低于股票票面金额，且不低于下列价格较高者：①预留限制性股票授予的董事会决议公告前 1 个交易日公司股票交易均价的 50%；②预留部分限制性股票授予的董事会决议公告前 20 个交易日、60 个交易日或者 120 个交易日公司股票交易均价之一的 50%。

2. 限制性股票的授予与解除限售条件

1）限制性股票的授予条件

同时满足下列授予条件时，公司应向激励对象授予限制性股票；反之，若下列任一授予条件未达成，则不能向激励对象授予限制性股票。

（1）公司未发生如下任一情形：①最近一个会计年度财务会计报告被注册会计师出具否定意见或者无法表示意见的审计报告；②最近一个会计年度财务报告内部控制被注册会计师出具否定意见或无法表示意见的审计报告；③上市后最近36个月内出现过未按法律法规、公司章程、公开承诺进行利润分配的情形；④法律法规规定不得实行股权激励的；⑤中国证监会认定的其他情形。

（2）激励对象未发生如下任一情形：①最近12个月内被证券交易所认定为不适当人选；②最近12个月内被中国证监会及其派出机构认定为不适当人选；③最近12个月内因重大违法违规行为被中国证监会及其派出机构行政处罚或者采取市场禁入措施；④具有《公司法》规定的不得担任公司董事、高级管理人员情形的；⑤法律法规规定不得参与上市公司股权激励的；⑥中国证监会认定的其他情形。

2）限制性股票的解除限售条件

限售期满后，同时满足下列条件时，激励对象获授的限制性股票方可解除限售。

（1）公司未发生如下任一情形：①最近一个会计年度财务会计报告被注册会计师出具否定意见或者无法表示意见的审计报告；②最近一个会计年度财务报告内部控制被注册会计师出具否定意见或无法表示意见的审计报告；③上市后最近36个月内出现过未按法律法规、公司章程、公开承诺进行利润分配的情形；④法律法规规定不得实行股权激励的；⑤中国证监会认定的其他情形。

（2）激励对象未发生如下任一情形：①最近12个月内被证券交易所认定为不适当人选；②最近12个月内被中国证监会及其派出机构认定为不适当人选；③最近12个月内因重大违法违规行为被中国证监会及其派出机构行政处罚或者采取市场禁入措施；④具有《公司法》规定的不得担任公司董事、高级管理人员情形的；⑤法律法规规定不得参与上市公司股权激励的；⑥中国证监会认定的其他情形。

公司发生上述第（1）条规定情形之一的，且激励对象对该情形的发生不负有个人责任的，激励对象根据本激励计划已获授但尚未解除限售的限制性股票应当由公司回购注销，回购价格为授予价格加上银行同期存款利息之和；若激励对象对上述情形负有个人责任，则其已获授但尚未解除限售的限制性股票应当由公司按授予价格回购注销。某一激励对象发生上述第（2）条规定情形之一的，该激励对象根据本激励计划已获授但尚未解除限售的限制性股票应当由公司回购注销，回购价格为授予价格。

（3）公司层面业绩考核要求。本激励计划首次授予的限制性股票解除限售期的相应考核年度为2019—2021年三个会计年度，每个会计年度考核一次，在各个考核年度对公司营业收入增长率进行考核，根据实际达到的营业收入增长率占当年所设目标值的实际完成比例（A）来确定各年度所有激励对象对应的限制性股票的可解除限售比例（M）。具体考核要求如表1所示。

表1　业绩考核指标（以2018年营业收入为基数计算）

考核年度及考核指标	实际达到的营业收入增长率占当年所设目标值的实际完成比例（A）	各考核年度对应公司层面可解除限售比例（M）
2019、2020、2021年营业收入增长率	当$A<70\%$时	$M=0$
	当$70\%\leq A<100\%$时	$M=A$
	当$A\geq 100\%$时	$M=100\%$

若预留部分在2019年授出，则预留部分业绩考核目标与首次授予部分一致；若预留部分在2020年授出，则预留部分各年度业绩考核目标如表2所示。

表2　业绩考核指标（以2018年营业收入为基数计算，预留部分在2020年授出）

考核年度及考核指标	实际达到的营业收入增长率占当年所设目标值的实际完成比例（A）	各考核年度对应公司层面可解除限售比例（M）
2020、2021年营业收入增长率	当$A<70\%$时	$M=0$
	当$70\%\leq A<100\%$时	$M=A$
	当$A\geq 100\%$时	$M=100\%$

各考核年度对应公司层面可解除限售比例（M）为0时，所有激励对象对应年度所获授的限制性股票不得解除限售，由公司回购注销，回购价格为授予价格加上银行同期存款利息之和。

（4）个人层面绩效考核要求。对激励对象个人层面的考核按照公司现行薪酬与考核的相关规定组织实施，个人层面可解除限售比例（N）按表3确定。

表3　考核结果

个人层面上一年度考核结果	个人层面可解除限售比例（N）
优秀	100%
良好	80%
合格	50%
不合格	0%

若各年度公司层面业绩考核达标，激励对象个人当年实际解除限售额度＝个人当年计划解除限售额度 × 公司层面可解除限售比例（M）× 个人层面可解除限售比例（N）。激励对象考核当年不能解除限售的限制性股票，由公司回购注销，回购价格为授予价格加上银行同期存款利息之和。

二、虚拟股票（权）

虚拟股票（权）也是上市公司和非上市公司均可采用的激励模式，实际应用案例也非常普遍，众所周知的华为股权激励模式，其中一个核心部分便是虚拟股权激励。

（一）相关概念

虚拟股票（权）是指公司授予激励对象一种"虚拟"的股票（权），激励对象并不真实持有实际股票（权），只是获得基于一定数量股票（权）的分红权或增值收益权。如果实现公司预定的业绩目标或者考核目标，则激励对象可以据此获得一定数量的分红。由于激励对象不是直接持有真实的股票（权），自然不具有所有权和表决权，无法转让和出售，激励对象离开公司时自动终止。

（二）主要特点

虚拟股票（权）具有以下特点。

（1）股票（权）是虚拟的。激励对象并不实际直接或间接持有公司的股票（权），获得的只是基于公司一定数量股票（权）的分红权或增值收益权。

（2）激励对象无须付出成本。由于激励对象并不实际持有公司的股票（权），无须付出成本购买公司的股票（权）。

（3）股东权利不完整。由于没有真实的股票（权），激励对象没有所有权、表决权、选举权和被选举权、增资优先认缴权以及临时提案权等常见的股权权利。激励对象只有分红权或增值收益权。

（三）优缺点

1. 主要优点

（1）不稀释大股东的表决权和对公司的控制权。由于虚拟股票（权）并没有表决权，大股东不会因股权激励而稀释自己的表决权，能够保障对公司的控制力度不被稀释。

（2）公司的注册资本和股东结构保持不变。虚拟股票（权）并不是真实存在的股票（权），所以进行股权激励时不需要发行和转让股票（权），因此公司的注册资本不变、股本结构不变、持股比例不变，不会造成公司股票（权）的频繁变动。

（3）在公司业绩较好、快速增长的时候，由于盈利能力较强，公司价值呈增长趋势，在此种情况下，对激励对象具有较强的激励作用。

（4）对上市公司而言，虚拟股票（权）激励模式还可以避免公司股票价格异常下跌对虚拟股票持有人收益的影响。

（5）易于实施和操作。由于无须实际发行或转让股票（权），节省了烦琐的手续；在激励对象离开公司时虚拟股票（权）自动终止，无须签订复杂的股票（权）回购或者转让协议，手续简单，易于操作，通常没有后续的风险隐患。

2. 主要缺点

（1）由于在向激励对象实际兑付收益时，通常需要支付大量的现金，会对公司当期造成一定的现金流压力。

（2）虚拟股票（权）由于不存在真实的股票（权），长期激励效果一般。只有在特定的发展阶段，才会具有较好的激励效果。公司可以根据不同发展阶段的需求，选择性使用。

基于以上分析，在公司盈利能力稳定增长、现金流比较充裕的阶段采用虚拟股票（权）模式的效果比较明显，激励对象收益能够明显增长，也能够更好地带动激励对象为实现公司业绩增长而努力。

（四）经典案例

案例 2-2　　　　　　　　新三板首例虚拟股票激励方案

2015 年 5 月 6 日，北京精冶源新材料股份有限公司（以下简称"精冶源"或"公司"）公告了一份虚拟股票激励方案，这是新三板上首次出现虚拟股票激励方案。2015 年 11 月 12 日，精冶源对虚拟股票激励方案进行了修订。以下为东方财富网公告的精冶源修订后的《虚拟股权激励方案（2015 年 11 月修订）》的主要内容。

1. 虚拟股权的授予

1）确定授予对象的标准和范围

虚拟股权授予对象参照如下标准确定：①在公司的历史发展中做出过突出贡献的人员；②公司未来发展亟需的人员；③年度工作表现突出的人员；④其他公司认为必要的人员。

授予范围包括公司高级管理人员、中层管理人员、业务骨干以及对公司有卓越贡献的新老员工等。

2）授予对象的确定

虚拟股权的授予，由公司根据上述标准在可选范围内提名确定具体人员名单，报经董事会批准。后进入公司的新员工如果符合上述条件，公司可以调整当年的股权激励计划，经董事会批准后，新员工可作为当年度的激励对象。原则上员工需在公司工作满一个自然年后（自入职到该方案每年的实施时间）方可享受该方案。

2. 授予数量的确定

1）虚拟股权授予数量

根据虚拟股权激励对象所处的职位确定股权级别及其对应基准职位股数（经董事会表决同意后，基准职位股数可按年度调整），根据个人能力系数和本司工龄系数确定计划初始授予数量，根据年终绩效考核结果确定当年最终授予虚拟股权数量。

虚拟股权的初始授予数量 = 基准职位股数 × 能力系数 × 本司工龄系数
虚拟股权的最终授予数量 = 虚拟股权的初始授予数量 × 绩效考核系数

2）股权级别及职位股数的确定

股权级别（职位股数）评定表如表1所示。

表1 股权级别（职位股数）评定表

股权级别	评定标准	基准职位股数/股
1级	按指令工作，能基本完成本岗位的工作任务	40 000
2级	能够独立、合格地完成本岗位的工作	60 000
3级	通过自己的技术专长能较好地完成本岗位的工作	80 000
4级	通过他人或团队管理能完成工作目标，业绩卓越且能保持团队稳定	100 000

本方案实施或修订后，公司未来因权益分派、股票发行或其他因素导致总股本变动的，则上述基准职位股数按照总股本变动比例同步调整，相应基准职位股数按照变动时间进行加权平均计算确定（2015年股本变动已直接调整基准职位股，不再加权计算）。

3）个人能力系数

个人能力系数由公司根据表2所列能力评定标准，结合员工个人学历、工作经历及在公司的工作表现等因素进行综合评定。

表2 能力系数评定表

能力等级	能力评定标准	能力系数
中级	◆ 能够熟练运用所掌握知识、技能完成一般复杂程度的工作； ◆ 对工作相关风险或潜在问题具有一般的认知与把控能力； ◆ 能够将岗位相关经验应用于工作实际	1.0
高级	◆ 精通某一方面知识或技能； ◆ 能够独立处理富有挑战性和复杂的事项； ◆ 能够带领一定规模的团队开展相关工作	1.1
专家级	◆ 能够提出建设性意见，解决本职工作领域相关的复杂技术问题； ◆ 能对其掌握的知识、技能提出战略性建议或做出合理调整	1.2

4）本司工龄系数表

本司工龄系数表如表3所示。

表3 本司工龄系数表

本司工龄	本司工龄系数
3年以下（含）	1.0
3年~5年（含）	1.1
5年以上	1.2

3. 业绩目标与绩效考核

1）业绩目标

公司以年度营业利润作为业绩考核指标。设定的每年业绩目标为：年度营业利润增长率不低于20%（含20%）。上述业绩目标作为确定是否授予年度分红权激励基金的基准指标。在计算确定上述作为业绩目标的营业利润时，涉及本方案所产生的应计入考核年度的成本费用不予扣除。

2）业绩目标考核

每个考核年度期满且审计报告出具后30天内，由董事会组织财务部门考核是否实现公司业绩目标。如公司业绩目标实现，则开始实施当年度的分红权激励，向激励对象授予分红权激励基金。业绩目标未能实现的，不得授予分红权激励基金。

3）考核结果与绩效系数

每年年初，公司对上年度的个人绩效做评估，评定激励对象的考核结果和绩效系数（优异：1.5；良好：1.2；达标：1.0；不达标：0），其结果作为激励对象参与股权激励基金分配的依据之一。

4. 激励基金的提取、分配和发放

1）年度激励基金总额

在实现公司业绩目标的情况下，按照公司该年度扣除非经常性损益后净利润和虚拟股权占比核算和提取股权激励基金，即

当年激励基金总额＝考核年度扣除非经常性损益后净利润 × 加权虚拟股权总数 ÷ 加权实际总股本

每个考核年度末，当年激励基金总额参考经审计机构初步审定的财务数据和激励对象考核评定情况进行预提。在计算确定预提考核年度激励基金总额所参考的扣除非经常性损益后净利润时，涉及本方案所产生的应计入考核年度的成本费用不予扣除计算。根据经审计的扣除非经常性损益后净利润，确定考核年度最终激励基金实际应发放金额。

2）虚拟股权的每股现金价值

每股现金价值＝当年激励基金总额 ÷ 实际参与分红的虚拟股权总数

3）分红办法和分红现金数额

将每股现金价值乘激励对象持有的虚拟股权数量，就可以得到每一个激励对象当年的分红现金数额。

个人实际可分配虚拟股红利＝虚拟股权每股现金价值 × 虚拟股股数

4）红利发放

当年的虚拟股红利在次年5月份发放，虚拟股红利以公司公告为准。虚拟股红利通过银行转账发放到员工银行账户，涉及征税的，公司代扣代缴。

5. 激励计划的修订、终止及其他

1）虚拟股份退出

从激励对象离职或被解雇之日起所授予虚拟股份自动丧失，不再享有任何分红权。

2）转换条款

公司处于收购、兼并或转板上市阶段的，虚拟股权可以通过一定的对价方案转化为股票或者现金补偿，具体转换方案另行制定。

案例2-2中，激励对象在满足条件的前提下，获得的是虚拟股票未来的分红。

三、股票期权

股票期权作为公司管理的一种激励手段源于20世纪50年代的美国，在20世纪70—80年代走向成熟，在20世纪90年代得到长足发展，它是西方大多数公众企业所常用的模式。作为一种公司内部分配制度的创新，股票期权计划的产生与发展大致得益于以下几个原因：美国公司产权结构与公司治理结构的变化；经理人卖方市场特性的强化；高级人才流动给公司带来的威胁加大；美国税收政策和新会计准则的颁布；与股票期权计划相关的服务业的发展；大规模的公司精简与兼并重组的发生；20世纪80年代与90年代美国股票市场的持续牛市。

中国的股票期权计划始于20世纪末，由于前期没有政策依据，基本上处于摸索阶段，直到2005年12月31日，中国证监会颁布了《上市公司股权激励管理办法（试行）》，上市公司实施股票期权计划才有章可循，有力地推动了我国股票期权计划的发展。

股票期权是上市公司股权激励的主要模式之一，除了少数有相对公允价格的新三板挂牌公司采用这种模式之外，对于一般中小企业很难适用，我们一般也不建议中小企业采用这种模式。此外，中小企业若采用股票期权模式，未来登陆创业板或者科创板时还会有特殊的要求和限制。

（一）相关概念

《上市公司股权激励管理办法》对股票期权有专门的定义，股票期权是指上市公司授予激励对象在未来一定期限内以预先确定的条件购买本公司一定数量股份的权利。股票期权具有以下特点。

（1）激励对象可以根据其获授的股票期权在规定的期间内以预先确定的价格和条件购买上市公司一定数量的股份，也可以放弃该种权利。因此在授予股票期权时，激励对象并不持有股票，激励对象未来能否行权具有一定的不确定性。

（2）激励对象获授的股票期权不得转让、用于担保或偿还债务。

（3）股权激励对象行权时一般需要自行支付股票对价。

（4）激励对象在行权之前，不持有股票，没有股东权利，只有未来认购权；激励对象在行权之后，才获得股票，获得相应的股东权利。

（5）激励对象行权时购买的股票如果是公司发行的，则会增加公司的股本，稀释原有股东的持股比例；如果是公司从二级市场回购的，则不会增加公司的股本，不稀释原有股东的持股比例。

（二）实施前提

股票期权的实施需要建立在一定的前提条件之下，具体包括如下几个方面。

（1）假定证券市场是有效的，即证券市场能够真实地反映公司股票的内在价值，因此激励对象才会为了得到股票升值给自己带来的好处，尽力工作以使公司的业绩不断改善，使公司股票的价值不断上升。

（2）法律和制度使股票期权的设计、授予、行权等有法可依。2006年《上市公司股权激励管理办法（试行）》实施后，国内已具备实施股票期权的法律环境。

（3）公司自身具有较好的成长性，使激励对象能够预期公司未来股票价格具有较大的增长空间，只有在这种情况下，激励对象才有动力。因此对于公司业绩正在走下坡路、未来盈利不明确的公司，采取股票期权的激励方式效果不大，因为一旦未来股票价格下跌，激励对象基本不具备行权可能性，股权激励将会成空。

通过对以上前提条件的分析可以看出，股票期权对于非上市公司很难适用，因为公司未来的股票价格没有一个公允的评估机制，行权价格难以确定，因此股票期权难以实施。

（三）《上市公司股权激励管理办法》的特别规定

1. 行权价格

上市公司在授予激励对象股票期权时，应当确定行权价格或者行权价格的确定方法。行权价格不得低于股票票面金额，且原则上不得低于下列价格较高者。

（1）股权激励计划草案公布前1个交易日的公司股票交易均价。

（2）股权激励计划草案公布前20个交易日、60个交易日或者120个交易日的公司股票交易均价之一。

上市公司采用其他方法确定行权价格的，应当在股权激励计划中对定价依据及定价方式做出说明。

股票期权行权价格的限制如图2-3所示。

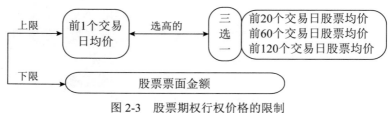

图2-3 股票期权行权价格的限制

2. 间隔期

股票期权授权日与获授股票期权首次可行权日的间隔不得少于12个月。

3. 分期解除限售及其比例的限制

在股票期权有效期内，上市公司应当规定激励对象分期行权，每期时限不得少于12个月，后一行权期的起算日不得早于前一行权期的届满日。每期可行权的股票期权比例不得超过激励对象获授股票期权总额的50%。

当期行权条件未成就的，股票期权不得行权或递延至下期行权，并应当按照《上市公司股权激励管理办法》第三十二条第二款规定处理。

4. 行权的安排

股票期权各行权期结束后，激励对象未行权的当期股票期权应当终止行权，上市公司应当及时注销。

出现《上市公司股权激励管理办法》第十八条、第三十一条规定的情形，或者其他终止实施股权激励计划的情形或激励对象不符合行权条件的，上市公司应当注销对应的股票期权。

（四）优缺点

1. 主要优点

（1）能够将股权激励、绩效考核和股票价格有效地结合起来，实现了股东利益、公司利益和个人利益的高度一致，能够保障激励对象未来为了公司的业绩和长远发展而勤勉尽职。

（2）公司不需要付出现金，成本较低，不影响公司的现金流。

（3）激励对象具有主动选择权，如果二级市场价格较低，则可以不行权，因此对激励对象而言没有风险和损失。

2. 主要缺点

（1）股票市场不确定性较大，未来股价波动难以确定，尤其对于中国资本市场，股票市场有效性较弱，因此激励对象未来收益具有较大不确定性。

（2）适用范围具有一定的局限性，适用于公司成长性较好、股价预期呈上行趋势的上市公司，激励对象能够预期公司未来股票价格具有较大的增长空间，激励效果较好。对于其他类型公司，股权激励的效果较弱。

（五）经典案例

股票期权也是上市公司普遍采用的激励方式之一，根据统计案例，使用频次仅次于限制性股票。

案例 2-3　　卧龙电气（600580）2019 年股票期权激励计划

根据东方财富网 2019 年 1 月 22 日公告的卧龙电气驱动集团股份有限公司（以下简称"卧龙电气"或"公司"）《2019 年股票期权激励计划》，卧龙电气采用的股权激励模式为股票期权。比下为卧龙电气《2019 年股票期权激励计划》的主要内容。

（1）本激励计划采取的激励形式为股票期权。股票来源为公司向激励对象定向发行的本公司人民币 A 股普通股股票。

（2）本激励计划拟授予激励对象的股票期权数量为 367.0000 万份，占本激励计划草案公告日公司股本总额 129 340.9586 万股的 0.2837%。其中首次授予 317.0000 万份，约占本激励计划签署时公司股本总额 129 340.9586 万股的 0.2451%；预留 50.0000 万份，约占本激励计划签署时公司股本总额 129 340.9586 万股的 0.0387%，占本次授予股票期权总量的 13.62%。本计划下授予的每份股票期权拥有在满足生效条件和生效安排的情况下，在可行权期内以行权价格购买 1 股本公司人民币 A 股普通股股票的权利。公司 2018 年第二次临时股东大会审议通过的《2018 年股票期权与限制性股票激励计划》尚在实施中。截至本激励计划草案公告日，公司有效期内的股权激励计划所涉及的标的股票总数累计占公司股本总额的 2.43%，未超过公司股本总额的 10.00%。本激励计划中任何一名激励对象通过全部有效期内的股权激励计划获授的公司股票数量累计未超过公司股本总额的 1.00%。

（3）本激励计划授予的激励对象共计 31 人，包括公司公告本激励计划时在公司（含子公司，下同）任职的外籍核心管理人员、技术人员、业务人员，不含独立董事、监事、单独或合计持股 5% 以上的股东或实际控制人及其配偶、父母、子女。预留激励对象指本计划获得股东大会批准时尚未确定但在本计划存续期间纳入激励计划的激励对象，由本计划经股东大会审议通过后 12 个月内确定。预留激励对象的确定标准参照首次授予的标准确定。

（4）本激励计划首次授予激励对象股票期权的行权价格为 8.61 元/份。在本激励计划公告当日至激励对象完成股票期权登记期间，若公司发生资本公积转增股本、派发股票红利、派息、股份拆细或缩股、配股等事宜，股票期权的行权价格和权益数量将根据本激励计划做相应的调整。

首次授予的股票期权的行权价格不低于股票票面金额，且原则上不得低于下列价格较高者：①本激励计划草案公告前 1 个交易日的公司股票交易均价，为每股 6.30 元；②本激励计划草案公告前 60 个交易日的公司股票交易均价，为每股 6.63 元。

预留部分股票期权在每次授予前须召开董事会审议通过相关议案，并披露授予情况的公告。预留部分股票期权的行权价格不低于股票票面金额，且原则上不得低于下列价格较高者：①预留部分股票期权授予董事会决议公告前 1 个交易日的公司股票交易均价；②预留部分股票期权授予董事会决议公告前 60 个交易日的公司股票交易均价。

（5）本激励计划的有效期为自股票期权授权之日起至激励对象获授的股票期权全部行权或注销完毕之日止，最长不超过 48 个月。

（6）授予的股票期权在授予日起满 12 个月后分三期行权，每期行权的比例分别为 40%、30%、30%。预留的股票期权在授予日起满 12 个月后分两期行权，每期行权的比例各为 50%。

首次授予的股票期权的行权安排及业绩考核目标如表 1 所示。

表 1　首次授予的股票期权的行权安排及业绩考核目标

行权安排	业绩考核目标
第一个行权期	2019 年度公司实现的扣除非经常性损益的净利润不低于 6.50 亿元
第二个行权期	2020 年度公司实现的扣除非经常性损益的净利润不低于 7.50 亿元
第三个行权期	2021 年度公司实现的扣除非经常性损益的净利润不低于 8.50 亿元

预留授予的股票期权的行权安排及业绩考核目标如表 2 所示。

表 2　预留授予的股票期权的行权安排及业绩考核目标

行权安排	业绩考核目标
第一个行权期	2020 年度公司实现的扣除非经常性损益的净利润不低于 7.50 亿元
第二个行权期	2021 年度公司实现的扣除非经常性损益的净利润不低于 8.50 亿元

注：上述"扣除非经常性损益的净利润"指经审计的归属于上市公司股东的扣除非经常性损益的净利润，但剔除本次及其他激励计划股份支付费用影响的数值作为计算依据。

卧龙电气承诺：本公司不为任何激励对象依本激励计划获取有关权益提供贷款以及其他任何形式的财务资助，包括为其贷款提供担保。

四、股票增值权

（一）相关概念

股票增值权通常仅适用于上市公司，是指上市公司授予激励对象在一定的时期和条件下，获得规定数量的股票价格上升所带来的收益的权利。股票增值权是指公司授予激励对象的一种权利，如果公司股价上升，激励对象可通过行权获得相应数量的股价升值收益，激励对象不用为行权付出现金；如果股价下跌，激励对象则可以选择不行权。

股票增值权具有以下特点。

（1）股权激励对象不实际持有股票，所以也不拥有股票所有权及相应的股东权利。

（2）股票增值权不能转让和用于担保、偿还债务等。

（3）激励对象无须支付成本，激励对象的收益由公司支付。

（4）激励对象的未来收益同样具有较大的不确定性，取决于未来股票价格的走势。

（5）不涉及增发股份，所以不稀释原有股东的持股比例。

（二）优缺点

1. 主要优点

（1）激励对象不实际持有公司股票，不会稀释原有股东的股权比例。

（2）无须激励对象支付现金，对于激励对象来说没有风险，股票增值权是一项很好的福利，能够保障激励对象未来为了公司的业绩和长远发展而勤勉尽职。

2. 主要缺点

（1）股票市场不确定性因素较多，未来股价波动难以预计，尤其对于中国资本市场，股票市场有效性较弱，因此激励对象未来收益具有较大不确定性。

（2）符合行权条件时，公司需要支付现金，构成一定的现金流压力。

（3）同股票期权一样，适用范围具有一定的局限性。股票价格下行时，激励效果一般，甚至没有激励效果。

（三）与股票期权的异同

作为股权激励工具的两个重要分支，股票期权和股票增值权既有很多共同点，也有着本质的区别。股票期权采用"公司请客，市场买单"的方式，激励对象获得的收益最终是由二级市场买单的（激励对象自行购买股票，在二级市场卖掉从而赚取差价）；而股票增值权采用"公司请客，公司买单"的方式，激励对象的收益最终是由公司支付的，其实质相当于公司递延发放的奖金。

股票期权和股票增值权的主要异同如表2-1所示。

表2-1 股票期权与股票增值权的主要异同

	比较项目	股票期权	股权增值权
相同点	适用主体	上市公司	上市公司
	适用前提	假定证券市场是有效的	假定证券市场是有效的
	可否转让等	不能转让和用于担保、偿还债务等	不能转让和用于担保、偿还债务等
	是否行权	取决于未来股价	取决于未来股价
	获利原理	与二级市场挂钩，具有一定的不确定性	与二级市场挂钩，具有一定的不确定性
不同点	是否持股	行权之前，不持有股票；行权之后，持有股票	无论是否行权，均不持有股票
	股东权利	行权之前，不具有股东权利；行权之后，具有股东权利	无论是否行权，均不具有股东权利
	激励对象是否需要支付现金	行权时需要支付股票对价	无论是否行权，无须支付

（续表）

	比较项目	股票期权	股权增值权
不同点	公司是否需要支付现金	无论是否行权，公司不需要付现	行权时，公司需要付现
	是否稀释原有股权	行权的股票来源于增发股票时，稀释原有股权	无论是否行权，不稀释原有股权
	收益最终负担主体	二级市场	公司自身

以上两种模式对于少部分具有公允价格的新三板公司也适用。

（四）经典案例

案例 2-4　　顺丰控股（002352）2017 年股票增值权激励计划

根据东方财富网 2017 年 10 月 27 日公告的顺丰控股股份有限公司（以下简称"顺丰控股"或"公司"）《2017 年股票增值权激励计划（草案）》，顺丰控股采用的股权激励模式为股票增值权。以下为顺丰控股《2017 年股票增值权激励计划（草案）》的主要内容。

（1）本次激励计划采用股票增值权工具，以顺丰控股为虚拟标的股票，在满足业绩考核标准的前提下，由公司以现金方式支付行权价格与兑付价格之间的差额，该差额即激励额度。

（2）本计划的激励对象范围为公司外籍核心人才，不包括独立董事、监事及单独或合计持有公司 5% 以上股份的股东或实际控制人及其配偶、父母、子女，本激励计划的激励对象为 20 人。

（3）激励额度。本计划拟向激励对象授予 5.94 万份股票增值权，约占本计划草案公告时公司股本总额 441 101.55 万股的 0.001%。

（4）股票增值权行权价格的确定。本次授予的股票增值权的行权价格为 29.32 元/股，此价格与《顺丰控股股份有限公司 2017 年限制性股票激励计划（草案）》中限制性股票购买价格为同一价格。

（5）资金来源。对于股票增值权，由公司直接兑付行权时顺丰控股股票市价和行权价的价差。

（6）股份来源。股票增值权不涉及实际股份，以顺丰控股股票作为虚拟股票标的。

（7）股票增值权的行权条件。本计划在 2017—2018 年的两个会计年度中，分年度对公司业绩指标和个人绩效指标进行考核，以达到考核目标作为激励对象当年度的行权条件。

① 公司业绩考核要求。本计划授予的股票增值权各年度业绩考核目标如表 1 所示。

表 1　本计划授予的股票增值权各年度业绩考核目标

行权期	业绩考核目标
第一个行权期	以2016年公司归属于上市公司股东的扣除非经常性损益的净利润为基数，2017年公司归属于上市公司股东的扣除非经常性损益的净利润增长率不低于15%
第二个行权期	以2016年公司归属于上市公司股东的扣除非经常性损益的净利润为基数，2018年公司归属于上市公司股东的扣除非经常性损益的净利润增长率不低于40%

由本次股权激励产生的激励成本将在经常性损益中列支。如公司业绩考核达不到上述条件，则激励对象相对应行权期所获授的可行权数量由公司注销。

② 个人绩效考核要求。对激励对象个人层面的考核按照公司相关规定组织实施，如表2所示。

表2 个人绩效考核要求

个人层面上一年度考核结果	个人层面系数
合格	100%
不合格	0%

若各年度公司层面业绩考核达标，则

激励对象个人当年实际行权额度 = 个人层面系数 × 个人当年计划行权额度

激励对象在行权年度的上一年度考核结果为"合格"，方可行权；激励对象考核结果为"不合格"，则其相对应行权期所获授的但尚未行权的股票增值权即被取消作废。

（8）本计划经公司股东大会审议通过后方可实施，公司股东大会在对股票增值权激励计划进行投票表决时，独立董事应当就股票增值权激励计划向所有股东征集委托投票权，并且公司在提供现场投票方式时提供网络投票的渠道。

顺丰控股在2017年实施的股权激励计划中，针对不同的激励对象同时采用两种激励方式：一是限制性股票；二是股票增值权。本案例只节选了股票增值权计划的相关内容。

五、业绩股票（权）

业绩股票（权）也是股权激励的一种典型模式，上市公司和非上市公司均可以采用，对公司类型没有特殊要求，对股份公司而言是业绩股票，对有限公司而言是业绩股权。

（一）相关概念

业绩股票（权）是指公司在年初制定一个较为合理的业绩目标，如果激励对象到年末时实现预定的目标，则公司授予激励对象一定数量的股票（权）或提取一定数量的奖励基金用于购买公司的股票（权）。

业绩股票（权）通常具有以下特点。

（1）激励对象的年度激励奖金是建立在公司当年的经营业绩基础之上的，直接与当年利润挂钩，公司每年根据激励对象的表现提取一定的奖励基金。

（2）对于上市公司，奖励基金的使用是通过按当时的市价从二级市场上购买本公司股票的方式完成的；对于非上市公司，可以做更灵活的设计。

（3）业绩股票（权）的流通变现通常有时间和数量限制，并不是获得之后可以立即变现。激励对象在以后的若干年内经业绩考核通过后方可获准兑现约定比例的业绩股票（权），如果未能通过业绩考核或出现有损公司利益的行为、非正常离任等情况，则其未兑现部分的业绩股票（权）将被取消。

（4）具有一定的强制性。激励对象的激励奖金在一开始就全部或部分转化为本公司的股票（权），实际上在股票（权）购买上有一定的强制性。

（二）有关规定

为规范上市公司计提用于奖励中高层管理人员的激励基金的行为，2001年6月29日，中国证监会发布了《公开发行证券的公司信息披露规范问答第2号——中高层管理人员激励基金的提取》，以下为其主要内容。

（1）公司能否奖励中高层管理人员、奖励多少，由公司董事会根据法律或有关规定做出安排。从会计角度出发，公司奖励中高层管理人员的支出，应当计入成本费用，不能作为利润分配处理。

（2）公司发生设立中高层管理人员激励基金的行为，应当在公开披露文件中披露有关的决策程序、实际决策情况以及激励基金的发放情况，并在财务报表附注相关部分对会计处理情况做出说明。

（三）优缺点

1. 主要优点

（1）能够激励公司高层管理人员努力完成既定的业绩目标，激励对象只有完成业绩，才能够获得既定的股票（权），因此激励对象会更加努力提升公司的业绩，进而有助于提升公司的估值。

（2）业绩股票（权）符合国内现有法律法规，符合国际惯例，比较规范，经股东大会通过即可实行，因此可操作性强。采用该方式的上市公司数量也不少。

（3）激励与约束机制相配套，激励效果明显，且每年实行一次，因此，能够发挥滚动激励、滚动约束的良好作用。

（4）激励对象无须支付现金，对激励对象没有付现压力。

2. 主要缺点

（1）具有较强的约束作用。激励对象获得奖励的前提是实现一定的业绩目标，并且收入是在将来逐步兑现的；如果激励对象未通过年度考核，出现有损公司利益的行为、非正常调离等，未兑现部分的业绩股票（权）将被取消。

（2）公司需要为激励对象付出购买股票（权）的奖励基金，激励成本较高，有可能造成公司支付现金的压力。

（3）考核方式单一，业绩目标是唯一标准，公司业绩目标确定的科学性很难保证，容易导致公司高层管理人员为获得业绩股票（权）而弄虚作假。

基于以上对业绩股票（权）激励模式的分析，采用业绩股票（权）股权激励模式时，要对公司的业绩目标进行考核，不要求股价上涨，因此比较适合业绩比较稳定、现金流量充足的公司。

（四）经典案例

案例2-5　　通裕重工（300185）年度业绩激励基金及使用管理办法

根据东方财富网2014年8月12日公告的通裕重工股份有限公司（以下简称"通裕重工"或"公司"）《2014年度业绩激励基金及使用管理办法》（以下简称"本办法"），通裕重工采用的是业绩股票的股权激励模式，以下为本办法主要内容。

1. 激励对象

激励基金的激励对象为与公司签订劳动合同的下列人员。

（1）公司董事、监事、高级管理人员。

（2）关键岗位的中层管理人员。

（3）公司董事会认为其他应当予以奖励的核心岗位人员。

2. 激励基金的提取

（1）本办法所称年度业绩或者净利润是指经审计的归属于上市公司股东的扣除非经常性损益后的净利润。

（2）当年度实现的归属于上市公司股东的扣除非经常性损益后的净利润比上年同期增长超过30%（含）时，按当年度实现的归属于上市公司股东的扣除非经常性损益后的净利润比上年度增加额的20%提取激励基金，具体计算公式为

年度提取的激励基金=（当年归属于上市公司股东的扣除非经常性损益后的净利润-上年度归属于上市公司股东的扣除非经常性损益后的净利润）×20%

（3）按照本办法所提取的激励基金将根据《公开发行证券的公司信息披露规范问答第2号——中高层管理人员激励基金的提取》（证监会计字〔2001〕15号）的相关规定作为管理费用计入成本于税前列支。

（4）公司出现下列情形之一时，不得提取当年的激励基金：①当年度实现的净利润未达到本办法规定的激励基金提取的条件；②当年度审计报告被注册会计师出具非标准无保留审计意见。

3. 激励基金的使用

（1）当年度激励基金的分配方案由董事会薪酬与考核委员会会同总经理办公会确定人员名单及激励金额，经董事会审议通过后提交股东大会审议。分配方案的确定应充分考虑激励对象对公司的实际贡献。

（2）激励基金统一用于认购公司股票，并锁定3年。具体可委托证券公司等专业机构运作。

（3）激励对象在激励基金所购股票锁定期间辞职的，或公司与其解除劳动合同的，自动失去激励对象资格，不再获得相应的激励基金。

4. 其他规定

（1）激励计划的变更、终止。董事会认为激励基金的提取可能损害公司及股东利益时，可提交股东大会变更或终止本管理办法。在变更或终止本管理办法的股东大会决议通过之日前，已提取的激励基金可继续按本管理办法的规定使用；尚未提取的激励基金不再提取，或根据变更后的管理办法提取并使用。

（2）监事会对激励基金的提取、分配、使用情况进行监督，并对违反本管理办法的行为进行制止。监事会认为激励基金的提取可能损害公司及股东利益时，可提议召开临时股东大会审议，决定是否实施。

六、延期支付

（一）相关概念

延期支付，也称延期支付计划，是指公司将管理层的部分薪酬，特别是年度奖金、股权激励收入等按当日公司股票市场价格折算成股票数量，存入公司为管理层人员单独设立的延期支付账户，在既定的期限后或在该高级管理人员退休以后，再以公司股票形式或根据期满时的股票市场价格以现金方式支付给激励对象。

延期支付主要有如下几个特点。

（1）延期支付收益与公司的业绩紧密相连。管理层必须关注公司的股票价值。只有股价上升，激励对象才能保证自己的利益不受损害；如果激励对象工作不力或者失职导致公司利益受损，可以减少或取消延期支付收益以进行惩罚。

（2）延期支付方式可以激励管理层注重公司的长远利益，以避免经营者行为的短期化。

（3）激励和约束对等，将激励对象的利益和股东、公司的利益紧密捆绑。

（4）捆绑期限较长。延期支付的期限在中国一般设置为5年，在美国甚至设置为退休之后，这样可以有效地防止经理人的短期行为。

延期支付模式与股票价格挂钩，比较适合那些业绩稳定的上市公司；对于非上市公司来说，由于难以公允地衡量股票价格，通常难以适用。延期支付的应用前景非常广泛，如果将延期支付当作一种设计思路，可以将延期支付和其他任何一种模式相结合，创造新的股权激励模式。

（二）优缺点

1. 主要优点

延期支付方式体现了有偿授予和逐步变现以及风险与收益基本对等的特征，具有比较明显的激励效果。这种激励模式的优点主要有如下几个。

（1）把经营者一部分薪酬转化为股票，且长时间锁定，增加了其退出成本，促使经营者更关注公司的长期发展，减少了经营者的短期行为，有利于长期激励，留住并吸引人才。

（2）这种模式可操作性强，无须证监会审批。

（3）管理人员以股票的形式获得部分奖金，具有一定的减税作用。

2. 主要缺点

（1）公司高管人员持有公司股票数量相对较少，难以产生较强的激励力度。

（2）股票二级市场具有较大的不确定性，经营者不能及时地把薪酬变现，影响当期的收入。

（三）延期支付与股票期权的对比

延期支付和股票期权都与未来挂钩，但是也有较大的区别，延期支付和股票期权的对比如表 2-2 所示。

表 2-2 延期支付和股票期权的对比

	比较项目	股票期权	延期支付
相同点	适用主体	上市公司	上市公司
	适用前提	假定证券市场是有效的	假定证券市场是有效的
	可否转让等	不能转让和用于担保、偿还债务等	通常不能转让和用于担保、偿还债务等
	获利原理	与二级市场挂钩，具有一定的不确定性	与二级市场挂钩，具有一定的不确定性
	公司是否需要付现	不需要公司付现	不需要公司付现
	收益最终负担主体	二级市场	二级市场
不同点	是否持股	行权之前，不持有股票；行权之后，持有股票	持有股票
	是否行权	取决于未来股价	相当于强制行权
	股东权利	行权之前，不具有股东权利；行权之后，具有股东权利	具有股东权利
	激励对象是否需要付现	行权时需要支付股票对价	相当于以薪酬换股票
	是否稀释原有股权	行权的股票来源于增发股票时，稀释原有股权	稀释原有股权
	约束性	约束性较弱。在期权模式下，如果股票价格上涨，激励对象可以行权；但如果股票价格下跌，则受圣人可以放弃行权来保证自己的利益不受损失	约束性较强。延期支付的激励对象只能通过提升公司的业绩，促使公司股价上涨来保证自己的利益不受损失

（四）经典案例

案例 2-6　　　　　　宝信软件及三木集团的延期支付案例

宝信软件、三木集团以及武汉模式中的武汉中商、武汉中百和鄂武商等均采用过延期支付激励方案。下面对宝信软件、三木集团的方案进行简要分析。

1. 宝信软件的延期支付方案

宝信软件的延期支付方案主要思路是制定"双十方案"，按照当年的业绩表现核算一定的股权累积金对公司核心骨干人员实施延期支付激励。"双十方案"是指公司业绩的目标下限为剔除非经常性因素的影响后净资产收益率达到10%，股权累积金比例的上限为当年利润的10%。该方案的授予对象为公司骨干人员，延期时限为3年。

宝信软件延期支付方案的激励额度较大，是公司上年度净利润的10%，以2001年为例，这一金额达到380万元；激励范围广，2001年度受益人共有150人，占公司员工总数的20%；资金来源独特，从营运成本中支出。需注意，实施该方案从营运成本中出资，在税前列支，股东容易接受，却会减少国家税收，原则上需要国家税务机关的批准。

2. 三木集团的延期支付方案

三木集团的延期支付方案的主要思路是公司对完成考核指标的管理层进行"效益薪金"奖励，并进行一定时间的冻结，以任职期限为延期期限。

在该方案中，公司高层领导的薪酬由三部分组成：年薪、股票、福利。总裁除了拿12万元年薪，还根据上一年度的综合业绩——完成的利润指标及对公司长远发展的努力程度，来确定效益薪金，而且70%的效益薪金要用于购买本公司股票。对于公司高级管理人员和下属公司经理人员，实行按净利润5%提取效益薪金的制度，效益薪金的70%用于购买本公司股票，并锁定用于企业风险抵押。外贸等子公司经理人员按公司注册资本10%～30%的比例持虚股（即只有分红权，没有实际所有权），所得红利的70%转为其个人对公司的实际出资，使虚股转为实股，逐步使子公司经营者个人实际出资达到公司注册资本的10%～30%。控股子公司经营者实行"持股经营"，持股比例为5%～30%。对有经营管理能力，而资金不足的经营者，先给10%的"干股"，若经营得好，将来年的红利全额"填空"。经过多年努力，逐步变"干股"为"实股"，一直到规定的限额。

三木集团的延期支付方案在集团公司与子公司采用了不同的激励方法。对公司的高级管理人员实行效益薪金制度，对子公司经营者实行持股经营制度，所有者和经营者有机结合。该方案先授予激励对象股权，将其所持股份的红利转为实际出资，直至激励对象实际持有股份。这一方案成功地解决了经营者对持股的现金要求。

七、期股

期股模式最早产生于20世纪70年代早期的美国,从20世纪80年代开始被越来越多的公司所采用,尤其在西方发达国家的大型上市公司中得到普遍应用,对公司的发展起到了极大的促进作用。在国内,自1993年深圳万科首次引进这种管理模式后,其他一些公司也陆续开始效仿。期股对于上市公司和非上市公司均适用。

(一)相关概念

关于期股,其实并没有一个严格的定义,亦没有相关的法律法规进行明确规定。本书将期股定义为:期股是指公司所有者同激励对象协商确定股票(权)价格,在激励对象任期内由其以各种方式(个人出资、贷款、奖励部分转化等)获取适当比例的本公司股票(权),激励对象通过部分首付、分期还款而获得公司股票(权)的一种股权激励模式。在通常实践中,公司通过贷款的方式向激励对象提供购买股票(权)的资金,激励对象对其拥有所有权、表决权和分红权。其中所有权暂时是虚的,只有把购买期股的贷款还清后才能实际拥有;表决权和分红权是实的(也可以由公司与经营者协议另行约定),但是不能拿走分得的红利,需要用来偿还期股购买款。

国内上市公司有一些特殊限制,《上市公司股权激励管理办法》第二十一条规定,激励对象参与股权激励计划的资金来源应当合法合规,不得违反法律、行政法规及中国证监会的相关规定。上市公司不得为激励对象依股权激励计划获取有关权益提供贷款以及其他任何形式的财务资助,包括为其贷款提供担保。

基于对期股的上述定义与分析,期股主要有如下几个特点。

(1)股票(权)来源多种多样,既可以通过个人出资购买,也可以通过贷款获得,还可以通过年薪收入(或特别奖励)中的延迟支付部分转化而成。

(2)股票(权)收益将在中长期兑现,兑现方式可以是管理层任期届满或任期届满后若干年一次性兑现,也可以是每年按一定比例匀速或加速兑现。

(3)要想把期股变实,前提条件是把公司经营好,有可供分配的红利。如果公司经营不善,不仅期股不能变实,本身的投入都可能亏掉。

(二)优缺点

1. 主要优点

(1)激励对象的股票(权)收益难以在短期内兑现,实现过程是渐进的、分散的。这在一定程度上可以克服由于一次性重奖使经营者与员工收入差距过大所带来的矛盾,有利于维持公司稳定。

(2)股票(权)的增值与公司资产的增值和效益的提高紧密联系起来,这就促使激励对象更多地关注公司的长远发展和长期利益,从而在一定程度上解决了经营者的短期行为。

（3）可有效解决激励对象购买股票（权）的资金问题。期股获得方式的多样化使激励对象可以不必一次性支付太多的购股资金就能拥有股票（权），从而实现以未来可获得的股票（权）和收益来激励经营者今天更努力地工作的初衷。

2. 主要缺点

（1）在激励对象付清全部购股款之前，股票（权）的所有权是虚的。

（2）激励对象需要用未来一段时间内的分红及薪酬先偿还购股款，对激励对象的耐性具有一定的考验。

期股最初更多地在国有企业和集体企业的改制、重组中作为手段和结果出现，只有少部分民营企业纯粹为了激励员工而采用。目前年薪制加期股这一新的激励模式已越来越被许多公司认可，并逐渐成为继年薪制之后对经营者实施长期激励的有效措施。

（三）期股与股票期权的对比

期股和股票期权都与未来挂钩，但两者也有较大的区别，期股和股票期权的对比如表 2-3 所示。

表 2-3 期股和股票期权的对比

	比较项目	股票期权	期股
相同点	所有权	与未来挂钩，行权后才具有所有权	与未来挂钩，完全购买后才具有所有权
	是否稀释原有股权	行权的股票来源于增发股票时，稀释原有股权	股票来源于增发股票时，稀释原有股权
	可否转让等	不能转让和用于担保、偿还债务等	完全购买前不能转让和用于担保、偿还债务等
	公司是否需要付现	不需要公司付现	不需要公司付现
不同点	适用主体	上市公司	上市公司、非上市公司
	适用前提	假定证券市场是有效的	非上市公司不与证券市场挂钩
	是否持股	行权之前，不持有股票；行权之后，持有股票	直接持有股票
	是否行权	取决于未来股价	相当于强制分期行权
	股东权利	行权之前，不具有股东权利；行权之后，具有股东权利	完全购买之前，只具有分红权和收益权
	激励对象是否需要付现	行权时需要支付股票对价，不行权时不需要支付股票对价	分阶段支付现金
	约束性	约束性较弱。在期权模式下，如果股票价格上涨，激励对象可以行权；如果股票价格下跌，则受益人可以放弃行权来保证自己的利益不受损失	约束性较强。期股的激励对象只有通过提升公司的业绩，才能逐步还清购买股票的款项，否则自己需要付出较多的现金

（四）经典案例

在2006年之前，由于我国绝大多数公司在当时的法律框架内不能解决股票期权计划的激励股票来源问题，一些公司采用了期股这种变通做法。

案例2-7　　　　　　　　某公司期股计划案例

背景介绍：某公司为民营企业，净资产5000多万元，每股净资产1.00元，职工200人，年销售收入1亿元，盈利能力强。

该公司实施期股激励计划，以下为期股激励计划的主要内容。

1. 激励对象

激励对象为总经理及9名中高层管理人员，一共10人。

2. 激励额度

以总经理为例，假定该公司总经理认购40万元实股，可配得1.5倍即60万元的期股，需要在未来4年内认购完毕（每年认购15万元），每股1元，实股享有所有权和分红权，期股只有分红权，暂时没有所有权。

3. 具体操作

根据公司每年度的经营业绩，每年度的每股收益不同，期股受让方每年度的期股购置过程也会有所差异。而公司的经营业绩在很大程度上取决于经营者的努力程度和经营情况。

（1）假设第一年度每股收益为15%，则该总经理：

实股每年分红=40×15%=6（万元）

期股每年分红=60×15%=9（万元）

累计分红=6+9=15（万元）

该年度需要认购期股15万股，每股1元，累计15万元；该年度分红刚好能够认购15万股期股，无须额外付出成本。

至此经营者的实股为55万股（40万实股+15万期股转化股），尚剩余期股45万股。

（2）假设第一年度每股收益为25%，则该总经理：

实股每年分红=40×25%=10（万元）

期股每年分红=60×25%=15（万元）

累计分红=10+15=25（万元）

该年度需要认购期股15万股，每股1元，累计15万元；期股分红15万元，刚好能够认购15万股期股；实股分红部分10万元为投资收益，可以现金分红。

至此经营者的实股为55万股（40万实股+15万期股转化股），尚剩余期股45万股。

（3）假设第一年度每股收益为30%，则该总经理：

实股每年分红=40×30%=12（万元）

期股每年分红 =60×30%=18（万元）

累计分红 =12+18=30（万元）

该年度需要认购期股 15 万股，每股 1 元，累计 15 万元；期股分红 18 万元，能够认购 15 万股期股，还剩 3 万元期股分红，作为预付款延期购买下一期期股；实股分红部分 12 万元为投资收益，可以现金分红。

至此经营者的实股为 55 万股（40 万实股 +15 万期股转化股），尚剩余期股 45 万股。

（4）假设第一年度每股收益为 5%，则该总经理：

实股每年分红 =40×5%=2（万元）

期股每年分红 =60×5%=3（万元）

累计分红 =2+3=5（万元）

该年度需要认购期股 15 万股，每股 1 元，累计 15 万元；累计分红 5 万元，尚差 10 万元，总经理个人需要拿 10 万元予以补足。

至此经营者的实股为 55 万股（40 万实股 +15 万期股转化股），尚剩余期股 45 万股。

（5）其他说明。在一些期股方案中，对于最终实股不是按照上述方式来认定的，关键在于方案怎么设计。有些期股方案中，仅把实股分红和现金购置期股部分视为实股，则上述方案中实股分为以下几种情况。

第一年度每股收益为 15%：实股为 46 万股，已认购期股 9 万股，尚剩余期股 45 万股。

第一年度每股收益为 25%：实股为 40 万股，已认购期股 15 万股，尚剩余期股 45 万股。

第一年度每股收益为 35%：实股为 40 万股，已认购期股 15 万股，尚剩余期股 45 万股。

第一年度每股收益为 5%：实股为 52 万股，已认购期股 3 万股，尚剩余期股 45 万股。

以后年度以此类推计算。

如果顺利，4 年后该总经理就有了 100 万股的实股。假定期限设置为 8 年，再等 4 年，该总经理任期内没有重大决策失误和弄虚作假等违法行为，他所拥有的 100 万股就全部归个人所有了，可以转让给他人，或由企业赎买，或继续持有享受分红。总之，由个人任意处置。

假定该总经理在期股计划任期内，由于种种原因辞职了，则其享有的期股权利按照操作细则和期股计划的约定进行管理，具体不再列出，各个企业可根据自己的情况自行设计。

八、管理层收购

管理层收购在激励内部人员积极性、降低代理成本、改善公司经营状况等方面起到了积极的作用，因而它成为 20 世纪七八十年代流行于欧美国家的一种企业收购方式。管理层收购对于上市公司和非上市公司均适用，但是目前在国内不是非常普遍。

（一）相关概念

管理层收购是指公司管理层利用高负债融资买断本公司的股权，使公司为私人所有，进而达到控制、重组公司的目的，并获得超常收益的并购交易。管理层收购属于杠杆收购的范畴，但其收购主体是管理层。与一般的公司买卖和资产重组强调收益权即买卖价差和资本运营的增值不同，管理层收购除了强调收益权之外，还强调控制权、共享权和剩余价值索偿权。收购对象既可以是企业整体，也可以是企业的子公司、分公司甚至一个部门[①]。

管理层收购主要有如下特点。

（1）管理层收购的主要投资者为目标公司的管理层，他们在公司工作的年限一般比较长，对公司非常了解，并有很强的经营管理能力。收购之后，管理层不再是单纯的经营管理人员，也成了公司的所有者，因此积极性会大幅提高。

（2）管理层收购时通常需要借助一定的杠杆。管理层收购属于杠杆收购，管理层通常先进行债务融资，然后再用被收购公司经营所得的现金流来偿还债务，因此管理层只有在对目标公司未来有足够信心的情况下，才会敢于借助杠杆进行收购。

（3）管理层收购的方式有很多种，包括收购目的公司的全部或部分资产、收购目标公司的股票（实现控股）以及其他综合收购方式等。

（二）优缺点

1. 主要优点

（1）管理层收购使管理层也成为公司的所有者，能够有效地激发管理层的积极性和责任感。

（2）管理层收购后，通常能够使公司发展得更好，能够提升公司的业绩。如果是上市公司，通常能够促进公司股价的大幅提升。

2. 主要缺点

（1）管理层需要背负一定的杠杆融资的还本付息压力。

（2）原公司的所有人失去对公司的所有权和控制权，除非事先谈妥，否则收购过程会存在很大的障碍。

（3）现金流稳定、成熟的公司更有利于管理层收购的成功；而现金流较差的公司，由于未来杠杆融资的还本付息预期不明朗，融资相对困难，因此管理层收购会面临一定的困难。

（三）上市公司的特别规定

对于非上市公司，并没有针对管理层收购的特殊规定和约定；对于上市公司，虽然也没有专门的法律法规对管理层收购进行约定，但是在《上市公司收购管理办法》等相

---

① 陆雄文. 管理学大辞典 [M]. 上海：上海辞书出版社，2013.

关法规的部分条款中涉及了管理层收购的相关问题。

1.《上市公司收购管理办法》的相关规定

《上市公司收购管理办法》对有关管理层收购作出如下特别规定。

（1）第五十一条规定，上市公司董事、监事、高级管理人员、员工或者其所控制或者委托的法人或者其他组织，拟对本公司进行收购或者通过本办法第五章规定的方式（第五章为间接收购）取得本公司控制权（以下简称管理层收购）的，该上市公司应当具备健全且运行良好的组织机构以及有效的内部控制制度，公司董事会成员中独立董事的比例应当达到或者超过1/2。公司应当聘请具有证券、期货从业资格的资产评估机构提供公司资产评估报告，本次收购应当经董事会非关联董事做出决议，且取得2/3以上的独立董事同意后，提交公司股东大会审议，经出席股东大会的非关联股东所持表决权过半数通过。独立董事发表意见前，应当聘请独立财务顾问就本次收购出具专业意见，独立董事及独立财务顾问的意见应当一并予以公告。

上市公司董事、监事、高级管理人员存在《公司法》第一百四十八条规定情形，或者最近3年有证券市场不良诚信记录的，不得收购本公司。

（2）第六十七条规定，上市公司董事会或者独立董事聘请的独立财务顾问，不得同时担任收购人的财务顾问或者与收购人的财务顾问存在关联关系。独立财务顾问应当根据委托进行尽职调查，对本次收购的公正性和合法性发表专业意见。独立财务顾问报告应当对以下问题进行说明和分析，发表明确意见，其中包括一条，涉及管理层收购的，应当对上市公司进行估值分析，就本次收购的定价依据、支付方式、收购资金来源、融资安排、还款计划及其可行性、上市公司内部控制制度的执行情况及其有效性、上述人员及其直系亲属在最近24个月内与上市公司业务往来情况以及收购报告书披露的其他内容等进行全面核查，发表明确意见。

（3）第七十一条规定，自收购人公告上市公司收购报告书至收购完成后12个月内，财务顾问应当通过日常沟通、定期回访等方式，关注上市公司的经营情况，结合被收购公司定期报告和临时公告的披露事宜，对收购人及被收购公司履行持续督导职责，包括涉及管理层收购的，核查被收购公司定期报告中披露的相关还款计划的落实情况与事实是否一致，督促和检查履行收购中约定的其他义务的情况。

2.《并购重组共性问题审核意见关注要点》的相关规定

《并购重组共性问题审核意见关注要点》（简称《关注要点》），是中国证监会在梳理2009年并购重组项目审核反馈意见所关注共性问题的基础上编制的，体现了现行法律法规的具体监管要求，供申请人和有关中介机构参考和借鉴，以便申请人完善申请方案，同时有助于中介机构在尽职调查中重点关注并督导解决共性问题，提高中介机构执业质量。目前，具体共有十三项关注要点，其中在"关注十：收购资金来源"中涉及管理层收购的相关要求，具体如下所述。

管理层收购中的收购资金来源关注点有以下两个。

（1）关注上市公司及其关联方在过去 2 年内是否与管理层及其近亲属以及其所任职的企业存在资金、业务往来，是否存在资金占用、担保行为及其他上市公司向管理层输送利益行为。

（2）如收购资金部分来源于员工安置费、补偿费或者身份置换费，是否已取得员工的同意，是否符合相关规定并已取得有关部门的批准；如收购资金部分来源于奖励基金，奖励基金的提取是否履行了必要的批准程序以及奖励基金的发放情况。

（四）经典案例

在国内，管理层收购最初主要应用在一些国企改革中，解决一些国有企业或集体企业亟待解决的历史遗留问题，比如产权不清、企业发展停滞、盈利能力较差等，这对于帮助国有资本从非竞争性行业中逐步退出、激励和约束企业经营者的管理、减少代理成本都具有重要的现实意义。由于民营企业大都具有家族企业色彩，发生管理层收购的情况相对较少。

案例 2-8　　　全兴股份（600779）2002 年管理层收购过程

四川全兴股份有限公司（以下简称"股份公司""全兴股份"或者"公司"），现名四川水井坊股份有限公司，股票简称"水井坊"。以下为全兴股份 2002 年管理层收购的简要过程。

1. 公司前身

股份公司前身是四川制药股份有限公司（以下简称"四川制药"），1997 年 10 月经成都市人民政府成办函〔1997〕69 号文及成都市国有资产管理局国资商〔1997〕76 号文批准，成都市人民政府将成都市国资局持有的四川制药股份有限公司的股权授权给四川成都全兴集团有限公司（以下简称"全兴集团"）持有和经营，代为行使股东权利。全兴集团对四川制药进行资产重组后，股份公司于 1997 年 7 月更名为"全兴股份"。2002 年 4 月经四川省人民政府同意，报经财政部以财企〔2002〕136 号文批准，将授权给全兴集团经营的股份公司国有股划转全兴集团持有和经营。

2. 管理层收购

1）收购过程

2002 年 9 月 23 日，成都市人民政府以成府函〔2002〕164 号文批准对全兴集团进行整体改制重组，四川省人民政府以川府函〔2003〕102 号文同意由成都市政府负责组织实施，全兴集团于 2002 年 12 月 31 日变更为有限责任公司，全兴集团国有股持股单位产权发生变动。

全兴集团于 2002 年 12 月 31 日由国有独资公司变更为有限责任公司，其控股股东为成都盈盛投资控股有限公司。成都盈盛投资控股有限公司的股东为 18 名自然人，其控股股东和法人代表均为自然人杨肇基先生。公司注册资本 5 780 万元，经营范围为项目投资、实业投资。全兴集团的实际控制人转变为公司经营管理团队持股的成都盈盛投资控股有限公司。

成都盈盛投资控股有限公司，是在按成都市人民政府决定对全兴集团实施国有资本有序退出的战略性改组中，由本次国有股权转让的特定受让方之一——全兴管理团队成员个人筹集资金，专为本次收购而依法注册成立的公司，以此作为法人持股主体和信托财产管理主体。自愿参加信托持股计划的全兴集团管理团队成员以独立承担民事责任的自然人身份，共同签署实施民事信托计划的《一致行动集体协议》《授权委托书》《民事信托合同》，按照报经成都市人民政府核准备案的《全兴集团经营管理团队信托持股实施办法》，依法设立民事信托，以盈盛投资为机构受托人，以自行筹集的资金和依法办理的信托贷款通过盈盛投资认购和持有全兴集团股权。全体受益人风险共担，按份共享信托利益，选派授权代表共23人成立受益人管理委员会，负责办理民事信托的具体事务，并在其中选举产生18名理事（即杨肇基、黄建勇、陈可等18名自然人），依照《中华人民共和国信托法》（以下简称《信托法》）和《公司法》组织管理。盈盛投资由此成为转制后全兴集团的第一大股东，以法人股东身份依法履行股东权利和义务，同时以公司机构受托人的名义，为全体受益人管理、运用和处分信托财产，按《民事信托合同》的有关约定承担信托财产的管理和信托利益的再分配等义务责任。

管理层收购后全兴股份股权结构如图2-4所示。

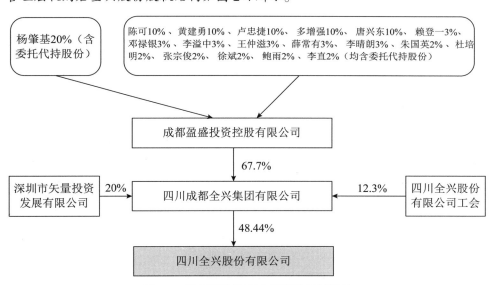

图2-4　管理层收购后全兴股份股权结构

2）资金支付

本次转让以2002年6月30日为基准日，按成都市国有资产管理部门对本次国企改制重组做出的资产处置决定（成财企〔2002〕155号），划转部分国有资产后，全兴集团公司经国资管理部门组织评估、审核、确认的净资产60 946.63万元以1∶1作价转让，在协议签署后120个工作日内全部以现金一次性付清，其中成都盈盛投资控股有限公司

已付 41 260.868 5 万元（依照《中华人民共和国信托法》有关规定，通过衡平信托投资有限责任公司面向社会发行信托产品，募集、办理信托贷款 2.7 亿元，团队 123 人自筹资金 1.4 亿元，共筹集资金 41 260.868 5 万元）；四川全兴股份有限公司工会已付 7496.435 5 万元（国企职工改制安置费用 4430 万元和员工自愿筹集的资金 3066 万元，共计 7496.435 5 万元）；深圳市矢量投资发展有限公司已付 12 189.326 万元（企业自筹资金）。

3. 审批过程

按照财政部财企〔2002〕395 号文《关于国有股持股单位产权变动涉及上市公司国有股权性质变化有关问题通知》，四川省财政厅以川财企〔2003〕19 号文《转报成都市财政局关于四川全兴集团有限公司所持四川全兴股份有限公司国有股性质变更的请示》，四川省国资委以川国资委〔2005〕207 号文《转报成都市财政局关于四川成都全兴集团有限公司所持四川全兴股份有限公司国有股性质变更的请示》，先后报请财政部、国务院国资委审核，2005 年 11 月 28 日，国务院国资委以国资产权〔2005〕1456 号文《关于四川全兴股份有限公司国有股性质变更有关问题的批复》核准，全兴集团持有的股权性质变更为非国有股。

本案例是一个典型的管理层收购案例，在管理层收购过程中，管理层通过信托融资的形式加了杠杆，管理层自筹 1.4 亿元，信托贷款 2.7 亿元。

九、分红权

（一）相关概念

分红权激励模式是在现有的法律、政策框架下，企业对经营者、管理层或业务骨干实施股权激励的一种有效的变通方法。分红权让不实际拥有企业股票（权）的被授予者能够参与企业收益的分配，从而产生类似于"虚拟股票"的激励效果。《上市公司股权激励管理办法》及相应的法律法规中并没有针对民营企业或上市公司分红权激励的相关规定。从严格意义上讲，分红权激励已经超越了股权激励的范畴；但是从股权激励的广义范畴来讲，分红权激励也带有一定的虚拟股权激励的效果，因此很多人把分红权作为股权激励的一种模式。

分红权虽然也带有"虚拟"成分，但是与虚拟股票（权）有明显的差异。虚拟股票（权）模式虽然没有真实的股票（权），但会分配具体的虚拟股票（权）数量；而分红权模式下可以不匹配具体的虚拟股票（权）。随着业绩、工龄、级别的增长，个人的虚拟股数会增长，是一种中长期行为；而分红权更注重当期。分红权具有以下特点。

（1）分红权实际上是一种短期激励行为，与股权激励注重长期激励具有一定的差异。

（2）分红权激励方式更注重奖励增量，即员工创造出更多价值时才给予奖励。

（3）分红权更注重奖励在岗位上做出贡献、创造价值的相关骨干。

（4）分红权对于适用主体没有限制，上市公司和非上市公司均可采用。

（二）岗位分红权与项目收益分红

2010年2月，《中关村国家自主创新示范区企业股权和分红激励实施办法》首次提到了分红激励。

2010年11月，国务院国有资产监督管理委员会发布的《关于在部分中央企业开展分红权激励试点工作的通知》，将分红权激励主要分为岗位分红和项目收益分红两种方式。

2016年2月，财政部、科技部和国资委联合发布《国有科技型企业股权和分红激励暂行办法》，该办法中也提到了岗位分红和项目分红两种模式。分红激励是指国有科技型企业以科技成果转化收益为标的，采取项目收益分红方式；或者以企业经营收益为标的，采取岗位分红方式，对企业重要技术人员和经营管理人员实施激励的行为。

两份文件的主要内容对比如表2-4所示。

表2-4 两份文件的主要内容对比

对比项目	《关于在部分中央企业开展分红权激励试点工作的通知》	《国有科技型企业股权和分红激励暂行办法》
适用主体	部分中央企业	国有科技型企业
岗位分红模式主要内容	1. 企业实施重大科技创新和科技成果产业化的，可以实施岗位分红权激励，按照岗位在科技成果产业化中的重要性和贡献，相应确定激励总额和不同岗位的分红标准。 2. 岗位分红权主要适用于岗位序列清晰、岗位职责明确、业绩考核规范的大中型企业（含中央企业所属的科研事业单位）。 3. 岗位分红权激励对象原则上限于在科技创新和科技成果产业化过程中发挥重要作用的企业核心科研、技术人员和管理骨干。激励对象应当在该岗位上连续工作1年以上。根据企业的行业特点和人才结构，参与岗位分红权激励的激励对象原则上不超过本企业在岗职工总数的30%。 4. 实施岗位分红权激励的人员，应为企业通过公开招聘、企业内部竞争上岗或者其他方式产生的岗位任职人员。 5. 实施岗位分红权激励的企业，近3年税后利润形成的净资产增值额应不低于企业近3年年初净资产总额的10%，实施当年年初未分配利润没有赤字。	第二十五条 企业实施岗位分红，除满足本办法第六条规定外，近3年税后利润累计形成的净资产增值额应当占企业近3年年初净资产总额的10%以上，且实施激励当年年初未分配利润为正数。 第二十六条 企业年度岗位分红激励总额不高于当年税后利润的15%。企业应当按照岗位在科技成果产业化中的重要性和贡献，确定不同岗位的分红标准。 第二十七条 激励对象应当在该岗位上连续工作1年以上，且原则上每次激励人数不超过企业在岗职工总数的30%。

(续表)

对比项目	《关于在部分中央企业开展分红权激励试点工作的通知》	《国有科技型企业股权和分红激励暂行办法》
岗位分红模式主要内容	近3年税后利润形成的净资产增值额,是指激励方案批准日上年末账面净资产相对于近3年年初账面净资产的增加值,不包括财政补助直接形成的净资产和已向股东分配的利润。 6. 实施分红权激励期间,企业各年度净利润增长率应当高于企业试点前3年平均增长水平。 7. 企业年度岗位分红权激励总额不得高于当年税后利润的15%,激励对象个人岗位分红所得不得高于其薪酬水平与岗位分红之和的40%。离开激励岗位的激励对象自离岗当年起,不得享有原岗位分红权	激励对象获得的岗位分红所得不高于其薪酬总额的2/3。激励对象自离岗当年起,不再享有原岗位分红权。 第二十八条 岗位分红激励方案有效期原则上不超过3年。激励方案中应当明确年度业绩考核指标,原则上各年度净利润增长率应当高于企业实施岗位分红激励近3年平均增长水平。 企业未达到年度考核要求的,应当终止激励方案的实施,再次实施岗位分红激励需重新申报
项目收益分红模式主要内容	1. 企业通过自行投资、合作转化、作价入股、成果转让等方式实施科技成果产业化,可以科技成果产业化项目形成的净收益为标的,采取项目收益分成方式对激励对象实施激励。 2. 鼓励试点企业自行投资或者吸收其他单位、个人共同开展科技成果产业化工作。 3. 项目收益分红激励对象应为科技成果项目的主要完成人,重大开发项目的负责人,对主导产品或者核心技术、工艺流程做出重大创新或改进的核心技术人员,项目产业化的主要经营管理人员。 4. 激励对象个人所获激励原则上不超过激励总额的30%。 5. 企业以内部独立核算或者成立全资、控股子公司等方式实施科技成果产业化的,自产业化项目或者子公司开始盈利的年度起,在3年内,每年从当年投资产业化项目净收益中,提取不低于5%但不高于30%用于激励。分红提取比例与产业化项目净收益增长水平挂钩。 对于中央企业自行实施产业化的,项目净收益为该产业化项目营业收入扣除相应营业成本和项目应合理分摊的管理费用、销售费用、财务费用及税费后的金额。对于中央企业与其他投资者共同实施转化的,项目净收益为企业取得合作收入扣除相关税费后的金额;其中科技成果未作价入股的,要按照非国有股权比例扣除相应无形资产摊销费用。 6. 以科技成果作价入股其他企业、向企业外单位或者个人转让科技成果所有权、使用权的,其激励方式按照《中关村国家自主创新示范区企业股权和分红激励实施办法》(财企〔2010〕8号)的有关规定执行	第二十三条 企业实施项目收益分红,应当依据《中华人民共和国促进科技成果转化法》,在职务科技成果完成、转化后,按照企业规定或者与重要技术人员约定的方式、数额和时限执行。企业制定相关规定,应当充分听取本企业技术人员的意见,并在本企业公开相关规定。 企业未规定也未与重要技术人员约定的,按照下列标准执行: (一)将该项职务科技成果转让、许可给他人实施的,从该项科技成果转让净收入或者许可净收入中提取不低于50%的比例; (二)利用该项职务科技成果作价投资的,从该项科技成果形成的股份或者出资比例中提取不低于50%的比例; (三)将该项职务科技成果自行实施或者与他人合作实施的,应当在实施转化成功投产后连续3至5年,每年从实施该项科技成果的营业利润中提取不低于5%的比例。 转让、许可净收入为企业取得的科技成果转让、许可收入扣除相关税费和企业为该项科技成果投入的全部研发费用及维护、维权费用后的金额。企业将同一项科技成果使用权向多个单位或者个人转让、许可的,转让、许可收入应当合并计算。 第二十四条 企业实施项目收益分红,应当按照具体项目实施财务管理,并按照国家统一的会计制度进行核算,反映具体项目收益分红情况

（三）分红权的延伸

《关于在部分中央企业开展分红权激励试点工作的通知》和《国有科技型企业股权和分红激励暂行办法》对于适用主体和条件进行了详细的约束和限制，但是对于普通民营企业并没有关于分红权激励方式的相关规定，各家公司可以根据自身的具体情况设定适合自己的激励模式，因此自由度和灵活度较高，只要与公司特征、发展阶段、行业属性以及财务状况相适应，就能够起到较好的激励作用，而不需要受过多的约束。

在民营企业的相关实践案例中也衍生了一些分红权的新模式，比如超额分红权和定额分红权。

1. 超额分红权

超额分红权是指超出目标考核利润后的分红权。假定某目标考核利润为1500万元，公司最终实现利润2000万元，则本年度公司的超额利润为2000万元－1500万元＝500万元；假定公司按照超额利润的50%计提超额分红权，则该年度公司超额利润分配额为500万元×50%=250万元。超额分配利润的总数确定了，再根据公司的相关制度及激励对象情况，在不同的激励对象之间进行分配。

2. 定额分红权

定额分红权是指在公司年度目标利润达成的前提下，按照利润总额计提一定的分红比例。假定公司年度考核利润为2000万元，年底实现2200万元利润，完成考核任务。假定公司的定额分红权比例为10%，则该年度的利润分配额度为2200万元×10%=220万元。定额分配利润的总数确定了，再根据公司的相关制度及激励对象情况，在不同的激励对象之间进行分配。

公司也可以根据利润增长情况采用超额累进的方式计算超额分红额度或定额分红额度，举例如表2-5所示。

表2-5 超额分红权和定额分红权累计计提方式参考

超额完成比 X	超额分红权计提比例	定额分红权计提比例
$X \leqslant 0$	0×超额部分	0×总额
$0 < X \leqslant 20\%$	30%×超额部分	5%×总额
$20\% < X \leqslant 50\%$	40%×超额部分	10%×总额
$50\% < X$	50%×超额部分	15%×总额
累计分配额	上述4部分之和	上述4部分之和

（四）分红权的优缺点

1. 主要优点

（1）除了上述法律法规约束的特殊公司，对于大多数公司而言，分红权比较灵活，可以根据公司情况自行约定，不受监管约束。

（2）对于一些有突出贡献的人，短期内能够获得较高的现金收益，有利于促进他们充分发挥自身的价值。

2. 主要缺点

（1）由于分红时往往需要支付现金，分红权激励会在短期内给公司带来一定的资金压力。

（2）分红权激励是一种短期激励机制，中长期激励效果一般，可以和其他激励模式结合使用。

从总体上看，公司和员工对分红权激励的认识比较一致。分红权激励是一种利益分享机制，与岗位挂钩，可以把激励对象的利益和股东的利益有机结合起来，能够实现有效激励，因此公司和员工开展分红权激励的积极性很高。

（五）经典案例

案例 2-9　　　　　　　　　　非上市公司分红权激励

中国航空报社于 2017 年 7 月 11 日刊登了《非上市公司分红权激励》，以下为该分红权激励方案的主要内容。

1. 适用范围

非上市航空制造企业、科研院所、重点民品企业。

2. 政策依据

岗位分红权激励的实施由集团制定政策，项目分红权激励的实施参照《中华人民共和国促进科技成果转化法》的有关规定。

3. 激励工具

岗位分红权和项目分红权。

4. 基本条件

战略明确，主业突出，近 3 年主营业务收入占总收入比重不低于 50%；管理制度规范，内部控制制度健全，质量和财务状况良好；方案制定的前 3 年年度经营业绩考核结果达到 B 级及以上。

（1）岗位分红权。除以上条件外，激励方案制定的上一年度人均利润等效益指标及劳动生产率等劳动效率指标不低于同行业平均水平；近 3 年税后利润累计形成的净资产增值额应当占近 3 年年初净资产总额的 10% 以上，且实施激励当年年初未分配利润为正数。

（2）项目分红权。除以上条件外，用于激励的科技成果转化项目应当符合《中国航空工业集团公司促进科技成果转化指导意见》的有关规定；优先支持符合集团战略方向，技术来源为航空技术、军品技术的科技成果转化项目实施项目分红权激励。

5. 激励对象

（1）岗位分红权激励对象限于董事、高级管理人员以及对单位或重点项目整体业绩和持续发展有直接影响的核心技术骨干和重要经营管理人员。原则上每次激励人数不超过单位在岗职工总数的15%。

（2）项目分红权激励对象原则上应为科技成果项目的主要完成人员、核心技术人员，项目产业化的主要经营管理人员、推广转化人员等。

6. 激励额度

（1）岗位分红权。原则上企业年度岗位分红激励总额不高于当年税后利润的15%，并控制在单位当年工资总额的5%以内。

（2）项目分红权。按照企业规定或者与重要技术人员约定的方式、数额和时限执行。单位未规定，也未与重要技术人员约定的，按照国家有关规定执行。

7. 激励收益

（1）岗位分红权。激励对象个人岗位分红所得不得高于其薪酬总水平（含岗位分红）的40%。

（2）项目分红权。结合激励总额、激励人数、薪酬水平等因素，根据激励对象个人在职务成果完成和转化过程中的贡献以及绩效考核结果确定。

8. 岗位分红业绩考核要求

（1）实施岗位分红权激励期间，单位应当达到业绩考核目标，原则上不得低于单位近3年平均业绩水平、上一年度实际业绩水平和同行业平均业绩水平。

（2）业绩考核指标以整体经济效益和型号任务或重点任务完成情况为主，应包括反映单位经济效益的指标、单位运营质量的指标、型号任务或重点任务完成指标3类。

十、虚拟股票期权

（一）相关概念

虚拟股票期权是指公司授予激励对象的一种权利，激励对象可以在规定的时期内以事先确定的价格购买一定数量的本公司的虚拟股票，也可以放弃这种权利。

目前，我国有些上市公司应用的虚拟股票期权是虚拟股票和股票期权的结合，即公司授予激励对象的是一种虚拟的股票认购权，激励对象行权后获得的是虚拟股票。虚拟股票期权一般仅适用于上市公司，对于非上市公司基本很难适用。

（二）股票期权、虚拟股票（权）和虚拟股票期权的比较

股票期权、虚拟股票（权）和虚拟股票期权的比较如表 2-6 所示。

表 2-6 股票期权、虚拟股票（权）和虚拟股票期权的比较

比较项目	股票期权	虚拟股票（权）	虚拟股票期权
适用主体	上市公司	上市/非上市公司	上市公司
适用前提	假定证券市场是有效的	对非上市公司没有相关适用前提	假定证券市场是有效的
可否转让等	不能转让和用于担保、偿还债务等	不能转让和用于担保、偿还债务等	不能转让和用于担保、偿还债务等
是否行权	取决于未来股价	不需要行权	取决于未来股价
获利原理	与二级市场挂钩，具有一定的不确定性	一般与二级市场无关	与二级市场挂钩，具有一定的不确定性
是否持股	行权之前，不持有股票；行权之后，持有股票	无论是否行权，均不真实持有股票	无论是否行权，均不真实持有股票
股东权利	行权之后，股东权利是完整的	无表决权、所有权等	无表决权、所有权等
激励对象是否需要付现	行权时需要支付股票对价	一般不需要	可能会需要
公司是否需要付现	无论是否行权，不需要	一般需要	一般需要
是否稀释原有股权	行权的股票来源于增发股票时，稀释原有股权	不稀释原有股权	无论是否行权，不稀释原有股权
收益最终负担主体	二级市场	公司自身	一般为公司自身，受二级市场影响

虚拟股票期权是虚拟股票（权）和股票期权的结合，熟知虚拟股票（权）和股票期权的优缺点后，对于虚拟股票期权的优缺点也能够一目了然，所以此处不再赘述。虚拟股票期权在实际应用中并不多见。

十一、账面价值增值权

（一）相关概念

账面价值增值权是指直接用每股净资产的增加值来激励其高管人员、技术骨干和董事，适合一些现金流量比较充裕且股价比较稳定的非上市公司或上市公司。账面价值增值权不是真正意义上的股票（权），因此没有所有权、表决权、配股权。

账面价值增值权具体分为购买型和虚拟型两种。购买型是指激励对象在期初按每股净资产值实际购买一定数量的公司股份（权），在期末再按每股净资产期末值回售给公司。虚拟型是一种模拟认股权方式，指激励对象在期初不需支出资金，公司授予激励对象一定数量的名义股份（权），在期末根据公司每股净资产的增量和名义股份（权）的数量

来计算激励对象的收益，并据此向激励对象支付现金。

账面价值增值权具有以下特点。

（1）账面价值增值权是与证券市场无关的股权激励模式，激励对象所获收益仅与公司的一项财务指标——每股净资产值有关，而与股价无关。

（2）账面价值增值权不能流通、转让或继承，员工离开公司将失去其权益。

（3）这种激励方式使业绩和管理水平直接挂钩，让管理者专注于每股净资产的增长，为公司市值稳步增长打下基础。

（二）优缺点

1. 主要优点

（1）用股票（权）的账面价值来衡量和激励员工，可以有效避免股票市场因素对股票价格的干扰。

（2）账面价值增值权不能流通、转让或继承，员工离开企业将失去其权益，因而有利于稳定员工队伍。

（3）具体操作比较方便、快捷。

2. 主要缺点

（1）每股净资产的增加幅度通常比较有限，没有充分利用资本市场的放大作用，难以产生较大的激励作用。

（2）无论是购买型还是虚拟型，激励对象最终都没有实际持有公司的股票（权），长期激励效果相对较弱。

十二、干股

（一）相关概念

"干股"两字并不存在于《公司法》的法律条文中，实际上也没有干股这一股票类型，关于其概念并没有统一的规范，中国最高人民法院、最高人民检察院发布的《关于办理受贿刑事案件适用法律若干问题的意见》中将干股定义为"未出资而获得的股份"。但在实际中，大多数人都熟悉"干股"，尤其是在中小企业，经常会听到给谁多少干股之类的说法。

按照大家通俗的理解，所谓的干股是没有付出成本而获得的股权（股份）。当然这个股权（股份）的存在形式通常是多样的，有可能是真实存在的，也有可能是虚拟的或者是被代持的。大多数中小企业会将干股赠送给一些有特殊贡献或有背景资源的人，他们能够为公司业务带来重大贡献。干股持有人往往不在意其表决权，更看重企业未来的分红或上市后的溢价收益。

关于干股的概念有以下几点值得关注。

（1）干股通常是无偿获得的，获得者不需要付出成本，因此对于获得者而言几乎没有风险，可享受未来的预期收益。

（2）干股的存在形式是多样的，有些是实际持有的，有些是虚拟的，有些不方便出面的人通常采取代持的形式。所以在有些情况下，有人将干股定性为虚拟股，是不准确的。

（3）现实中也有人把知识产权、非专利技术等无形资产的出资称为"干股"。这种说法没有正确认识无形资产的资产价值，无形资产也有其价值，虽然没有付出现金，但是也相应地付出了成本，因而不属于干股的范畴。

（4）干股的取得和存在往往依据相关协议，有些是赠与形式的协议，有些是抽屉协议[①]。在实际操作中，很多中小企业通常以赠送干股的形式获取某种经济利益，干股甚至已演变成一种受贿行为，《关于办理受贿刑事案件适用法律若干问题的意见》规定："干股是指未出资而获得的股份。国家工作人员利用职务上的便利为请托人谋取利益，收受请托人提供的干股的，以受贿论处。"

（二）干股的类型及定性

很多人将干股作为股权激励的一种形式，但实际上干股的存在形式有很多种，大多超越了股权激励的范畴，尤其是干股并没有赠送给公司员工，这种情况很明显不属于股权激励的范畴，但是很多相关书籍把干股作为股权激励的一种方式，所以本书将系统地讲解干股，以帮助读者更准确地理解干股的概念和性质。

笔者总结了目前中小企业中流行的干股类型，相关的分类及定性如表 2-7 所示。

表 2-7 干股的分类及定性

干股的分类	基本概念	是否属于股权激励范畴
权力干股	公司或者股东无偿赠送给掌握某种公共权力和资源的人的股份（权）	否
管理干股	公司或者股东无偿赠送给公司管理者的股份（权）	是
技术干股	公司或者股东无偿赠送给公司技术骨干或某种技术诀窍掌握者的股份（权）	是
信息干股	公司或者股东无偿赠送给为公司提供经营信息的人的股份（权）	否
员工干股	公司或股东无偿赠送给公司员工的股份（权）	是
亲友干股	公司或股东无偿赠送给其亲友的股份（权）	否

（三）干股的延伸

干股可追溯到晋商的身股制度，它产生的确切年代已无从考证，在明末清初时广为流行，直到 1949 年才逐渐消失，经历了两三百年的历史。

---

① 抽屉协议是指银行与企业一同签订的私下协议，没事的时候放在抽屉里，除了协议双方外人都不知道；一旦有相关情况发生就拿出来，因为双方都签字盖章了，同样具有法律效应，银行可以据此追索。

晋商的身股制度实际上是干股的雏形

晋商的身股制度又称"顶身股制度",是晋商票号中一种特有的组织管理及利润分红制度。身股制度在晋商的商业实践中收到了良好的效果,对于掌柜等经营者具有极强的激励与约束作用,同时也使财东获得极高的收益。

根据史料记载,晋商票号中大致包括三种"股份",即银股、身股和财神股[①]。

银股指财东(出资人)在立合约时的股资。如资本10万两,每万两为1股,则银股共为10股。

身股是票号中的掌柜(经理)以及资历深又有功劳的伙友(职员)的报酬,也以"股"的形式分配。身股并无真正的出资,但在利润分配上同银股享有一样的权利。在有些票号,掌柜(经理)或伙友(职员)去世后,每逢账期,仍可按照生前所拥有的身股享受1~3个账期的分红,这时的身股又可称为"故股"或"协账"。身股的分配依伙友(职员)的资历不同而不同。一般而言,总号掌柜(经理)占1股,在与财东立合约时,就写入合约内;其他伙友(职员)的身股则不在合同中列明,而是随着票号的经营发展而逐渐分配。因此,随着时间的推移,身股的数量会渐次增多,甚至最终多于银股。

如今,除了干股之外,在很多中小企业还经常能听到身股和银股的概念,虽然这两者本身并没有太大的实际意义,但很多培训机构在讲股权激励时故弄玄虚,让很多中小企业丈二和尚摸不着头脑,故此处对相关概念进行简单的分析比较,如表2-8所示。

表2-8 干股、身股和银股的比较

比较项目	干股	身股	银股
基本概念	没有付出成本而获得的股权(股份)	身股又称为技术股或在职股,不用付出成本而获得	出资获得的股权(股份)
激励对象	可以激励内部员工,也可以激励外部有资源的人等	只限于公司岗位上的员工,只针对内部人员	对内、对外都可以
是否有偿	无偿	无偿	有偿
持股方式	实际持股、代持、虚拟	实际持股、代持、虚拟	通常实际持股
股东权利	虚拟持股时股东权利不完整,其他形式根据协议约定	虚拟持股时股东权利不完整,其他形式根据协议约定	股东权利通常是完整的

---

① 财神股的来历:大盛魁在初创时,营业很不顺利。过大年的时候,王相卿、史大学、张杰三个人已经揭不开锅,只能喝些米汤充饥。就在这个时候,来了一位身穿蒙古袍、背着一个包裹的壮汉,要吃饭充饥。他三人见壮汉是过路人,便热情接待,把仅有的米汤让给壮汉喝。壮汉喝完米汤后说要出去办点事,便留下包裹走了。此后,壮汉未返回。于是,三人打开包裹,发现包裹里竟然装着白银。三人多次打探壮汉下落未果,便商议暂时挪用壮汉留下的白银作为商号资本,扩大经营。此后,商号生意十分顺利,赚了不少银两。三人觉得在他们最困难的时候,是财神化身壮汉给他们送来了资本,便留出那位壮汉包裹里的白银数额作为财神股,把此股所分红利记入"万金账",作为护本。

（四）对中小企业实施干股激励的建议

干股虽然在某种意义上具有一定的激励作用，但建议中小企业谨慎选择，以下几点建议供参考。

（1）不建议过多的人持干股。我们发现很多中小企业中存在很多持有干股的人，在中小企业的发展过程中，需要引进一些有资源的人，这本无可厚非，但如果持有干股的人过多，可能面临几个问题：一是引发税务风险，股权处理方式不同，产生的风险也不同；二是可能对实际干活出力的人不公平，容易引起其他员工不满情绪。

（2）持股形式和处理方式尽量合规合法。很多干股的存在通常依赖抽屉协议，有些人不宜出现在股东名册中的人甚至采用代持的形式。这些处理方式都存在不合规的情况，容易导致一些纠纷和法律风险。建议中小企业在必须赠与干股的情形下，处理过程尽量合法合规，协议尽量公开、公正、约定清晰，必要时可以聘请相应的顾问机构，以免产生麻烦和纠纷。

（3）干股通常存在于非上市公司中，上市公司由于信息公开、监管严格以及属于公众公司，不太适合采用干股的激励形式；非上市公司信息不公开，不受监管，故很多中小企业存在干股的激励形式。

十三、十二种模式的综合比较

很多企业可能接触过一些新概念，相应采取了一些激励手段，例如企业上下游激励、积分制激励等，这些激励手段只能算是一种激励方式，从严格意义上讲，它们不属于股权激励的范畴。为了使中小企业了解各种股权激励模式，笔者从多个维度对十二种股权激励模式进行了综合比较，便于中小企业在股权激励实务中更好地进行选择。

（一）从权和利的分配角度比较

从权和利的分配角度来看，可以将股权激励模式分为三大类：只分利的模式，先分利后分权的模式和分权分利的模式。

（1）只分利是指对激励对象只进行利益分配上的奖励，激励对象通常不能获得股份（权）的表决权和所有权等，股东权利是不完整的，例如虚拟股票（权）模式。

（2）先分利后分权是指激励对象先获得股票（权）的分红权，之后才会获得表决权和所有权，如期股模式。权和利的获得有先后顺序，权和利都得到后，激励对象才会获得完整的股东权利，包含分红权、表决权和所有权等。

（3）分权分利是指在进行股权激励时，激励对象获得的股权是完整的，即同时获得分红权、表决权和所有权等。

从权和利的分配角度来看，十二种股权激励模式的分类如表2-9所示。

第二章 量体裁衣：股权激励十二大模式

表 2-9 十二种股权激励模式的分类

权和利的分配情况	包含的激励模式
只分利模式	虚拟股票（权）、股票增值权、延期支付、分红权、虚拟股票期权、账面价值增值权、干股（虚拟情形）
先分利后分权模式	股票期权、期股
分权分利模式	限制性股票（权）、管理层收购、干股（直接持股、协议无特殊约定情形）、业绩股票（权）（达到业绩兑现后）

（二）从股权激励要素的角度比较

根据股权激励的核心要素对十二种股权激励模式进行系统的总结和比较，如表 2-10 所示。

表 2-10 股权激励模式的比较

激励模式		是否实股	稀释股权	激励收益	员工是否需要现金支出	公司是否需要现金支出	适宜主体
限制性股票（权）		是	是	分红/增值/投票权	有/无	无	上市/非上市
虚拟股票（权）		否	否	分红/增值	无	有	上市/非上市
股票期权		是	是	增值	有	无	上市
股票增值权		否	否	增值	无	有	上市
业绩股票		是	是	分红/增值/投票权	有/无	有/无	上市/非上市
延期支付		否	否	分红/增值	无	有	上市
期股		是	是	分红/增值/投票权	有	无	上市/非上市
管理层收购		是	是	分红/增值/投票权	有	无	上市/非上市
分红权		否	否	分红	无	有	上市/非上市
虚拟股票期权		否	否	增值	无	有	上市
账面价值增值权		否	否	增值	无	有	上市/非上市
干股	实股	是	是	分红/增值/投票权	无	无	非上市
	虚拟	否	否	分红/增值	无	无	非上市

股票期权、股票增值权这两种模式也适用于部分具有公允价格的新三板公司。

（三）小结

笔者根据相关法律法规及实践案例，总结了十二种股权激励模式。每一种激励模式都有其优点，也有其局限性。中小企业需要结合自身的情况，综合考虑行业特点、企业发展阶段、管理团队、股权结构、未来规划以及不同模式的适用性，选择适合自己的激励模式或者组合激励模式，切忌盲目效仿他人。只有适合自己的模式才是最好的模式，也只有适合自己的模式才能达到理想的激励效果。

第三章

因地制宜：股权激励十二大要素

在设计股权激励方案时，需要综合考虑的要素比较多，主要包括定目的、定对象、定模式、定载体、定数量、定价格、定时间、定来源、定条件、定调整、定规则、定考核，也称为股权激励"十二定"。在实务中，以上要素不一定会全部涉及，比如有些书籍会提到股权激励"十定"，实际表达的核心思想都是一致的。

本章系统阐述了股权激励十二大要素的定义、规定、使用方法、设置方法等内容，并给出对应的案例。中小企业可以因地制宜，根据不同要素的具体内容以及企业的特点设计适合自己的方案。

一、定目的：有的放矢、对症下药

股权激励计划可以把股东的长远利益、公司的长期发展和员工的自身利益有效地结合在一起，从而促使公司经营者在谋求公司与股东利益最大化的同时获得自身利益的最大化。此外，股权激励计划是一种较为长期的激励机制，在一定程度上能够防止公司经营者的短期行为，防范"内部人控制"等侵害股东利益的行为。这也是股权激励经久不衰、日益被重视的重要原因。

实施股权激励，每个公司都有其目的性，没有一定的目的性则没有实施股权激励的基础。关于股权激励的目的，每个中小企业都有所不同，归纳起来无非以下几个方面。

（一）完善公司治理结构，丰富公司内部管理制度

股权激励是完善公司治理的重要制度基础，也是公司薪酬考核体系的重要组成部分，股权激励的主要目的之一便是完善公司治理结构，丰富公司内部管理制度。

1. 完善公司治理结构

在股权激励实施前，大多数中小企业的公司治理结构往往非常简单，没有完善的股东大会、董事会及监事会制度，公司在决策时往往出现大股东"一言堂"的局面，大股东决策的正确性直接影响公司的发展。在创业初期，大股东决策的高效率和果断性，或许会对公司的发展具有重要的积极作用。但是，随着公司的发展和壮大，公司所面临的外部环境和内部环境会发生变化，所面临的事务也将日益复杂，有些决策不仅需要依赖经验，更需要专业的知识、宏观的思维甚至是敏锐的嗅觉，因此公司需要实施股权激励，引进内部股东，多倾听不同的声音，这样既能完善公司治理，也能保障公司决策的准确性，从而促进公司健康发展。

2. 丰富公司内部管理制度

股权激励是公司薪酬体制的重要组成部分，中小企业在起步阶段通常采用"工资＋奖金"的传统薪酬体制，股权激励是传统激励体制的补充和提升，能够弥补公司薪酬体制的缺位，丰富公司的内部管理制度，将员工利益和公司利益紧紧捆绑，员工由给公司打工变成给自己打工，可全方位提升员工的积极性和责任感。

案例 3-1　优化薪酬结构＋股权激励，航锦科技（000818）精细化管理聚人心

东方财富网 2018 年 8 月 11 日报道《优化薪酬结构＋股权激励 航锦科技精细化管理聚人心》，以下为其主要内容。

股权激励考核目标定得高，而且高管"大降薪"，通常会引发员工"怨声载道"，但在航锦科技呈现的却是另一番景象——员工积极向上，公司生机勃勃。

"无论是大幅调降高管年薪，还是实施股权激励计划，都是基于公司发展实际，也是我们精细化管理的实践。只要了解我们公司的发展脉络，就会真正了解我们采取这些精细化管理措施的深意。"航锦科技董事长蔡卫东如是说。

1. 股权激励考核目标有凭有据

8月1日，航锦科技发布公告称，将在员工中实施股权激励计划。按照草案，公司计划以回购股票中的1800万股（占公司股本总额的2.6%）作为上市公司核心管理团队和业务骨干的股权激励，激励对象包括在公司（含子公司）任职的董事、高管、中层管理人员、核心技术（业务）人员，共计348人。

根据计划，授予的限制性股票在登记完成日起满12个月后分三期解除限售，每期解除限售的比例分别为40%、40%、20%。其中，第一个解除限售期要求2018年扣非净利润不低于4.037亿元；第二个解除限售期要求2018年、2019年扣非净利润累计不低于9.284亿元；第三个解除限售期要求2018年、2019年、2020年扣非净利润累计不低于16.106亿元。

公司2017年扣非净利润为2.374亿元，按照草案，要想拿到激励股权，2018年扣非净利润要同比增长70%，这较市场中常见的30%增幅高出不少。如此看来，航锦科技此次激励考核目标不可谓不高。

对此，蔡卫东信心满满："目标看起来似乎挺高，但是就公司实际看，其实并不高。"一方面，无论是原来不合理的薪酬结构，还是管理中存在的"跑冒滴漏"现象，都说明公司在管理上还有巨大的空间可挖；另一方面，随着去产能后市场行情的转暖，给公司提供了一个良好的外部环境。因此，此次股权激励考核目标绝不是"遥不可及"的。

航锦科技2018年半年报印证了蔡卫东的判断。公司上半年扣非净利润达到2.4亿元，同比增长255%。因为化工行业业绩均是下半年好过上半年，所以公司完成4.037亿元的全年考核目标并非难事。

2. 精细薪酬管理彰显激励作用

通过改变原有不合理的薪酬结构，大大降低了公司成本。蔡卫东表示："以前公司的薪酬结构并不合理，几名高管年薪十分高，挤占了公司的利润，激励作用也不明显。"

对此，公司大幅调整高级管理人员的薪酬。原董事长、副董事长、总经理和财务总监4个职位2017年上半年合计薪酬约2700万元，调整后现任四个职位高管2018年上半年的合计薪酬约280万元，共计减少2420万元，加上社保共计减少3400万元。2018年，仅高级管理人员工资就下降2900万元，加上社保合计减少约4000万元。

同时，公司中层及二三级部门管理岗位的平均薪酬也整体调低，主要源于中层以及二三级部门的管理结构调整，部分职能部门合并，促使中层以及二三级管理岗位数量减少。截至2018年6月，母公司在职人数4509人，同比减少397人。2018年上半年，公司中层以及二三级管理人员工资下调约1500万元，公司负担的相应社保费用下调约600万元。

通过调整，航锦科技2018年上半年管理费用同比下调7900余万元，其中管理人员工资下调6387万元。

管理层工资下调，但普通员工的收入却在稳步提高。2016年，公司普通员工平均工资为5万元，2017年增至5.75万元，2018年有望达到6万元，这个收入在葫芦岛当地属于较高水平。蔡卫东说："这些普通员工的工资在报表中体现为'生产费用'，并没有体现为'管理费用'，如果仔细看，就能发现我们一线员工的工资始终在增长。"

2017年12月，航锦科技还实施了员工持股计划，3484名员工参加，共同分享公司的发展成果。

（二）激励和留住人才，助力员工实现自我价值

股权激励是激励和留住人才的重要方式，也是员工实现自我价值的重要途径，没有核心员工的鼎力协助，公司发展将无以为继。所以说，股权激励的另一个主要目的便是激励和留住人才，助力员工实现自我价值。

1. 激励和留住人才

实施股权激励后，员工的角色会发生变化，不再是单纯的雇员，而是公司的股东，拥有相应的所有权，员工的主人翁精神和责任感会油然而生，员工会更忠诚，更愿意长久地服务于公司，与公司融为一体，以公司为荣。留住人才和激励人才是大多数公司实施股权激励的一个重要目的。

2. 助力员工实现自我价值

随着社会经济的发展和人类文明的进步，生活温饱富足不再是员工的终极追求，单一的薪酬体制不能满足员工的内心需求。根据马斯洛需求层次理论，如图3-1所示，如今，员工的需求已经从初级阶段上升到中级阶段甚至高级阶段，除了薪酬，被尊重以及自我价值的实现也是员工所普遍看重的，这是传统薪酬体制难以满足的，而股权激励是满足这些需求的有效方式。通过股权激励，员工被认可、被尊重，对很多员工来说，这是无上的荣耀，即便是没有被纳入股权激励的员工也会得到激励；通过股权激励，员工成为股东，成为公司的一分子，员工有了实现自我价值的平台，这样能够激发员工的创造力和解决问题的能力，从而发挥自身最大潜能，实现自我价值。

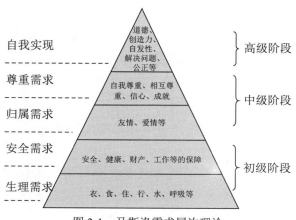

图 3-1　马斯洛需求层次理论

（三）降低人力成本，丰富公司融资渠道

1. 降低人力成本

通过股权激励，可以完善公司的薪酬体制，过去通过付现等方式实现的奖励，可以转变为股权激励方式。对于公司而言，减轻了付现压力，降低了人力成本；对于员工而言，可通过股权激励获得股票（权），未来实现增值，员工获得的收益将远多于当期的现金奖励，这是个双赢的过程。因此，降低人力成本，也是很多现金比较紧张的公司实施股权激励的一个主要目的。

2. 丰富公司融资渠道

股权激励是公司融资的一个重要渠道。除个别不需要激励对象自行负担成本的股权激励方式外，股权激励可以作为公司融资的一个重要方式。通过股权激励，激励对象购买公司股权，获得公司未来增值的溢价收益；而公司获得激励对象购买股权的资金，可以缓解公司的资金压力，保障公司现金流的充沛。

案例 3-2　　　　国源科技 2017 年度股权激励股票发行方案

根据东方财富网发布的北京世纪国源科技股份有限公司（以下简称"公司"）《2017年度股权激励股票发行方案》，以下为本次发行方案的相关内容。

1. 发行目的

本次股票发行用于偿还银行贷款、补充母公司及全资子公司流动资金，保障公司经营的可持续发展，增强公司综合竞争能力，激励核心员工的积极性和创造性。

2. 发行对象

（1）现有股东优先认购安排。根据公司章程相关条款，现有股东不享有优先购买权。

（2）发行对象。公司董事会通过的本次发行方案，发行对象为符合《全国中小企业股份转让系统投资者适当性管理细则（试行）》规定的 33 名新增外部合格投资者和 3 名原有股东。

3. 发行价格及定价方法

（1）本次股票发行价格为 8 元/股。本次股票发行价格综合考虑了公司所属行业、公司的商业模式、公司成长性、每股净资产、市盈率等多种因素，并与投资者协商后最终确定。

（2）本次股票发行的目的是实施股权激励，应按照《企业会计准则第 11 号——股份支付》的规定进行会计处理，考虑波动性、全国中小企业股份转让系统二级市场的流动性和公司前次定向增发价格，每股股票公允价值确定为 10 元，因此发行价格低于每股股票公允价值。公司应确认的总费用为：（每股股票公允价值－认购价格）× 认购股份数＝（10-8）×3 940 000＝788（万元）。本费用应计入管理费用，并确认资本公积。

4. 发行股份数量

本次拟发行股份数量为 3 940 000 股，拟募集资金总额为 31 520 000 元。

5. 公司分红派息、转增股本及其对价格的影响

公司在董事会决议日至股份认购股权登记日期间不会发生除权、除息情况，不需要对发行数量和发行价格进行相应调整。

公司成立以来发生的分红派息、转增股本的情况，不会对公司本次股票发行价格造成影响。

在案例 3-2 中，国源科技通过股权激励的方式发行股票 3 940 000 股，拟募集资金总额为 31 520 000 元，募集资金用于偿还银行贷款、补充母公司及全资子公司流动资金，以激励核心员工的积极性和创造性，增强公司综合竞争能力，保障公司可持续发展。

（四）促进公司发展，实现公司长远规划

促进公司发展，实现公司长远规划，是股权激励的终极目的，也几乎是所有公司实施股权激励都会涉及的内容，只是表述上略有差异而已。

1. 促进公司发展

股权激励最重要的目的当然是促进公司发展，实现股东价值最大化。通过有效地实施股权激励，能够激发员工积极性，增强员工的主人翁精神和责任感，从而有利于促进公司业绩的大幅提升，最终结果是提升公司的价值，实现股东价值最大化。

2. 实现公司长远规划

股权激励能够将股东利益、公司利益和激励对象的个人利益有效地结合在一起，促使激励对象为了实现公司的长远规划和战略目标而不断努力。通过股权激励留住人才，激励对象才能够与公司一起成长，共同实现公司的长远发展规划和目标。

案例3-3　　　　　　安华智能2017年股权激励计划的目的

根据东方财富网发布的安华智能股份公司（以下简称"公司"）《2017年度股权激励计划》，本次股权激励计划的目的如下所述。

（1）进一步完善公司治理结构，建立健全公司长期、有效的激励约束机制，完善公司薪酬考核体系，促进公司持续、稳健、快速地发展。

（2）鼓励并奖励业务创新和变革精神，增强公司的竞争力，吸引与稳定不同岗位的核心员工。

（3）通过实现股东、公司和员工利益的一致性，有效调动管理团队和骨干员工的积极性，确保公司未来发展战略和经营目标的实现。

案例3-4　　　　　博士眼镜（300622）2018年股权激励计划的目的

根据东方财富网发布的博士眼镜连锁股份有限公司（以下简称"公司"）《2018年限制性股票激励计划（草案）》，本次股权激励计划的目的和原则如下所述。

为了增强公司核心团队的凝聚力，将公司价值和员工价值统一起来，促进公司长远发展，充分调动公司董事、高级管理人员、中层管理人员、核心业务骨干的积极性，在充分保障股东利益的前提下，按照收益与贡献对等原则，根据《公司法》《中华人民共和国证券法》（以下简称《证券》）等有关法律、法规和规范性文件以及《公司章程》的规定，制订本激励计划。

二、定对象：优胜劣汰、公平公正

定对象是指确定股权激励对象，即股权激励拟授予的人员。根据股权激励的含义，股权激励对象为公司的员工，可以是全体员工，也可以是部分员工。股权激励对象包括但不限于公司的董事、高级管理人员和核心人员，一般员工也可以成为激励对象。给予非公司内部员工的股权，原则上不属于股权激励的范畴。

（一）关于激励对象的相关要求

1. 关于上市公司的相关要求

1）《上市公司股权激励管理办法》的相关要求

《上市公司股权激励管理办法》第八条规定，激励对象可以包括上市公司的董事、高级管理人员、核心技术人员或者核心业务人员，以及公司认为应当激励的对公司经营业绩和未来发展有直接影响的其他员工，但不应当包括独立董事和监事。外籍员工任职上市公司董事、高级管理人员、核心技术人员或者核心业务人员的，可以成为激励对象。

单独或合计持有上市公司5%以上股份的股东或实际控制人及其配偶、父母、子女，不得成为激励对象。此外下列人员也不得成为激励对象：①最近12个月内被证券交易所认定为不适当人选；②最近12个月内被中国证监会及其派出机构认定为不适当人选；③最近12个月内因重大违法违规行为被中国证监会及其派出机构行政处罚或者采取市场禁入措施；④具有《公司法》规定的不得担任公司董事、高级管理人员情形的；⑤法律法规规定不得参与上市公司股权激励的；⑥中国证监会认定的其他情形。

"具有《公司法》规定的不得担任公司董事、高级管理人员情形的"是指《公司法》第一百四十六条的规定："有下列情形之一的，不得担任公司的董事、监事、高级管理人员：（一）无民事行为能力或者限制民事行为能力；（二）因贪污、贿赂、侵占财产、挪用财产或者破坏社会主义市场经济秩序，被判处刑罚，执行期满未逾五年，或者因犯罪被剥夺政治权利，执行期满未逾五年；（三）担任破产清算的公司、企业的董事或者厂长、经理，对该公司、企业的破产负有个人责任的，自该公司、企业破产清算完结之日起未逾三年；（四）担任因违法被吊销营业执照、责令关闭的公司、企业的法定代表人，并负有个人责任的，自该公司、企业被吊销营业执照之日起未逾三年；（五）个人所负数额较大的债务到期未清偿。公司违反前款规定选举、委派董事、监事或者聘任高级管理人员的，该选举、委派或者聘任无效。董事、监事、高级管理人员在任职期间出现本条第一款所列情形的，公司应当解除其职务。"

2）2018年8月15日的最新修订

为深入贯彻党的十九大精神，落实党中央、国务院关于加快建设人才强国的战略要求和深入推进资本市场对外开放的部署安排，丰富资本市场投资主体，拓宽资金入市渠道，优化资本市场结构，经国务院同意，中国证监会正式发布《关于修改〈证券登记结算管理办法〉的决定》《关于修改〈上市公司股权激励管理办法〉的决定》，进一步放开符合规定的外国人开立A股证券账户的权限。

本次修改内容主要涉及以下两个方面。

（1）修改《证券登记结算管理办法》的有关规定，在原有规定的中国公民、中国法人、中国合伙企业等投资者范围基础上，增加"符合规定的外国人"作为投资者类别之一，并规定外国人申请开立证券账户的具体办法，由证券登记结算机构制定，报中国证监会批准。根据这一修改，允许在境内工作的外国自然人投资者开立A股证券账户。

（2）修改《上市公司股权激励管理办法》，将可以成为股权激励对象的境内上市公司外籍员工范围，从在境内工作的外籍员工，扩大到所有外籍员工。

修改后的《证券登记结算管理办法》和《上市公司股权激励管理办法》于2018年9月15日起正式施行，同时，中国证券登记结算有限责任公司（以下简称中国结算）出台有关外国人开立A股证券账户的实施规则。

2. 关于非上市公众公司的相关要求

根据《非上市公众公司监管指引第6号——股权激励和员工持股计划的监管要求（试行）》，激励对象包括挂牌公司的董事、高级管理人员及核心员工，但不应包括公司监事。

挂牌公司聘任独立董事的,独立董事不得成为激励对象。

核心员工的认定应当符合《非上市公众公司监督管理办法》的规定。

3. 关于其他非上市公司的相关要求

针对其他非上市公司,并没有专门的关于激励对象的限制和要求,只要符合《公司法》及相应的规范和要求即可,但以下几点需要注意。

(1)独立董事。非上市公司的独立董事不能成为股权激励对象,一是因为独立董事不是公司的员工,二是因为如果给予独立董事股权激励则违背了独立董事应该保持独立性的基本原则。

(2)上市公司监事不可以成为股权激励对象,但是对于其他非上市公司,监事能否成为公司股权激励对象并无禁止性规定,法无禁止即可为,理论上非上市公司监事可以成为股权激励对象。但是基于公司监事所承载的对公司事务的监督职权,以及为了符合上市的相关要求或者与未来公司上市相匹配,一般也不建议非上市公司的监事成为股权激励对象,以保障公司监事在履行监督职责时保持应有的客观性和公正性,不受干扰。

(3)具有《公司法》规定的不得担任公司董事、高级管理人员情形的,虽然非上市公司并无限制,但是相关人员一般也不适合成为股权激励对象。

(4)非公司员工不能成为股权激励对象。

(二)激励对象的确定

1. 定人的基本原则

定人的基本原则是公平、公开、公正。这是股权激励的重要原则,实施股权激励要一碗水端平,不能有失公允,否则不但不能起到激励的效果,反而会导致部分员工的不满。因此在实施股权激励之前,要制定一套清晰的激励对象确定原则,以客观为依据,不掺杂主观情绪,并对激励对象进行公示,接受其他员工的监督。

2. 定人的三个层面

(1)核心层员工。核心层员工为公司的中流砥柱,与公司共命运、同发展,需要具备牺牲精神。

(2)骨干层员工。骨干层员工为公司的"红花"、机会主义者,他们往往是股权激励的重点对象。

(3)操作层员工。操作层员工为公司的"绿叶",可替代性强,不宜作为股权激励的重点对象。

对不同层面的人应该区别对待,往往很多时候,骨干层员工是股权激励的重点对象。

3. 定人的参考因素

(1)工作年限。工作年限是确定激励对象的首要参考因素之一,一般要求在公司工作满多少年才能划入激励对象的范围。当然工作年限够了,也未必一定成为激励对象。

工作年限的标准通常适用于公司正式员工，他们签订了正式的劳动合同，工作满一定的年限、比如3年或5年，这样的员工比较稳定。通常还会授予董事会一定的破格特批权，比如有特殊贡献的员工，可以破格入围成为激励对象。

（2）历史贡献。一个碌碌无为、没有任何贡献的员工不适合成为激励对象，没有价值的员工自然要在股权激励时被淘汰出局。与历史贡献有关的因素很多，比如业绩、技术突破、为公司节省成本及其他技能等，每个公司都有自己的考核标准，可以根据考核标准来综合考量。

（3）潜在价值。潜在价值也是一个重要的参考因素，对于一些有特殊能力、具有不可替代性、未来能够发挥重要作用的特殊人才，也需要进行股权激励，这样能够有效地激励新员工以及对公司发展具有重大价值的人，激励他们发挥自己的特殊才能。

（4）志同道合。志同道合，即认同公司的价值观和文化，这也是重要的参考因素。"道不同不相为谋"，只有志同道合的人，才能跟随公司一起发展、成长。三心二意、"这山望着那山高"、志趣不同的人员，不能成为股权激励对象。

（5）遵纪守法。股权激励对象必须是遵纪守法、诚实守信的人员，不能有违法违纪的行为，不能有违反《公司法》《证券法》等相关规定而被监管机构限制的行为。

（6）数量适中。每一批股权激励对象不宜太多，人数太多，在总额度不大的情形下，每个人得到的比例甚少，股权激励效果会大打折扣。另外，如果股权激励对象太多，会导致没有付出太多的人也成为激励对象，这样容易让人误解，反而会导致员工懈怠放松，也会影响股权激励效果。

（三）案例解析

下面我们选取两份股权激励计划来说明激励对象的确定依据和范围，其中一个案例是上市公司，另一个案例是非上市公司。

案例3-5　怡达股份（300721）2018年股权激励对象的确定依据和范围

根据东方财富网发布的江苏怡达化学股份有限公司（以下简称"公司"）《2018年限制性股票激励计划（草案）》，激励对象的确定依据和范围如下所述。

1. 激励对象的确定依据

（1）确定激励对象的法律依据。本激励计划激励对象根据《公司法》《证券法》《上市公司股权激励管理办法》等有关法律、法规、规范性文件和《公司章程》的相关规定，结合公司实际情况确定。

（2）确定激励对象的职务依据。本激励计划激励对象为高级管理人员、中层管理人员及核心技术（业务）人员（不包括公司独立董事、监事及单独或合计持有公司5%以上股份的股东或实际控制人及其配偶、父母、子女）。所有激励对象由公司董事会薪酬

与考核委员会提名，经董事会审议通过后，并经公司监事会核实确定。

2. 激励对象的范围

本激励计划首次授予的激励对象共计63人，具体包括以下人员。

（1）高级管理人员。

（2）公司中层管理人员。

（3）公司核心技术（业务）人员。

其中，激励对象刘涌系江苏怡达研发一部副部长，系实际控制人刘准先生之女婿；经公司第二届董事会第二十次会议决议通过，将激励对象骨刚聘任为公司副总经理。

本激励计划涉及的激励对象不包括公司独立董事、监事，也不包括单独或合计持有公司5%以上股份的股东或实际控制人及其配偶、父母、子女。

预留授予部分的激励对象由本激励计划经股东大会审议通过后12个月内确定，经董事会提出、独立董事及监事会发表明确意见、律师发表专业意见并出具法律意见书后，公司在指定信息披露网站按要求及时准确披露当次激励对象相关信息。超过12个月未明确激励对象的，预留权益失效。

以上激励对象中，董事必须经股东大会选举，高级管理人员必须经董事会聘任。所有激励对象必须在本激励计划的有效期内与公司具有聘用、雇佣或劳务关系。

3. 激励对象的核实

（1）本激励计划经董事会审议通过后，公司将通过公司内部OA系统公示激励对象的姓名和职务，公示期不少于10天。

（2）公司监事会将对激励对象名单进行审核，充分听取公示意见，并在公司股东大会审议本激励计划前3至5日披露监事会对激励对象名单的核查意见及公示情况。

（3）经公司董事会调整的激励对象名单亦应经公司监事会核实。

案例3-6　鼎美智装（870136）2018年股权激励对象的确定依据和范围

根据东方财富网发布的浙江鼎美智装股份有限公司（以下简称"公司"）《2018年股权激励计划》，股权激励对象的确定依据和范围如下所述。

1. 确定激励对象的依据

1）法律依据

本计划激励对象根据《公司法》《证券法》《非上市公众公司监督管理办法》《全国中小企业股份转让系统业务规则（试行）》等有关法律、法规和《公司章程》的规定，结合公司实际情况进行确定。

2）职务依据

本计划激励对象为公司监事、核心技术人员，以及公司董事会和现行高级管理人员认为可以成为激励对象的其他员工。

3）考核依据

（1）激励对象中，监事、核心技术人员，应系公司按法定程序产生。

（2）所有激励对象，在本计划的考核期内应在本公司或公司的全资、控股子公司担任全职工作，与本公司或公司的全资、控股子公司签署劳动合同并领取薪酬。

（3）本计划的激励对象承诺在接受本公司授予的股权激励时未成为其他公司的股权激励对象，在本公司或公司的全资、控股子公司任职期间只接受本公司的股权激励，并且在本激励计划实施完毕前不再接受其他公司的股权激励。

2. 激励对象的范围

本计划包括激励对象16名，具体包括以下人员。

（1）公司董事人员0名。

（2）公司监事人员3名。

（3）高级管理人员0名。

（4）核心技术人员1名。

（5）公司董事会和现行高级管理人员认为可以成为激励对象的其他员工12名。

上述人员在公司全职工作，已与公司签署劳动合同并在公司领取薪酬。

3. 不能成为本激励计划激励对象的情形

（1）最近3年内被证券交易所或股转公司公开谴责或宣布为不适当人选的。

（2）最近3年因重大违法违规行为被中国证监会、股转公司或其他政府部门给予行政处罚的。

（3）具有《公司法》规定的不得担任董事、监事、高级管理人员情形的。

（4）在任职期间有行贿受贿、贪污盗窃、泄露公司商业秘密、违背《公司法》规定或商业惯例情况下的忠实和勤勉义务等损害公司利益、声誉的情形或对公司形象有重大负面影响的违法违纪行为的。

（5）被列入失信被执行人名单的。

（6）《公司章程》规定或公司董事会认定的不得享受股权激励的其他情形。

（7）如果在本计划实施过程中，激励对象出现本条（1）～（6）款任何一款不得参与激励计划的情形，持股平台原始转让普通合伙人有权按本计划、按原授予价格全部回购已经授予给该激励对象的股票。

案例3-5中的公司为上市公司，股权激励对象不包括监事。案例3-6中的公司为新三板挂牌公司，为非上市公司，股权激励对象包含监事，此案例发生在2020年8月之前。2020年8月21日，《非上市公众公司监管指引第6号——股权激励和员工持股计划的监管要求（试行）》实施之后，激励对象不应包括公司监事。对于一般非上市中小企业，并没有限制监事成为激励对象，因此可以将监事作为股权激励对象，但是在实际操作中一般不太建议中小企业将监事作为激励对象。

三、定模式：量体裁衣、举一反三

定模式是指确定股权激励所采用的具体模式，本书第二章详细介绍了 12 种股权激励模式，其中分红权、虚拟股票期权、账面价值增值权以及干股这 4 种模式在实际应用中并不多见，本书只简单介绍相关概念，不再做具体深入的解析。本节将综合对比分析其他几种模式，有助于中小企业因地制宜，选择适合自己的股权激励模式，不至于在选择模式时无所适从。

（一）股权激励模式的比较

限制性股票（权）、虚拟股票（权）、股票期权、股票增值权、业绩股票（权）、延期支付、期股以及管理层收购的综合比较如表 3-1 所示。

表 3-1　8 种股权激励模式的综合比较

股权激励模式	是否实股	稀释股权	激励收益	员工是否需要现金支出	公司是否需要现金支出	适用主体
限制性股票（权）	是	是	分红/增值/投票权	有/无	无	上市公司/非上市公司
虚拟股票（权）	否	否	分红/增值	无	有	上市公司/非上市公司
股票期权	是	是	增值	有	无	上市公司
股票增值权	否	否	增值	无	有	上市公司
业绩股票（权）	是	是	分红/增值/投票权	有/无	有/无	上市公司/非上市公司
延期支付	否	否	分红/增值	有	无	上市公司
期股	是	是	分红/增值/投票权	有	有	上市公司/非上市公司
管理层收购	是	是	分红/增值/投票权	有	无	上市公司/非上市公司

1. 限制性股票（权）

激励对象获得实际的股票（权），因此能够稀释原有股东的股权比例。激励对象具有完整的股东权利，激励收益包括分红、增值以及投票权等。员工可以花资金购买（也有大股东无偿赠与的情况），公司无须支付现金，对于上市公司和非上市公司都适用。限制性股票（权）是应用最广泛的股权激励模式，无论是上市公司还是非上市公司，限制性股票（权）激励模式都是首选模式。

2. 虚拟股票（权）

激励对象获得虚拟股票，因此不能稀释原有股东的股权比例。激励对象不具有完整的股东权利，激励收益只来源于分红或增值，不具有投票权。员工无须花资金购买，公司需要支付激励对象激励收益。该模式对于上市公司和非上市公司都适用。虚拟股票（权）

模式在实际中应用比较多,大家熟知的华为股权激励模式,主要就是虚拟股权激励。

3. 股票期权

激励对象行权之后获得真实的股票,能稀释原有股东的股权比例。激励对象具有完整的股东权利,激励收益包括分红、增值以及投票权等。员工需要花资金购买,公司无须支付资金。该模式主要适用于上市公司(个别新三板公司也有采用)。需要说明的是,对于股票期权,激励对象行权之前是没有任何权利和收益的,行权之后才能成为真实的股东。上市公司采用股票期权模式的数量众多,仅次于限制性股票(权),它是非常受欢迎的一种股权激励模式。

4. 股票增值权

激励对象行权之后获得股票的增值收益,没有真实的股票,因此不能稀释原有股东的股权比例。激励对象不具有完整的股东权利,激励收益只来源于增值,不具有投票权。员工无须花资金购买,公司需要支付激励对象的激励收益。该模式主要适用于上市公司。需要说明的是,对于股票增值权,激励对象行权之前是没有任何收益的,行权之后才拥有股票增值收益权。股票增值权在实际中应用得比较少,采用该种模式的上市公司数量不多。

5. 业绩股票(权)

激励对象在业绩达标并行权之后获得的是真实的股票(权),因此能够稀释原有股东的股权比例。激励对象具有完整的股东权利,激励收益包括分红、增值以及投票权等。员工可以花资金购买(也有由公司负担的情况),公司提取奖励基金用于购买时涉及现金支出。该模式对于上市公司和非上市公司都适用。业绩股票(权)在实际中应用得比较少。

6. 延期支付

激励对象购买真实的股票,因此能够稀释原有股东的股权比例。激励对象具有完整的股东权利,激励收益包括分红、增值以及投票权等。员工需要花资金购买,公司一般无现金支出。该模式比较适用于上市公司。延期支付在实际中应用得不多。

7. 期股

激励对象在业绩达标并行权之后获得的是真实的股票(权),因此能够稀释原有股东的股权比例。激励对象具有完整的股东权利,激励收益包括分红、增值以及投票权等。员工一般需要花资金购买,公司通常会提供一些贷款等资金扶持政策。该模式对于上市公司和非上市公司都适用。期股在实际中应用得比较少。

8. 管理层收购

管理层收购的是真实的股票,因此能够稀释原有股东的股权比例。激励对象具有完整的股东权利,激励收益包括分红、增值以及投票权等。员工需要花资金购买,公司一般无现金支出。该模式比较适用于上市公司。管理层收购在实际中应用的案例并不多见。

股票期权、股票增值权这两种模式对部分具有公允价格的新三板公司也适用。

（二）选择股权激励模式的考虑因素

1. 公司发展阶段

根据企业生命周期理论，通常可以将公司发展阶段分为初创期、成长期、成熟期和衰退期。不同发展阶段的公司具有不同的特点，公司可根据各个阶段的特点，选择适合的股权激励模式。

（1）初创期。初创期公司一般具有以下特点：公司刚刚起步，大多处于技术研究或者产品开发阶段，未来成功与否的不确定因素较大；公司的规模一般较小，业务量和订单量相对较少；公司的现金流比较紧张，没有多余的资金；一般还没有上市。很多公司通常要熬过漫长的初创期才能够生存下来，进入快速增长期。

基于初创期公司的特点，一般可以选择一些不用公司付出太多现金的股权激励模式，例如限制性股票（权）或业绩股票（权）等；通常激励一些高级管理人员、核心技术人员或者核心业务人员，股权激励对象的数量一般不宜太多；股权激励的定价可以相对偏低或者对核心人物给予无偿的股权激励；这一时期的首要任务是让公司生存下来。

（2）成长期。成长期公司一般具有以下特点：公司经过一段时间的成长，技术和产品相对比较稳定，人员和管理团队相对也比较稳定，公司的前景相对比较明确；公司规模进入快速增长期，业务量和订单量相对增长较快；此时公司为了快速发展，通常会加大融资杠杆，资金流通常不会太充足；大多数成长期的公司还不是上市公司，有极少数公司可能已经上市了。

基于成长期公司的特点，一般应优先选择不用公司付出太多现金的股权激励模式，例如限制性股票（权）、业绩股票（权）或者期股等，上市公司的选择会多一些，比如股票期权、股票增值权等；激励对象范围可以拓宽，一些核心团队也可纳入激励对象的范围；实行股权激励时一般不宜无偿赠送股票（权），用于激励的股票（权）定价可以略低于市场价格；这一时期的首要任务是让公司保持快速增长。

（3）成熟期。成熟期公司一般具有以下特点：公司经过很长时间的发展，技术和产品比较成熟，人员和管理团队也比较成熟，公司的前景比较确定；公司规模进入稳定增长期，增长速度放缓，业务量和订单量比较充足；此时公司一般求稳，通常不会保持太高的负债率，融资杠杆不会太高，现金流通常比较充足；这一时期很多公司已经上市了。

基于成熟期公司的特点，可选择的股权激励模式比较多，例如限制性股票（权）、虚拟股票（权）、期股等，有些上市公司的选择会多一些，比如股票期权、股票增值权、延期支付等；激励对象的范围可以适当放宽，可以将一些核心员工纳入激励对象的范围，股权激励受众面更广；激励股权的定价可以略低于市场价格或者上市公司股票价格，不建议无偿赠送股票（权）；这一时期的首要任务是让公司保持稳定发展。

（4）衰退期。衰退期公司一般具有以下特点：公司增长乏力，技术和产品面临更新换代，组织结构通常会比较臃肿，有些老员工位高权重，开始懈怠，公司的前景令人担忧；公司进入业绩下滑期，新业务和订单减少；此时公司一般需要转型升级，通常需要融资,增加投入,因此一般会保持较高的负债率,现金流通常比较吃紧。很多上市公司也会出现衰退期,上市公司融资渠道多,更有利于转型升级,摆脱困境;但是对于很多非上市公司来说,转型升级之路往往任重道远。

基于衰退期公司的特点,可以选择不用公司付出太多现金的股权激励模式,例如限制性股票(权)、业绩股票(权)等,上市公司的选择会多一些,比如股票期权、延期支付、管理层收购等;可以将激励对象拓宽到任何能为公司创造价值、有利于公司业绩增长的员工;激励股权的定价可以略低于市场价格或者上市公司的股票价格,不建议无偿赠送股票(权);这一时期的首要任务是调动员工积极性,让公司快速实现转型升级,走出低谷。

不同类型公司各个发展阶段适合选用的股权激励模式如表3-2所示。

表3-2　不同类型公司各个发展阶段适合选用的股权激励模式

发展阶段	适合选用的股权激励模式	
	非上市公司	上市公司
初创期	限制性股票(权) 业绩股票(权)	初创期企业一般没有上市
成长期	限制性股票(权) 业绩股票(权) 期股	限制性股票 业绩股票 期股 股票期权 股票增值权
成熟期	限制性股票(权) 虚拟股票(权) 期股	限制性股票 虚拟股票 期股 股票期权 股票增值权 延期支付
衰退期	限制性股票(权) 业绩股票(权)	限制性股票 业绩股票 股票期权 延期支付 管理层收购

2. 公司性质

股权的载体是公司制法人,股权的概念也是与公司相对应的,正是因为公司的出现才产生了股权的概念,没有公司的存在,股权将无所依附。股权激励的内容都是基于公司制法人,即针对依据《公司法》设立的有限责任公司或股份有限公司,上市公司、非上市公众公司都是股份有限公司。

由于《公司法》对有限责任公司或股份有限公司定义的差别,个别用语也会有所差异,具体如表3-3所示。

表 3-3 有限责任公司和股份有限公司的差异

项目	有限责任公司	股份有限公司
资本的基本单位	股权	股份
外在表现形式	出资证明书	股票

有限责任公司与股权激励相对应,股份有限公司与股份激励相对应。对于有限责任公司,员工通过股权激励获得实际股权的表现形式为出资证明书;对于股份有限公司而言,员工通过股权激励获得实际股份的表现形式为股票。这是有限责任公司与股份有限公司的差异。但在日常实践中,为了便于大众理解,大家将两者统称为股权激励。

有限责任公司和非上市股份有限公司选择股权激励模式时并没有特别的差异,但由于受《上市公司股权激励管理办法》的制约以及上市公司特殊性的影响,有些股权激励模式只适合于上市公司。股权激励模式与公司类型的对应关系如表 3-4 所示。

表 3-4 股权激励模式与公司类型的对应关系

股权激励模式	非上市公司	上市公司
限制性股票(权)	√	√
虚拟股票(权)	√	√
股票期权	—	√
股票增值权	—	√
业绩股票(权)	√	√
期股	√	√
延期支付	—	√
管理层收购	√	√

上市公司常用的股权激励模式为限制性股票和股票期权,其次是股票增值权等模式;非上市公司常用的股权激励模式为限制性股票(权)、虚拟股票(权),其次是业绩股票(权)等模式。

3. 公司的经营情况

公司的经营情况也是影响公司选择股权激励模式的因素之一,而公司所处的发展阶段会影响公司的经营情况。

现金流比较紧张的公司可以选择不涉及现金支出的股权激励模式,例如限制性股票(权)、股票期权、延期支付等;现金流比较充足的公司可选的股权激励模式比较多,无须过多顾及公司的资金状况。

4. 其他因素

1)上市规划

对于非上市公司来说,上市规划是影响其选择股权激励模式的一个重要因素。公司在上市或在新三板挂牌过程中,对于股权有具体的约定,会影响公司对股权激励模式的选择。

《首次公开发行股票并上市管理办法》第十三条规定:"发行人的股权清晰,控股股东和受控股股东、实际控制人支配的股东持有的发行人股份不存在重大权属纠纷。"《首次公开发行股票并在创业板上市管理办法》第十五条规定:"发行人的股权清晰,控股股东和受控股股东、实际控制人支配的股东所持发行人的股份不存在重大权属纠纷。"

《全国中小企业股份转让系统股票挂牌条件适用基本标准指引》第四部分,对股权明晰、股票发行和转让行为合法合规进行了明确的规定:"(一)股权明晰,是指公司的股权结构清晰,权属分明,真实确定,合法合规,股东特别是控股股东、实际控制人及其关联股东或实际支配的股东持有公司的股份不存在权属争议或潜在纠纷。(二)股票发行和转让合法合规,是指公司及下属子公司的股票发行和转让依法履行必要内部决议、外部审批(如有)程序。"

由于公司上市和新三板挂牌时,都需要对股权进行梳理,明确要求股权要清晰,公司在选择股权激励模式时需要结合未来的上市规划,以免影响公司上市或在新三板挂牌。

2)股权集中度

股权相对集中、大股东持股比例较高的公司,可以选择能够稀释控制权的激励模式,如限制性股票(权)、股票期权等;股权相对分散、大股东持股比例较低的公司,可以选择不稀释控制权的激励模式,如虚拟股票(权)、股票增值权等。

公司在选择股权激励模式时,需要根据自身的情况,例如发展阶段、公司性质、资金状况等因素综合衡量,确定适合自己的股权激励模式;也可以采用组合方式,将不同的股权激励模式相结合,或者针对不同的激励对象采用不同的激励模式,这些都需要根据公司的具体情况进行判断。

四、定载体:直接持股、间接持股

定载体是指确定股权激励对象所采用的持股方式及不同持股方式下的持股平台。对于虚拟股票(权)和股票增值权这两种股权激励模式,由于激励对象获得的并非真实的股票(权),不存在持股问题,无须确定载体;对于限制性股票(权)、股票期权、业绩股票(权)、期股、延期支付以及管理层收购这6种股权激励模式,在激励对象获得真实的股票(权)时需要确定持股方式以及持股平台。

(一)持股方式

股权激励对象的持股方式分为直接持股和间接持股两种方式。

直接持股是指由激励对象个人直接持有所获得的股票(权),持股载体即股权激励对象本人,此种持股方式下,不需要确定具体的持股平台。

间接持股是指激励对象不直接持股,而是通过一个持股平台来间接持有所获得的股票(权),持股载体即实施股权激励所选择的持股平台。由于持股平台的种类比较多,此种持股方式下,需要确定具体的持股平台。

（二）持股平台

1. 持股平台简介

当自然人并不直接持有主体公司的股票（权），而是通过一个平台来间接持有主体公司的股票（权）时，这个用于间接持股的平台就是持股平台。根据股权激励的特征，可以采用的持股平台主要有有限合伙企业、公司制企业（有限公司或股份公司）、私募股权基金、资产管理计划和信托计划，其中私募股权基金根据组织形式可以分为公司制、有限合伙和契约型等几种类型。

通过契约型私募股权基金、资产管理计划和信托计划这三种方式直接或间接持股的公司，被称为"三类股东"公司。"三类股东"公司在上市的时候存在一些争议，目前对"三类股东"问题还没有明确的指导意见，因此大多数在上市前存在"三类股东"问题的公司，基本都会选择进行清理，因此通常会产生较高的成本。"三类股东"问题在新三板挂牌公司中比较常见，主要是因为已挂牌公司可以公开发行和转让股票，所以出现了很多"三类股东"问题。

根据《非上市公众公司监管问答——定向发行（二）》（以下简称《定向发行（二）》）及《非上市公众公司监督管理办法》的相关规定，为保障股权清晰、防范融资风险，单纯以认购股份为目的而设立的公司法人、合伙企业等持股平台，不具有实际经营业务的，不符合投资者适当性管理要求，不得参与非上市公众公司的股份发行。全国中小企业股份转让系统挂牌公司设立的员工持股计划、私募股权基金、资产管理计划等接受证监会监管的金融产品，已经完成核准、备案程序并充分披露信息的，可以参与非上市公众公司定向发行。根据上述规定，新三板挂牌公司通过定向发行的方式实施股权激励时，不能采用单纯以认购股份为目的而设立、不具有实际经营业务的公司法人、合伙企业等持股平台。

股权激励持股平台与公司类型的对应关系如表 3-5 所示。

表 3-5　股权激励持股平台与公司类型的对应关系

持股平台		上市公司	非上市公众公司	其他类型公司
有限合伙企业		适用	出现《定向发行（二）》约定的情形时不宜采用	适用
公司制企业		适用		适用
私募股权基金	公司制	适用	适用	适用
	有限合伙	适用	适用	适用
	契约型	适用	不建议采用	不建议采用
资产管理计划		适用	不建议采用	不建议采用
信托计划		适用	不建议采用	不建议采用

2. 持股平台比较

不同持股平台的特点如表 3-6 所示。

表 3-6 不同持股平台的特点

持股平台		比较内容			
		法律依据	人数限制	税收情况	日常管理
有限合伙企业		《中华人民共和国合伙企业法》	2～50人	个人所得税	执行事务合伙人
公司制企业	有限公司	《中华人民共和国公司法》	1～50人	企业所得税、个人所得税	董事会或执行董事
	股份公司	《中华人民共和国公司法》	2～200人		董事会
私募股权基金	公司制	《中华人民共和国证券投资基金法》及私募基金登记备案的相关规定	《公司法》1～50人或2～200人		私募基金管理机构
	有限合伙		《合伙企业法》2～50人	个人所得税	
	契约型		—		
资产管理计划		《证券公司客户资产管理业务管理办法》等	原则上没有上限	—	资产管理计划管理机构
信托计划		《中华人民共和国信托法》等		—	信托计划管理机构

（三）持股平台的优势

在股权激励的实施过程中，持股平台主要有以下优势和作用。

（1）有利于保持对公司的控制权。例如，采用有限合伙形式时，公司大股东可以做有限合伙企业的普通合伙人（GP），实际表决权还是由普通合伙人来执行，因此能够有效保障对公司的控制权，在实施股权激励时可以不稀释表决权。

（2）增加股东人数。有限公司股东人数最多50人，有限公司里再增加一个有限公司或有限合伙持股平台，股东人数可以增加到99人；股份公司股东最多200人，股份公司里再增加一个有限公司或有限合伙持股平台，股东人数可以增加到249人，如果增加一个股份公司，股东人数最多可以达到399人。

（3）转移、降低税收。很多公司在搭建持股平台的时候，往往将平台公司注册在有税收优惠的地方，比较常见的地方有西藏自治区、新疆自治区等。计划在境外上市的公司，还可以考虑将平台公司注册在境外，例如开曼群岛等。上市公司可以通过契约型基金、资产管理计划和信托计划等模式为股权激励对象减少税费支出。

（4）保持主体公司股权的稳定性。对于非上市公司，在主体公司股东人数较多的情况下，将部分股东放置到持股平台中，当未来股权发生变动时，让持股平台股东发生变化，主体公司股东不受影响，可以减小主体公司股东变动的频率，有利于保持主体公司股权的稳定性。

（5）有利于对激励对象进行约束。通过持股平台持股，激励对象没有直接持股，在转让股权时需要通过持股平台，自己不能直接转让，可以对激励对象起到一定的约束作用。

根据案例统计结果来看，上市公司实施股权激励采用直接持股方式的案例较多，非上市公司采用间接持股方式的案例较多，而间接持股方式下选用有限合伙企业作为持股平台的案例比较多。资产管理计划和信托计划等持股平台主要应用在员工持股计划中，本书第六章将会对员工持股计划进行专门讲解。

（四）案例解析

案例 3-7　　　　　仁歌股份（837824）2018 年股权激励的持股方式

根据东方财富网发布的北京仁歌科技股份有限公司（以下简称"仁歌股份"）《2018 年股权激励方案》，仁歌股份激励股权的持股方式包括以下两种。

第一种股权激励持股方式：仁歌股份向激励对象定向发行股票（直接持股）。

第二种股权激励持股方式：激励对象通过持有北京仁歌资产管理有限合伙的合伙份额间接持有仁歌股份的股权（间接持股）。本次股权激励的股份来源为仁歌股份实际控制人、控股股东石庆君通过仁歌资产所持的部分股份，石庆君转让其持有的仁歌资产 19.9867% 的份额，对应仁歌股份 899 400 股。

案例 3-7 中，仁歌股份采用直接持股和间接持股的组合方式。在间接持股模式下，激励对象通过有限合伙企业的形式间接持有仁歌股份的股份。

对于非上市公司的股权激励，建议采用间接持股的方式，这样可以保障主体公司股权的稳定，减少由于股权激励对象频繁变动导致主体公司股权变动比较频繁的现象，更有利于后续的上市安排。对于上市公司的股权激励，建议采用直接持股的方式。由于公司已经上市了，股权激励对象在行权后或者解除限售后，可以根据股票市场情况随时处置自己持有的股票，对于激励对象而言，具有更好的激励效果。

五、定数量：总量控制、个量分配

定数量是指确定股权激励的股票总量以及各激励对象之间的分配情况。定数量包括两个层次：一是确定总量；二是将总量在激励对象之间分配，即确定激励对象的个量。

（一）关于总量的相关规定

公司在实施股权激励时要进行总量控制，合理设计股权结构比例和持股方式，既能起到股权激励的效果，又能保持对公司的控制权。因此在实施股权激励时，要提前规划好股权激励的总量。

1. 上市公司的相关规定

《上市公司股权激励管理办法》对上市公司实施股权激励的股票数量有如下要求。

（1）上市公司全部在有效期内的股权激励计划所涉及的标的股票总数累计不得超过

公司股本总额的10%。

（2）上市公司在推出股权激励计划时，可以设置预留权益，预留比例不得超过本次股权激励计划拟授予权益数量的20%。上市公司应当在股权激励计划经股东大会审议通过后12个月内明确预留权益的授予对象；超过12个月未明确激励对象的，预留权益失效。

创业板和科创板上市公司将股权激励总量的上限确定为20%，本书第四章会详细介绍。

2. 非上市公众公司的规定

根据《非上市公众公司监管指引第6号——股权激励和员工持股计划的监管要求（试行）》，挂牌公司全部在有效期内的股权激励计划所涉及的标的股票总数累计不得超过公司股本总额的30%。

3. 其他非上市公司

目前没有针对中小企业及其他非上市公司股权激励总量的相关法规和要求，各个公司可以根据自己的具体情况自行确定，主要可以参考如下因素。

（1）股权集中度。对于股权集中度较高、大股东持股比例较高的公司，有空间适当增加股权激励的额度；对于股权集中度较低、大股东持股比例较低的公司，股权激励的空间相对较小。

（2）公司发展阶段。处于发展初期的公司，由于公司会快速发展，后续还会面临引进外部投资人等情况，不建议实施大规模的股权激励，以免稀释太多的股权，可以选择虚拟的股权激励方式。

（3）对于其他一些公司大股东或管理层关心的问题，各个公司需要因地制宜。

对于中小企业，股权激励对象一般都属于公司的核心人员，这些人员是公司发展的基础，是公司稳定成长的重要保障。对于大多数股权激励对象来说，保证稳定增长的收入是他们的首要期望；如果能够获得一定的股权激励，公司上市后，其通过所持有股份获得几倍甚至十几倍的股票溢价，他们会非常知足。因此，一般建议公司在上市前预留一部分股权激励股票，以便满足大部分核心员工的期望，否则他们容易对公司产生失望的情绪，不利于公司的发展。

根据以往的经验和案例，公司上市前股权激励总量控制在5%~10%，对于大多数员工足以起到明显的股权激励作用。股权激励数量太少了，股权激励效果不明显；股权激励数量太多了，会稀释大股东的股权比例，而且会使公司上市后再实施股权激励的空间变小。

（二）关于个量的相关要求

1. 上市公司的规定

《上市公司股权激励管理办法》对股权激励个量的相关要求：非经股东大会特别决议批准，任何一名激励对象通过全部在有效期内的股权激励计划获授的本公司股票，累计不得超过公司股本总额（是指股东大会批准最近一次股权激励计划时公司已发行的股本总额）的1%。

2. 非上市公众公司的规定

目前没有针对非上市公众公司股权激励个量的具体要求。

3. 其他非上市公司

目前没有针对中小企业等其他非上市公司股权激励个量的相关法规和要求，各个公司可以根据自己的情况，自行设计分配原则和分配方法，自行进行分配。

对不同类型公司股权激励总量和个量的限制情况如表3-7所示。

表3-7 对不同类型公司股权激励总量和个量的限制情况

公司类型		总量	个量	法规依据
上市公司	一般上市公司	累计不得超过公司股本总额的10%	累计不得超过公司股本总额的1%，经股东大会特别决议批准的除外	《上市公司股权激励管理办法》
	国有控股上市公司	累计不得超过公司股本总额的10%；首次实施股权激励时，原则上应将总量控制在上市公司股本总额的1%以内		《国有控股上市公司（境内）实施股权激励试行办法》
非上市公众公司		挂牌公司全部在有效期内的股权激励计划所涉及的标的股票总数累计不得超过公司股本总额的30%	无	《非上市公众公司监管指引第6号——股权激励和员工持股计划的监管要求（试行）》
其他类型公司（不含国有控股公司）		无	无	—

（三）激励对象之间的个量分配

1. 参数设置

在本章"定对象"部分提到的公平、公正、公开以及需要参考的工作年限、历史贡献、潜在价值、志同道合、遵纪守法以及数量适中，都是原则性和概括性的，是定性分析；在具体进行个量分配时，需要对很多因素进行量化，将其设定为具体的参数，并为不同的系数配置相应的权重，以便于进行个量分配时能够量化。在个量分配时，通常用到的参数有以下几个。

（1）员工层级。员工层级是一个重要的参数，公司在实施股权激励时，一般会对激励对象进行分层，为不同层级的激励对象设置不同的权重（或系数），即在其他条件都一样的前提下，不同层级的激励对象获得的股权数量通常是不同的，这是人力资本价值的一种体现。根据股权激励对象的情况，可以将股权激励对象划分为以下几个层次。

① 董事和高级管理人员，也可以根据不同公司的情况，将董事和高级管理人员分别作为一个层次。

② 中层管理人员。一般指公司各个部门的总经理、副总经理及同等级别的人员。
③ 核心人员。核心人员包括核心技术人员和核心业务人员等。
④ 其他员工。一般指公司或者董事会认为应当给予激励的对公司经营业绩和未来发展有直接影响的其他员工，这类员工通常都是破格进入股权激励范围的。

股权激励对象的分层情况如表 3-8 所示。

表 3-8 股权激励对象的分层

层级	分四层	分五层
1	董事和高级管理人员	董事
2	中层管理人员	高级管理人员
3	核心人员	中层管理人员
4	其他员工	核心人员
5	—	其他员工

股权激励对象的分层不是一成不变的，每个公司可以根据自己的情况来设定，只要符合公司的基本情况和每次股权激励的情形即可。

（2）工作年限。工作年限是另外一个重要的参数。公司在实施股权激励时，通常会将工作年限设定为重要的参数，将工作年限分档，并配置不同的权重。例如，将工龄分为 1～4 年、5～9 年、10 年以上三档，或者 1～2 年、3～4 年、5 年以上三档。具体如何划分，各个公司可以根据具体情况自行确定。

（3）考核结果。考核结果也可以作为个量分配的参数，公司为不同的考核结果设定不同的权重。不同公司考核结果的表现形式不同，有些公司用得分来表示，有些公司用等级来表示，例如优秀、良好、及格及不及格等。无论采用哪种方式表示，都不影响对其赋予权重并进行定量计算。

（4）其他参数。各个公司可以根据自身的具体情况设置不同的参数，并配以对应的权重，以此计算各个激励对象可以获得的具体股票（权）数量。

2. 个量计算

个人分配数量的计算过程如下所述。

个人分配系数 = ∑个人每个参数的对应系数或者每个参数的对应系数相乘

总分配系数 = ∑个人分配系数

个人分配数量 =（个人分配系数 / ∑个人分配系数）× 总量

3. 其他说明

设置不同的参数，并配以相应的权重（系数），主要目的是将股权激励总量具体量化到个人，以确定每个激励对象可以获得的股票（权）数量。各个公司可以根据自身情况进行设置，并没有统一的规范或者标准，只要能够满足公司的需求，并能体现公平、公正、公开的原则即可。

案例 3-8　高澜股份（300499）2018 年股权激励计划的股票数量及分配情况

以下为东方财富网发布的广州高澜节能技术股份有限公司《2018 年限制性股票股权激励计划（草案）》。

1. 授出限制性股票的数量

本计划拟向激励对象授予限制性股票数量为 400.00 万股，涉及的标的股票种类为人民币 A 股普通股，约占本计划公告时公司股本总额 12 000.60 万股的 3.3332%，本计划不设置预留权益。公司全部在有效期内的股权激励计划所涉及的标的股票总数累计未超过本激励计划公告时公司股本总额的 10%。本计划中任何一名激励对象通过全部在有效期内的股权激励计划获授的本公司股票，累计不超过本计划公告时提交股东大会审议时公司股本总额的 1%。

在本计划公告当日至激励对象完成限制性股票登记期间，若公司发生资本公积转增股本、派发股票红利、股份拆细或缩股、配股等事宜，限制性股票的授予数量将做相应的调整。

2. 激励对象获授的限制性股票分配情况

本计划授予的限制性股票在各激励对象间的分配情况如表 1 所示。

表 1　限制性股票的分配情况

姓名	职务	获授的限制性股票数量/万股	占授予限制性股票总数的比例	占目前总股本的比例
关胜利	董事、副总经理	50	12.5000%	0.4166%
谢荣钦	副总经理、董事会秘书	30	7.5000%	0.2500%
梁清利	财务总监	20	5.0000%	0.1667%
公司及下属子公司中层管理人员、核心技术（业务）骨干等（共计 173 人）		300	75.0000%	2.4999%
合计		400	100%	3.3332%

注：1. 上述任何一名激励对象全部在有效期内的股权激励计划获授的本公司股票均未超过公司总股本的 1%。公司全部在有效期内的股权激励计划所涉及的股票总数累计不超过公司股本总额的 10%。

2. 本计划激励对象不包括独立董事、监事及单独或合计持有公司 5% 以上股份的股东或实际控制人及其配偶、父母、子女。

3. 以上部分合计数与各明细数相加之和在尾数上如有差异，系以上百分比结果四舍五入所致。

六、定价格：有理有据、兼顾效果

定价格是指确定股权激励的实施价格，即激励对象获取股票（权）需要支付的成本。在虚拟股票（权）和股票增值权两种股权激励模式下，由于激励对象获得的并非真实的股票（权），一般激励对象无须直接支付现金；在其他模式下，激励对象通常需要支付相应的对价。如果定价太高，激励对象需要付出的成本较高，预期收益会降低，甚至没有收益，影响激励效果；如果定价太低，大股东又会觉得自己利益受损，因此需要兼顾双方的利益，寻找一个平衡点，合理确定价格。部分公司在实施股权激励时，存在无偿赠送股票（权）给激励对象的情况，根据以往的统计案例来看，有偿的股权激励往往比无偿的股权激励效果更好，无偿的股权激励往往得不到激励对象的重视，不能让激励对象珍惜，甚至可能适得其反；在有偿付出的情况下，激励对象往往会更加珍惜，为了自己的付出能有收益，往往会有大干一场的决心。

（一）上市公司的规定

《上市公司股权激励管理办法》针对限制性股票和股票期权分别规定不同的价格确定方式，具体如下所述。

《上市公司股权激励管理办法》第二十三条规定："上市公司在授予激励对象限制性股票时，应当确定授予价格或授予价格的确定方法。授予价格不得低于股票票面金额，且原则上不得低于下列价格较高者：（一）股权激励计划草案公布前 1 个交易日的公司股票交易均价的 50%；（二）股权激励计划草案公布前 20 个交易日、60 个交易日或者 120 个交易日的公司股票交易均价之一的 50%。上市公司采用其他方法确定限制性股票授予价格的，应当在股权激励计划中对定价依据及定价方式作出说明。"

《上市公司股权激励管理办法》第二十九条规定："上市公司在授予激励对象股票期权时，应当确定行权价格或者行权价格的确定方法。行权价格不得低于股票票面金额，且原则上不得低于下列价格较高者：（一）股权激励计划草案公布前 1 个交易日的公司股票交易均价；（二）股权激励计划草案公布前 20 个交易日、60 个交易日或者 120 个交易日的公司股票交易均价之一。上市公司采用其他方法确定行权价格的，应当在股权激励计划中对定价依据及定价方式作出说明。"

案例 3-9

中青宝（300052）2018 年限制性股票的授予价格和授予价格的确定方法

根据东方财富网发布的深圳中青宝互动网络股份有限公司（以下简称"公司"）《2018 年股权激励计划（草案修订稿）》，公司采用限制性股票的股权激励模式，限制性股票的授予价格和授予价格的确定方法如下所述。

1. 授予价格

限制性股票授予价格为每股 6.2 元，即满足授予条件后，激励对象可以每股 6.2 元的价格购买公司向激励对象增发的限制性股票。

2. 授予价格的确定方法

限制性股票授予价格不低于股票票面金额，且不低于下列价格较高者。

（1）本计划草案公告前 1 个交易日公司股票交易均价（前 1 个交易日股票交易总额/前 1 个交易日股票交易总量）每股 10.59 元的 50%，即每股 5.3 元。

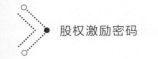

（2）本计划草案公告前20个交易日（前20个交易日股票交易总额/前20个交易日股票交易总量）的公司股票交易均价每股12.39元的50%，即每股6.2元。

案例3-10

圣邦股份（300661）2018年股票期权的行权价格和行权价格的确定方法

根据东方财富网发布的圣邦微电子（北京）股份有限公司（以下简称"公司"）《2018年股票期权激励计划（草案）》，公司采用股票期权的股权激励模式，股票期权的行权价格和行权价格的确定方法如下所述。

1. 首次授予股票期权的行权价格

首次授予股票期权的行权价格为每份78.13元，即满足授权条件后，激励对象获授的每一份股票期权拥有在有效期内以每份78.13元价格购买1股公司股票的权利。

2. 首次授予股票期权的行权价格的确定方法

首次授予股票期权行权价格不低于股票票面金额，且不低于下列价格较高者。

（1）本激励计划草案公告前1个交易日公司股票交易均价（前1个交易日股票交易总额/前1个交易日股票交易总量），即每份78.13元。

（2）本激励计划草案公告前20个交易日的公司股票交易均价（前20个交易日股票交易总额/前20个交易日股票交易总量），即每份76.09元。

3. 预留股票期权的行权价格的确定方法

预留股票期权在每次授予前，须召开董事会审议通过相关议案。预留股票期权的行权价格不低于股票票面金额，且不低于下列价格较高者。

（1）预留股票期权授予董事会决议公布前1个交易日的公司股票交易均价。

（2）预留股票期权授予董事会决议公布前20个交易日、60个交易日或者120个交易日的公司股票交易均价之一。

以上选取了两个上市公司的案例，以展示股权激励价格的确定方法，其中一个案例采用限制性股票的激励模式，另一个案例采用股票期权的激励模式，这是上市公司较常用的两种股权激励模式。

（二）非上市公众公司的规定

根据《非上市公众公司监管指引第6号——股权激励和员工持股计划的监管要求（试行）》，限制性股票的授予价格、股票期权的行权价格不得低于股票票面金额。

限制性股票的授予价格原则上不得低于有效的市场参考价的50%，股票期权的行权价格原则上不得低于有效的市场参考价。

对授予价格、行权价格低于有效的市场参考价标准的，或采用其他方法确定授予价格、行权价格的，挂牌公司应当在股权激励计划中对定价依据及定价方法做出说明。主办券商应对股权激励计划的可行性、相关定价依据和定价方法的合理性、是否有利于公司持续发展、是否损害股东利益等发表意见。

（三）其他非上市公司

以上针对上市公司和非上市公众公司股权激励价格的相关规定，大多是原则性或者框架性的，各个公司在实施股权激励时具有很大的弹性，在不违背法律法规框架的前提下，具有较大的自主决定空间。对于其他非上市的中小企业，并没有针对股权激励价格的具体规定，各个公司可以根据自身情况，综合各个因素，具体设定股权激励标的价格，以下几种价格确定方式可供借鉴或参考。

1. 按注册资本额确定

在公司的净资产和注册资本基本接近时，可以考虑直接按照注册资本额进行确定，即每股价格为1元钱。对于一些刚起步的公司或者经营情况不好、基本没有盈余的公司，可以使用这种方式确定股权激励标的股票的价格。

2. 按照每股净资产确定

当公司的净资产值远远大于注册资本时，可以考虑按照每股净资产值确定，即每股价格为每股净资产的数值。一些账面盈余比较多的公司可以使用这种方式确定股权激励标的股票的价格。

3. 按照评估价值来确定

聘请第三方专业公司对公司进行评估，确定公司的估值，然后按照每股对应的价格确定股权激励标的股票的价格。

4. 按照公司估值来确定

用公司估值除以注册资本（股本）总数，作为每股的参考价格。公司估值，又称企业估值、企业价值评估等，是一项非常专业、非常复杂的技术。常用的估值方法包括以下几种：

（1）相对估值法。这是投资者广泛使用的估值方法之一。在相对估值法中，常用的指标有市盈率（P/E）、市净率（P/B）、EV/EBITDA等。

（2）可比公司法。挑选与目标公司同行业可比或可参照的上市公司，以同类公司的股价与财务数据为依据，计算出主要财务比率，然后用这些比率作为市场价格乘数来推算目标公司的价值，比如P/E（市盈率，价格/利润）、P/S（价格/销售额）。

（3）可比交易法。挑选与目标公司同行业、在估值前一个合适时期内被投资、并购的公司，以中小企业融资或并购交易的定价依据作为参考，从中获得有用的财务或非财务数据，计算出一些相应的融资价格乘数，据此评估目标公司的价值。

（4）收益法之现金流折现法。这是一种较为成熟的估值方法，通过预测公司未来自由现金流、资本成本，对公司未来自由现金流进行折现，公司价值即未来现金流的现值。

5. 按照一定的折扣来确定

按照上述第2、3、4种方式确定每股价格后，根据公司的实际情况给予激励对象一

定的折扣。由于股权激励对象都是公司的核心人员，对公司的发展和成长具有重要的价值，在实施股权激励时，可以考虑给予一定的价格折扣，以便于提高股权激励的效果。

6. 按照零价格来确定

在实施股权激励时，对授予股权激励对象的股票（权）不收取任何费用，零对价授予。但如果大量使用零价格的方式，激励对象往往不会珍惜，激励效果反而不好。根据以往的案例和实践经验，应主要采用有价格的方式，但可以适当地给予激励对象一定的价格折扣，激励对象付出了一定的成本后会倍加珍惜，而且激励对象获得了一定的折扣，也会倍加感恩，股权激励的效果更好。

以上仅仅是一些确定股权激励价格的参考方式，每个公司的情况千差万别，但是万变不离其宗，各个公司可根据上述方式进行灵活调整，从而找到最佳解决方案。

案例3-11　　绿城股份（838418）2018年股权激励计划的授予价格

根据东方财富网发布的北京绿城怡景生态环境规划设计股份有限公司（以下简称"公司"）《2018年股权激励计划（更新后）》，公司所采用的模式为向激励对象定向发行公司股票。激励对象授予价格如下所述。

（1）本次激励对象认购公司股票的价格为1.00元/股。

截至本股权激励计划出台之日，公司的股本为35 000 000.00股。根据中兴财光华会计师事务所（特殊普通合伙）于2018年4月20日对公司出具的编号为中兴财光华审会字（2018）第110007号审计报告，截至2017年12月31日，归属于挂牌公司股东的净资产为64 579 657.50元，归属于挂牌公司股东的每股净资产为1.85元。

本次股票发行的主要目的是稳定公司管理团队、业务团队。综合考虑激励目的、公司所处行业、每股净资产等因素，本次股票发行价格仅适用于股权激励，应按照《企业会计准则第11号——股份支付》和《企业会计准则第22号——金融工具确认和计量》等规定进行会计处理。

（2）认购股份的资金为激励对象自有或自筹资金，公司不提供资金支持和担保。

（3）必须由激励对象本人实名购买，不允许代持、转让，如有违反，由公司原价购回，由此引起的法律纠纷和费用由违反者个人承担。

在案例3-11中，股权激励对象认购股票的价格为1元/股，即按照注册资本面值进行认购，认购价格低于每股净资产1.85元。对于激励对象而言，实际上获得了较大的折扣，以较低的价格获得了公司的股份，能够起到较好的激励效果。

七、定时间：伺机而动、把握节奏

定时间是指确定股权激励实施过程中涉及的各个时间节点。公司在设计股权激励方案时，需要合理设计各个时间节点，这样才能保障股权激励能够顺利实施完毕。

在股权激励的实施过程中，涉及的时间节点主要包括有效期、授予日或授权日、限售期或禁售期、等待期或行权限制期、可行权日及行权有效期等。

（一）有效期

有效期是指从股权激励计划开始实施，至实施完毕或终止的期间。关于有效期并没有统一的定义，但是在相关法规中，对最长有效期做了一定的限制。有关法规中关于股权激励有效期及其适用公司的相关规定如表3-9所示。

表3-9 有关法规中关于股权激励有效期及其适用公司的相关规定

公司类型		有效期规定	法规依据
上市公司	一般上市公司	股权激励计划的有效期从首次授予权益日起不得超过10年	《上市公司股权激励管理办法》
	国有控股上市公司	股权激励计划的有效期自股东大会通过之日起计算，一般不超过10年。股权激励计划有效期满，上市公司不得依据此计划再授予任何股权	《国有控股上市公司（境内）实施股权激励试行办法》
非上市公众公司		股权激励计划的有效期从首次授予权益日起不得超过10年	《非上市公众公司监管指引第6号——股权激励和员工持股计划的监管要求（试行）》
其他类型公司（不含国有控股公司）		无	无

对于其他类型的公司，并没有关于有效期的特殊规定，各个公司可以根据具体情况自行设定激励有效期，可以参考如下因素。

（1）公司的阶段性目标。股权激励有效期要与公司的阶段性目标相匹配，当公司的阶段性目标发生转变时，股权激励有效期也应随之变化，需要与公司的阶段性目标相一致。

（2）上市安排。由于上市公司对股权激励的要求比较多，而且上市时要求股权清晰，未上市公司如果未来有上市计划，股权激励的实施需要与上市计划相匹配，争取在上市前实施完毕或者设定上市时自动终止等条款，以免在上市的过程中，由于股权不稳定或者股份支付等问题而影响公司的上市计划。

（3）其他一些公司自身的因素。

（二）授予日或授权日

1. 定义

授予日或授权日，是指上市公司向激励对象授予限制性股票、股票期权的日期，授予日或授权日必须为交易日。授予日是针对限制性股票的概念，授权日是针对股票期权的概念。

2. 上市公司的相关规定

上市公司股权激励的授予日或授权日必须为交易日，一般在激励计划经公司股东大会审议通过后由董事会确定。根据《上市公司股权激励管理办法》，股权激励计划经股东大会审议通过后，上市公司应当在 60 日内授予权益并完成公告、登记；有获授权益条件的，应当在条件成就后 60 日内授出权益并完成公告、登记。上市公司未能在 60 日内完成上述工作的，应当及时披露未完成的原因，并宣告终止实施股权激励，自公告之日起 3 个月内不得再次审议股权激励计划。

在下列期间，上市公司不得进行限制性股票或股票期权的授予：①公司定期报告公告前 30 日内，因特殊原因推迟定期报告公告日期的，自原预约公告日前 30 日起算，至公告前 1 日；②公司业绩预告、业绩快报公告前 10 日内；③自可能对本公司股票及其衍生品种交易价格产生较大影响的重大事件发生之日或者进入决策程序之日，至依法披露后 2 个交易日内；④中国证监会及证券交易所规定的其他期间。上市公司不得授出权益的期间不计算在 60 日内。

3. 非上市公众公司的相关规定

根据《非上市公众公司监管指引第 6 号——股权激励和员工持股计划的监管要求（试行）》，挂牌公司应当在股权激励计划中载明下列事项：股权激励计划的有效期，限制性股票的授予日、限售期和解除限售安排，股票期权的授权日、可行权日、行权有效期和行权安排。

股权激励计划经股东大会审议通过后，挂牌公司应当在 60 日内授予权益并完成公告、登记；有获授权益条件的，应当在条件成就后 60 日内授出权益并完成公告、登记。挂牌公司未能在 60 日内完成上述工作的，应当及时披露未完成的原因，并宣告终止实施股权激励，自公告之日起 3 个月内不得再次审议股权激励计划。

（三）限售期或禁售期

1. 定义

《上市公司股权激励管理办法》对限售期进行了定义，限售期是指股权激励计划设定的激励对象行使权益的条件尚未成就，限制性股票不得转让、用于担保或偿还债务的期间，自激励对象获授限制性股票并完成登记之日起算。

根据上述定义，限售期针对限制性股票。在股票期权模式下，由于股权激励对象是否行权具有不确定性，自授权日至可行权日一般会有 1 年以上的等待期，在股票期权模式下，在激励对象获取股票后，通常不会再设置额外的限售期，但是《公司法》或《证券法》规定有限制的除外。

2. 上市公司相关规定

《上市公司股权激励管理办法》关于限售的相关规定：①限制性股票授予日与首次解除限售日的间隔不得少于 12 个月，即首期限售期最少为 12 个月。②在限制性股票有效期内，上市公司应当规定分期解除限售，每期时限不得少于12个月，各期解除限售的比例不得超过激励对象获授限制性股票总额的50%。当期解除限售的条件未成就的，限制性股票不得解除限售或递延至下期解除限售，应当按照本办法第二十六条规定处理。

《国有控股上市公司（境内）实施股权激励试行办法》用的是禁售期的概念，实际与限售期意思相同。

3. 非上市公众公司的相关规定

针对非上市公众公司，只有原则性的规定，股权激励计划中应当载明限售期和解除限售安排，除此之外，并没有专门的规定，在具体实施时，可以参照上市公司的相关规定。

4. 其他有关规定

此外，《公司法》《证券法》等相关法律法规有如下规定。

（1）激励对象为公司董事和高级管理人员的，其在任职期间每年转让的股份不得超过其所持有本公司股份总数的25%，在离职后半年内，不得转让其所持有的本公司股份。

（2）激励对象为公司董事和高级管理人员的，将其持有的本公司股票在买入后6个月内卖出，或者在卖出后6个月内又买入，由此所得收益归本公司所有，本公司董事会将收回其所得收益。

（四）等待期或行权限制期

1. 定义

《上市公司股权激励管理办法》实际上并没有对等待期进行定义。等待期是指从股票期权授予登记完成之日至股票期权可行权日的时间段。等待期一般用在股票期权激励模式中。等待期和限售期在本质上是不一样的，限售期内股权激励对象实际获得股票了，只是不能转让；等待期内，股权激励对象实际还没有获得股票，需要等到可行权日才有机会获得股票。

2. 上市公司相关规定

《上市公司股权激励管理办法》关于等待期的相关规定：①股票期权授权日与获授股票期权首次可行权日的间隔不得少于12个月，即等待期至少12个月。②在股票期权有效期内，上市公司应当规定激励对象分期行权，每期时限不得少于12个月，后一行权期的起算日不得早于前一行权期的届满日。每期可行权的股票期权比例不得超过激励对象获授股票期权总额的50%。当期行权条件未成就的，股票期权不得行权或递延至下期行权，并应当按照本办法第三十二条第二款规定处理。

《国有控股上市公司（境内）实施股权激励试行办法》用的是行权限制期的概念，实际就是等待期。

3. 非上市公众公司的相关规定

根据《非上市公众公司监管指引第6号——股权激励和员工持股计划的监管要求（试行）》，挂牌公司应当规定分期行使权益，激励对象获授权益与首次行使权益的间隔不少于 12 个月，每期时限不得少于 12 个月，各期行使权益的比例不得超过激励对象获授总额的 50%。股权激励计划预留权益的，预留比例不得超过本次股权激励计划拟授予权益数量的 20%，并应当在股权激励计划经股东大会审议通过后 12 个月内明确预留权益的授予对象；超过 12 个月未明确激励对象的，预留权益失效。

（五）可行权日及行权有效期

1. 定义

《上市公司股权激励管理办法》有关于可行权日的定义，可行权日是指激励对象可以开始行权的日期。可行权日必须为交易日。可行权日是针对股票期权模式的概念。

《上市公司股权激励管理办法》并没有对行权有效期进行定义，《国有控股上市公司（境内）实施股权激励试行办法》对行权有效期进行了定义，行权有效期是指从股权生效日至股权失效日的期限。

2. 上市公司相关规定

《上市公司股权激励管理办法》并没有对可行权日进行特殊约定，只是规定股票期权授权日与获授股票期权首次可行权日的间隔不得少于 12 个月。《上市公司股权激励管理办法》也没有对行权有效期进行相应的时间限制。

限制性股票模式不存在失效的概念，因为在实施股票激励时，激励对象直接获得的是股票，后续不存在是否还要行权的问题。

3. 非上市公众公司的相关规定

针对非上市公众公司，只有原则性的规定，股权激励计划中应当载明股票期权的可行权日、行权有效期和行权安排。除此之外，并无特殊规定。

（六）有关时间节点的总结

1. 股权激励各时间节点的时间轴

为了让读者更好地理解各个时间节点，此处以时间轴的形式展示各个时间节点。由于股票期权和限制性股票在时间节点上有较大的差异，我们分开列示。

1）股票期权的时间轴

股票期权的时间轴如图 3-2 所示。

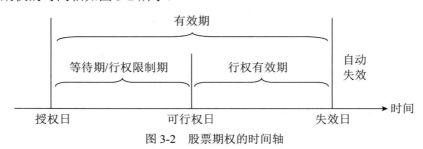

图 3-2　股票期权的时间轴

在股票期权激励模式的行权有效期内，激励对象可以选择行权，行权后的股票只要符合《公司法》《证券法》等相关法律法规，便可以自由转让流通。行权有效期内没有行权的，权利自动消失，激励对象不可以再行权购买股票。

案例 3-12

贝达药业（300558）2018年股票期权激励计划时间及行权安排

根据东方财富网发布的贝达药业股份有限公司（以下简称"公司"）《2018年（第二期）股票期权激励计划（草案）》，激励计划的有效期、授权日、等待期、可行权日、禁售期及行权安排如下所述。

1. 本激励计划的有效期

本激励计划的有效期自股票期权首次授权日起至激励对象获授的股票期权全部行权或注销之日止，最长不超过5年。

2. 本激励计划的授权日

本激励计划的授权日在本计划提交公司股东大会审议通过后由公司董事会确定。公司股东大会审议通过本激励计划后60日内，由公司按相关规定召开董事会对激励对象进行授予，并完成登记、公告等相关程序。授权日必须为交易日。

3. 本激励计划的等待期

本激励计划的等待期是指股票期权授予后至股票期权可行权日之间的时间，本计划等待期为1年。

4. 本激励计划的可行权日

激励对象的股票期权自授权日起满12个月后可以开始行权，行权日必须为交易日。

激励对象必须在期权有效期内行权完毕，计划有效期结束后，已获授但尚未行权的股票期权不得行权，由公司注销。

5. 本激励计划的限售规定

本激励计划的限售规定按照《公司法》《证券法》等相关法律、法规、规范性文件和《公司章程》等规定执行，具体规定如下所述。

（1）激励对象为公司董事和高级管理人员的，其在任职期间每年转让的股份不得超过其所持有本公司股份总数的25%；在离职后半年内，不得转让其所持有的本公司股份。

（2）激励对象为公司董事和高级管理人员的，将其持有的本公司股票在买入后6个月内卖出，或者在卖出后6个月内又买入，由此所得收益归本公司所有，本公司董事会将收回其所得收益。

（3）在本计划有效期内，如果《公司法》《证券法》等相关法律、法规、规范性文件和《公司章程》等文件对公司董事和高级管理人员持有股份转让的有关规定发生了变化,则这部分激励对象转让其所持有的公司股票应当在转让时符合修改后的《公司法》《证券法》等相关法律、法规、规范性文件和《公司章程》的规定。

6. 股票期权的行权安排

(1) 本计划的有效期为股票期权首次授权日起至所有股票期权行权或注销之日止,最长不超过5年。

① 首次授予的股票期权。本计划首次授予的股票期权自授权日起满12个月后,激励对象应在授权日满12个月后的36个月内分三期行权,以是否达到绩效考核目标为激励对象能否行权的条件。各期行权时间安排如表1所示。

表1 首次授予股票期权时各期行权时间安排

行权期	行权时间	可行权比例
第一个行权期	自授权日起满12个月后的首个交易日起至授权日起24个月内的最后一个交易日当日止	34%
第二个行权期	自授权日起满24个月后的首个交易日起至授权日起36个月内的最后一个交易日当日止	33%
第三个行权期	自授权日起满36个月后的首个交易日起至授权日起48个月内的最后一个交易日当日止	33%

② 预留授予的股票期权。若预留部分于2019年6月30日前授权,则预留部分股票期权在预留部分授权日起满12个月后分三期行权,以是否达到绩效考核目标为激励对象能否办理行权的条件。各期行权的时间安排如表2所示。

表2 预留授予的股票期权各期行权的时间安排

行权期	行权时间	可行权比例
预留部分第一个行权期	自预留部分授权日起满12个月后的首个交易日起至预留部分授权日起24个月内的最后一个交易日当日止	34%
预留部分第二个行权期	自预留部分授权日起满24个月后的首个交易日起至预留部分授权日起36个月内的最后一个交易日当日止	33%
预留部分第三个行权期	自预留部分授权日起满36个月后的首个交易日起至预留部分授权日起48个月内的最后一个交易日当日止	33%

若预留部分于2019年6月30日后授权,则预留部分股票期权在预留部分授权日起满12个月后分两期行权,以是否达到绩效考核目标为激励对象能否办理行权的条件,每期比例分别为50%和50%。各期行权的时间安排如表3所示。

表3 预留部分于2019年6月30日后授权情况下各期行权的时间安排

行权期	行权时间	可行权比例
预留部分第一个行权期	自预留部分授权日起满12个月后的首个交易日起至预留部分授权日起24个月内的最后一个交易日当日止	50%
预留部分第二个行权期	自预留部分授权日起满24个月后的首个交易日起至预留部分授权日起36个月内的最后一个交易日当日止	50%

（2）激励对象必须在激励计划的有效期内行权完毕，在激励计划的有效期内未行权的股票期权将注销。

2）限制性股票的时间轴

限制性股票的时间轴如图3-3所示。

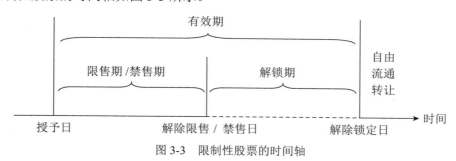

图3-3 限制性股票的时间轴

关于限制性股票的行权时间安排，有以下两点需要说明。

（1）解锁期是《国有控股上市公司（境内）实施股权激励试行办法》对国有控股上市公司进行的特殊约定，对于大多数上市公司，可以没有这个时间段，因此本时间段用虚线表示，代表有些上市公司可能不存在这个时间段。对于大多数上市公司，解除限售日后股票便可以流通了。

（2）自由流通转让是指激励对象不再受公司的限售或锁定约束，可以自由转让自己的股票，前提是不违反《公司法》《证券法》等相关法律法规对限售（例如对董事、监事、高级管理人员的限售规定等）的一些约束。

案例3-13　　中青宝（300052）2018年限制性股票的时间安排

根据东方财富网发布的深圳中青宝互动网络股份有限公司（以下简称"公司"）《2018年股权激励计划（草案修订稿）》，公司采用的是限制性股票的股权激励模式，限制性股票激励计划的有效期、授予日、限售期、解除限售安排和禁售期如下所述。

1. 限制性股票激励计划的有效期

本激励计划有效期自限制性股票首次授予日起至激励对象获授的限制性股票全部解除限售或回购注销之日止，最长不超过60个月。

2. 授予日

授予日在本计划经公司股东大会审议批准后由公司董事会确定。公司应在股东大会审议通过本计划之日起60日内向激励对象授予限制性股票并完成公告、登记，届时由公司召开董事会对激励对象就本激励计划设定的激励对象获授限制性股票的条件是否满足进行审议，公司独立董事及监事会应当发表明确意见，律师事务所应当对激励对象获授限制性股票的条件是否满足出具法律意见。公司未能在60日内完成上述工作的，将终止实施本激励计划。根据《创业板信息披露业务备忘录第 8 号——股权激励计划》的规定，上市公司不得授出权益的期间不计算在 60 日内。

预留部分的限制性股票将在本计划经股东大会审议通过后 12 个月内授予。

授予日必须为交易日，且不得为下列期间。

（1）公司定期报告公告前 30 日内，因特殊原因推迟定期报告公告日期的，自原预约公告日前 30 日起算，至公告前 1 日。

（2）公司业绩预告、业绩快报公告前 10 日内。

（3）自可能对本公司股票及其衍生品种交易价格产生较大影响的重大事件发生之日或者进入决策程序之日，至依法披露后 2 个交易日内。

（4）中国证监会及深圳证券交易所规定的其他期间。

上述"产生较大影响的重大事件"，为公司根据《公司法》《证券法》《深圳证券交易所中小企业板股票上市规则》的规定，应当披露的交易或其他重大事项。上述公司不得授予限制性股票的期间不计入 60 日期限之内。

如公司董事、高级管理人员作为被激励对象在限制性股票授予前 6 个月内发生过减持股票行为，则需根据《证券法》中短线交易的规定，自最后一笔减持交易之日起推迟 6 个月授予其限制性股票。

3. 限售期

限制性股票授予后即行锁定。激励对象获授的限制性股票适用不同的限售期，分别为 12 个月、24 个月和 36 个月，限售期均自激励对象获授限制性股票登记完成之日起计算。

激励对象根据本激励计划获授的限制性股票在解除限售前不得转让、用于担保或偿还债务。

解除限售后，公司为满足解除限售条件的激励对象办理解除限售事宜，未满足解除限售条件的激励对象持有的限制性股票由公司回购注销。

4. 解除限售安排

公司首次授予的限制性股票的解除限售时间安排如表 1 所示。

表 1　公司首次授予的限制性股票的解除限售时间安排

解除限售安排	解除限售时间	解除限售比例
首次授予权益第一次解除限售	自首次授予的限制性股票登记完成之日起 12 个月后的首个交易日起至首次授予的限制性股票登记完成之日起 24 个月内的最后一个交易日当日止	30%
首次授予权益第二次解除限售	自首次授予的限制性股票登记完成之日起 24 个月后的首个交易日起至首次授予的限制性股票登记完成之日起 36 个月内的最后一个交易日当日止	30%
首次授予权益第三次解除限售	自首次授予的限制性股票登记完成之日起 36 个月后的首个交易日起至首次授予的限制性股票登记完成之日起 48 个月内的最后一个交易日当日止	40%

预留限制性股票的解除限售时间安排如表 2 所示。

表 2　预留限制性股票的解除限售时间安排

解除限售安排	解除限售时间	解除限售比例
预留权益第一次解除限售	自预留授予的限制性股票登记完成之日起 12 个月后的首个交易日起至预留授予的限制性股票登记完成之日起 24 个月内的最后一个交易日当日止	30%
预留权益第二次解除限售	自预留授予的限制性股票登记完成之日起 24 个月后的首个交易日起至预留授予的限制性股票登记完成之日起 36 个月内的最后一个交易日当日止	30%
预留权益第三次解除限售	自预留授予的限制性股票登记完成之日起 36 个月后的首个交易日起至预留授予的限制性股票登记完成之日起 48 个月内的最后一个交易日当日止	40%

激励对象获授的限制性股票由于资本公积金转增股本、股票红利、股票拆细而取得的股份同时限售，不得在二级市场出售或以其他方式转让，该等股份的解除限售期与限制性股票解除限售期相同。

在上述约定期间未申请解除限售的限制性股票，或因未达到解除限售条件而不能申请解除限售的该期限制性股票，公司将按本计划规定的原则回购并注销激励对象相应尚未解除限售的限制性股票。

5. 禁售期

本次股权激励计划的禁售规定按照《公司法》《证券法》等相关法律、法规、规范性文件和《公司章程》执行，具体规定如下所述。

（1）激励对象为公司董事和高级管理人员的，其在任职期间每年转让的股份不得超过其所持有本公司股份总数的 25%；在离职后 6 个月内，不得转让其所持有的本公司股份；离职 6 个月后的 12 个月内通过深交所挂牌交易出售公司股票数量占其所持有本公司股票总数的比例不得超过 50%。

（2）激励对象为公司董事和高级管理人员的，将其持有的本公司股票在买入后 6 个月内卖出，或者在卖出后 6 个月内又买入，由此所得收益归本公司所有，本公司董事会将收回其所得收益。

（3）在本计划有效期内，如果《公司法》《证券法》等相关法律、法规、规范性文件和《公司章程》对公司董事和高级管理人员持有股份转让的有关规定发生了变化，则这部分激励对象转让其所持有的公司股票时应符合修改后的《公司法》《证券法》等相关法律、法规、规范性文件和《公司章程》的规定。

2. 各时间节点的总结

各个时间节点与公司类型的对应关系如表 3-10 所示。

表 3-10 各个时间节点与公司类型的对应关系

时间节点	上市公司	国有控股上市公司	非上市公众公司
有效期	不得超过10年	一般不得超过10年	不得超过10年
授予日或授权日	具体日期一般由董事会确定，相关工作一般要在60日内完成；未在60日内完成上述工作的，应当及时披露未完成的原因，并宣告终止实施股权激励		股权激励计划经股东大会审议通过后，挂牌公司应当在60日内授予权益并完成公告、登记；有获授权益条件的，应当在条件成就后60日内授出权益并完成公告、登记。挂牌公司未能在60日内完成上述工作的，应当及时披露未完成的原因，并宣告终止实施股权激励，自公告之日起3个月内不得再次审议股权激励计划
限售期或禁售期	①限制性股票授予日与首次解除限售日的间隔不得少于12个月，即首期限售期最少为12个月。②在限制性股票有效期内，上市公司应当规定分期解除限售，每期时限不得少于12个月		应当在股权激励计划中载明下列事项：股权激励计划的有效期，限制性股票的授予日、限售期和解除限售安排，股票期权的授权日、可行权日、行权有效期和行权安排
	无解锁期的限制	每期授予的限制性股票，其禁售期不得少于2年。禁售期满，解锁期不得少于3年	
等待期或行权限制期	①股票期权授权日与获授股票期权首次可行权日的间隔不得少于12个月，即等待期至少12个月。②在股票期权有效期内，上市公司应当规定激励对象分期行权，每期时限不得少于12个月，后一行权期的起算日不得早于前一行权期的届满日		应当在股权激励计划中载明下列事项：股权激励计划的有效期，限制性股票的授予日、限售期和解除限售安排，股票期权的授权日、可行权日、行权有效期和行权安排
	—	行权限制期原则上不得少于2年	
可行权日	股票期权授权日与获授股票期权首次可行权日的间隔不得少于12个月		挂牌公司应当规定分期行使权益，激励对象获授权益与首次行使权益的间隔不少于12个月，每期时限不得少于12个月，各期行使权益的比例不得超过激励对象获授总额的50%
行权有效期	—	由上市公司根据实际确定，但不得低于3年	—

（七）其他公司类型如何确定时间节点

于有效期、授予日/授权日、限售期/禁售期、等待期/行权限制期、可行权日及行权有效期等时间节点，对于上市公司的规定比较多，对于其他类型的公司，基本没有相关规定。各个公司可以根据情况自行设定，并参考以下建议。

（1）新三板挂牌公司也是公开挂牌转让和交易的，因此也需要区分交易日和非交易日，对新三板挂牌公司没有相关约定的，可以参照上市公司的上述规定执行。

（2）对于其他类型的中小企业并没有相关的约定，也无须区分交易日和非交易日，相关时间节点的安排和设定可以由公司自主决定，只要不违反《公司法》等有关法律法规的规定即可。

八、定来源：有股可授、有钱可购

定来源包含两层含义：第一层含义是要确定股权激励的股份（权）来源，虚拟的股权激励模式不涉及确定股份（权）来源的问题，对于有实际股份（权）的股权激励模式，需要事先确定股份（权）来源，做到有股可授，否则股权激励便成了无源之水、无本之木；第二层含义是要确定激励对象的资金来源（无偿模式除外），即激励对象用于购买股份（权）的钱从哪里来，激励对象要有钱可购，否则股权激励无法推行。

（一）股份（权）来源

不同类型公司关于股权激励股份（权）来源的相关规定如表 3-11 所示。

表 3-11 不同类型公司关于股权激励股份（权）来源的相关规定

公司类型		股份（权）来源	法规依据
上市公司	一般上市公司	拟实行股权激励的上市公司，标的股票来源包括： （1）向激励对象发行股份； （2）回购本公司股份； （3）法律、行政法规允许的其他方式	《上市公司股权激励管理办法》
	国有控股上市公司	实施股权激励计划所需标的股票来源，可以根据本公司实际情况，通过向激励对象发行股份、回购本公司股份及法律、行政法规允许的其他方式确定，不得由单一国有股股东支付或擅自无偿量化国有股权	《国有控股上市公司（境内）实施股权激励试行办法》
非上市公众公司		拟实施股权激励的挂牌公司，标的股票来源包括： （1）向激励对象发行股票； （2）回购本公司股票； （3）股东自愿赠与； （4）法律、行政法规允许的其他方式	《非上市公众公司监管指引第 6 号——股权激励和员工持股计划的监管要求（试行）》
其他类型公司（不含国有）		没有明确规定来源	—

综上，各个类型的公司在实施股权激励时，股份（权）来源无非 4 种方式：①增发新股；②回购本公司股份；③老股转让；④无偿赠与。其他方式从本质上来看都是这几种方式的衍生，并没有其他创新的方式。

1. 增发新股

增发新股是指实施股权激励时，通过发行新股的方式向激励对象授予股票（权），采用这种方式，公司的注册资本增加，原有股东持股数量不变，持股比例相应被稀释。增发新股的方式适用于任何类型的公司。

上市公司在增发新股时需要遵守上市公司的有关规定；新三板挂牌公司需要遵守全国中小企业股份转让系统的有关规定，同时激励对象应满足合格投资者的要求。

对于其他类型的公司，增发新股并没有特殊的要求，只要按照《公司法》的相关规定，履行相应的流程即可。

2. 回购本公司股份

对于有限公司，除了《公司法》规定的异议股东请求回购股权外，并没有其他可以回购本公司股权的情况。理论上有限公司是不能回购本公司股权用于股权激励的，因此回购的方式不适用于有限公司。

2018年10月26日，第十三届全国人民代表大会常务委员会第六次会议通过了关于修改《中华人民共和国公司法》的决定，主要修订了第一百四十二条，其中"将股份奖励给本公司职工"这一情形被修改为"将股份用于员工持股计划或者股权激励"。因此，对于股份公司，《公司法》有明确的规定，可以回购本公司股份用于员工持股计划或者股权激励，但需要履行相应的程序。本次修订的主要内容如下所述。

"公司不得收购本公司股份。但是，有下列情形之一的除外：

（一）减少公司注册资本；（二）与持有本公司股份的其他公司合并；（三）将股份用于员工持股计划或者股权激励；（四）股东因对股东大会作出的公司合并、分立决议持异议，要求公司收购其股份；（五）将股份用于转换上市公司发行的可转换为股票的公司债券；（六）上市公司为维护公司价值及股东权益所必需。

公司因前款第（一）项、第（二）项规定的情形收购本公司股份的，应当经股东大会决议；公司因前款第（三）项、第（五）项、第（六）项规定的情形收购本公司股份的，可以依照公司章程的规定或者股东大会的授权，经三分之二以上董事出席的董事会会议决议。

公司依照本条第一款规定收购本公司股份后，属于第（一）项情形的，应当自收购之日起十日内注销；属于第（二）项、第（四）项情形的，应当在六个月内转让或者注销；属于第（三）项、第（五）项、第（六）项情形的，公司合计持有的本公司股份数不得超过本公司已发行股份总额的百分之十，并应当在三年内转让或者注销。

上市公司收购本公司股份的，应当依照《中华人民共和国证券法》的规定履行信息披露义务。上市公司因本条第一款第（三）项、第（五）项、第（六）项规定的情形收购本公司股份的，应当通过公开的集中交易方式进行。"

3. 老股转让

老股转让是指原有股东将股份（权）转让给激励对象的方式。此种方式也适用于任何公司类型。

对于上市公司和新三板挂牌公司，不但要符合《公司法》的相关规定，还需要满足有关限售或者减持的规定；对于其他公司类型没有特殊的规定，只要符合《公司法》的有关规定即可。

4. 无偿赠与

无偿赠与主要是指原有股东将股份无偿赠与股权激励对象的方式。

无偿赠与的方式对上市公司不太适用，因为上市公司对股权激励的价格有一定的限制；新三板挂牌公司和其他类型的非公众公司均适用。

（二）资金来源

1. 相关规定

不同公司类型关于股权激励资金来源的相关规定如表3-12所示。

表3-12 不同公司类型关于股权激励资金来源的相关规定

公司类型	资金来源	法规依据
上市公司	激励对象参与股权激励计划的资金来源应当合法合规，不得违反法律、行政法规及中国证监会的相关规定。 上市公司不得为激励对象依股权激励计划获取有关权益提供贷款以及其他任何形式的财务资助，包括为其贷款提供担保	《上市公司股权激励管理办法》
非上市公众公司	激励对象参与股权激励计划的资金来源应当合法合规，不得违反法律、行政法规、中国证监会及全国中小企业股份转让系统有限责任公司的相关规定。 挂牌公司不得为激励对象依股权激励计划获取有关权益提供贷款以及其他任何形式的财务资助，包括为其贷款提供担保等	《非上市公众公司监管指引第6号——股权激励和员工持股计划的监管要求（试行）》
其他类型公司	没有明确规定来源	—

2. 主要资金来源方式

关于股权激励资金来源的相关限制性规定比较少，股权激励对象通常可以利用的资金来源包括以下几种。

（1）自筹资金。利用自有资金是最简单的方式，自有资金来源包括工资、奖金及亲戚朋友借款等，股权激励对象愿意拿出自有资金投资到公司，说明激励对象对公司有信心，愿意与公司共同成长、共同发展，这正是股权激励想要得到的结果。

（2）大股东或公司提供借款。由大股东或公司为激励对象提供借款，激励对象再慢慢偿还，或者利用以后的股票溢价收益偿还。对激励对象而言，此种方式没有任何负担和压力。但是，上市公司、非上市公众公司不可以为激励对象提供借款。

（3）大股东或公司提供担保。激励对象直接贷款，由大股东或公司提供担保，激励对象再慢慢偿还贷款本金及利息。但是，上市公司、非上市公众公司不可以为激励对象提供担保。

（4）分期支付。分期支付是指分期支付购买股份（权）的资金。在老股东转让的方式下可以采用分期支付，大股东提供股份（权），激励对象购买，分期支付购买款；非公众公司增资的方式，也可以采用分期支付，也能够实现分期支付的效果。但是上市公司或者新三板挂牌公司采用增资的方式时，由于必须实缴资金，分期支付行不通。

（5）提取奖励基金。对于一些现金比较充足的公司，可以由公司每年提取一定的奖

励基金，分配给激励对象，用于购买股份（权）。

（6）通过信托计划等方式融资。通过信托计划或者资管计划等方式持股的时候，激励对象可以自己支付一部分资金，通过其他融资渠道配置一部分杠杆资金，再一起投资到公司当中。对于非上市公司、非上市公众公司，不建议采用此种模式。

案例 3-14　　高澜股份（300499）2018 年股权激励计划的股票及资金来源

根据东方财富网发布的广州高澜节能技术股份有限公司《2018 年限制性股票股权激励计划（草案）》，本次股权激励计划的股票及资金来源如下所述。

1. 本计划的股票来源

本计划涉及的标的股票来源为公司向激励对象定向发行公司 A 股普通股股票。

2. 激励对象的资金来源

激励对象认购限制性股票的资金全部以自筹方式解决。公司承诺不为激励对象依本计划获取有关限制性股票提供贷款以及其他任何形式的财务资助，包括为其贷款提供担保。

案例 3-14 中，股权激励的股票来源为增发股份，资金来源为激励对象自筹资金。

九、定条件：不立规矩、难成方圆

定条件主要是指制定股权激励计划的授予条件和行权条件。授予条件是指股权激励对象获授股权激励标的时必须要达到的条件。行权条件是指股权激励对象对已经获授的股权激励标的行权时必须满足的条件。授予条件和行权条件与考核密不可分，考核一般包括两个层次：一是公司层面的考核；二是个人层面的考核。

（一）关于条件设置的相关规定

1. 上市公司

《上市公司股权激励管理办法》对一般上市公司授予条件和行权条件做出了如下规定。

（1）上市公司应当设立激励对象获授权益、行使权益的条件。拟分次授出权益的，应当就每次激励对象获授权益分别设立条件；分期行权的，应当就每次激励对象行使权益分别设立条件。

（2）激励对象为董事、高级管理人员的，上市公司应当设立绩效考核指标作为激励对象行使权益的条件。绩效考核指标应当包括公司业绩指标和激励对象个人绩效指标。相关指标应当客观公开、清晰透明，符合公司的实际情况，有利于促进公司竞争力的提升。

上市公司可以公司历史业绩或同行业可比公司相关指标作为公司业绩指标对照依据。

公司选取的业绩指标可以包括净资产收益率、每股收益、每股分红等能够反映股东回报和公司价值创造的综合性指标，以及净利润增长率、主营业务收入增长率等能够反映公司盈利能力和市场价值的成长性指标。以同行业可比公司相关指标作为对照依据的，选取的对照公司应不少于3家。

激励对象个人绩效指标由上市公司自行确定。

上市公司应当在公告股权激励计划草案的同时披露所设定指标的科学性和合理性。

2. 非上市公众公司

挂牌公司应当合理设立激励对象获授权益、行使权益的条件，并就每次激励对象行使权益分别设立条件。

激励对象为董事、高级管理人员的，挂牌公司应当设立绩效考核指标作为激励对象行使权益的条件。绩效考核指标应当包括公司业绩指标和激励对象个人绩效指标。相关指标应当客观公开、清晰透明，符合公司的实际情况，有利于促进公司竞争力的提升。

3. 其他类型公司

对于其他类型公司，并没有关于授予条件和行权条件的特殊规定，中小企业在实施股权激励时，可以参照上市公司的相关规定灵活掌握。此外，每个中小企业都有自己的考核体系，各个中小企业可以根据自身情况，拟定考核标准，也可以沿用公司目前的考核机制，并与股权激励挂钩。

（二）条件未达到的处理措施

1. 相关规定

（1）《上市公司股权激励管理办法》关于条件未达到时处理措施的规定比较少，相关规定如下所述。

第三十一条第二款规定，当期行权条件未成就的，股票期权不得行权或递延至下期行权，并应当按照本办法第三十二条第二款规定处理。第三十二条第二款规定，出现本办法第十八条、第三十一条规定情形，或者其他终止实施股权激励计划的情形或激励对象不符合行权条件的，上市公司应当注销对应的股票期权。

第四十九条第二款规定，当次授予权益的条件未成就时，上市公司不得向激励对象授予权益，未授予的权益也不得递延下期授予。

（2）非上市公众公司并没有明确规定条件未达到时的处理措施，可以参照上市公司的相关规定予以设置或者处理。

（3）对于其他类型公司，并没有相关规定，中小企业在实施股权激励时，可以根据自身情况，设置条件未达到时的处理措施。

2. 一般处理方式

由于设置条件时，既有公司层面的考核指标，也有个人层面的考核要求，通常的处理方式是，公司层面考核未达标的，所有激励对象对应考核当年不能获得股权激励，已获授的股票期权均不得行权，由公司注销；对于公司层面考核达标，而个人层面考核不达标的，激励对象个人对应考核当年不能获得股权激励，其已获授的股票期权不得行权，由公司注销。

通常情况下，考核条件与激励对象能否获授股权激励或行权的对应关系如表3-13所示。

表3-13 考核条件与激励对象能否获授股权激励或行权的对应关系

考核条件		激励对象能否获授股权激励或行权
公司层面考核未达标	个人达标	×
	个人未达标	×
公司层面考核达标	个人达标	√
	个人未达标	×

案例3-15　圣邦股份（300661）2018年股票期权的授予、行权的条件

根据东方财富网发布的圣邦微电子（北京）股份有限公司（以下简称"公司"）《2018年股票期权激励计划（草案）》，公司采用的是股票期权的股权激励模式，股票期权的授予、行权的条件如下所述。

1. 股票期权的授予条件

同时满足下列授予条件时，公司应向激励对象授予股票期权；反之，若下列任一授予条件未达成，则不能向激励对象授予股票期权。

1）公司未发生以下任一情形

（1）最近一个会计年度财务会计报告被注册会计师出具否定意见或者无法表示意见的审计报告。

（2）最近一个会计年度财务报告内部控制被注册会计师出具否定意见或者无法表示意见的审计报告。

（3）上市后最近36个月内出现过未按法律法规、公司章程、公开承诺进行利润分配的情形。

（4）法律法规规定不得实行股权激励的情形。

（5）中国证监会认定的其他情形。

2）激励对象未发生以下任一情形

（1）最近12个月内被证券交易所认定为不适当人选。

（2）最近12个月内被中国证监会及其派出机构认定为不适当人选。

（3）最近12个月内因重大违法违规行为被中国证监会及其派出机构行政处罚或者采取市场禁入措施。

（4）具有《公司法》规定的不得担任公司董事、高级管理人员情形。

（5）法律法规规定不得参与上市公司股权激励的情形。

（6）中国证监会认定的其他情形。

2. 股票期权的行权条件

行权期内，同时满足下列条件时，激励对象获授的股票期权方可行权。

1）公司未发生以下任一情形

（1）最近一个会计年度财务会计报告被注册会计师出具否定意见或者无法表示意见的审计报告。

（2）最近一个会计年度财务报告内部控制被注册会计师出具否定意见或者无法表示意见的审计报告。

（3）上市后最近36个月内出现过未按法律法规、公司章程、公开承诺进行利润分配的情形。

（4）法律法规规定不得实行股权激励的情形。

（5）中国证监会认定的其他情形。

2）激励对象未发生以下任一情形

（1）最近12个月内被证券交易所认定为不适当人选。

（2）最近12个月内被中国证监会及其派出机构认定为不适当人选。

（3）最近12个月内因重大违法违规行为被中国证监会及其派出机构行政处罚或者采取市场禁入措施。

（4）具有《公司法》规定的不得担任公司董事、高级管理人员情形。

（5）法律法规规定不得参与上市公司股权激励的情形。

（6）中国证监会认定的其他情形。

公司发生上述第1）条规定情形之一的，所有激励对象根据本激励计划已获授但尚未行权的股票期权应当由公司注销；某一激励对象发生上述第2）条规定情形之一的，该激励对象根据本激励计划已获授但尚未行权的股票期权应当由公司注销。

3）公司层面业绩考核要求

本激励计划授予的股票期权，在行权期的4个会计年度中，分年度进行业绩考核并行权，以达到业绩考核目标作为激励对象的行权条件。

首次授予及预留部分股票期权的各年度业绩考核目标如表1所示。

表1 首次授予及预留部分股票期权的各年度业绩考核目标

行权期	业绩考核目标
首次及预留授予股票期权第一个行权期	以2018年营业收入为基数，2019年营业收入增长率不低于10%
首次及预留授予股票期权第二个行权期	以2018年营业收入为基数，2020年营业收入增长率不低于20%
首次及预留授予股票期权第三个行权期	以2018年营业收入为基数，2021年营业收入增长率不低于30%

（续表）

行权期	业绩考核目标
首次及预留授予股票期权第四个行权期	以2018年营业收入为基数，2022年营业收入增长率不低于40%

公司未达到上述业绩考核目标的，所有激励对象对应考核当年已获授的股票期权均不得行权，由公司注销。

4）个人层面绩效考核要求

薪酬委员会将对激励对象每个考核年度的综合考评进行打分，并依照激励对象的业绩完成率确定其行权比例。若公司层面各年度业绩考核达标，则激励对象个人当年实际行权额度＝个人层面标准系数×个人当年计划行权额度。

激励对象的绩效评价结果分为优秀（A）、良好（B）、合格（C）和不合格（D）4个档次，考核评价表适用于考核对象，届时根据表2确定激励对象行权比例。

表2 激励对象评价标准对应系数

评价标准	优秀（A）	良好（B）	合格（C）	不合格（D）
标准系数	1.0		0.6	0

若激励对象上一年度个人绩效考核评级为优秀、良好、合格，则上一年度激励对象个人绩效考核"达标"，激励对象可按照本激励计划规定的比例行权，当期未行权部分由公司注销；若激励对象上一年度个人绩效考核结果为不合格，则上一年度激励对象个人绩效考核"不达标"，公司将按照本激励计划的规定，取消该激励对象当期行权额度，由公司注销。

3.考核指标的科学性和合理性说明

公司股票期权的考核指标的设立符合法律法规和公司章程的基本规定。公司股票期权考核指标分为两个层次，分别为公司层面业绩考核和个人层面绩效考核。

公司根据行业特点选取营业收入增长率作为公司层面业绩指标，营业收入增长率是衡量企业经营状况和市场占有能力、预测企业经营业务拓展趋势的重要标志，不断增加的营业收入，是企业生存的基础和发展的条件。经过合理预测兼顾本激励计划的激励作用，公司为本次股票期权激励计划设定了以2018年营业收入值为基数，2019—2022年营业收入增长率分别不低于10%、20%、30%、40%的业绩考核目标。

除公司层面的业绩考核，公司还对个人设置了严密的绩效考核体系，能够对激励对象的工作绩效做出较为准确、全面的综合评价。公司将根据激励对象前一年度绩效考评结果，确定激励对象个人是否达到行权条件。

综上，公司本次激励计划的考核体系具有全面性、综合性及可操作性，考核指标设定具有良好的科学性和合理性，同时对激励对象具有约束作用，能够达到本次激励计划的考核目的。

十、定调整：量价联动、变与不变

定调整是指在股权激励计划实施过程中，在完成股份登记前或者完成行权前，公司发生资本公积转增股本、派送股票红利、股票拆细、配股、缩股等事项时，股权激励数量和价格的调整方法。在虚拟激励模式下，不涉及调整的问题。除派息时只调整价格、数量不变外，在其他几种情形下数量和价格都是联动的。在股权激励的实施过程中，只要发生上述事件，相应的股票数量和价格就会发生变动，这是"变"；"不变"是指调整方法保持不变。

《上市公司股权激励管理办法》并没有规定具体的调整方法，但规定了原则和流程，具体包括：①上市公司应当在股权激励计划中载明"调整权益数量、标的股票数量、授予价格或者行权价格的方法和程序"。②因标的股票除权、除息或者其他原因需要调整权益价格或者数量的，上市公司董事会应当按照股权激励计划规定的原则、方式和程序进行调整。律师事务所应当就上述调整是否符合本办法、公司章程的规定和股权激励计划的安排出具专业意见。

下面以上市公司股票期权激励模式为例介绍股票数量和行权价格的调整方法。

（一）数量的调整方法

若在激励对象行权前，公司发生资本公积转增股本、派送股票红利、股票拆细、配股、缩股等事项，应对股票期权数量进行相应的调整，调整方法如下所述。

1. 资本公积转增股本、派送股票红利、股票拆细

相关的计算公式为

$$Q = Q_0 (1+n)$$

式中：Q_0 为调整前的股票期权数量；n 为每股资本公积转增股本、派送股票红利、股票拆细的比率（即每股股票经转增、送股、拆细后增加的股票数量）；Q 为调整后的股票期权数量。

2. 配股

相关的计算公式为

$$Q = Q_0 P_1 (1+n) / (P_1 + P_2 n)$$

式中：Q_0 为调整前的股票期权数量；P_1 为股权登记日当日收盘价；P_2 为配股价格；n 为配股的比例（即配股的股数与配股前公司总股本的比例）；Q 为调整后的股票期权数量。

3. 缩股

相关的计算公式为

$$Q = Q_0 n$$

式中：Q_0 为调整前的股票期权数量；n 为缩股比例（即 1 股公司股票缩为 n 股股票）；Q 为调整后的股票期权数量。

（二）行权价格的调整方法

若在激励对象行权前发生派息、资本公积转增股本、派送股票红利、股票拆细、配股或缩股等事项，应对行权价格进行相应的调整，调整方法如下所述。

1. 资本公积转增股本、派送股票红利、股票拆细

相关的计算公式为

$$P=P_0/(1+n)$$

式中：P_0 为调整前的行权价格；n 为每股资本公积转增股本、派送股票红利、股票拆细的比率；P 为调整后的行权价格。

2. 配股

相关的计算公式为

$$P=P_0(P_1+P_2 n)/[P_1(1+n)]$$

式中：P_0 为调整前的行权价格；P_1 为股权登记日当日收盘价；P_2 为配股价格；n 为配股的比例（即配股的股数与配股前股份公司总股本的比例）；P 为调整后的行权价格。

3. 缩股

相关的计算公式为

$$P=P_0/n$$

式中：P_0 为调整前的行权价格；n 为缩股比例；P 为调整后的行权价格。

4. 派息

相关的计算公式为

$$P=P_0-V$$

式中：P_0 为调整前的行权价格；V 为每股的派息额；P 为调整后的行权价格。经派息调整后，P 仍须为正数。

（三）相关说明

（1）以上是上市公司股票期权模式的股票数量和价格调整方法，上述调整方法在限制性股票激励模式下同样适用。

（2）对于非上市公众公司并没有相关的规定，只是要求在股权激励计划中载明调整权益数量、标的股票数量、授予价格或者行权价格的方法和程序，一般也参照上述计算公式执行。

（3）对于其他类型的中小企业并没有相关的规定，中小企业在实施股权激励时可以自行确定调整机制。相对于上市公司，很多中小企业由于资本公积转增股本、派送股票红利、股票拆细、配股、缩股等情形发生得较少，也有很多公司出于简化的考虑，并未设定数量和价格的调整机制。

本书第四章中有关于调整方法和程序的案例，此处不再赘述。

十一、定规则：未雨绸缪、防患未然

定规则主要是指确定公司与激励对象发生异动时的处理方式。例如，为了应对公司发生的控制权变更、合并、分立等情形，以及激励对象个人发生的变化（如离职、死亡等），应预设相关的处理规则，方能未雨绸缪、防患未然，以免引起麻烦。

（一）定规则应遵循的相关规定

公司和激励对象发生异动时的处理方式的相关规定如表3-14所示。

表3-14　公司和激励对象发生异动时的处理方式的相关规定

公司类型	相关规定	法规依据
一般上市公司	上市公司依照本办法制订股权激励计划的，应当在股权激励计划中载明下列事项……上市公司发生控制权变更、合并、分立以及激励对象发生职务变更、离职、死亡等事项时股权激励计划的执行……	《上市公司股权激励管理办法》
非上市公众公司	挂牌公司依照本指引制订股权激励计划的，应当在股权激励计划中载明下列事项……挂牌公司发生控制权变更、合并、分立、终止挂牌以及激励对象发生职务变更、离职、死亡等事项时股权激励计划的执行……	《非上市公众公司监管指引第6号——股权激励和员工持股计划的监管要求（试行）》
其他类公司	没有明确规定	—

（二）具体执行

通过对以上公司和激励对象个人发生异动时的相关处理方式的整理和总结，我们不难发现，这些规定基本都是原则性或者框架性的，并没有明确的执行细则，具体执行细则可以由各个公司根据自身情况量身定制。

案例3-16

中青宝（300052）2018年股权激励计划中公司与激励对象发生异动的处理

根据东方财富网发布的深圳中青宝互动网络股份有限公司（以下简称"公司"）《2018年股权激励计划（草案修订稿）》，公司采用的是限制性股票的股权激励模式，公司与激励对象发生异动的处理方式如下所述。

1. 公司发生异动的处理

（1）公司出现下列情形之一的，本计划终止实施，激励对象已获授但尚未解除限售的限制性股票不得解除限售，由公司回购注销。

① 最近一个会计年度财务会计报告被注册会计师出具否定意见或者无法表示意见的审计报告。

②最近一个会计年度财务报告内部控制被注册会计师出具否定意见或者无法表示意见的审计报告。

③上市后最近36个月内出现过未按法律法规、公司章程、公开承诺进行利润分配的情形。

④法律法规规定不得实行股权激励的情形。

⑤中国证监会认定的其他需要终止激励计划的情形。

（2）公司因信息披露文件有虚假记载、误导性陈述或者重大遗漏，导致不符合授予条件或解除限售安排的，未授予的限制性股票不得授予，激励对象已获授但尚未解除限售的限制性股票由公司统一回购注销处理，激励对象获授限制性股票已解除限售的，所有激励对象应当返还已获授权益。

董事会应当按照前款规定和本计划相关安排收回激励对象所得收益。

（3）公司出现下列情形之一时，本计划不做变更，按本计划的规定继续执行。

①公司控制权发生变更。

②公司出现合并、分立等情形。

（4）公司出现下列情形之一时，本计划不做变更，但须延缓被激励对象的减持时间，以稳定公司股票价格为前提。

①公司股票价格下降，下降幅度超过计划减持时点之前30个交易日的均价。

②公司经营中出现重大不利于公司长远发展的事件。

2. 激励对象个人情况发生变化

（1）激励对象发生职务变更，但仍在公司内，或在公司下属分、子公司内任职的，其获授的限制性股票完全按照职务变更前本计划规定的程序进行。但是，激励对象因不能胜任岗位工作、触犯法律、违反执业道德、泄露公司机密、失职或渎职等行为损害公司利益或声誉而导致的职务变更，或因前列原因导致公司解除与激励对象劳动关系的，董事会可以决定根据本计划在情况发生之日，激励对象已获授但尚未解除限售的限制性股票不得解除限售，由公司按本计划的规定回购注销。

（2）激励对象因辞职、公司裁员而离职，激励对象根据本计划已获授但尚未解除限售的限制性股票不得解除限售，并由公司按本计划的规定回购注销。

（3）激励对象因达到国家和公司规定的年龄退休而离职，其获授的限制性股票将完全按照退休前本计划规定的程序进行，且董事会可以决定其个人绩效考核条件不再纳入解除限售条件。

（4）激励对象因丧失劳动能力而离职，应分以下两种情况处理。

①当激励对象因工伤丧失劳动能力而离职时，其获授的限制性股票将完全按照丧失劳动能力前本计划规定的程序进行，且董事会可以决定其个人绩效考核条件不再纳入解除限售条件。

② 当激励对象非因工伤丧失劳动能力而离职时，董事会可以决定对激励对象根据本计划已获授但尚未解除限售的限制性股票不得解除限售，并由公司按本计划的规定回购注销。

（5）激励对象若因执行职务而死亡，其获授的限制性股票将由其指定的财产继承人或法定继承人代为持有，并按照死亡前本计划规定的程序进行，且董事会可以决定其个人绩效考核条件不再纳入解除限售条件；若因其他原因而死亡，董事会可以决定对激励对象根据本计划已获授但尚未解除限售的限制性股票不得解除限售，并由公司按本计划的规定回购注销。

（6）其他未说明的情况由董事会薪酬与考核委员会认定，并确定其处理方式。

此处我们直接选择了一个上市公司的案例，完整展示了公司与激励对象发生异动的处理方式，可以为其他公司提供参考。但每个公司遇到的情况都不一样，在相关法律法规没有特殊规定的前提下，各个公司可以自行决定公司与激励对象之间发生异动时的处理方式，只要处理方式公平、合理即可。

十二、定考核：家有家规、有章可循

定考核主要是指确定公司和个人的考核指标、考核方法以及考核结果等。股权激励的主要目的是最大限度地调动激励对象的积极性，因此考核指标的设定、考核方法的有效性都是影响股权激励效果的重要因素，甚至对股权激励的实施具有决定性的影响。将考核指标、考核方法形成制度文件，并向全体考核对象公开、公示，做到有法可依，能够保障考核效果。

《上市公司股权激励管理办法》并没有对考核进行过多的规定，仅有的几条规定都是原则性的，具体落实时需要上市公司根据自身情况灵活运用；对于非上市公司，可由公司自身决定考核机制。原则性的规定如下所述。

（1）激励对象为董事、高级管理人员的，上市公司应当设立绩效考核指标作为激励对象行使权益的条件。

（2）绩效考核指标应当包括公司业绩指标和激励对象个人绩效指标。相关指标应当客观公开、清晰透明，符合公司的实际情况，有利于促进公司竞争力的提升。

（3）激励对象个人绩效指标由上市公司自行确定。

（一）确定考核指标的基本原则

确定考核指标的基本原则如图3-4所示。

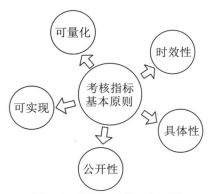

图 3-4 考核指标的基本原则

（1）可量化原则。公司要科学地制定量化指标来考核激励对象，考核指标尽量不要包含太多主观估算的因素，尽量都是客观的。考核指标可量化，才不会出现模糊地带，才能有效地保证考核结果的公平性。

（2）可实现原则。无论是公司指标还是个人考核指标，都要具有可实现性，指标不能定得太高，否则会让考核对象感觉不切实际，反而失去信心；指标也不能定得太低，太容易实现的目标难以调动员工的积极性。指标应该适度提高，通过公司和员工的共同努力，在付出一定辛苦的前提下能够实现，便是最理想的状态。

（3）时效性原则。考核指标具有一定的时效性，需要在一定的周期内达成。公司指标和个人指标一般以一个年度为一个考核周期，设定一个年度目标。每个公司也可以根据自身的特点和实际情况，在一个年度指标内设置月度、季度或者半年考核指标。

（4）具体性原则。公司指标和个人指标要具体明确，不能模糊不清，指标设定之后，应能够让被考核者明确指标的含义，能够正确地理解考核目标。

（5）公开性原则。考核指标应当公开、透明，只有这样才能保障考核结果的公正、公平。

（二）考核指标的设定

绩效考核指标包括公司业绩指标和个人绩效指标。

1. 公司业绩指标

上市公司可以公司历史业绩或同行业可比公司相关指标作为公司业绩指标对照依据，公司选取的业绩指标可以包括净资产收益率、每股收益、每股分红等能够反映股东回报和公司价值创造的综合性指标，以及净利润增长率、主营业务收入增长率等能够反映公司盈利能力和市场价值的成长性指标。以同行业可比公司相关指标作为对照依据的，选取的对照公司不少于3家。

对于非上市公司，可以参照上市公司设置业绩指标。

2. 个人绩效指标

对于上市公司和非上市公司，关于激励对象个人绩效指标的设定都没有相关的规定，可以由公司根据原有的考核体系自行设置，也可以沿用公司目前的考核体系。

（三）考核的具体实施

1. 上市公司

1）考核程序

对于上市公司，一般由人力资源部在董事会薪酬与考核委员会的指导下负责具体的考核工作，保存考核结果，并在此基础上形成绩效考核报告上交董事会薪酬与考核委员会。

2）考核结果反馈与申诉

被考核对象有权了解自己的考核结果，薪酬与考核委员会应当在考核工作结束后一定期限内将考核结果通知被考核对象。

如果被考核对象对自己的考核结果有异议，可在接到考核结果通知的一定期限内向董事会薪酬与考核委员会申诉，薪酬与考核委员会可根据实际情况对其考核结果进行复核，并根据复核结果对考核结果进行修正。

考核结果作为股权激励的依据。

3）考核结果归档

考核结束后，一般由证券部保留所有绩效考核记录。

为保证绩效激励的有效性，绩效记录不允许涂改，若需修改或重新记录，须经考核记录员签字确认。

绩效考核结果作为保密资料归档保存。

2. 非上市公司

对于非上市公众公司，相关法律法规只是规定激励对象为董事、高级管理人员的，挂牌公司应当设立绩效考核指标作为激励对象行使权益的条件。绩效考核指标应当包括公司业绩指标和激励对象个人绩效指标。相关指标应当客观公正、清晰透明，符合公司的实际情况，有利于促进公司竞争力的提升。其他关于考核的具体流程和实施并无特殊规定，公司可以根据组织架构和平时的考核习惯组织实施。

对于其他类型的公司，并无明确的有关考核的具体规定，中小企业在实施股权激励时，可以结合公司自身的考核体系组织实施。

本章"九、定条件：不立规矩、难成方圆"中涉及考核的相关案例，此处不再附加案例。

第四章

特殊主体：公众公司的股权激励

公众公司，包括上市公众公司（上市公司）和非上市公众公司（俗称新三板挂牌公司）。由于公众公司需要公开披露信息，所受规范和约束比较多，公众公司在实施股权激励时需要按照相关的法规和要求，履行相应的信息披露流程。

本章系统讲述了主板上市公司、创业板上市公司、科创板上市公司、北交所上市公司、非上市公众公司等特殊主体的股权激励法规体系、一般要求、核心要素、常用模式以及股权激励计划的主要内容等，有助于公众公司，尤其是非上市公众公司在实施股权激励时学习和借鉴。

一、公众公司的概念与法规体系

（一）公众公司的概念

我国《公司法》只规定了两种类型的公司，即有限责任公司和股份有限公司，没有关于公众公司的定义，公众公司的概念是在上市公司和新三板挂牌公司基础上逐渐演化出来的。

股份有限公司的概念范围比公众公司要广，公众公司是股份有限公司，但股份有限公司不一定是公众公司，仅有一部分股份有限公司可以成为公众公司。

公众公司可以分为两类：上市公众公司（上市公司）和非上市公众公司。

上市公司（the listed company）是指所发行的股票经过国务院或者国务院授权的证券管理部门批准或注册并在证券交易所上市交易的股份有限公司。上市公司包括在上海证券交易所、深圳证券交易所及北京证券交易所上市的公司。

非上市公众公司是指有下列情形之一且其股票未在证券交易所上市交易的股份有限公司：①股票向特定对象发行或者转让导致股东累计超过 200 人；②股票公开转让。非上市公众公司包括全国中小企业股份转让系统基础层和创新层的公司，非上市公众公司俗称新三板公司或新三板挂牌公司。

公众公司的结构如图 4-1 所示。

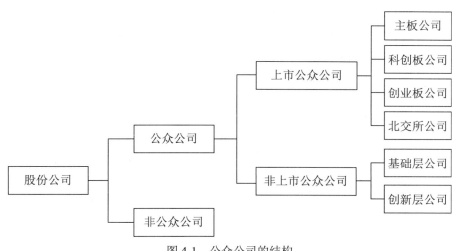

图 4-1　公众公司的结构

学习本章内容，有以下几点需要注意。

（1）根据我国的法律法规，公众公司只能是股份公司，有限公司不可能成为公众公司。

（2）公众公司一定是股份公司，但股份公司不一定是公众公司。

（3）公众公司除需要符合一般公司的要求之外，还需要符合监管机构及交易所的相

关规定，因此对公众公司的要求和规范更多。

（4）北京证券交易所（以下简称"北交所"）于 2021 年 9 月注册成立，原新三板精选层的企业平移到北交所，符合一定条件的新三板创新层公司可以申请在北交所上市。

（5）本书提到的中小企业，如无特殊说明，均指非公众公司的中小企业。

（二）公众公司股权激励的法规体系

公众公司股权激励的法规体系如表 4-1 所示。

表 4-1 公众公司股权激励的法规体系

序号	文件名称	文号	发文单位	实施日期
1	上市公司股权激励管理办法	证监会令第 148 号	证监会	2018 年 8 月 15 日
2	上海证券交易所股票上市规则	上证发〔2020〕100 号	上交所	2020 年 12 月 31 日
3	上海证券交易所科创板股票上市规则	上证发〔2020〕101 号	上交所	2020 年 12 月 31 日
4	科创板上市公司自律监管指南第 4 号——股权激励信息披露		上交所	2022 年 1 月 7 日
5	关于股权激励计划股票期权自主行权相关事项的通知	上证发〔2016〕38 号	上交所	2016 年 8 月 12 日
6	关于修订上市公司股权激励计划股票期权符合行权条件公告格式指引的通知	上证函〔2016〕1574 号	上交所	2016 年 8 月 12 日
7	深圳证券交易所股票上市规则	深证上〔2020〕1294 号	深交所	2020 年 12 月 31 日
8	深圳证券交易所创业板股票上市规则	深证上〔2020〕1292 号	深交所	2020 年 12 月 31 日
9	深圳证券交易所创业板上市公司自律监管指南第 1 号——业务办理	深证上〔2022〕28 号	深交所	2022 年 1 月 7 日
10	关于受理和评估上市公司股权激励行权融资和限制性股票融资业务试点工作安排的通知	深证会〔2014〕123 号	深交所	2014 年 11 月 5 日
11	中央企业控股上市公司实施股权激励工作指引		国资委	2020 年 4 月 23 日
12	关于进一步做好中央企业控股上市公司股权激励工作有关事项的通知	国资发考分规〔2019〕102 号	国资委	2019 年 10 月 24 日
13	北京证券交易所上市公司持续监管办法（试行）	证监会令第 189 号	证监会	2021 年 11 月 15 日
14	北京证券交易所股票上市规则（试行）	北证公告〔2021〕13 号	北交所	2021 年 11 月 15 日
15	北京证券交易所上市公司持续监管指引第 3 号——股权激励和员工持股计划	北证公告〔2021〕36 号	北交所	2021 年 11 月 15 日
16	非上市公众公司监督管理办法	证监会令第 190 号	证监会	2021 年 10 月 30 日

（续表）

序号	文件名称	文号	发文单位	实施日期
17	非上市公众公司监管指引第6号——股权激励和员工持股计划的监管要求（试行）	证监会公告〔2020〕57号	证监会	2020年8月21日
18	全国中小企业股份转让系统股权激励和员工持股计划业务办理指南	股转系统公告〔2021〕1017号	全国中小企业股份转让系统有限责任公司	2021年11月15日

规范上市公司和非上市公众公司股权激励的相关规定是不同的，因此在下文介绍公众公司股权激励时将对两类公众公司进行区分。

本章基本不涉及国有控股上市公司的股权激励问题，以民营上市公司股权激励为主。

二、上市公司股权激励的通用规定

为进一步促进上市公司建立健全激励与约束机制，依据《中华人民共和国公司法》《中华人民共和国证券法》及其他法律、行政法规的规定，中国证监会制定了《上市公司股权激励管理办法》，目前执行的是经过修订并于2018年8月15日开始执行的版本。《上市公司股权激励管理办法》对所有类型的上市公司都具有约束性。

（一）股权激励的一般要求

1. 一般原则

上市公司实行股权激励，应当符合法律、行政法规、《上市公司股权激励管理办法》和公司章程的规定，有利于上市公司的持续发展，不得损害上市公司利益。

上市公司的董事、监事和高级管理人员在实行股权激励中应当诚实守信、勤勉尽责，维护公司和全体股东的利益。

上市公司实行股权激励，应当严格按照《上市公司股权激励管理办法》和其他相关规定的要求履行信息披露义务。

为上市公司股权激励计划出具意见的证券中介机构和人员，应当诚实守信、勤勉尽责，保证所出具的文件真实、准确、完整。

任何人不得利用股权激励进行内幕交易、操纵证券市场等违法活动。

2. 限制情形

上市公司具有下列情形之一的，不得实行股权激励。

（1）最近一个会计年度财务会计报告被注册会计师出具否定意见或者无法表示意见的审计报告。

（2）最近一个会计年度财务报告内部控制被注册会计师出具否定意见或无法表示意

见的审计报告。

（3）上市后最近 36 个月内出现过未按法律法规、公司章程、公开承诺进行利润分配的情形。

（4）法律法规规定不得实行股权激励的情形。

（5）中国证监会认定的其他情形。

上市公司发生上述情形之一的，应当终止实施股权激励计划，不得向激励对象继续授予新的权益，激励对象根据股权激励计划已获授但尚未行使的权益应当终止行使。

（二）股权激励的要素

上市公司股权激励的要素主要包括 10 个，具体如图 4-2 所示。

图 4-2　上市公司股权激励的要素

1. 股权激励的对象（定对象）

激励对象包括上市公司的董事、高级管理人员、核心技术人员或者核心业务人员，以及公司认为应当激励的对公司经营业绩和未来发展有直接影响的其他员工，但不应当包括独立董事和监事。外籍员工任职上市公司董事、高级管理人员、核心技术人员或者核心业务人员的，可以成为激励对象。

单独或合计持有上市公司 5% 以上股份的股东或实际控制人及其配偶、父母、子女，不得成为激励对象。下列人员也不得成为激励对象。

（1）最近 12 个月内被证券交易所认定为不适当人选。

（2）最近 12 个月内被中国证监会及其派出机构认定为不适当人选。

（3）最近 12 个月内因重大违法违规行为被中国证监会及其派出机构行政处罚或者采取市场禁入措施。

（4）具有《公司法》规定的不得担任公司董事、高级管理人员情形的人员。

（5）法律法规规定不得参与上市公司股权激励的人员。

（6）中国证监会认定的其他情形。

在股权激励计划实施过程中，按上述规定不得成为激励对象的人员，上市公司不得继续授予其权益，其已获授但尚未行使的权益应当终止行使。

2. 股权激励的模式（定模式）

上市公司以限制性股票、股票期权实施股权激励的，适用《上市公司股权激励管理办法》；以法律、行政法规允许的其他方式实施股权激励的，参照该办法的有关规定执行。

限制性股票是指激励对象按照股权激励计划规定的条件，获得的转让等部分权利受到限制的本公司股票。限制性股票在解除限售前不得转让、用于担保或偿还债务。

股票期权是指上市公司授予激励对象在未来一定期限内以预先确定的条件购买本公司一定数量股份的权利。激励对象获授的股票期权不得转让、用于担保或偿还债务。

两种主要模式的对比如表 4-2 所示。

表 4-2 限制性股票和股票期权模式的对比

对比因素	限制性股票	股票期权
收益获取	利益来自当前（折扣买入）和未来	利益主要来自未来
激励对象缴款	授予时缴款	行权时缴款
股本结构影响	授予时对股本结构可能存在直接的摊薄效应（以新增股份作为来源时）	授予时不会对股本结构存在影响，行权时可能存在摊薄效应（以新增股份作为来源时）
激励对象风险	授予后有锁定期，股价下跌一定幅度时，激励对象可能出现亏损	激励对象行权前不存在风险（股价下跌一定幅度时，可以不行权）

3. 股权激励的条件（定条件）

上市公司应当设立激励对象获授权益、行使权益的条件。拟分次授出权益的，应当就每次激励对象获授权益分别设立条件；分期行权的，应当就每次激励对象行使权益分别设立条件。

激励对象为董事、高级管理人员的，上市公司应当设立绩效考核指标作为激励对象行使权益的条件。

4. 股权激励的股票来源（定来源）

拟实行股权激励的上市公司，可以下列方式作为标的股票来源。

（1）向激励对象发行股份。

（2）回购本公司股份。

（3）法律、行政法规允许的其他方式。

5. 股权激励的资金来源（定来源）

激励对象参与股权激励计划的资金来源应当合法合规，不得违反法律、行政法规及中国证监会的相关规定。

上市公司不得为激励对象依股权激励计划获取有关权益提供贷款以及其他任何形式的财务资助，包括为其贷款提供担保。

6. 股权激励的数量（定数量）

上市公司全部在有效期内的股权激励计划所涉及的标的股票总数累计不得超过公司股本总额的 10%。非经股东大会特别决议批准，任何一名激励对象通过全部在有效期内

的股权激励计划获授的本公司股票,累计不得超过公司股本总额的1%。此处所称股本总额是指股东大会批准最近一次股权激励计划时公司已发行的股本总额。

上市公司在推出股权激励计划时,可以设置预留权益,预留比例不得超过本次股权激励计划拟授予权益数量的20%。上市公司应当在股权激励计划经股东大会审议通过后12个月内明确预留权益的授予对象;超过12个月未明确激励对象的,预留权益失效。

7. 股权激励的时间(定时间)

股权激励计划的有效期从首次授予权益日起不得超过10年。

8. 股权激励的考核(定考核)

绩效考核指标应当包括公司业绩指标和激励对象个人绩效指标。相关指标应当客观公开、清晰透明,符合公司的实际情况,有利于促进公司竞争力的提升。

上市公司可以公司历史业绩或同行业可比公司相关指标作为公司业绩指标对照依据,公司选取的业绩指标可以包括净资产收益率、每股收益、每股分红等能够反映股东回报和公司价值创造的综合性指标,以及净利润增长率、主营业务收入增长率等能够反映公司盈利能力和市场价值的成长性指标。以同行业可比公司相关指标作为对照依据的,选取的对照公司不少于3家。

上市公司可以同时实行多期股权激励计划。同时实行多期股权激励计划的,各期激励计划设立的公司业绩指标应当保持可比性,后期激励计划的公司业绩指标低于前期激励计划的,上市公司应当充分说明其原因与合理性。

激励对象为董事、高级管理人员的,上市公司应当设立绩效考核指标作为激励对象行使权益的条件。激励对象个人绩效指标由上市公司自行确定。

上市公司应当在公告股权激励计划草案的同时披露所设定指标的科学性和合理性。

9. 股权激励的协议(定协议)

上市公司应当与激励对象签订协议,确认股权激励计划的内容,并依照《上市公司股权激励管理办法》约定双方的其他权利义务。

上市公司应当承诺,股权激励计划相关信息披露文件不存在虚假记载、误导性陈述或者重大遗漏。

所有激励对象应当承诺,上市公司因信息披露文件中有虚假记载、误导性陈述或者重大遗漏,导致不符合授予权益或行使权益安排的,激励对象应当自相关信息披露文件被确认存在虚假记载、误导性陈述或者重大遗漏后,将由股权激励计划所获得的全部利益返还公司。

上市公司实施股权激励分为两种模式,即限制性股票和股票期权,股权激励的价格(定价格)亦分不同情况,我们在下文单列表述。另外,股权激励的内容(定方案)较为重要,也在下文单列表述。

（三）限制性股票的具体规定

1. 授予价格（定价格）

上市公司在授予激励对象限制性股票时，应当确定授予价格或授予价格的确定方法。授予价格不得低于股票票面金额，且原则上不得低于下列价格较高者。

（1）股权激励计划草案公布前 1 个交易日的公司股票交易均价的 50%。

（2）股权激励计划草案公布前 20 个交易日、60 个交易日或者 120 个交易日的公司股票交易均价之一的 50%。

上市公司采用其他方法确定限制性股票授予价格的，应当在股权激励计划中对定价依据及定价方式做出说明。

2. 时间间隔

限制性股票授予日与首次解除限售日的间隔不得少于 12 个月。

3. 分期解售

在限制性股票有效期内，上市公司应当规定分期解除限售，每期时限不得少于 12 个月，各期解除限售的比例不得超过激励对象获授限制性股票总额的 50%。

当期解除限售的条件未成就的，限制性股票不得解除限售或递延至下期解除限售，应当按照《上市公司股权激励管理办法》第二十六条规定处理。

4. 回购方案

上市公司应当在《上市公司股权激励管理办法》第二十六条规定的情形出现后及时召开董事会审议回购股份方案，并依法将回购股份方案提交股东大会批准。回购股份方案包括但不限于以下内容。

（1）回购股份的原因。

（2）回购股份的价格及定价依据。

（3）拟回购股份的种类、数量及占股权激励计划所涉及的标的股票的比例、占总股本的比例。

（4）拟用于回购的资金总额及资金来源。

（5）回购后公司股本结构的变动情况及对公司业绩的影响。

律师事务所应当就回购股份方案是否符合法律、行政法规、《上市公司股权激励管理办法》的规定和股权激励计划的安排出具专业意见。

（四）股票期权的具体规定

1. 行权价格（定价格）

上市公司在授予激励对象股票期权时，应当确定行权价格或者行权价格的确定方法。行权价格不得低于股票票面金额，且原则上不得低于下列价格较高者。

（1）股权激励计划草案公布前 1 个交易日的公司股票交易均价。

（2）股权激励计划草案公布前 20 个交易日、60 个交易日或者 120 个交易日的公司股票交易均价之一。

上市公司采用其他方法确定行权价格的，应当在股权激励计划中对定价依据及定价方式做出说明。

2. 时间间隔

股票期权授权日与获授股票期权首次可行权日的间隔不得少于 12 个月。

3. 分期行权

在股票期权有效期内，上市公司应当规定激励对象分期行权，每期时限不得少于 12 个月，后一行权期的起算日不得早于前一行权期的届满日。每期可行权的股票期权比例不得超过激励对象获授股票期权总额的 50%。

当期行权条件未成就的，股票期权不得行权或递延至下期行权，并应当按《上市公司股权激励管理办法》第三十二条第二款规定处理。

（五）股权激励计划的主要内容（定方案）

上市公司依照本办法制订股权激励计划的，应当在股权激励计划中载明下列事项。

（1）股权激励的目的。

（2）激励对象的确定依据和范围。

（3）拟授出的权益数量，拟授出权益涉及的标的股票种类、来源、数量及占上市公司股本总额的百分比；分次授出的，每次拟授出的权益数量、涉及的标的股票数量及占股权激励计划涉及的标的股票总额的百分比、占上市公司股本总额的百分比；设置预留权益的，拟预留权益的数量、涉及标的股票数量及占股权激励计划的标的股票总额的百分比。

（4）激励对象为董事、高级管理人员的，其各自可获授的权益数量、占股权激励计划拟授出权益总量的百分比；其他激励对象（各自或者按适当标准分类）的姓名、职务、可获授的权益数量及占股权激励计划拟授出权益总量的百分比。

（5）股权激励计划的有效期，限制性股票的授予日、限售期和解除限售安排，股票期权的授权日、可行权日、行权有效期和行权安排。

（6）限制性股票的授予价格或者授予价格的确定方法，股票期权的行权价格或者行权价格的确定方法。

（7）激励对象获授权益、行使权益的条件。

（8）上市公司授出权益、激励对象行使权益的程序。

（9）调整权益数量、标的股票数量、授予价格或者行权价格的方法和程序。

（10）股权激励会计处理方法、限制性股票或股票期权公允价值的确定方法、涉及估值模型重要参数取值合理性、实施股权激励应当计提费用及对上市公司经营业绩的影响。

（11）股权激励计划的变更、终止。

（12）上市公司发生控制权变更、合并、分立以及激励对象发生职务变更、离职、死亡等事项时股权激励计划的执行。

（13）上市公司与激励对象之间相关纠纷或争端解决机制。

（14）上市公司与激励对象的其他权利义务。

（六）股权激励的监督管理

1. 不按规定实施

上市公司股权激励不符合法律、行政法规和《上市公司股权激励管理办法》规定，或者上市公司未按照《上市公司股权激励管理办法》、股权激励计划的规定实施股权激励的，上市公司应当终止实施股权激励，中国证监会及其派出机构责令改正，并书面通报证券交易所和证券登记结算机构。

2. 信息披露存在问题

（1）上市公司未按照《上市公司股权激励管理办法》及其他相关规定披露股权激励相关信息或者所披露的信息有虚假记载、误导性陈述或者重大遗漏的，中国证监会及其派出机构对公司及相关责任人员采取责令改正、监管谈话、出具警示函等监管措施；情节严重的，依照《证券法》予以处罚；涉嫌犯罪的，依法移交司法机关追究刑事责任。

（2）上市公司因信息披露文件有虚假记载、误导性陈述或者重大遗漏，导致不符合授予权益或行使权益安排的，未行使权益的应当统一回购注销，已经行使权益的，所有激励对象应当返还已获授权益。对上述事宜不负有责任的激励对象因返还已获授权益而遭受损失的，可按照股权激励计划相关安排，向上市公司或负有责任的对象进行追偿。

董事会应当按照前款规定和股权激励计划相关安排收回激励对象所得收益。

3. 未勤勉尽责

上市公司实施股权激励过程中，上市公司独立董事及监事未按照《上市公司股权激励管理办法》及相关规定履行勤勉尽责义务的，中国证监会及其派出机构采取责令改正、监管谈话、出具警示函、认定为不适当人选等措施；情节严重的，依照《证券法》予以处罚；涉嫌犯罪的，依法移交司法机关追究刑事责任。

4. 内部交易或操作市场

利用股权激励进行内幕交易或者操纵证券市场的，中国证监会及其派出机构依照《证券法》予以处罚；情节严重的，对相关责任人员实施市场禁入等措施；涉嫌犯罪的，依法移交司法机关追究刑事责任。

5. 中介机构存在问题

为上市公司股权激励计划出具专业意见的证券服务机构和人员未履行勤勉尽责义务，所发表的专业意见存在虚假记载、误导性陈述或者重大遗漏的，中国证监会及其派出机构对相关机构及签字人员采取责令改正、监管谈话、出具警示函等监管措施；情节严重的，依照《证券法》予以处罚；涉嫌犯罪的，依法移交司法机关追究刑事责任。

（七）其他说明

（1）相关法律、行政法规、部门规章对上市公司董事、高级管理人员买卖本公司股票的期间有限制的，上市公司不得在相关限制期间向激励对象授出限制性股票，激励对象也不得行使权益。

（2）上市公司启动及实施增发新股、并购重组、资产注入、发行可转债、发行公司债券等重大事项期间，可以实行股权激励计划。

（3）激励对象在获授限制性股票或者对获授的股票期权行使权益前后买卖股票的行为，应当遵守《证券法》《公司法》等相关规定。上市公司应当在协议中，就前述义务向激励对象做出特别提示。

案例 4-1　　　　　　　新洁能股权激励计划草案

根据上交所于 2021 年 12 月 7 日公告的《无锡新洁能股份有限公司股权激励计划草案修订稿摘要公告》，本次股权激励计划的简要内容如下所述。

1. 公司基本情况

略。

2. 股权激励计划目的

为了进一步健全公司长效激励机制，吸引和留住优秀人才，充分调动在公司（含子公司）任职的部分董事、高级管理人员、核心技术人员、核心业务人员，以及公司认为应当激励的对公司经营业绩和未来发展有直接影响的其他员工的积极性，有效地将股东利益、公司利益和核心团队个人利益结合在一起，使各方共同关注公司的长远发展，确保公司发展战略和经营目标的实现，在充分保障股东利益的前提下，按照收益与贡献对等的原则，根据《公司法》《证券法》《上市公司股权激励管理办法》等有关法律、行政法规和规范性文件以及《公司章程》的规定，制订本激励计划。

3. 股权激励方式及标的股票来源

本激励计划采取的激励形式为限制性股票。股票来源为公司向激励对象定向发行的本公司人民币 A 股普通股股票。

4. 拟授出的权益数量

本激励计划拟向激励对象授予的限制性股票数量为 141.68 万股，约占本激励计划公告时公司股本总额 14 168 万股的 1%。其中首次授予限制性股票数量为 121.65 万股，约占本激励计划草案公告时公司股本总额 14 168 万股的 0.86%，约占本计划拟授予限制性股票总数的 85.86%；预留限制性股票数量 20.03 万股，约占本激励计划草案公告时公司股本总额 14 168 万股的 0.14%，约占本计划拟授予限制性股票总数的 14.14%。

5. 激励对象的范围及各自所获授的权益数量

1）激励对象的确定依据

（1）激励对象确定的法律依据。本激励计划激励对象根据《公司法》《证券法》《上市公司股权激励管理办法》等有关法律、行政法规、规范性文件和《公司章程》的相关规定，结合公司实际情况而确定。

（2）激励对象确定的职务依据。本激励计划激励对象为在公司（含子公司）任职的部分董事、高级管理人员、核心技术人员、核心业务人员，以及公司认为应当激励的对公司经营业绩和未来发展有直接影响的其他员工。对符合本激励计划激励对象范围的人员，由薪酬与考核委员会提名，并经公司监事会核实确定。

公司独立董事、监事、单独或合计持有上市公司 5% 以上股份的股东或实际控制人及其配偶、父母、子女不在本激励计划的激励对象范围内。

2）激励对象的范围

本激励计划涉及的激励对象共计 141 人，包括在公司（含子公司）任职的部分董事、高级管理人员、核心技术人员、骨干业务人员，以及公司认为应当激励的对公司经营业绩和未来发展有直接影响的其他员工，不包括公司独立董事、监事、单独或合计持有上市公司 5% 以上股份的股东或实际控制人及其配偶、父母、子女。

以上激励对象中，董事、高级管理人员必须经股东大会选举或公司董事会聘任。所有激励对象必须在公司授予限制性股票时和本激励计划规定的考核期内与公司（含子公司）存在聘用或劳动关系。

预留授予部分的激励对象由本激励计划经股东大会审议通过后 12 个月内确定，经董事会提出、独立董事及监事会发表明确意见、律师发表专业意见并出具法律意见书后，公司在内部公示预留授予激励对象的相关信息。超过 12 个月未明确激励对象的，预留权益失效。预留限制性股票的激励对象参照首次授予的标准确定。

3）激励对象的名单及拟授出权益分配情况

本激励计划授予的限制性股票在各激励对象间的分配情况略。

注：

（1）上述任何一名激励对象通过全部在有效期内的股权激励计划获授的本公司股票均未超过公司总股本的 1.00%。公司全部在有效期内的激励计划所涉及的标的股票总数累计不超过公司股本总额的 10.00%。

（2）激励对象因任何原因放弃获授权益的，董事会有权将激励对象放弃的权益份额在激励对象之间进行分配或直接调减。

4）其他规定

（1）以上激励对象中，不包括公司独立董事、监事和单独或合计持有公司 5% 以上股份的股东或实际控制人及其配偶、父母、子女。

（2）激励对象不存在同时参加两家或两家以上上市公司股权激励计划的情形。

（3）在股权激励计划实施过程中，激励对象如发生不符合《上市公司股权激励管理办法》及股权激励计划规定的情况时，公司将终止其参与本激励计划的权利，该激励对象根据本激励计划已获授但尚未解除限售的限制性股票应当由公司按授予价格回购注销。

6. 授予价格、行权价格及确定方法

1）首次授予限制性股票的授予价格

本激励计划限制性股票的授予价格为每股84.25元，即满足授予条件后，激励对象可以每股84.25元的价格购买公司向激励对象定向发行的本公司人民币A股普通股股票。

2）首次授予限制性股票的授予价格的确定方法

本激励计划授予的限制性股票授予价格不低于股票票面金额，且不低于下列价格中的较高者。

（1）本激励计划公布前1个交易日公司股票交易均价（前1个交易日股票交易总额/前1个交易日股票交易总量）168.49元的50%，即84.25元/股。

（2）本激励计划公布前60个交易日公司股票交易均价（前60个交易日股票交易总额/前60个交易日股票交易总量）145.75元的50%，即72.88元/股。

3）预留授予限制性股票的授予价格的确定方法

预留部分限制性股票授予价格与首次授予的限制性股票的授予价格相同。

7. 限售期或等待期、行权期安排

本激励计划授予的限制性股票适用不同的限售期。本激励计划首次授予的限制性股票限售期分别为自授予的限制性股票登记完成之日起12个月、24个月、36个月。预留部分的限制性股票限售期分别为自授予的限制性股票登记完成之日起12个月、24个月、36个月。

本激励计划首次授予的限制性股票的解除限售时间安排如表1所示。

表1 首次授予的限制性股票的解除限售时间安排

解除限售期	解除限售时间安排	解除限售比例
第一个解除限售期	自授予登记完成之日起12个月后的首个交易日起至授予登记完成之日起24个月内的最后一个交易日止	50%
第二个解除限售期	自授予登记完成之日起24个月后的首个交易日起至授予登记完成之日起36个月内的最后一个交易日止	50%

若本激励计划预留部分限制性股票于2022年度授出，则解除限售安排同首次授予限制性股票的安排一致，若预留部分限制性股票于2023年度授出，则解除限售安排如表2所示。

表2 预留部分限制性股票于2023年度授出时解除限售安排

解除限售期	解除限售时间安排	解除限售比例
第一个解除限售期	自授予登记完成之日起12个月后的首个交易日起至授予登记完成之日起24个月内的最后一个交易日止	50%

（续表）

解除限售期	解除限售时间安排	解除限售比例
第二个解除限售期	自授予登记完成之日起 24 个月后的首个交易日起至授予登记完成之日起 36 个月内的最后一个交易日止	50%

限售期满后，公司为满足解除限售条件的激励对象办理解除限售事宜，解除限售条件未成就的，当期限制性股票不得解除限售或递延至下期解除限售，由公司按本激励计划规定的原则回购注销。

8. 获授权益、解除限售或行权的条件

1）限制性股票的授予条件

同时满足下列授予条件时，公司应向激励对象授予限制性股票；反之，若下列任一授予条件未达成，则不能向激励对象授予限制性股票。

（1）公司未发生如下任一情形。

① 最近一个会计年度财务会计报告被注册会计师出具否定意见或者无法表示意见的审计报告。

② 最近一个会计年度财务报告内部控制被注册会计师出具否定意见或者无法表示意见的审计报告。

③ 上市后最近 36 个月内出现过未按法律法规、公司章程、公开承诺进行利润分配的情形。

④ 法律法规规定不得实行股权激励的。

⑤ 中国证监会认定的其他情形。

（2）激励对象未发生如下任一情形。

① 最近 12 个月内被证券交易所认定为不适当人选。

② 最近 12 个月内被中国证监会及其派出机构认定为不适当人选。

③ 最近 12 个月内因重大违法违规行为被中国证监会及其派出机构行政处罚或者采取市场禁入措施。

④ 具有《公司法》规定的不得担任公司董事、高级管理人员情形的。

⑤ 法律法规规定不得参与上市公司股权激励的。

⑥ 中国证监会认定的其他情形。

2）限制性股票的解除限售条件。

解除限售期内，同时满足下列条件时，激励对象获授的限制性股票方可解除限售。

（1）公司未发生如下任一情形。

① 最近一个会计年度财务会计报告被注册会计师出具否定意见或者无法表示意见的审计报告。

② 最近一个会计年度财务报告内部控制被注册会计师出具否定意见或者无法表示意见的审计报告。

③ 上市后最近 36 个月内出现过未按法律法规、公司章程、公开承诺进行利润分配的情形。

④ 法律法规规定不得实行股权激励的。

⑤ 中国证监会认定的其他情形。

公司发生上述第（1）条规定情形之一的，所有激励对象根据本激励计划已获授但尚未解除限售的限制性股票，应当由公司按授予价格回购注销。

（2）激励对象未发生如下任一情形。

① 最近 12 个月内被证券交易所认定为不适当人选。

② 最近 12 个月内被中国证监会及其派出机构认定为不适当人选。

③ 最近 12 个月内因重大违法违规行为被中国证监会及其派出机构行政处罚或者采取市场禁入措施。

④ 具有《公司法》规定的不得担任公司董事、高级管理人员情形的。

⑤ 法律法规规定不得参与上市公司股权激励的。

⑥ 中国证监会认定的其他情形。

某激励对象发生上述第（2）条规定情形之一的，公司将终止其参与本激励计划的权利，该激励对象根据本激励计划已获授但尚未解除限售的限制性股票应当由公司按授予价格回购注销。

（3）公司层面业绩考核要求。本激励计划的解除限售考核年度为 2022—2023 年两个会计年度，每个会计年度考核一次，以达到业绩考核目标作为解除限售条件之一。

本激励计划首次授予的限制性股票各年度业绩考核目标如表 3 所示。

表 3　首次授予的限制性股票各年度业绩考核目标

解除限售期	业绩考核目标
第一个解除限售期	2022 年公司营业收入总额不低于 16 亿元
第二个解除限售期	2023 年公司营业收入总额不低于 18 亿元

注：上述"营业收入"口径以经审计的合并报表为准。

若本激励计划预留部分限制性股票于 2022 年度授出，则各年度业绩考核目标同首次授予限制性股票的安排一致；若预留部分限制性股票于 2023 年度授出，则各年度业绩考核目标如表 4 所示。

表 4　预留部分限制性股票于 2023 年度授出时各年度业绩考核目标

解除限售期	业绩考核目标
第一个解除限售期	2023 年公司营业收入总额不低于 18 亿元
第二个解除限售期	2024 年公司营业收入总额不低于 20 亿元

注：上述"营业收入"口径以经审计的合并报表为准。

解除限售期内，公司为满足解除限售条件的激励对象办理解除限售事宜。若各解除限售期内，公司当期业绩水平未达到业绩考核目标条件，所有激励对象对应考核当年可解除限售的限制性股票均不得解除限售，由公司按授予价格回购注销。

（4）个人层面绩效考核要求。激励对象的个人层面绩效考核按照公司内部绩效考核相关规定组织实施，并依照激励对象的考核结果确定其实际解除限售的股份数量，激励对象个人绩效考核评价结果划分为A、B、C、D共4个等级，对应的解除限售情况如表5所示。

表5　个人层面绩效考核要求

考评结果	A	B	C	D
个人层面解除限售比例	100%	80%	50%	0

若公司层面业绩考核达标，激励对象当年实际解除限售的限制性股票数量＝个人当年计划解除限售的股票数量 × 个人层面解除限售比例。

若达到解除限售条件，激励对象根据考核结果按照本激励计划的相关规定对该期内可解除限售部分的限制性股票申请解除限售；未达解除限售条件的限制性股票，由公司按授予价格回购注销。

3）考核指标设立的科学性与合理性说明

本次限制性股票激励计划考核指标分为两个层面，包括公司层面业绩考核、个人层面绩效考核。

在公司层面业绩考核指标方面，公司综合考虑公司历史业绩、未来战略规划以及行业发展特点，为实现公司未来高质量和稳健发展与激励效果相统一的目标，选取营业收入作为考核指标，该指标反映企业经营状况、市场占有能力，预测企业未来业务发展趋势。具体数值的设置综合考虑了宏观经济环境的影响、公司所处的行业发展状况、市场竞争情况、公司历史业绩以及公司未来发展战略规划等相关因素，综合考虑了实现可能性和对员工的激励效果，指标设定合理、科学。

除公司层面的业绩考核外，公司还对个人还设置了绩效考核体系，能够对激励对象的工作绩效做出较为准确、全面的综合评价。公司将根据激励对象绩效考评结果，确定激励对象个人是否达到解除限售条件。

对激励对象而言，业绩考核目标明确，同时具有一定的挑战性；对公司而言，业绩考核指标的设定兼顾了激励对象、公司和股东三方的利益，有利于吸引和留住优秀人才，提高公司的市场竞争力以及可持续发展能力，从而实现公司阶段性发展目标和中长期战略规划。

综上，本激励计划的考核体系具有全面性、综合性及可操作性，考核指标设定具有良好的科学性和合理性，同时对激励对象具有约束和激励效果，能够达到本激励计划的考核目的。

9.有效期、授予日（授权日）和禁售期

1）本激励计划的有效期

本激励计划的有效期自限制性股票授予登记完成之日起至激励对象获授的限制性股

票全部解除限售或回购注销之日止,最长不超过60个月。

2)本激励计划的授予日

本激励计划经公司股东大会审议通过后,公司将在60日内按相关规定召开董事会并向激励对象授予权益,同时完成登记、公告等相关程序。公司未能在60日内完成上述工作的,应当及时披露不能完成的原因,并宣告终止实施本激励计划,未授予的限制性股票失效。根据《上市公司股权激励管理办法》的规定,上市公司不得授出权益的期间不计算在60日内。

公司董事会应在本激励计划经公司股东大会审议通过后的12个月内明确预留授予的激励对象,超过12个月未明确激励对象的,预留权益失效。

授予日在本激励计划经公司股东大会审议通过后由公司董事会确定,授予日必须为交易日,且不得在下列期间内。

(1)公司定期报告公告前30日,因特殊原因推迟定期报告公告日期的,自原预约公告日前30日起算,至公告前1日。

(2)公司业绩预告、业绩快报公告前10日。

(3)自可能对本公司股票及其衍生品种交易价格产生较大影响的重大事件发生之日或者进入决策程序之日,至依法披露后2个交易日内。

(4)中国证监会及上海证券交易所规定的其他期间。

如公司董事、高级管理人员作为被激励对象在限制性股票授予前6个月内发生过减持公司股票行为,则按照《证券法》中短线交易的规定自最后一笔减持交易之日起推迟6个月授予其限制性股票。

3)本激励计划的禁售期

禁售期是指激励对象获授的限制性股票解除限售后其售出限制的时间段。本激励计划的禁售规定按照《公司法》《证所述券法》等相关法律、行政法规、规范性文件和《公司章程》的规定执行,具体内容如下所述。

(1)激励对象为公司董事和高级管理人员的,其在任职期间每年转让的股份不得超过其所持有本公司股份总数的25%,在离职后半年内,不得转让其所持有的本公司股份。

(2)激励对象为公司董事和高级管理人员的,将其持有的本公司股票在买入后6个月内卖出,或者在卖出后6个月内又买入,由此所得收益归本公司所有,本公司董事会将收回其所得收益。

(3)激励对象减持公司股票还需遵守《上市公司股东、董监高减持股份的若干规定》《上海证券交易所上市公司股东及董事、监事、高级管理人员减持股份实施细则》等相关规定。

(4)在本激励计划有效期内,如果《公司法》《证券法》等相关法律、行政法规、规范性文件和《公司章程》中对公司董事、高级管理人员或激励对象持有股份转让的有关规定发生了变化,则这部分激励对象转让其所持有的公司股票应当在转让时符合修改后的相关规定。

10. 权益数量和权益价格的调整方法和程序

1）限制性股票授予数量的调整方法

在本激励计划公告日至激励对象完成限制性股票登记期间，公司有资本公积转增股本、派送股票红利、股份拆细、配股、缩股等事项，应对限制性股票数量进行相应的调整。调整方法如下所述。

（1）资本公积转增股本、派送股票红利、股份拆细。相关公式为

$$Q=Q_0(1+n)$$

式中：Q_0 为调整前的限制性股票数量；n 为每股的资本公积转增股本、派送股票红利、股份拆细的比率（即每股股票经转增、送股或拆细后增加的股票数量）；Q 为调整后的限制性股票数量。

（2）配股。相关公式为

$$Q=Q_0 P_1(1+n)/(P_1+P_2 n)$$

式中：Q_0 为调整前的限制性股票数量；P_1 为股权登记日当日收盘价；P_2 为配股价格；n 为配股的比例（即配股的股数与配股前公司总股本的比例）；Q 为调整后的限制性股票数量。

（3）缩股。相关公式为

$$Q=Q_0 n$$

式中：Q_0 为调整前的限制性股票数量；n 为缩股比例（即1股公司股票缩为 n 股股票）；Q 为调整后的限制性股票数量。

（4）派息、增发。公司在发生派息、增发新股的情况下，限制性股票数量不做调整。调整后的授予数量以四舍五入方式保留至个位数。

2）限制性股票授予价格的调整方法

在本激励计划公告日至激励对象完成限制性股票登记期间，公司有资本公积转增股本、派送股票红利、股份拆细、配股、缩股或派息等事项，应对限制性股票的授予价格进行相应的调整。调整方法如下所述。

（1）资本公积转增股本、派送股票红利、股份拆细。相关公式为

$$P=P_0/(1+n)$$

式中：P_0 为调整前的授予价格；n 为每股的资本公积转增股本、派送股票红利、股份拆细的比率；P 为调整后的授予价格。

（2）配股。相关公式为

$$P=P_0(P_1+P_2 n)/[P_1(1+n)]$$

式中：P_0 为调整前的授予价格；P_1 为股权登记日当日收盘价；P_2 为配股价格；n 为配股的比例（即配股的股数与配股前股份公司总股本的比例）；P 为调整后的授予价格。

（3）缩股。相关公式为

$$P=P_0/n$$

式中：P_0 为调整前的授予价格；n 为缩股比例；P 为调整后的授予价格。

（4）派息。相关公式为

$$P = P_0 - V$$

式中：P_0 为调整前的授予价格；V 为每股的派息额；P 为调整后的授予价格。

经派息调整后，P 仍须大于 1。

（5）增发。公司在发生增发新股的情况下，限制性股票的授予价格不做调整。调整后的授予价格以四舍五入方式保留两位小数。

3）限制性股票激励计划调整的程序

出现上述情况时，应由公司董事会审议通过关于调整限制性股票数量、授予价格的议案。公司应聘请律师就上述调整是否符合《上市公司股权激励管理办法》《公司章程》和本激励计划的规定向公司董事会出具专业意见。调整议案经董事会审议通过后，公司应当及时披露董事会决议公告，同时公告法律意见书。

11. 公司授予权益及激励对象行权的程序

1）限制性股票激励计划生效程序

（1）公司董事会薪酬与考核委员会负责拟定本激励计划草案修订稿及《公司考核管理办法（修订稿）》。

（2）公司董事会应当依法对本激励计划做出决议。董事会审议本激励计划时，作为激励对象的董事或与其存在关联关系的董事应当回避表决。董事会应当在审议通过本激励计划并履行公示、公告程序后，将本激励计划提交股东大会审议；同时提请股东大会授权，负责实施限制性股票的授予、解除限售和回购等工作。

（3）独立董事及监事会应当就本激励计划是否有利于公司持续发展，是否存在明显损害公司及全体股东利益的情形发表意见。公司聘请的律师对本激励计划出具法律意见书。

（4）本激励计划经公司股东大会审议通过后方可实施。公司应当在召开股东大会前，在公司内部公示激励对象的姓名和职务（公示期不少于 10 日）。监事会应当对股权激励名单进行审核，充分听取公示意见。公司应当在股东大会审议本激励计划前 5 日披露监事会对激励名单审核及公示情况的说明。

（5）公司应当对内幕信息知情人在本激励计划草案修订稿公告前 6 个月内买卖本公司股票及其衍生品种的情况进行自查，说明是否存在内幕交易行为。

（6）公司股东大会在对本次限制性股票激励计划进行投票表决时，独立董事应当就本次限制性股票激励计划向所有的股东征集委托投票权。股东大会应当对《上市公司股权激励管理办法》第九条规定的股权激励计划内容进行表决，并经出席会议的股东所持表决权的 2/3 以上通过，单独统计并披露除公司董事、监事、高级管理人员、单独或合计持有公司 5% 以上股份的股东以外的其他股东的投票情况。公司股东大会审议股权激励计划时，作为激励对象的股东或者与激励对象存在关联关系的股东，应当回避表决。

（7）本激励计划经公司股东大会审议通过，且达到本激励计划规定的授予条件时，公司在规定时间内向激励对象授予限制性股票。经股东大会授权后，董事会负责实施限制性股票的授予、解除限售和回购等工作。

2）限制性股票的授予程序

（1）股东大会审议通过本激励计划后，公司与激励对象签署《限制性股票授予协议书》，以约定双方的权利义务关系。

（2）公司在向激励对象授出权益前，董事会应当就股权激励计划设定的激励对象获授权益的条件是否成就进行审议并公告，预留限制性股票的授予方案由董事会确定并审议批准。独立董事及监事会应当同时发表明确意见。律师事务所应当对激励对象获授权益的条件是否成就出具法律意见书。

（3）公司监事会应当对限制性股票授予日及激励对象名单进行核实并发表意见。

（4）公司向激励对象授出权益与股权激励计划的安排存在差异时，独立董事、监事会（当激励对象发生变化时）、律师事务所应当同时发表明确意见。

（5）本激励计划经股东大会审议通过后，公司应当在60日内授予激励对象限制性股票并完成公告。若公司未能在60日内完成授予公告的，本激励计划终止实施，董事会应当及时披露未完成的原因且3个月内不得再次审议股权激励计划。根据《上市公司股权激励管理办法》及相关法律法规规定上市公司不得授出限制性股票的期间不计算在60日内。预留权益的授予对象应当在本激励计划经股东大会审议通过后12个月内明确，超过12个月未明确激励对象的，预留权益失效。

（6）公司授予限制性股票前，应当向证券交易所提出申请，经证券交易所确认后，公司向登记结算公司申请办理登记结算事宜。

3）限制性股票的解除限售程序

（1）在解除限售前，公司应确认激励对象是否满足解除限售条件。董事会应当就本激励计划设定的解除限售条件是否成就进行审议，独立董事及监事会应当同时发表明确意见。律师事务所应当对激励对象解除限售的条件是否成就出具法律意见。

（2）对于满足解除限售条件的激励对象，由公司统一向证券交易所提出申请，经证券交易所确认后，由证券登记结算机构办理登记结算事宜；对于未满足解除限售条件的激励对象，由公司回购并注销其持有的该次解除限售对应的限制性股票。公司应当及时披露相关实施情况的公告。

（3）激励对象可对已解除限售的限制性股票进行转让，但公司董事和高级管理人员所持股份的转让应当符合有关法律、法规和规范性文件的规定。

12. 公司与激励对象各自的权利义务

1）公司的权利与义务

（1）公司具有对本激励计划的解释和执行权，并按本激励计划规定对激励对象进行绩效考核，若激励对象未达到本激励计划所确定的解除限售条件，公司将按本激励计划规定的原则，向激励对象回购并注销其相应尚未解除限售的限制性股票。

（2）公司有权要求激励对象按其所聘岗位的要求为公司工作，若激励对象不能胜任所聘工作岗位或者考核不合格；或者激励对象因触犯法律、违反职业道德、泄露公司机密、失职或渎职、违反公司规章制度等行为严重损害公司利益或声誉的，经公司董事会批准，对于激励对象已获授但尚未解除限售的限制性股票不得解除限售，由公司回购注销。

（3）公司承诺不为激励对象依本激励计划获取有关限制性股票提供贷款以及其他任何形式的财务资助，包括为其贷款提供担保。

（4）公司根据国家税收法律法规的有关规定，代扣代缴激励对象参与本激励计划应缴纳的个人所得税及其他税费。

（5）公司应按照相关法律法规、规范性文件的规定对与本激励计划相关的信息披露文件进行及时、真实、准确、完整披露，保证不存在虚假记载、误导性陈述或者重大遗漏，及时履行本激励计划的相关申报义务。

（6）公司应当根据本激励计划及证监会、证券交易所、登记结算公司等的有关规定，积极配合满足解除限售条件的激励对象按规定进行限制性股票的解除限售。但若因证监会、证券交易所、登记结算公司的原因造成激励对象未能按自身意愿解除限售并给激励对象造成损失的，公司不承担责任。

（7）法律、行政法规、规范性文件规定的其他相关权利义务。

2）激励对象的权利与义务

（1）激励对象应当按公司所聘岗位的要求，勤勉尽责、恪守职业道德，为公司的发展做出应有贡献。

（2）激励对象有权且应当按照本激励计划的规定对限制性股票解除限售，并按规定限售股份。

（3）激励对象的资金来源为激励对象自筹资金。

（4）激励对象获授的限制性股票在解除限售前不得转让、担保或用于偿还债务。

（5）激励对象所获授的限制性股票，经登记结算公司登记后便享有其股票应有的权利，包括但不限于该等股票的分红权、配股权等。激励对象因获授的限制性股票而取得的现金股利由本公司代管，作为应付股利在解除限售时向激励对象支付，若根据本激励计划不能解除限售，则不能解除限售部分的限制性股票所对应的股利由本公司收回。

在限制性股票的限售期内，激励对象因获授的限制性股票而取得的股票红利、资本公积转增股份、配股股份、增发中向原股东配售的股份同时限售，不得在二级市场出售或以其他方式转让，该等股份的限售期与限制性股票相同。

（6）激励对象因激励计划获得的收益，应按国家税收法规交纳个人所得税及其他税费。

（7）激励对象承诺，若公司因信息披露文件中有虚假记载、误导性陈述或者重大遗漏，导致不符合授予权益安排的，激励对象应当自相关信息披露文件被确认存在虚假记载、误导性陈述或者重大遗漏后，将由本激励计划所获得的全部利益返还公司。

（8）股东大会审议通过本激励计划且董事会通过向激励对象授予权益的决议后，公司将与激励对象签署《限制性股票授予协议书》，以约定双方在法律、行政法规、规范性文件及本次激励计划项下的权利义务及其他相关事项。

（9）法律、行政法规、规范性文件及本激励计划规定的其他相关权利义务。

3）其他说明

公司确定本激励计划的激励对象，并不构成对公司和子公司员工聘用期限的承诺。公司和子公司仍按与激励对象签订的劳动合同或聘任合同确定对员工的聘用关系。

13. 股权激励计划变更与终止

1）本激励计划的变更程序

（1）公司在股东大会审议本激励计划之前拟变更本激励计划的，需经董事会审议通过。

（2）公司在股东大会审议通过本激励计划之后变更本激励计划的，应当由股东大会审议决定，且不得包括下列情形。

① 导致提前解除限售的情形。

② 降低授予价格的情形。

（3）公司应及时披露变更原因及内容，独立董事、监事会应当就变更后的方案是否有利于公司的持续发展，是否存在明显损害公司及全体股东利益的情形发表独立意见。律师事务所应当就变更后的方案是否符合《上市公司股权激励管理办法》及相关法律法规的规定、是否存在明显损害公司及全体股东利益的情形发表专业意见。

2）本激励计划的终止程序

（1）公司在股东大会审议本激励计划之前拟终止实施本激励计划的，需经董事会审议通过。

（2）公司在股东大会审议通过本激励计划之后终止实施本激励计划的，应当由股东大会审议决定。

（3）律师事务所应当就公司终止实施激励是否符合《上市公司股权激励管理办法》及相关法律、法规和规范性文件的规定，是否存在明显损害公司及全体股东利益的情形发表专业意见。

（4）本激励计划终止时，公司应当回购尚未解除限售的限制性股票，并按照《公司法》的规定进行处理。

（5）公司需要回购限制性股票时，应及时召开董事会审议回购股份方案，依法将回购股份的方案提交股东大会批准，并及时公告。公司按照本激励计划的规定实施回购时，应向证券交易所申请解除限售该等限制性股票，经证券交易所确认后，由证券登记结算机构办理登记结算事宜。

14. 会计处理方法与业绩影响测算

略。

15. 上网公告附件

（1）《无锡新洁能股份有限公司2021年股权激励计划（草案修订稿）》。

（2）《无锡新洁能股份有限公司2021年股权激励计划实施考核管理办法(修订稿)》。

（3）《无锡新洁能股份有限公司2021年股权激励计划激励对象名单（调整后）》。

（4）《无锡新洁能股份有限公司独立董事关于第三届董事会第十九次会议相关事项发表的独立意见》。

（5）《无锡新洁能股份有限公司监事会关于公司2021年股权激励计划相关事项的核查意见》。

（6）《江苏世纪同仁律师事务所关于无锡新洁能股份有限公司调整2021年限制性股票激励计划相关事项之法律意见书》。

三、创业板上市公司的股权激励

创业板上市公司的股权激励与主板上市公司的股权激励有所差异，创业板上市公司的股权激励首先需要满足《深圳证券交易所创业板股票上市规则》以及《深圳证券交易所创业板上市公司自律监管指南第1号——业务办理》的相关要求，上述文件没有规范的地方，需要满足《上市公司股权激励管理办法》的相关要求。

创业板上市公司的股权激励的主要内容和上市公司的通用规定基本一致，主要差异体现在以下几个方面。

（一）股权激励的对象

1. 创业板上市公司股权激励对象

创业板上市公司股权激励对象范围较广，根据《深圳证券交易所创业板股票上市规则》，激励对象包括如下两类。

（1）上市公司的董事、高级管理人员、核心技术人员或者核心业务人员，以及公司认为应当激励的对公司经营业绩和未来发展有直接影响的其他员工，但独立董事和监事除外。

（2）单独或合计持有上市公司5%以上股份的股东或实际控制人及其配偶、父母、子女以及上市公司外籍员工，在上市公司担任董事、高级管理人员、核心技术人员或者核心业务人员的，可以成为激励对象。上市公司应当充分说明前述人员成为激励对象的必要性、合理性。

本条与主板上市公司有差异，主板上市公司不允许上述第（2）条所列人员成为激励对象。

2. 不得成为股权激励对象的情形

下列人员不得成为激励对象。

（1）最近12个月内被证券交易所认定为不适当人选。

（2）最近12个月内被中国证监会及其派出机构认定为不适当人选。

（3）最近 12 个月内因重大违法违规行为被中国证监会及其派出机构行政处罚或者采取市场禁入措施。

（4）具有《公司法》规定的不得担任公司董事、高级管理人员情形的。

（5）法律法规规定不得参与上市公司股权激励的。

（6）中国证监会认定的其他情形。

（二）股权激励的模式

《深圳证券交易所创业板上市公司自律监管指南第 1 号——业务办理》所称股权激励是指上市公司以本公司股票为标的，采用限制性股票、股票期权或者本所认可的其他方式，对董事、高级管理人员及其他员工（以下简称激励对象）进行的长期性激励。

创业板上市公司授予激励对象限制性股票，包括下列类型。

（1）激励对象按照股权激励计划规定的条件，获得的转让等部分权利受到限制的本公司股票，即第一类限制性股票。

（2）符合股权激励计划授予条件的激励对象，在满足相应归属条件后分次获得并登记的本公司股票，即第二类限制性股票。

以下为第二类限制性股票的相关定义。

归属：限制性股票激励对象满足归属条件后，上市公司将股票登记至激励对象账户的行为。

归属条件：限制性股票激励计划所设立的，激励对象为获得激励股票所需满足的获益条件。

归属日：限制性股票激励对象满足获益条件后，获授股票完成登记的日期。归属日必须为交易日。

（三）股权激励的授予价格

创业板上市公司授予激励对象限制性股票的授予价格，低于股权激励计划草案公布前 1 个交易日、20 个交易日、60 个交易日或者 120 个交易日公司股票交易均价的 50% 的，应当说明定价依据及定价方式。

出现前款规定情形的，公司应当聘请独立财务顾问，对股权激励计划的可行性、相关定价依据和定价方法的合理性、是否有利于公司持续发展、是否损害股东利益等发表意见。

主板上市公司股权激励的授予价格不允许低于上述均价的 50%。

（四）股权激励的数量

创业板上市公司可以同时实施多项股权激励计划。上市公司全部在有效期内的股权激励计划所涉及的标的股票总数，累计不得超过公司股本总额的 20%。

主板上市公司所规定的这个比例为 10%。

（五）股权激励的限售

上市公司授予激励对象限制性股票，应当就激励对象分次获益设立条件，并在满足各次获益条件时分批进行股份登记。当次获益条件不满足的，不得进行股份登记。

公司应当在股权激励计划中明确披露分次授予权益的数量、获益条件、股份授予或者登记时间及相关限售安排。

获益条件包含 12 个月以上的任职期限的，对实际授予的权益进行登记后，可不再设置限售期。

（六）股权激励计划草案

创业板上市公司股权激励计划草案应当包括以下内容。

（1）对照《上市公司股权激励管理办法》等相关规定，逐条说明是否存在上市公司不得实行股权激励以及激励对象不得参与股权激励的情形；说明股权激励计划的实施是否将导致或可能导致上市公司股权分布不符合上市条件，如是，应当披露解决措施。

（2）股权激励计划的目的。

（3）激励对象的确定依据和范围，激励对象中包括单独或合计持股 5% 以上股东或实际控制人及其配偶、父母、子女以及外籍员工的，应当说明前述人员是否为公司董事、高级管理人员、核心技术人员或者核心业务人员，并说明成为激励对象的必要性与合理性。

（4）拟授出的权益数量，拟授出权益涉及的标的股票种类、来源、数量及占上市公司股本总额的比例；分次授出的，每次拟授出的权益数量，涉及标的股票数量及占股权激励计划涉及的标的股票总额的比例、占上市公司股本总额的比例；设置预留权益的，拟预留的权益数量、涉及标的股票数量及占股权激励计划的标的股票总额的比例；所有在有效期内的股权激励计划所涉及的标的股票总数累计是否超过公司股本总额的 20% 及其计算过程的说明。

（5）除预留部分外，激励对象为公司董事、高级管理人员的，应披露其姓名、职务、各自可获授的权益数量、占股权激励计划拟授予权益总量的比例，持股 5% 以上股东或实际控制人及其配偶、父母、子女以及外籍员工参照前述要求披露；说明其他激励对象（各自或者按适当标准分类）可获授的权益数量及占股权激励计划拟授出权益总量的比例；上市公司应当对单个激励对象通过全部在有效期内的股权激励计划获授的公司股票累计是否超过公司股本总额的 1% 进行说明；预留股份的激励对象情况应在股权激励计划经股东大会审议通过后 12 个月内经董事会确认，并参照上述要求披露。

（6）股权激励计划的有效期，限制性股票的授予日、限售期和解除限售安排、归属安排，股票期权的授权日或授权日的确定方式、可行权日、行权有效期和行权安排等。

（7）限制性股票的授予价格或授予价格的确定方法、股票期权的行权价格或行权价格的确定方法。采用《上市公司股权激励管理办法》第二十三条、第二十九条规定的方法以外的其他方法确定授予价格、行权价格的，应当说明定价依据及定价方式，公司应当聘请独立财务顾问,对股权激励计划的可行性、相关定价依据和定价方法的合理性、是否有利于公司持续发展、是否损害上市公司利益以及对股东利益的影响发表明确意见。

(8) 激励对象获授权益、行使权益的条件。拟分次授出或者行使权益的,应当披露激励对象每次获授或者行使权益的条件;约定授予权益、行使权益条件未成就时,相关权益不得递延至下期;如激励对象包括董事和高级管理人员,应当披露激励对象行使权益的绩效考核指标;公司同时实行多期股权激励计划的,后期激励计划公司业绩指标如低于前期激励计划,应当充分说明原因及合理性。

披露激励对象行使权益的绩效考核指标的,应充分披露所设定指标的科学性和合理性,有利于促进公司竞争力的提升。公司当年第三季度报告披露后推出股权激励方案的,不得以当年作为考核期。

(9) 公司授予权益及激励对象行使权益的程序,应明确上市公司不得授出限制性股票以及激励对象不得行使权益的期间。

(10) 调整股权激励计划所涉及的权益数量、授予价格或者行权价格的方法和程序(例如实施利润分配、配股等方案时的调整方法)。

(11) 股权激励会计处理方法,公允价值的确定方法,估值模型重要参数取值及其合理性,实施股权激励对上市公司经营业绩的影响。

(12) 股权激励计划的变更、终止。

(13) 公司发生控制权变更、合并、分立及激励对象发生职务变更、离职、死亡等事项时股权激励计划的执行。

(14) 公司与激励对象各自的权利义务,相关纠纷或争端解决机制。

(15) 上市公司有关股权激励计划相关信息披露文件不存在虚假记载、误导性陈述或者重大遗漏的承诺;激励对象有关披露文件存在虚假记载、误导性陈述或者重大遗漏导致不符合授予权益或行使权益情况下全部利益返还公司的承诺。

(16) 上市公司权益回购、注销和收益收回程序的触发标准和时点、回购价格和收益的计算原则、操作程序、完成期限等。

(17) 深交所要求的其他内容。

四、科创板上市公司的股权激励

科创板上市公司的股权激励与主板上市公司的股权激励有所差异,科创板上市公司的股权激励首先需要满足《上海证券交易所科创板股票上市规则》以及《科创板上市公司自律监管指南第 4 号——股权激励信息披露》的相关要求,上述文件没有规范的地方,需要满足《上市公司股权激励管理办法》的相关要求。

科创板上市公司的股权激励的主要内容和上市公司的通用规定基本一致,主要差异体现在以下几个方面。

（一）股权激励的对象

1. 科创板上市公司股权激励对象

科创板上市公司股权激励对象范围更广，根据《上海证券交易所科创板股票上市规则》，激励对象包括以下两类。

（1）上市公司的董事、高级管理人员、核心技术人员或者核心业务人员，以及公司认为应当激励的对公司经营业绩和未来发展有直接影响的其他员工，独立董事和监事除外。

（2）单独或合计持有上市公司5%以上股份的股东、上市公司实际控制人及其配偶、父母、子女以及上市公司外籍员工，在上市公司担任董事、高级管理人员、核心技术人员或者核心业务人员的，可以成为激励对象。科创公司应当充分说明前述人员成为激励对象的必要性、合理性。

本条与主板上市公司有差异，主板上市公司不允许上述第（2）条所列人员成为激励对象。

2. 不得成为股权激励对象的情形

激励对象不得具有《上市公司股权激励管理办法》第八条第二款第一项至第六项规定的情形，具体包括以下几种。

（1）最近12个月内被证券交易所认定为不适当人选。

（2）最近12个月内被中国证监会及其派出机构认定为不适当人选。

（3）最近12个月内因重大违法违规行为被中国证监会及其派出机构行政处罚或者采取市场禁入措施。

（4）具有《公司法》规定的不得担任公司董事、高级管理人员情形的。

（5）法律法规规定不得参与上市公司股权激励的。

（6）中国证监会认定的其他情形。

（二）股权激励的模式

科创板上市公司授予激励对象限制性股票，包括下列类型。

（1）激励对象按照股权激励计划规定的条件，获得的转让等部分权利受到限制的本公司股票。

（2）符合股权激励计划授予条件的激励对象，在满足相应获益条件后分次获得并登记的本公司股票。

（三）股权激励的授予价格

上市公司授予激励对象限制性股票的价格，低于股权激励计划草案公布前1个交易日、20个交易日、60个交易日或者120个交易日公司股票交易均价的50%的，应当说明定价依据及定价方式。

出现前款规定情形的，上市公司应当聘请独立财务顾问，对股权激励计划的可行性、相关定价依据和定价方法的合理性、是否有利于公司持续发展、是否损害股东利益等发表意见。

主板上市公司股权激励的授予价格不允许低于上述均价的 50%。

（四）股权激励的数量

科创板上市公司可以同时实施多项股权激励计划。上市公司全部在有效期内的股权激励计划所涉及的标的股票总数，累计不得超过公司股本总额的 20%。

主板上市公司所规定的这一比例为 10%。

（五）股权激励的限售

上市公司授予激励对象限制性股票，应当就激励对象分次获益设立条件，并在满足各次获益条件时分批进行股份登记。当次获益条件不满足的，不得进行股份登记。

公司应当在股权激励计划中明确披露分次授予权益的数量、获益条件、股份授予或者登记时间及相关限售安排。

获益条件包含 12 个月以上的任职期限的，对实际授予的权益进行登记后，可不再设置限售期。

（六）股权激励计划草案

科创板上市公司股权激励计划草案，应当包括以下内容。

1. 股权激励计划目的

披露上市公司实施股权激励计划的具体目的。公司是否同时实施其他股权激励计划以及其他长期激励机制，如有，披露其他股权激励计划及长期激励机制的简要情况，并说明其与本次股权激励计划是否存在关系。

2. 股权激励方式及标的股票来源

1）股权激励方式

股权激励方式包括限制性股票和股票期权。上市公司授予激励对象限制性股票，包括下列类型。

（1）激励对象按照股权激励计划规定的条件，获得的转让等部分权利受到限制的本公司股票，即第一类限制性股票。

（2）符合股权激励计划授予条件的激励对象，在满足相应获益条件后分次获得并登记的本公司股票，即第二类限制性股票。

2）标的股票来源

上市公司可以下列方式作为标的股票的来源：向激励对象发行股份、回购本公司股份或者其他方式。以定向发行为股票来源的，应说明拟发行的股票种类。以回购本公司股份为股票来源的，应说明回购资金安排及对公司的财务影响、回购程序，且上市公司对回购股份的处置应符合《公司法》第一百四十二条规定。以其他方式为股票来源的，应详细说明股份的来源、交付方式及对公司财务的影响。

3. 拟授出的权益数量

披露股权激励计划拟授出的权益数量、所涉及的标的股票数量及占上市公司股本总额的百分比；分次实施的，应披露每次拟授出的权益数量、所涉及的标的股票数量及占股权激励计划涉及的标的股票总额的百分比、占上市公司股本总额的百分比；设置预留权益的，应披露拟预留权益的数量、所涉及的标的股票数量及占股权激励计划涉及的标的股票总额的百分比。

同时实施两期以上股权激励计划的，披露全部在有效期内的激励计划所涉及的标的股票数量及占上市公司股本总额的百分比。

公司存在表决权差异安排的，披露股权激励计划实施前后特别表决权股份数量占上市公司股本总额的百分比、特别表决权股份的表决权比例。

4. 激励对象的确定依据、范围及各自所获授的权益数量

（1）激励对象的确定依据。披露是否与实施股权激励计划的目的相符合，是否符合相关法律法规和本所相关规定的要求。

（2）披露激励对象的人数，占公司全部职工人数的比例。单独或合计持有上市公司 5% 以上股份的股东，上市公司实际控制人及其配偶、父母、子女以及上市公司外籍员工成为激励对象的，公司应当以列表形式披露，并充分说明前述人员成为激励对象的必要性、合理性。

（3）除预留部分外，激励对象为董事、高级管理人员、核心技术人员及核心业务人员的，披露其姓名、国籍、职务、各自可获授的权益数量、占股权激励计划拟授出权益总量的百分比；其他激励对象（各自或者按适当标准分类）的姓名、职务、可获授的权益数量及占股权激励计划拟授出权益总量的百分比；单个激励对象通过全部有效期内的股权激励计划获授的公司股票累计是否超过公司股本总额 1% 的说明。

预留股份激励对象经董事会确认后，需参照上述要求进行披露。

公司应以列表或其他有效方式详细披露以上内容。

（4）公司应说明对激励对象核实的情况，并披露激励对象名单在公司内部公示的情况。

（5）公司应说明在股权激励计划实施过程中，激励对象如发生不符合《上市公司股权激励管理办法》及股权激励计划规定的情况时，公司对相关激励权益的处理方法。

5. 股权激励计划的相关时间安排

1）股权激励计划的有效期

披露股权激励计划的有效期及起止日。

2）股权激励计划的相关日期及期限

（1）采用第一类限制性股票激励方式的，披露授予日期或其确定方式、限售期、解除限售的安排（各期解除限售的股票数量及占激励对象获授的限制性股票总量的比例）。

（2）采用第二类限制性股票激励方式的，披露授予日期或其确定方式、归属期限、归属安排（各期可归属的数量及占激励对象获授的限制性股票总量的比例）、归属后相关限售安排（如适用）。

（3）采用股票期权激励方式的，披露授权日期或其确定方式、可行权日期或其确定方式、行权有效期、行权安排（各期可行权的股票期权数量及占激励对象获授的股票期权总量的比例）。

6. 授予价格、行权价格及确定方法

（1）激励方式为限制性股票的，应披露限制性股票授予价格或者授予价格的确定方法。

授予价格低于股权激励计划草案公布前1个交易日、20个交易日、60个交易日或者120个交易日公司股票交易均价的50%的，应当说明定价依据及定价方式。上市公司应当聘请独立财务顾问，对股权激励计划的可行性、相关定价依据和定价方法的合理性、是否有利于公司持续发展、是否损害上市公司利益以及对股东利益的影响等发表意见。

（2）激励方式为股票期权的，应披露股票期权的行权价格或者行权价格的确定方法。

（3）分次授出权益的，应当披露将在每次授出权益前召开董事会，按照股权激励计划的内容及首次授出权益时确定的原则，决定授出的权益价格、行使权益安排等内容。

7. 获授权益、行使权益的条件

披露激励对象获授权益、行使权益的条件。采用限制性股票方式的，披露授予条件（如有）、解除限售条件或者归属条件；采用股票期权方式的，披露授权条件（如有）、行权条件。

激励对象为董事、高级管理人员的，上市公司应当设立绩效考核指标作为激励对象行使权益的条件。

上市公司应当设置合理的公司业绩和个人绩效等考核指标，并披露设定依据、指标的科学性和合理性。绩效考核指标应当包括公司业绩指标和激励对象个人绩效指标。相关指标应当客观公开、清晰透明，符合公司的实际情况，有利于促进公司竞争力的提升。上市公司可以将公司历史业绩或同行业可比公司相关指标作为公司业绩指标对照依据，公司选取的业绩指标可以包括净资产收益率、每股收益、每股分红等能够反映股东回报和公司价值创造的综合性指标，以及净利润增长率、主营业务收入增长率等能够反映公司盈利能力和市场价值的成长性指标。以同行业可比公司相关指标作为对照依据的，选取的对照公司不少于3家。激励对象个人绩效指标由上市公司自行确定。

拟分次授出权益的，应当就每次激励对象获授权益分别设立条件；分期行使权益的，应当就每次激励对象行使权益分别设立条件。

8. 公司授予权益及激励对象行权的程序

（1）披露股权激励计划由薪酬与考核委员会拟定。

（2）披露股权激励计划提交董事会审议的相关安排，说明成为激励对象的董事或与其存在关联关系的董事已回避表决。

披露独立董事及监事会就股权激励计划草案是否有利于上市公司的持续发展，是否存在明显损害上市公司及全体股东利益情形发表的意见。

（3）披露股权激励计划是否需要取得有关部门的批准。如需要，应当说明报批程序，并承诺将按相关规定及时披露批准进展及批准结果。

（4）披露上市公司召开股东大会审议股权激励计划的相关安排，说明将由独立董事向所有股东公开征集委托投票权，并向股东提供网络投票表决方式，并说明拟为激励对象的股东或者与激励对象存在关联关系的股东将回避表决。

（5）披露限制性股票的授予、解除限售、第二类限制性股票归属程序或股票期权的授权、行权程序。具体程序由上市公司根据《上市公司股权激励管理办法》《上海证券交易所科创板股票上市规则》的规定及公司自身情况设定。

9. 权益数量和权益价格的调整方法和程序

披露上市公司因标的股票除权、除息或者其他原因，需要调整权益价格或者数量的方法和程序。发生除上述情形以外的事项需要调整权益数量和行权价格的，上市公司必须提交股东大会审议。

限制性股票授予前、股票期权行权前公司发生增发事项的，权益数量和权益价格不作调整。

10. 会计处理方法与业绩影响测算

（1）披露股权激励会计处理方法、公允价值确定方法、涉及估值模型重要参数取值的合理性。

（2）预计实施本次股权激励计划应当计提的费用及对公司相关会计年度经营业绩的影响。

11. 公司与激励对象各自的权利义务、争议解决机制

披露股权激励计划实施过程中，公司与激励对象各自所要承担的权利义务，包括但不限于：公司不为激励对象依股权激励计划获取有关权益提供贷款、贷款担保或其他任何形式的财务资助；公司与激励对象应当相互配合，完成授予（授权）、行使权益等事宜。

披露公司与激励对象之间相关纠纷或争端解决机制。

12. 股权激励计划变更与终止

（1）披露股权激励计划变更与终止的一般程序，变更与终止程序应当符合《上市公司股权激励管理办法》的规定。

（2）披露公司发生控制权变更、合并、分立，激励对象发生职务变更、离职、死亡等事项时，股权激励计划的实施程序。

（3）激励对象未达到解除限售条件或行权条件而需要由公司回购已授予股票或注销股票期权，明确拟回购股票或注销的股票期权不能再授予其他激励对象。说明股票回购价格的确定方法及回购程序。

（4）披露股权激励计划终止的情形。

13. 上网公告附件

绩效考核办法等。

五、北交所上市公司的股权激励

为了规范北京证券交易所上市公司股权激励和员工持股计划相关业务办理及信息披露事项，根据《中华人民共和国公司法》《中华人民共和国证券法》《上市公司股权激励管理办法》《北京证券交易所上市公司持续监管办法（试行）》《关于上市公司实施员工持股计划试点的指导意见》《北京证券交易所股票上市规则（试行）》等有关规定，北交所发布了《北京证券交易所上市公司持续监管指引第 3 号——股权激励和员工持股计划》，自 2021 年 11 月 15 日起施行。

北交所股权激励是指上市公司以本公司股票为标的，采用限制性股票、股票期权或者本所认可的其他方式，对董事、高级管理人员及其他员工（以下简称激励对象）进行的长期性激励。

（一）股权激励的一般要求

北交所上市公司实施股权激励相关事宜，适用北京证券交易所上市公司持续监管指引第 3 号——股权激励和员工持股计划》，该指引未作规定的，适用中国证监会及北交所的其他相关规定。

任何人不得利用股权激励进行内幕交易、操纵证券市场等违法活动。

上市公司实施股权激励，应当符合《公司法》《上市公司股权激励管理办法》《北京证券交易所上市公司持续监管办法（试行）》《关于上市公司实施员工持股计划试点的指导意见》《北京证券交易所股票上市规则（试行）》《北京证券交易所上市公司持续监管指引第 3 号——股权激励和员工持股计划》和公司章程等规定，有利于上市公司的持续发展，不得损害上市公司利益。

为上市公司股权激励出具意见的证券服务机构和人员，应当诚实守信、勤勉尽责，保证所出具的文件真实、准确、完整。

北交所对上市公司及相关信息披露义务人的信息披露文件和申请文件进行审查，发现存在问题的，可以采用要求说明、公开问询等方式，要求上市公司及相关信息披露义务人、独立财务顾问和其他证券服务机构等相关主体进行解释、说明、更正和补充，相关主体应当及时回复，并保证回复内容的真实、准确、完整。

上市公司及相关主体在股权激励中有违规行为的，北交所可以对上市公司及相关责任主体采取工作措施、自律监管措施或实施纪律处分。

（二）股权激励的要素

北交所上市公司股权激励的要素主要包括 8 个方面，具体如图 4-3 所示。

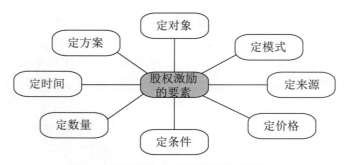

图 4-3　北交所上市公司股权激励的要素

1. 定对象

激励对象包括上市公司的董事、高级管理人员、核心技术人员或者核心业务人员（经法定程序认定的核心员工），以及公司认为应当激励的对公司经营业绩和未来发展有直接影响的其他员工，独立董事和监事除外。

单独或合计持有上市公司 5% 以上股份的股东或实际控制人及其配偶、父母、子女以及上市公司外籍员工，在上市公司担任董事、高级管理人员、核心技术人员或者核心业务人员的，可以成为激励对象。上市公司应当充分说明前述人员成为激励对象的必要性、合理性。

下列人员不得成为激励对象。

（1）最近 12 个月内被证券交易所认定为不适当人选。

（2）最近 12 个月内被中国证监会及其派出机构认定为不适当人选。

（3）最近 12 个月内因重大违法违规行为被中国证监会及其派出机构行政处罚或者采取市场禁入措施。

（4）具有《公司法》规定的不得担任公司董事、高级管理人员情形的。

（5）法律法规规定不得参与上市公司股权激励的。

（6）中国证监会认定的其他情形。

2. 定模式

上市公司可以采用限制性股票、股票期权以及法律、行政法规允许的其他方式实行股权激励。

3. 定来源

上市公司可以采用回购、向特定对象发行、股东自愿赠与及其他法律法规、部门规章允许的方式实施股权激励或员工持股计划。因此股权激励的股票来源，主要有以下几种方式。

（1）向激励对象增发股票。

（2）回购本公司股票。

（3）股东自愿赠与。

（4）法律、行政法规允许的其他方式。

4. 定价格

上市公司实施股权激励，应当合理确定限制性股票授予价格或股票期权行权价格，并在股权激励计划中对定价依据和定价方式进行说明。

限制性股票授予价格低于市场参考价的50%，或者股票期权行权价格低于市场参考价的，上市公司应当聘请独立财务顾问对股权激励计划的可行性、相关定价依据和定价方法的合理性、是否有利于公司持续发展、是否损害股东利益等发表意见。前款所称的市场参考价是指股权激励计划草案公布前1个交易日、20个交易日、60个交易日或120个交易日股票交易均价孰高者；交易均价按股票交易总额除以股票交易总量计算，且不包含大宗交易。

5. 定条件

上市公司以本公司股票为标的实施股权激励的，应当设置合理的考核指标，有利于促进公司持续发展。

《北京证券交易所上市公司持续监管指引第3号——股权激励和员工持股计划》并没有对条件和考核做具体规定，上市公司在执行中参照《上市公司股权激励管理办法》的规定执行。

（1）绩效考核指标包括公司业绩指标和激励对象个人绩效指标。

（2）董事、高管作为激励对象的，应该设立绩效考核指标。

（3）上市公司制定的业绩考核指标应当科学合理，以同行业可比公司相关指标作为对照依据的，选取的对照公司不少于3家。

6. 定数量

上市公司全部在有效期内的股权激励计划所涉及的标的股票总数，累计不得超过公司股本总额的30%。

经出席会议的股东所持表决权的三分之二以上通过，单个激励对象通过全部在有效期内的股权激励计划获授的本公司股票，累计可以超过公司股本总额的1%。

上市公司在推出股权激励计划时，可以设置预留权益，预留比例不得超过本次股权激励计划拟授予权益数量的20%。

7. 定时间

《北京证券交易所上市公司持续监管指引第3号——股权激励和员工持股计划》并没有对有效期做出具体规定，上市公司在执行中参照《上市公司股权激励管理办法》的规定执行。

（1）股权激励计划的有效期从首次授予权益日起不得超过10年。

（2）限制性股票授予日与首次解除限售日的间隔不得少于12个月。在限制性股票有效期内，上市公司应当规定分期解除限售，每期时限不得少于12个月，各期解除限售的比例不得超过激励对象获授限制性股票总额的50%。

（3）股票期权授权日与获授股票期权首次可行权日的间隔不得少于12个月。在股

票期权有效期内,上市公司应当规定激励对象分期行权,每期时限不得少于12个月,后一行权期的起算日不得早于前一行权期的届满日。每期可行权的股票期权比例不得超过激励对象获授股票期权总额的50%。

（4）上市公司应当在股权激励计划经股东大会审议通过后12个月内明确预留权益的授予对象；超过12个月未明确激励对象的,预留权益失效。

（5）上市公司应当在股权激励计划经股东大会审议通过后（有获授权益条件的,自条件成就日起算）60个自然日内授出权益并完成公告、登记等相关程序。

上市公司未能在60个自然日内完成前述工作的,应当及时披露未完成的原因,并宣告终止实施股权激励,自公告之日起3个月内不得再次审议股权激励计划。

上市公司不得在法律法规、部门规章及本所业务规则规定的禁止上市公司董事、高级管理人员买卖本公司股票期间向激励对象授予限制性股票。

上市公司不得授出权益的期间不计入此处规定的60个自然日期限内。

8. 定方案

股权激励计划的具体内容和方案,参见本章"二、上市公司股权激励的通用规定之（五）股权激励计划的主要内容"执行。

股权激励计划草案的内容应当符合《上市公司股权激励管理办法》《北京证券交易所上市公司持续监管办法（试行）》《北京证券交易所股票上市规则（试行）》和《北京证券交易所上市公司持续监管指引第3号——股权激励和员工持股计划》等相关规定。

六、非上市公众公司的股权激励

（一）股权激励法规的出台背景及特点

为规范股票在全国股转系统公开转让的公众公司（以下简称挂牌公司）实施股权激励和员工持股计划,根据《公司法》《证券法》《国务院关于全国中小企业股份转让系统有关问题的决定》《非上市公众公司监督管理办法》（证监会令第161号）等有关规定,中国证监会于2020年8月21日发布了《非上市公众公司监管指引第6号——股权激励和员工持股计划的监管要求（试行）》,标志着新三板股权激励和员工持股计划制度正式落地。

1. 出台背景

股权激励和员工持股作为"利益共享、风险共担"的治理机制,是创新型、创业型、成长型中小企业吸引人才常用的重要工具。挂牌公司实施股权激励和员工持股计划,由于股票在公开市场交易,按照公众公司要求履行信息披露义务、健全公司治理机制,权利的授予和行使更为透明,收益的兑现预期更为明确,更能充分调动员工参与公司经营的主动性和积极性。股权激励和员工持股计划制度在新三板落地实施,有助于挂牌公司在特殊时期留住人才、稳定人心,也是资本市场服务"六稳""六保"的重要体现。

2. 制度特点

新三板股权激励和员工持股计划制度具有以下特点。

（1）体现"放"，契合企业特点。授予价格方面，坚持以信息披露为核心的基本理念，在价格挂钩管理上体现灵活性，授予价格、行权价格低于规定的，公司应说明定价依据和合理性，主办券商发表意见。授予比例方面，考虑挂牌公司股本规模普遍较小，将股权激励比例的上限设为30%，对单人激励比例或员工持股计划比例不设限制，尽可能包容不同类型公司的个性化激励需求。绩效考核指标方面，董事、高管作为激励对象的，应当设立绩效考核指标，对核心员工不强制设立绩效考核指标，充分尊重中小企业的发展规律和自主管理。

（2）明确"管"，强化市场约束。规定股权激励实施程序，明确了内部审议、激励名单公示、强制回避表决、变更或终止程序、中介机构核查等方面的规定，发挥企业内部监督和制约作用。充分发挥券商督导优势，要求主办券商全程深入跟进，对股权激励和员工持股计划方案设计、定价依据和定价方法的合法合规性发表明确意见，对股权激励和员工持股计划的实施情况进行持续督导。强化信息披露，在参与人员范围、预留权益比例等方面明确限制要求，在激励方案要素、定期实施情况等方面明确披露要求。

（3）突出"服"，顺应市场需求。业务流程方面，以发行股票作为激励标的股份来源的，按照规则进行审议和披露后，即可办理激励股份的登记手续，无须再履行定向发行程序，最大限度减少重复管理，降低市场成本。持股计划管理模式方面，挂牌公司可以委托专业机构进行管理，将持股计划备案为封闭期不少于12个月的金融产品，也可以自行管理、闭环运作，但封闭期不少于36个月。挂牌公司可根据自身实际需求和实施成本进行选择。持股计划载体方面，既可用专用账户、资管产品等常见类型，也要充分尊重新三板市场已有的员工持股实践经验，允许选择公司法人或合伙制企业等作为载体，拓宽了企业选择范围。

（二）股权激励的一般要求

挂牌公司实施股票期权、限制性股票等股权激励计划的，应当符合法律、行政法规、部门规章、《非上市公众公司监管指引第6号——股权激励和员工持股计划的监管要求（试行）》和公司章程的规定，有利于公司的持续发展，不得损害公司利益，并履行信息披露义务。

挂牌公司实施股权激励，应当真实、准确、完整、及时、公平地披露信息，不得有虚假记载、误导性陈述或者重大遗漏。

挂牌公司的董事、监事和高级管理人员在实施股权激励中应当诚实守信、勤勉尽责，维护公司和全体股东的利益。

为股权激励出具意见的主办券商和相关人员，应当诚实守信、勤勉尽责，保证所出具的文件真实、准确、完整。

任何人不得利用实施股权激励、员工持股计划掌握相关信息的优势进行内幕交易、操纵市场等违法活动，侵害其他投资者合法权益。挂牌公司回购本公司股份用于股权激励、员工持股计划的，应当遵守《公司法》等相关要求，防范利用股份回购进行内幕交易、市场操纵、利益输送等违法活动。

（三）股权激励的要素

新三板挂牌公司股权激励的要素主要包括8个方面，具体如图4-4所示。

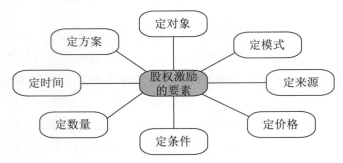

图4-4　新三板公司股权激励的要素

1. 股权激励的对象（定对象）

激励对象包括挂牌公司的董事、高级管理人员及核心员工，但不应包括公司监事。挂牌公司聘任独立董事的，独立董事不得成为激励对象。

核心员工的认定应当符合《非上市公众公司监督管理办法》的规定。《非上市公众公司监督管理办法》第四十二条规定，核心员工的认定应当由公司董事会提名，并向全体员工公示和征求意见，由监事会发表明确意见后，经股东大会审议批准。

2. 股权激励的模式（定模式）

股权激励可以采用股票期权、限制性股票以及法律、行政法规允许的其他方式。挂牌公司可以采用单一激励模式，也可以选择限制性股票和股票期权结合的激励模式。

股票期权是指挂牌公司授予激励对象在未来一定期限内以预先确定的条件购买本公司一定数量股份的权利；限制性股票是指激励对象按照股权激励计划规定的条件，获得的转让等部分权利受到限制的本公司股票。

3. 股权激励的股票来源（定来源）

拟实施股权激励的挂牌公司，可以下列方式作为标的股票来源。

（1）向激励对象发行股票。

（2）回购本公司股票。

（3）股东自愿赠与。

（4）法律、行政法规允许的其他方式。

挂牌公司可以选择单一来源，也可以选择多种来源结合的方式。以回购本公司股份作为股票来源的，应说明公司回购情况和库存股情况。

4. 股权激励的股票数量（定数量）

挂牌公司可以同时实施多期股权激励计划。同时实施多期股权激励计划的，挂牌公司应当充分说明各期激励计划设立的公司业绩指标的关联性。

挂牌公司全部在有效期内的股权激励计划所涉及的标的股票总数累计不得超过公司股本总额的 30%。

5. 股权激励的条件（定条件）

挂牌公司应当合理设立激励对象获授权益、行使权益的条件，并就每次激励对象行使权益分别设立条件。

激励对象为董事、高级管理人员的，挂牌公司应当设立绩效考核指标作为激励对象行使权益的条件。绩效考核指标包括公司业绩指标和激励对象个人绩效指标。相关指标应当客观公开、清晰透明，符合公司的实际情况，有利于促进公司竞争力的提升。

权益行使前不得转让、用于担保或偿还债务。

6. 股权激励的时间（定时间）

股权激励计划的有效期从首次授予权益日起不得超过 10 年。挂牌公司应当规定分期行使权益，激励对象获授权益与首次行使权益的间隔不少于 12 个月，每期时限不得少于 12 个月，各期行使权益的比例不得超过激励对象获授总额的 50%。

股权激励计划预留权益的，预留比例不得超过本次股权激励计划拟授予权益数量的 20%，并应当在股权激励计划经股东大会审议通过后 12 个月内明确预留权益的授予对象；超过 12 个月未明确激励对象的，预留权益失效。

7. 股权激励的价格（定价格）

限制性股票的授予价格、股票期权的行权价格不得低于股票票面金额。

限制性股票的授予价格原则上不得低于有效的市场参考价的 50%；股票期权的行权价格原则上不得低于有效的市场参考价。

对授予价格、行权价格低于有效的市场参考价标准的，或采用其他方法确定授予价格、行权价格的，挂牌公司应当在股权激励计划中对定价依据及定价方法做出说明。主办券商应对股权激励计划的可行性、相关定价依据和定价方法的合理性、是否有利于公司持续发展、是否损害股东利益等发表意见。

8. 股权激励的资金来源（定来源）

激励对象参与股权激励计划的资金来源应当合法合规，不得违反法律、行政法规、中国证监会及全国股转公司的相关规定。

挂牌公司不得为激励对象依股权激励计划获取有关权益提供贷款以及其他任何形式的财务资助，包括为其贷款提供担保等。

9. 股权激励的协议

挂牌公司应当与激励对象签订协议，确认股权激励计划的内容，并依照《非上市公众公司监管指引第 6 号——股权激励和员工持股计划的监管要求（试行）》约定双方的其他权利义务。

挂牌公司及其董事、监事、高级管理人员应当承诺，股权激励计划相关信息披露文件不存在虚假记载、误导性陈述或者重大遗漏。

所有激励对象应当承诺，公司因信息披露文件中有虚假记载、误导性陈述或者重大遗漏，导致不符合授予权益或者行使权益安排的，激励对象应当自相关信息披露文件被确认存在虚假记载、误导性陈述或者重大遗漏后，将由股权激励计划所获得的全部利益返还公司。

股权激励计划的主要内容（定方案）较为重要，我们在下文单列表述。

（四）股权激励计划的主要内容（定方案）

挂牌公司依照《非上市公众公司监管指引第 6 号——股权激励和员工持股计划的监管要求（试行）》制定股权激励计划的，应当在股权激励计划中载明下列事项。

（1）股权激励的目的。

（2）拟授出的权益数量，拟授出权益涉及的标的股票种类、来源、数量及占挂牌公司股本总额的百分比。

此处所称的股本总额是指股东大会批准本次股权激励计划时已发行的股本总额。

（3）激励对象的姓名、职务、可获授的权益数量及占股权激励计划拟授出权益总量的百分比；设置预留权益的，拟预留权益的数量、涉及标的股票数量及占股权激励计划的标的股票总额的百分比。

（4）股权激励计划的有效期，限制性股票的授予日、限售期和解除限售安排，股票期权的授权日、可行权日、行权有效期和行权安排。

（5）限制性股票的授予价格或者授予价格的确定方法，股票期权的行权价格或者行权价格的确定方法，以及定价合理性的说明。

（6）激励对象获授权益、行使权益的条件。

（7）挂牌公司授出权益、激励对象行使权益的程序。

（8）调整权益数量、标的股票数量、授予价格或者行权价格的方法和程序。

（9）绩效考核指标（如有），以及设定指标的科学性和合理性。

（10）股权激励会计处理方法、限制性股票或股票期权公允价值的确定方法、涉及估值模型重要参数取值合理性、实施股权激励应当计提费用及对挂牌公司经营业绩的影响。

（11）股权激励计划的变更、终止。

（12）挂牌公司发生控制权变更、合并、分立、终止挂牌以及激励对象发生职务变更、离职、死亡等事项时股权激励计划的执行。

（13）挂牌公司与激励对象之间相关纠纷或争端解决机制。

（14）挂牌公司与激励对象的其他权利义务。

（五）其他说明

（1）任何人不得利用实施股权激励掌握信息的优势进行内幕交易、操纵市场等违法活动，侵害其他投资者合法权益。挂牌公司回购本公司股份用于股权激励、员工持股计划的，应当遵守《公司法》等相关要求，防范利用股份回购进行内幕交易、市场操纵、利益输送等违法活动。

（2）股权激励相关用语含义参照《上市公司股权激励管理办法》（证监会令第148号）附则的相关规定。

案例4-2　　南麟电子（831394）第二期股票期权激励计划（草案）

根据全国中小企业股份转让系统于2021年9月1日公告的《南麟电子：第二期股票期权激励计划（草案）》，南麟电子股权激励计划的词语释义如表1所示。

表1　词语释义

词语	释义
南麟电子、本公司、公司	上海南麟电子股份有限公司
股票期权激励计划、本激励计划、本计划	以南麟电子股票为标的，对公司经营业绩或未来发展有直接影响的董事（不含独立董事）、高级管理人员及核心员工进行的长期性激励计划
股票期权	公司授予激励对象在未来一定期限内以预先确定的价格和条件购买本公司一定数量股票的权利
激励对象	按照本激励计划获得股票期权的对公司经营业绩或未来发展有直接影响的董事（不含独立董事）、高级管理人员及核心员工
授权日	公司向激励对象授予股票期权的日期
股票期权有效期	自股票期权授权日起至全部行权或注销之日止的时间段
等待期	股票期权授权日至股票期权可以行权之间的时间段
行权	激励对象根据股权激励计划，行使其所拥有的股票期权的行为，在本计划中行权即为激励对象按照本计划设定的条件购买公司股票的行为
可行权日	股票期权等待期结束后，激励对象可以行权的时间段
行权价格	本激励计划所确定的激励对象购买公司股票的价格
行权条件	根据本激励计划激励对象行使股票期权时所必须满足的条件
中国证监会	中国证券监督管理委员会
股转公司、全国股转系统	全国中小企业股份转让系统有限责任公司
登记结算公司	中国证券登记结算有限责任公司北京分公司
《公司法》	《中华人民共和国公司法》
《证券法》	《中华人民共和国证券法》
《公众公司办法》	《非上市公众公司监督管理办法》
《监管指引第6号》	《非上市公众公司监管指引第6号——股权激励和限制性股票激励计划的监管要求（试行）》
《公司章程》	《上海南麟电子股份有限公司章程》
元、万元	人民币元、人民币万元

第1章　股权激励计划的目的

1. 实施激励计划的目的

（1）完善公司治理结构，进一步建立、健全公司长效激励机制，有效吸引人才、留住人才，培养一支团结、高效、尽职尽责的管理队伍，为企业的持续和创新发展提供动力。

（2）充分调动公司管理层及员工的积极性，有效连接股东利益、公司利益和管理层、员工利益，提升公司的凝聚力及核心竞争力。

（3）形成有效激励机制，激发公司核心员工的使命感和归属感，激励管理层和业务骨干为公司的长期可持续发展而努力，进一步确保公司未来发展战略和经营目标的实现。

（4）在充分保障股东及公司利益的前提下，按照收益与贡献匹配的原则，根据《公司法》《证券法》《公众公司办法》《监管指引第6号》，并参照《上市公司股权激励管理办法》《上海证券交易所科创板股票上市规则》等有关法律法规以及《公司章程》的相关规定，结合公司实际发展情况制订本计划。

2. 实施激励计划的原则

（1）公平、公正、公开。

（2）激励和制约相结合。

（3）股东利益、公司利益和核心经营团队利益一致，促进公司的可持续发展。

（4）维护股东权益，为股东带来持续、稳健的投资回报。

第2章　激励计划的管理机构

（1）股东大会是公司的最高权力机构，负责审议批准本激励计划的实施、变更和终止。股东大会可以在其权限范围内将与本激励计划相关的部分事宜授权董事会办理。

（2）公司董事会是本激励计划的执行管理机构，负责拟订和修订本激励计划并报董事会审议，董事会审议通过后，报股东大会审议。董事会在股东大会授权范围内办理本激励计划的相关事宜。

（3）公司监事会是本计划的监督机构，负责对本激励计划的实施是否符合相关法律、行政法规、部门规章、其他规范性文件及《公司章程》进行监督。

第3章　激励对象的确定依据和范围

1. 激励对象的确定依据

1）确定激励对象的法律依据

本计划激励对象根据《公司法》《证券法》《公众公司办法》《监管指引第6号》《上市公司股权激励管理办法》《上海证券交易所科创板股票上市规则》等有关法律、法规、规范性文件和《公司章程》的相关规定，结合公司实际情况而确定。

2）确定激励对象的职务依据

本计划的激励对象为对公司经营业绩或未来发展有直接影响的公司董事（不含独立董事）、高级管理人员及核心员工，主要结合岗位级别、岗位重要性与员工意愿确定。拟授予股票期权的激励对象由董事会提名，并向全体员工公示和征求意见，由监事会发表明确意见后,经股东大会审议批准。

所有激励对象必须在公司授予股票期权时以及在本激励计划规定的相应考核期内在本公司或公司控股子公司工作,已与公司或公司控股子公司签署劳动合同并在公司或公司控股子公司领取薪酬。其中,董事须经公司股东大会选举产生;高级管理人员须由公司董事会聘任;核心员工是指对公司经营、研发和未来发展有直接影响的高级管理人员和业务骨干,由公司董事会提名,并向全体员工公示和征求意见,由监事会和职工代表大会发表明确意见后,经股东大会审议批准。

激励对象名单确定后,由公司董秘办书面通知激励对象,激励对象自接到通知之日起10个工作日内,应书面答复董秘办是否接受该股票期权。如接受,则应与公司签订股权激励协议;逾期未书面答复的,视为放弃该股票期权。

2. 激励对象的范围

(1)本激励计划股票期权按照激励对象服务年限、工作绩效等因素,综合换算对应的授予标准,相应的额度如表2所示。

表2 相应的额度

职务分类	人数	授予总数/万份
董事、高级管理人员	6	73
核心员工	183	912
合计	189	985

(2)本激励计划共涉及激励对象189名,激励对象均在公司或公司控股子公司任职并签订了劳动合同。

(3)本激励计划的激励对象不包括公司监事、独立董事。

(4)本激励计划不包括公司单独或合计持有公司5%以上股份的股东、实际控制人,及其配偶、父母、子女(在本公司担任董事、高级管理人员、核心技术人员或者核心业务人员的除外)。

(5)本激励计划不存在预留权益。

3. 特殊情形的说明

1)公司未发生以下任一情形

(1)最近1个会计年度财务会计报告被注册会计师出具否定意见或者无法表示意见的审计报告的。

(2)最近12个月内因证券期货犯罪承担刑事责任或因重大违法违规行为被中国证监会及其派出机构行政处罚的。

(3)因涉嫌证券期货犯罪正被司法机关立案侦查或涉嫌违法违规正被中国证监会及其派出机构立案调查。

2)激励对象不存在以下任一情形

(1)被中国证监会及派出机构采取市场禁入措施且在禁入期间。

（2）存在《公司法》规定不得担任董事、高级管理人员的情形。

（3）最近12个月内被中国证监会及派出机构给予行政处罚。

（4）最近12个月内被中国证监会及其派出机构、全国股转公司认定为不适当人选。

（5）对公司发生上述情形负有个人责任。

（6）中国证监会认定的其他情形。

4. 激励对象的核实

（1）公司董事会审议通过本激励计划后，公司将通过公司公告、内部公示栏，在公司内部公示激励对象的姓名和职务，公示期不少于10天。

（2）本激励计划需公司监事会充分听取公示意见，在公示期满后对激励对象名单进行审核并发表意见。

第4章　股权激励计划拟授出的权益情况

1. 激励计划拟授出的权益形式

本激励计划采取的激励形式为股票期权。

2. 激励计划拟授出权益涉及的标的股票来源及种类

本激励计划标的股票来源方式为向激励对象定向发行股票。股票种类为人民币普通股。

3. 本激励计划拟授出权益的数量及占公司股份总额的比例

本激励计划拟授予激励对象合计不超过985万份（含）股票期权，占本激励计划草案公告日公司股本总额13 693万股的7.19%。本激励计划拟向激励对象一次性授予全部股票期权，不存在预留权益。

在满足行权条件的前提下，激励对象获授的每一份股票期权拥有在可行权日以行权价格购买1股公司股票的权利。若激励对象未在规定的时间内行权，则视为放弃本次激励股份。

激励对象获授的股票期权不得转让、用于担保或偿还债务。

第5章　激励对象名单及拟授出权益分配情况

1. 激励对象名单及拟授出权益分配情况

具体人员名单略。

2. 预留权益的说明

本激励计划不存在预留权益。

第6章　股票激励计划的有效期、授权日、等待期、可行权日、禁售期

1. 有效期

本激励计划的有效期为自股票期权授权日起至全部行权或注销之日止，最长不超过120个月。

2. 授权日

本激励计划经公司股东大会审议通过后，公司将在60日内授予权益，并完成登记、公告等必要的法律程序及信息披露义务。授权日必须为交易日。

不得在下列期间对激励对象授出权益：

（1）公司年度报告公告前30内，因特殊原因推迟年度报告日期的，自原预约公告日前三十日起算，至公告日日终。

（2）公司业绩预告、业绩快报公告前10日内。

（3）自可能对本公司股票及其他证券品种交易价格产生较大影响的重大事件发生之日或者进入决策程序之日，至依法披露后2个交易日内。

（4）中国证监会及全国股转公司规定的其他期间。

3. 等待期

股票期权授权日至股票期权可行权日之间的时间段为等待期，激励对象获授的股票期权适用不同的等待期，均自授权日起计算，等待期分别为24个月、36个月、48个月、60个月、72个月。

4. 可行权日

本激励计划授予的股票期权自等待期满后且满足行权条件的，可以开始行权。若未达到行权条件，则当期股票期权不得行权。激励对象在相应行权期内可按本激励计划规定行权，可行权日必须为交易日，且不得在下列期间行权。

（1）公司年度报告公告前30日内，因特殊原因推迟年度报告日期的，自原预约公告日前30日起算，至公告日终。

（2）公司业绩预告、业绩快报公告前10日内。

（3）自可能对本公司股票及其他证券品种交易价格产生较大影响的重大事件发生之日或者进入决策程序之日，至依法披露后2个交易日内。

（4）中国证监会及全国股转公司规定的其他期间。

在本激励计划的有效期内，本激励计划授予的股票期权从授权日开始经过24个月的等待期，在可行权日内，若达到本计划规定的行权条件，被授予股票期权的激励对象应在股票期权授权日起满24个月后的未来60个月内分五期行权，具体行权安排如表3所示。

表3 具体行权安排

行权期	行权期间	可行权数量占获授股票期权数量比例
第一个行权期	自授权日起24个月后的首个交易日起至授权日起36个月内的最后一个交易日当日止	20%
第二个行权期	自授权日起36个月后的首个交易日起至授权日起48个月内的最后一个交易日当日止	20%
第三个行权期	自授权日起48个月后的首个交易日起至授权日起60个月内的最后一个交易日当日止	20%
第四个行权期	自授权日起60个月后的首个交易日起至授权日起72个月内的最后一个交易日当日止	20%
第五个行权期	自授权日起72个月后的首个交易日起至授权日起84个月内的最后一个交易日当日止	20%

等待期满后，未满足行权条件的激励对象已获授但尚未行权的股票期权由公司注销，股票期权行权条件未成就时，相关权益不得递延至下期。若符合行权条件，激励对象必须在上述行权期间内行权完毕。股票期权行权期结束后，激励对象可以行权但未选择行权的股票期权应当终止行权，公司应当及时注销。

相关法律、行政法规、部门规章对激励对象认购公司股份的期间有限制的，激励对象不得在相关限制期间行权。

公司董事会和股东大会审议通过申请首次公开发行股票并上市（IPO）或转板上市的议案后以及在审期间，若当期行权条件已成就，本激励计划授予的股票期权应递延至公司完成首次公开发行股票并上市或转板上市后方可行权，激励对象不得对该等方案提出异议。

5. 禁售期

禁售期是指激励对象行权后所获股票进行售出限制的时间段。本激励计划的禁售规定按照《公司法》《证券法》以及其他有关法律、法规、规范性文件、《公司章程》及本激励计划相关文件的规定执行，具体规定如下所述。

（1）激励对象为公司董事和高级管理人员的，行权所获得的股份将按照《公司法》《证券法》及其他有关法律、法规、规范性文件和《公司章程》的规定进行限售，并且，其在任职期间每年转让的股份不得超过其所持有本公司股份总数的25%；在离职后半年内，不得转让其所持有的本公司股份。

（2）激励对象为公司董事、高级管理人员及其配偶、父母、子女的，将其持有的本公司股票在买入后6个月内卖出，或者在卖出后6个月内又买入，由此所得收益归本公司所有，本公司董事会将收回其所得收益。

（3）在本激励计划的有效期内，如果《公司法》《证券法》及其他有关法律、法规、规范性文件和《公司章程》中对公司董事、高级管理人员持有股份转让的有关规定发生了变化，则这部分激励对象转让其所持有的公司股票应当在转让时符合修改后的相关规定。

（4）激励对象是公司内不担任董事、监事及高级管理人员职务的核心员工，在股票发行中认购的股份不予以限售。

（5）如遇公司转板上市、申请首次公开发行股票并上市（IPO）等特殊情况，激励对象在发行人上市后行权认购的股票，应承诺自行权日起3年内不减持，同时承诺上述期限届满后比照《公司法》《证券法》等法律、法规、规范性文件及中国证监会和上市证券交易所关于上市公司董事、监事及高级管理人员的相关减持规定。

第7章　股票期权的行权价格及确定方法

1. 行权价格

本计划授予的股票期权的行权价格为每股人民币20.00元。行权价格不低于股票票面金额。

在本激励计划公告当日至激励对象完成股票期权行权期间若发生资本公积转增股本、

派发股票红利、股票拆细、配股或缩股、分红派息等事项，应对股票期权的数量及行权价格进行相应调整（现金分红下不作数量调整）；公司在发生增发新股的情况下，股票期权的数量和授予价格不予调整。

2. 行权价格的确定方法

1）确定方法

本计划授予的股票期权的行权价格为每股人民币20.00元。

截至本激励计划草案公告日，公司总股本为136 930 000股。根据公司2020年度经审计财务报告，公司2020年末归属于母公司股东净资产为32 996.93万元，每股净资产为4.89元。公司在2021年一季度内完成了"以资本公积向全体股东以每10股转增10股"的权益分派和第七次定向发行股票。根据公司2021年半年度报告，截至2021年6月30日，归属于公司股东的每股净资产为2.72元。

本次股权激励的行权价格不低于有效的市场参考价格的79%。本次行权价格不低于审议本次激励计划草案的第三届董事会第十七次会议召开日前1个交易日、20个交易日、60个交易日以及120个交易日的公司股票交易均价较高者的79%。审议本次激励计划草案的第三届董事会第十七次会议召开日前1个交易日、20个交易日、60个交易日以及120个交易日公司股票交易均价分别为25.31元、24.65元、23.09元及20.19元。

同时，本次股权激励的行权价格不低于前次定向发行的认购价格。2021年7月，公司股票定向发行的价格为每股14.00元。

本次股票期权行权价格为每份20.00元，是在参考上述公司每股净资产、二级市场价格、前次定向发行价格，并与授予对象沟通协商后确定的。

2）定价方式的合理性说明

公司本次股票期权行权价格的定价参考了《监管指引第6号》《上市公司股权激励管理办法》的规定。在不损害股东利益的基础上，该定价方式充分发挥激励机制作用、提高核心竞争力，有利于实现本次股权激励的目标。

本次定价不低于公司每股净资产和前次股票定向发行价格，有利于维护股东利益、稳定核心团队。公司自2014年在全国股转系统挂牌，目前股票转让采用集合竞价的方式进行交易，且目前股东超过200人，公众化程度较高。因此，公司股票二级市场交易价格具有连续性，其价格相对公允，形成有效的市场参考价。而受产业链和市场投资者对芯片行业预期的影响，公司股票二级市场价格与公司业绩可能无法完全正相关，定价过高可能会让激励效果受限。因此期权行权价格按照不低于市场参考价的79%进行定价，有利于充分调动激励对象在可预期未来的主观能动性，以实现本次股权激励的目标。

第8章 激励对象获授权益、行使权益的条件

1. 股票期权的获授条件

1）公司未发生以下任一情形

（1）最近一个会计年度财务会计报告被注册会计师出具否定意见或者无法表示意见

的审计报告。

（2）最近一个会计年度财务报告内部控制被注册会计师出具否定意见或者无法表示意见的审计报告。

（3）在证券交易所上市后最近36个月内出现过未按法律法规、公司章程、公开承诺进行利润分配的情形。

（4）公司在全国股转系统挂牌的前提下，公司发生"第3章 激励对象的确定依据和范围"中"3.特殊情形的说明"规定的公司不得存在的任一情形的。

（5）法律法规规定不得实行股权激励的。

（6）中国证监会认定的不得实行股权激励的其他情形。

2）激励对象未发生以下任一情形

（1）最近12个月内被证券交易所认定为不适当人选。

（2）最近12个月内被中国证监会及其派出机构认定为不适当人选。

（3）最近12个月内因重大违法违规行为被中国证监会及其派出机构行政处罚或者采取市场禁入措施。

（4）存在《公司法》规定的不得担任董事、高级管理人员情形的。

（5）公司在全国股转系统挂牌的前提下，激励对象发生"第3章 激励对象的确定依据和范围"中"3.特殊情形的说明"规定的激励对象不得存在的任一情形。

（6）法律法规规定不得参与上市公司股权激励的。

（7）中国证监会认定的其他情形。

2.股票期权的行权条件

1）公司未发生以下任一情形

（1）最近1个会计年度财务会计报告被注册会计师出具否定意见或者无法表示意见的审计报告。

（2）最近1个会计年度财务报告内部控制被注册会计师出具否定意见或者无法表示意见的审计报告。

（3）在证券交易所上市后最近36个月内出现过未按法律法规、公司章程、公开承诺进行利润分配的情形。

（4）公司在全国股转系统挂牌的前提下，公司发生"第3章 激励对象的确定依据和范围"中"3.特殊情形的说明"规定的公司不得存在的任一情形的。

（5）法律法规规定不得实行股权激励的情形。

（6）中国证监会认定的不得实行股权激励的其他情形。

公司发生上述规定情形之一的，所有激励对象根据本激励计划已获授但尚未行权的股票期权不得行权，应当由公司注销。

2）激励对象未发生以下任一情形

（1）最近12个月内被证券交易所认定为不适当人选。

（2）最近12个月内被中国证监会及其派出机构认定为不适当人选。

（3）最近12个月内因重大违法违规行为被中国证监会及其派出机构行政处罚或者采取市场禁入措施。

（4）存在《公司法》规定的不得担任董事、高级管理人员情形的。

（5）公司在全国股转系统挂牌的前提下，激励对象发生"第3章 激励对象的确定依据和范围"中"3.特殊情形的说明"规定的激励对象不得存在的任一情形。

（6）法律法规规定不得参与上市公司股权激励的情形。

（7）中国证监会认定的其他情形。

某一激励对象发生上述规定情形之一的，该激励对象根据本激励计划已获授但尚未行权的股票期权不得行权，应当由公司注销。

3）公司业绩考核指标

公司业绩考核指标如表4所示。

表4 公司业绩考核指标

考核项目	行权期				
	第一个行权期公司业绩考核指标	第二个行权期公司业绩考核指标	第三个行权期公司业绩考核指标	第四个行权期公司业绩考核指标	第五个行权期公司业绩考核指标
考核指标	2022年合并报表营业收入较2021年合并报表营业收入增长不低于20%	2023年合并报表营业收入较2022年合并报表营业收入增长不低于10%	2024年合并报表营业收入较2023年合并报表营业收入增长不低于10%	2025年合并报表营业收入较2024年合并报表营业收入增长不低于10%	2026年合并报表营业收入较2025年合并报表营业收入增长不低于10%
考核时间	2023年9月	2024年9月	2025年9月	2026年9月	2027年9月

公司未满足上述业绩考核目标的，所有激励对象对应考核当年计划行权的股票期权均不得行权并不得递延至下期行权，由公司注销。

4）个人考核要求

根据《上海南麟电子股份有限公司职工薪酬与绩效管理制度》的规定，以年度考核得分（最高不超过100分）作为计算依据，根据考核得分按比例计算进行股票期权行权。

具体考核得分计算情况略。

因未满足上述考核指标而取消当期股票期权行权资格的股票期权不得递延至下期行权，当期股票期权由公司注销。

5）考核指标的科学性和合理性说明

本激励计划绩效考核要求综合考虑公司现状、未来战略规划以及行业发展等因素而制定。为了更好地激励和调动公司管理层和核心骨干的积极性，增强公司的竞争力，通过合理预测，本计划选取经审计的营业收入作为行权前公司的业绩考核指标，该指标能够反映公司主营业务的增长潜力，是公司稳健经营和市场竞争力的重要体现。以此作为公司的业绩考核指标,能够尽可能确保公司未来发展战略和经营目标的实现。

除此之外,个人的绩效考核指标和公司主营业务的经营情况紧密挂钩,能够对激励对象的工作绩效做出较为准确、全面的综合评价。公司将根据激励对象相关业务前一年度绩效考评结果,确定激励对象个人是否达到行权的条件,有助于调动员工的工作积极性。

综上,公司本次激励计划的考核体系具有全面性、综合性及可操作性,考核指标设定具有科学性和合理性,同时对激励对象具有约束效果,能够达到本次激励计划的考核目的。

第9章 激励计划的调整方法和程序

1. 股票期权数量的调整方法

若在行权前公司有资本公积转增股本、派送股票红利、股票拆细、配股、缩股等事项,应对股票期权数量进行相应的调整。以下为调整方法。

(1) 资本公积转增股本、派送股票红利、股份拆细,相关的计算公式为

$$Q=Q_0(1+n)$$

式中:Q_0 为调整前的股票期权数量;n 为每股的资本公积转增股本、派送股票红利、股份拆细的比率(即每股股票经转增、送股或拆细后增加的股票数量);Q 为调整后的股票期权数量。

(2) 配股,相关的计算公式为

$$Q=Q_0 P_1(1+n)/(P_1+P_2 n)$$

式中:Q_0 为调整前的股票期权数量;P_1 为股权登记日当日收盘价;P_2 为配股价格;n 为配股的比例(即配股的股数与配股前本公司总股本的比例);Q 为调整后的股票期权数量。

(3) 缩股,相关的计算公式为

$$Q=Q_0 n$$

式中:Q_0 为调整前的股票期权数量;n 为缩股比例(即1股股票缩为 n 股股票);Q 为调整后的股票期权数量。

(4) 增发。本公司在发生增发新股的情况下,股票期权的数量不做调整。

2. 行权价格的调整方法

若在行权前有派息、资本公积转增股本、派送股票红利、股票拆细、配股或缩股等事项,应对行权价格进行相应的调整。以下为调整方法。

(1) 资本公积转增股本、派送股票红利、股份拆细,相应的计算公式为

$$P=P_0/(1+n)$$

式中:P_0 为调整前的行权价格;n 为每股的资本公积转增股本、派送股票红利、股份拆细的比率;P 为调整后的行权价格。

(2) 配股,相应的计算公式为

$$P=P_0(P_1+P_2 n)/[P_1(1+n)]$$

式中：P_0 为调整前的行权价格；P_1 为股权登记日当日收盘价；P_2 为配股价格；n 为配股的比例（即配股的股数与配股前本公司总股本的比例）；P 为调整后的行权价格。

（3）缩股，相应的计算公式为

$$P=P_0/n$$

式中：P_0 为调整前的行权价格；n 为缩股比例；P 为调整后的行权价格。

（4）派息，相应的计算公式为

$$P=P_0-V$$

式中：P_0 为调整前的行权价格；V 为每股的派息额；P 为调整后的行权价格，经派息调整后，P 仍须大于1。

（5）增发。本公司在发生增发新股的情况下，股票期权的行权价格不做调整。

3. 调整的程序

公司股东大会授权公司董事会，依据本激励计划所列明的原因调整股票期权数量和行权价格时，应经公司董事会作出决议。因其他原因需要调整股票期权数量、行权价格或其他条款的，应经公司董事会作出决议并经股东大会审议批准，及时公告并通知激励对象。

第10章　股权激励的会计处理

略。

第11章　股权激励计划的相关程序

1. 激励计划的生效程序

（1）公司董事会应当依法对本激励计划做出决议。董事会审议本激励计划时，作为激励对象的董事或与其存在关联关系的董事应当回避表决。董事会应当在审议通过本计划并履行公示、公告程序后，将本计划提交股东大会审议；同时提请股东大会授权，负责实施股票期权的授权、行权和注销工作。

（2）在召开股东大会前，通过公司公告和内部公示栏或其他途径，将经公司董事会审议通过的激励名单向全体员工公示，公示期不少于10天。公司监事会、独立董事充分听取公示意见，在公示期后对股权激励名单进行审核，同时就股权激励计划是否有利于公司持续发展、是否有明显损害公司及全体股东利益的情形发表意见。公司聘请的主办券商应当对股权激励计划草案和公司、激励对象是否符合《监管指引第6号》及相关法律法规的规定出具合法合规专项意见，并不晚于股东大会召开日前披露核查意见。

（3）公司股东大会就公司本次股权激励事项做出决议，该决议必须经出席会议的股东所持表决权的2/3以上通过，并及时披露股东大会决议。公司股东大会审议股权激励计划时，作为激励对象的股东或者与激励对象存在关联关系的股东，应当回避表决。

（4）本激励计划经公司股东大会审议通过，且达到本激励计划规定的授予条件时，公司在规定时间内向激励对象授予股票期权。经股东大会授权后，董事会负责实施股票期权的授予、行权和注销。

2. 授出权益的程序

公司与激励对象签署《股权激励授予协议书》，以约定双方的权利义务关系。本激励计划除约定不得成为激励对象的情形外其他获授权益的条件详见本激励计划草案"第9章 激励对象获授权益、行使权益的条件"之"1.股票期权的获授条件"。本次股权激励计划经股东大会审议通过后，公司将召开关于本次期权授予的董事会并同时披露股票期权授予公告。公司授予权益后，应当向全国股转公司提出申请，经全国股转公司确认后，由证券登记结算机构办理登记事宜。

3. 行使权益的程序

（1）在行权日前，公司应确认激励对象是否满足行权条件。董事会应当就股权激励计划设定的激励对象行使权益的条件是否成就进行审议，监事会、独立董事和主办券商应当发表明确意见，若应主管机关要求或根据届时适用的法律、法规和规范性文件的规定，公司可聘请律师事务所出具法律意见书。对于满足行权条件的激励对象，由公司统一办理行权事宜。对于未满足条件的激励对象，由公司注销其持有的该次行权对应的股票期权。

（2）激励对象可对已行权的公司股票进行转让，但公司董事和高级管理人员所持股份的转让应当符合有关法律、法规和规范性文件的规定。

（3）激励对象行权后，涉及注册资本变更的，由公司向工商登记部门办理公司变更事项的登记手续。

4. 激励计划的变更、终止程序

1）本次激励计划的变更程序

（1）公司在股东大会审议通过股权激励计划之前对其进行变更的，变更需经董事会审议通过。公司对已通过股东大会审议的股权激励计划进行变更的，变更方案应提交股东大会审议，且不得包括新增加速提前行权和降低行权价格的情形。

（2）公司应及时公告股权激励计划的变更情况，公司独立董事（如有）、监事会应当就变更后的方案是否有利于公司的持续发展，是否存在明显损害公司及全体股东利益的情形发表明确意见。

（3）主办券商应当就公司变更方案是否符合《监管指引第6号》及相关法律法规的规定、是否存在明显损害公司及全体股东利益的情形发表专业意见。

（4）若应主管机关要求或根据届时适用的法律、法规和规范性文件的规定，公司可聘请律师事务所出具法律意见书。

2）本次股权激励计划的终止程序

（1）公司在股东大会审议股权激励计划之前拟终止实施股权激励的，需经董事会审议通过并披露。公司在股东大会审议通过股权激励计划之后终止实施股权激励的，应当由股东大会审议决定并披露。

（2）主办券商应当就公司终止实施激励是否符合本指引及相关法律法规的规定、是否存在明显损害公司及全体股东利益的情形发表专业意见。

（3）若应主管机关要求或根据届时适用的法律、法规和规范性文件的规定，公司可聘请律师事务所出具法律意见书。

5. 注销程序

（1）当出现终止实施股权激励计划或者激励对象未达到股票期权行权条件或自愿放弃本次行权或者出现本计划规定的应当注销股票期权的其他情形时，公司应及时召开董事会审议注销股票期权方案并及时公告。

（2）公司按照本激励计划的规定实施注销时，按全国股转公司关于股票期权注销的相关规定办理。

（3）当发生注销股票期权的情况，公司以零对价进行注销。

第12章 公司与激励对象发生异动时股权激励计划的执行

1. 公司发生异动的处理

（1）公司出现下列情形之一时，本激励计划即行终止，激励对象根据本激励计划已获授但尚未行权的股票期权不得行权，由公司注销。

① 最近一个会计年度财务会计报告被注册会计师出具否定意见或者无法表示意见的审计报告。

② 最近12个月内因证券期货犯罪承担刑事责任或因重大违法违规行为被中国证监会及其派出机构行政处罚的。

③ 因涉嫌证券期货犯罪正被司法机关立案侦查或涉嫌违法违规正被中国证监会及其派出机构立案调查等情形。

④ 法律法规规定不得实行股权激励的情形。

⑤ 中国证监会、证券交易所、全国股转公司认定的其他需要终止股权激励计划的情形。

（2）公司发生合并、分立等情形。当公司发生合并、分立等情形时，由公司董事会在公司发生合并、分立等情形之日起5个交易日内决定是否终止实施本激励计划。

（3）公司控制权发生变更。当公司控制权发生变更时，由公司董事会在公司控制权发生变更之日起5个交易日内决定是否终止实施本激励计划。

（4）公司因信息披露文件中有虚假记载、误导性陈述或者重大遗漏，导致不符合股票期权授予条件或行权安排的，未行权的股票期权由公司统一注销处理，激励对象获授股票期权已行权的，激励对象应当自相关信息披露文件被确认存在虚假记载、误导性陈述或者重大遗漏后，将由本激励计划所获得的全部利益返还公司。

2. 激励对象个人情况发生变化的处理

1）激励对象发生职务变更

（1）激励对象发生职务变更，但仍在公司或公司控股子公司任职的，其已获授的股票期权仍然按照职务变更前本激励计划规定的程序进行。但是，激励对象因触犯法律、违反执业道德、泄露公司机密、失职或渎职等行为损害公司利益或声誉而导致的职务变更，已行权的股票期权，公司有权要求激励对象将其因本股权激励计划所得全部利益返还给公司；未行权的股票期权则不得行权，由公司注销。如因激励对象的上述行为给公司造成损失，公司有权按照有关法律的规定要求激励对象赔偿。

（2）若激励对象担任监事或独立董事或成为法律、法规规定的其他不能持有公司股票的人员，激励对象已行权的股票期权继续有效，激励对象已获授但尚未行权的股票期权不得行权，由公司注销。

2）激励对象离职

（1）激励对象劳动合同到期且不再续约、辞职、因公司裁员、被公司解聘等原因离职的，其已行权的股票期权继续有效，已获授但尚未行权的股票期权则不得行权，由公司注销。

（2）激励对象因触犯法律、违反执业道德、泄露公司机密、失职或渎职等行为损害公司利益或声誉而导致公司与其解除劳动关系而离职的，已行权的股票期权，公司有权要求激励对象将其因本股权激励计划所得全部利益返还给公司；未行权的股票期权则不得行权，由公司注销。

激励对象离职前需缴纳完毕股票期权已行权部分的个人所得税。

3）激励对象退休

（1）激励对象退休返聘的，其已获授的股票期权将完全按照本激励计划规定的程序进行。

（2）激励对象退休而离职的，其已行权的股票期权继续有效，已获授但尚未行权的股票期权则不得行权，由公司注销。

激励对象离职前需缴纳完毕股票期权已行权部分的个人所得税。

4）激励对象丧失劳动能力而离职

（1）激励对象因工受伤丧失劳动能力而离职的，其获授的股票期权将完全按照丧失劳动能力前本激励计划规定的程序进行，其个人绩效考核结果不再纳入行权条件；激励对象离职前需缴纳完毕股票期权已行权部分的个人所得税，并应在后续每次行权之前将相应的个人所得税交予公司代扣代缴。

（2）激励对象非因工受伤丧失劳动能力而离职的，其已行权的股票期权继续有效，已获授但尚未行权的股票期权则不得行权，由公司注销。

激励对象离职前需缴纳完毕股票期权已行权部分的个人所得税。

5）激励对象身故

（1）激励对象若因执行职务而身故的，其获授的股票期权将由其指定财产继承人或法定继承人代为持有，并按照身故前本激励计划规定的程序进行，其个人绩效考核结果不再纳入行权条件。

继承人在继承前需缴纳完毕股票期权已行权部分个人所得税，并应在后续每次行权之前将相应个人所得税交予公司代扣代缴。

（2）激励对象因其他原因而身故的，已行权的股票期权继续有效；已获授但尚未行权的股票期权则不得行权，由公司注销。

继承人在继承前需缴纳完毕股票期权已行权部分的个人所得税。

6）激励对象资格发生变化

激励对象如因出现本激励计划"第8章　激励对象获授权益、行使权益的条件"之"2.2激励对象未发生以下任一情形"中的情形导致不再符合激励对象资格的，激励对象已行权的股票期权继续有效；已获授但尚未行权的股票期权则不得行权，由公司注销。

7）其他

其他未说明的情况由董事会认定，并确定其处理方式。

第13章　公司与激励对象之间相关纠纷或争端解决机制

公司与激励对象发生争议，按照本激励计划和《股权激励授予协议书》的规定解决；规定不明的，双方应按照国家法律和公平合理原则协商解决；协商不成的，应提交公司住所地有管辖权的人民法院诉讼解决。

第14章　公司与激励对象各自的权利与义务

1. 公司的权利与义务

（1）公司具有对本计划的解释和执行权，对激励对象进行绩效考核，并监督和审核激励对象是否具有继续行权的资格。

（2）若激励对象触犯法律、泄露公司商业秘密等行为严重损害公司利益或声誉，经公司董事会批准，可以取消激励对象尚未行权的股票期权。

（3）公司承诺不为激励对象依本计划获取有关权益提供贷款以及其他任何形式的财务资助，包括为其贷款提供担保。

（4）公司根据国家税收法规的规定，代扣代缴激励对象应缴纳的个人所得税和其他税费。

（5）公司应根据本激励计划、中国证监会、全国股转系统、登记结算公司等的有关规定，积极配合满足行权条件的激励对象按规定行权，但若因法律法规以及中国证监会、全国股转系统、登记结算公司的原因造成激励对象未能按自身意愿行权并给激励对象造成损失的，公司不承担责任。

（6）法律、法规规定的其他相关权利和义务。

2. 激励对象的权利与义务

（1）激励对象应当按照公司所聘岗位的要求，勤勉尽责、恪守职业道德，为公司的发展做出应有贡献。

（2）激励对象有权且应当按本激励计划的规定行权，并按规定锁定股票。

（3）激励对象获授的股票期权不得转让或用于担保或偿还债务。

（4）激励对象应保证行权的资金来源于合法自筹资金。

（5）激励对象获授的股票期权在行权前均不享有投票权和表决权，同时也不参与股票红利、股息的分配。

（6）激励对象因激励计划获得的收益，应按国家税收法规交纳个人所得税及其他税费。

（7）激励对象承诺，若因公司信息披露文件中存在虚假记载、误导性陈述或者重大遗漏，导致不符合授予权益安排的，激励对象应当自相关信息披露文件被确认存在虚假记载、误导性陈述或者重大遗漏后，将因本股权激励计划所获得的全部利益返还公司。

（8）法律、法规规定的其他相关权利与义务。

3. 其他说明

公司确定本计划的激励对象不意味着激励对象必然享有本计划有效期内一直在公司服务的权利，不构成公司对员工聘用期限的承诺，公司对员工的聘用关系仍按照公司与激励对象签订的劳动合同执行。

第15章　公司第一期股票期权激励情况

略。

第16章　附则

（1）本计划自公司股东大会审议通过之日起生效。

（2）本激励计划的解释权属于公司董事会。

（3）本计划未尽事宜，按照国家有关法律法规和公平、合理、有效的原则予以处理。

附：本章的主要用语及注释

1. 标的股票：根据股权激励计划，激励对象有权获授或者购买的上市公司股票。

2. 权益：激励对象根据股权激励计划获得的上市公司股票、股票期权。

2. 授出权益（授予权益、授权）：上市公司根据股权激励计划的安排，授予激励对象限制性股票、股票期权的行为。

3. 行使权益（行权）：激励对象根据股权激励计划的规定，解除限制性股票的限售、行使股票期权购买上市公司股份的行为。

4. 分次授出权益（分次授权）：上市公司根据股权激励计划的安排，向已确定的激励对象分次授予限制性股票、股票期权的行为。

5. 分期行使权益（分期行权）：根据股权激励计划的安排，激励对象已获授的限制性股票分期解除限售、已获授的股票期权分期行权的行为。

6. 预留权益：股权激励计划推出时未明确激励对象、股权激励计划实施过程中确定激励对象的权益。

7. 授予日或者授权日：上市公司向激励对象授予限制性股票、股票期权的日期。授予日、授权日必须为交易日。

8. 限售期：股权激励计划设定的激励对象行使权益的条件尚未成就，限制性股票不得转让、用于担保或偿还债务的期间，自激励对象获授限制性股票完成登记之日起算。

9. 可行权日：激励对象可以开始行权的日期。可行权日必须为交易日。

10. 授予价格：上市公司向激励对象授予限制性股票时所确定的、激励对象获得上市公司股份的价格。

11. 行权价格：上市公司向激励对象授予股票期权时所确定的、激励对象购买上市公司股份的价格。

12. 标的股票交易均价 = 标的股票交易总额 / 标的股票交易总量。

13. 本章所称的"以上""以下"含本数，"超过""低于""少于"不含本数。

第五章

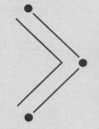

循序渐进：股权激励的落地流程

　　股权激励的落地是一项复杂的系统性工程，尤其是对于公众公司来说，规范性文件比较多，需要信息披露的环节也比较多。公众公司的股权激励落地实施流程大致包含审议、实施、调整、变更与终止5个阶段，每个阶段都伴随不同的信息披露要求。本章将依据公司类型，对公众公司股权激励落地流程进行详细介绍。

　　对于普通中小企业，股权激励流程并没有明确的规范和文件要求，但这并不意味着中小企业可以随心所欲，因为股权激励不是一个简单的股权分配问题，股权激励事关公司股权结构、股权设计及股东利益，是股权设计的重要体系之一，实施股权激励需要从顶层设计的角度出发，避免盲目分配股权，最终导致股权出现问题或者使企业面临风险。本章创新性地提出"四个维度、五个核心、六个步骤"的落地实施流程，助力中小企业玩转股权激励。

一、自我评估：论证实施前提和时机

任何一家公司在实施股权激励前，都需要进行自我评估，摸清公司的现状，充分论证是否具备实施股权激励的条件、当下是不是实施股权激励的良好时机，必要时可以聘请外部咨询机构协助公司进行评估论证。只有经过自我评估，充分论证，才能做出正确的决策，才能在恰当的时机采用适合的激励方式，实现理想的股权激励效果。切忌没有经过评估论证就追随潮流，盲目开展股权激励，以免产生无法顺利实施的风险，造成损失。

（一）评估实施前提

《上市公司股权激励管理办法》及相关法规对不得实施股权激励的情形以及实施股权激励应当具备的条件进行了概括性规定，当符合规定的实施条件并且不存在不得实施股权激励的情形时，才具备实施股权激励的前提。因此，各家公司需要对照相关规定，仔细论证、评估。股权激励实施条件的相关规定如表 5-1 所示。

表 5-1 股权激励实施条件的相关规定

公司类型		相关规定	法规依据
上市公司	一般上市公司	上市公司具有下列情形之一的，不得实行股权激励： （一）最近一个会计年度财务会计报告被注册会计师出具否定意见或者无法表示意见的审计报告。 （二）最近一个会计年度财务报告内部控制被注册会计师出具否定意见或无法表示意见的审计报告。 （三）上市后最近36个月内出现过未按法律法规、公司章程、公开承诺进行利润分配的情形。 （四）法律法规规定不得实行股权激励的。 （五）中国证监会认定的其他情形	《上市公司股权激励管理办法》
	国有控股上市公司	实施股权激励的上市公司应具备以下条件： （一）公司治理结构规范，股东会、董事会、经理层组织健全，职责明确，外部董事（含独立董事，下同）占董事会成员半数以上。 （二）薪酬委员会由外部董事构成，且薪酬委员会制度健全，议事规则完善，运行规范。 （三）内部控制制度和绩效考核体系健全，基础管理制度规范，建立了符合市场经济和现代企业制度要求的劳动用工、薪酬福利制度及绩效考核体系。 （四）发展战略明确，资产质量和财务状况良好，经营业绩稳健，近3年无财务违法违规行为和不良记录。 （五）证券监管部门规定的其他条件	《国有控股上市公司（境内）实施股权激励试行办法》

（续表）

公司类型	相关规定	法规依据
国有科技型企业	实施股权和分红激励的国有科技型企业应当产权明晰、发展战略明确、管理规范、内部治理结构健全并有效运转，同时具备以下条件： （一）企业建立了规范的内部财务管理制度和员工绩效考核评价制度。年度财务会计报告经过中介机构依法审计，且激励方案制定近3年（以下简称近3年）没有因财务、税收等违法违规行为受到行政、刑事处罚。成立不满3年的企业，以实际经营年限计算。 （二）对于本办法第二条中的（一）、（二）类企业，近3年研发费用占当年企业营业收入均在3%以上，激励方案制定的上一年度企业研发人员占职工总数10%以上。成立不满3年的企业，以实际经营年限计算。 （三）对于本办法第二条中的（三）类企业，近3年科技服务性收入不低于当年企业营业收入的60%。 上款所称科技服务性收入是指国有科技服务机构营业收入中属于研究开发及其服务、技术转移服务、检验检测认证服务、创业孵化服务、知识产权服务、科技咨询服务、科技金融服务、科学技术普及服务等收入。 企业成立不满3年的，不得采取股权奖励和岗位分红的激励方式	《国有科技型企业股权和分红激励暂行办法》
国有高新技术企业	开展股权激励试点的企业（以下简称试点企业），应当具备以下条件： （一）产权清晰，法人治理结构健全。 （二）近3年来，每年用于研究开发的经费占企业当年销售额5%以上，研发人员占职工总数10%以上，高新技术主业突出。 （三）近3年税后利润形成的净资产增值额占企业净资产总额的30%以上。 （四）建立了规范的员工效绩考核评价制度、内部财务核算制度，财务会计报告真实，近3年没有违反财经法律法规的行为。 （五）企业发展战略和实施计划明确，经专家论证具有高成长性，发展前景好	《关于国有高新技术企业开展股权激励试点工作的指导意见》
非上市公众公司	没有明确规定	—
其他类型公司	没有明确规定	—

关于股权激励实施前提条件的相关规定，主要针对上市公司和国有相关公司，基本都是概括性的约定，主要约定了一些不能实施股权激励的情形以及实施股权激励的前提条件。

从理论上讲，只要上市公司和国有公司符合上市约定的前提条件且不存在不得实行股权激励的情形，便可以自主决定实施股权激励；对于其他类型的公司，并没有相关的约定，因此理论上这些公司可以随时实施股权激励。

以上是关于股权激励实施前提的论述，在公司符合实施前提的条件下，并不是随时可以实施股权激励，股权激励也需要找准实施时机，才能发挥最佳的激励效果。

（二）论证实施时机

在公司的发展中，股权激励是不可回避的问题。要想顺利实施股权激励，发挥其应有的激励效果，选择好实施股权激励的时机非常重要。实施股权激励需要事先规划、充分调研、选对时机，达到天时、地利、人和，才能事半功倍，否则有可能事倍功半，难以发挥预想的激励效果。

一家公司的生命周期包括多个发展阶段，股权激励并不是次数越多越好，需要结合公司的发展阶段、激励目的和预期效果，提高股权激励的效率，而不是通过激励频率来纠正效果。选择恰当的时机，有助于公司以最低的成本，达到理想的激励效果。尤其是上市公司，股价处于波动之中，股权激励时机的选择，直接影响股权激励对象的未来收益。因此，在具备股权激励实施前提的条件下，找准股权激励时机非常重要。

（三）开展落地实施

评估实施前提、找准实施时机，接下来的工作便是循序渐进地按照相应的流程一步步实现股权激励落地。在股权激励的实施过程中，核心部分就是股权激励计划。股权激励计划的核心内容是要素和模式，本书第二章和第三章已经对要素和模式做了详细阐述，此处不再赘述。

有了股权激励计划，便可按照相应的流程开展落地实施。对上市公司和非上市公众公司的股权激励计划有专门的法规要求，所以需要严格按照相应的流程来实施，本章将详细介绍各类型上市公司股权激励的实施流程。

对于一般中小企业开展股权激励，并没有专门的法规要求，但这并不意味着中小企业可以随心所欲，也需要遵循《公司法》等的相关规范，实施流程也要符合基本逻辑，保障未来走向资本市场时不会出现瑕疵，不会出现法律风险和纠纷，本章最后一节将专门讲述一般中小企业如何落地实施股权激励。

二、上市公司：实施程序与信息披露

上市公司股权激励的实施流程大致可以分为审议、实施、调整、变更与终止5个阶段。

（一）审议

无论上市公司股权激励模式是限制性股票还是股票期权或其他模式，其审议流程都是一致的，如图5-1所示。

1. 薪酬与考核委员会拟订草案

上市公司董事会下设的薪酬与考核委员会负责拟订股权激励计划草案。

2. 董事会审议

上市公司实行股权激励，董事会应当依法对股权激励计划草案做出决议，拟作为激励对象的董事或与其存在关联关系的董事应当回避表决。

董事会审议《上市公司股权激励管理办法》第四十六条、第四十七条、第四十八条、

第四十九条、第五十条、第五十一条规定中有关股权激励计划实施的事项时，拟作为激励对象的董事或与其存在关联关系的董事应当回避表决。

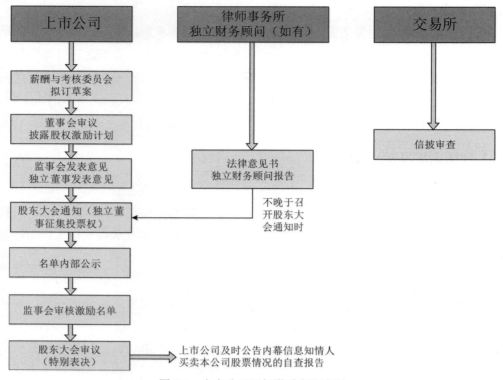

图 5-1　上市公司股权激励审议流程

董事会应当在依照《上市公司股权激励管理办法》第三十七条、第五十四条的规定履行公示、公告程序后，将股权激励计划提交股东大会审议。

3. 独立董事、监事会意见

独立董事、监事会应当就股权激励计划草案是否有利于上市公司的持续发展，是否存在明显损害上市公司及全体股东利益的情形发表意见。

独立董事或监事会认为有必要的，可以建议上市公司聘请独立财务顾问，对股权激励计划的可行性、是否有利于上市公司的持续发展、是否损害上市公司利益以及对股东利益的影响发表专业意见。上市公司未按照建议聘请独立财务顾问的，应当就此事项做出特别说明。

4. 聘请独立财务顾问（如需）

上市公司未按照《上市公司股权激励管理办法》第二十三条、第二十九条定价原则，而采用其他方法确定限制性股票授予价格或股票期权行权价格的，应当聘请独立财务顾问，对股权激励计划的可行性、是否有利于上市公司的持续发展、相关定价依据和定价方法的合理性、是否损害上市公司利益以及对股东利益的影响发表专业意见。

其他情况是否聘请独立财务顾问由独立董事或监事会认定。

5. 名单公式

上市公司应当在召开股东大会前,通过公司网站或者其他途径,在公司内部公示激励对象的姓名和职务,公示期不少于10天。

监事会应当对股权激励名单进行审核,充分听取公示意见。上市公司应当在股东大会审议股权激励计划前5日披露监事会对激励名单审核及公示情况的说明。

6. 自查

上市公司应当对内幕信息知情人在股权激励计划草案公告前6个月内买卖本公司股票及其衍生品种的情况进行自查,说明是否存在内幕交易行为。

知悉内幕信息而买卖本公司股票的,不得成为激励对象,法律、行政法规及相关司法解释规定不属于内幕交易的情形除外。泄露内幕信息而导致内幕交易发生的,不得成为激励对象。

7. 聘请律师

上市公司应当聘请律师事务所对股权激励计划出具法律意见书,至少对以下事项发表专业意见。

(1) 上市公司是否符合本办法规定的实行股权激励的条件。

(2) 股权激励计划的内容是否符合本办法的规定。

(3) 股权激励计划的拟订、审议、公示等程序是否符合本办法的规定。

(4) 股权激励对象的确定是否符合本办法及相关法律法规的规定。

(5) 上市公司是否已按照中国证监会的相关要求履行信息披露义务。

(6) 上市公司是否为激励对象提供财务资助。

(7) 股权激励计划是否存在明显损害上市公司及全体股东利益和违反有关法律、行政法规的情形。

(8) 拟作为激励对象的董事或与其存在关联关系的董事是否根据本办法的规定进行回避。

(9) 其他应当说明的事项。

8. 征集投票权

上市公司召开股东大会审议股权激励计划时,独立董事应当就股权激励计划向所有的股东征集委托投票权。

9. 股东大会

股东大会应当对股权激励计划内容进行表决,并经出席会议的股东所持表决权的2/3以上通过。

除上市公司董事、监事、高级管理人员、单独或合计持有上市公司5%以上股份的股东以外,其他股东的投票情况应当单独统计并予以披露。

上市公司股东大会审议股权激励计划时,拟为激励对象的股东或者与激励对象存在关联关系的股东,应当回避表决。

（二）实施

1. 条件的审议

1）对上市公司条件的审议

上市公司在向激励对象授出权益前，董事会应当就股权激励计划设定的激励对象获授权益的条件是否成就进行审议，独立董事及监事会应当同时发表明确意见。律师事务所应当对激励对象获授权益的条件是否成就出具法律意见。

上市公司向激励对象授出权益与股权激励计划的安排存在差异时，独立董事、监事会（当激励对象发生变化时）、律师事务所、独立财务顾问（如有）应当同时发表明确意见。

2）对激励对象条件的审议

激励对象在行使权益前，董事会应当就股权激励计划设定的激励对象行使权益的条件是否成就进行审议，独立董事及监事会应当同时发表明确意见。律师事务所应当对激励对象行使权益的条件是否成就出具法律意见。

2. 董事会负责实施

上市公司董事会应当根据股东大会决议，负责实施限制性股票的授予、解除限售和回购以及股票期权的授权、行权和注销。

3. 监事会核实

上市公司监事会应当对限制性股票授予日及期权授予日激励对象名单进行核实并发表意见。

4. 账户开设

上市公司应当按照证券登记结算机构的业务规则，在证券登记结算机构开设证券账户，用于股权激励的实施。

激励对象为外籍员工的，可以向证券登记结算机构申请开立证券账户。

尚未行权的股票期权，以及不得转让的标的股票，应当予以锁定。

5. 登记结算

上市公司授予权益与回购限制性股票、激励对象行使权益前，上市公司应当向证券交易所提出申请，经证券交易所确认后，由证券登记结算机构办理登记结算事宜。

6. 时间限制

股权激励计划经股东大会审议通过后，上市公司应当在60日内授予权益并完成公告、登记；有获授权益条件的，应当在条件成就后60日内授出权益并完成公告、登记。

上市公司未能在60日内完成上述工作的，应当及时披露未完成的原因，并宣告终止实施股权激励，自公告之日起3个月内不得再次审议股权激励计划。根据《上市公司股权激励管理办法》的规定，上市公司不得授出权益的期间不计算在60日内。

7. 分次授予

分次授出权益的，在每次授出权益前，上市公司应当召开董事会，按照股权激励计划的内容及首次授出权益时确定的原则，决定授出的权益价格、行使权益安排等内容。

当次授予权益的条件未成就时，上市公司不得向激励对象授予权益，未授予的权益也不得递延下期授予。

（三）调整

因标的股票除权、除息或者其他原因需要调整权益价格或者数量的，上市公司董事会应当按照股权激励计划约定的原则、方式和程序进行调整。

律师事务所应当就上述调整是否符合《上市公司股权激励管理办法》、公司章程的规定和股权激励计划的安排出具专业意见。

（四）变更

上市公司在股东大会审议通过股权激励方案之前可对其进行变更。变更需经董事会审议通过。

上市公司对已通过股东大会审议的股权激励方案进行变更的，应当及时公告并提交股东大会审议，且不得包括下列情形：①导致加速行权或提前解除限售的情形；②降低行权价格或授予价格的情形。

独立董事、监事会应当就变更后的方案是否有利于上市公司的持续发展，是否存在明显损害上市公司及全体股东利益的情形发表独立意见。

律师事务所应当就变更后的方案是否符合《上市公司股权激励管理办法》及相关法律法规的规定、是否存在明显损害上市公司及全体股东利益的情形发表专业意见。

（五）终止

1. 终止程序

上市公司在股东大会审议股权激励计划之前拟终止实施股权激励的，需经董事会审议通过。

上市公司在股东大会审议通过股权激励计划之后终止实施股权激励的，应当由股东大会审议决定。

律师事务所应当就上市公司终止实施股权激励是否符合本办法及相关法律法规的规定、是否存在明显损害上市公司及全体股东利益的情形发表专业意见。

2. 终止后的限制

上市公司股东大会或董事会审议通过终止实施股权激励计划决议，或者股东大会审议未通过股权激励计划的，自决议公告之日起3个月内，上市公司不得再次审议股权激励计划。

（六）股权激励的信息披露

1. 信息披露的一般原则

上市公司实行股权激励，应当真实、准确、完整、及时、公平地披露或者提供信息，不得有虚假记载、误导性陈述或者重大遗漏。

2. 信息披露的主要内容

（1）上市公司应当在董事会审议通过股权激励计划草案后，及时公告董事会决议、股权激励计划草案、独立董事意见及监事会意见。

上市公司实行股权激励计划依照规定需要取得有关部门批准的，应当在取得有关批复文件后的2个交易日内进行公告。

（2）股东大会审议股权激励计划前，上市公司拟对股权激励方案进行变更的，变更议案经董事会审议通过后，上市公司应当及时披露董事会决议公告，同时披露变更原因、变更内容及独立董事、监事会、律师事务所意见。

（3）上市公司在发出召开股东大会审议股权激励计划的通知时，应当同时公告法律意见书；聘请独立财务顾问的，还应当同时公告独立财务顾问报告。

（4）股东大会审议通过股权激励计划及相关议案后，上市公司应当及时披露股东大会决议公告、经股东大会审议通过的股权激励计划以及内幕信息知情人买卖本公司股票情况的自查报告。股东大会决议公告中应当包括中小投资者单独计票结果。

（5）上市公司分次授出权益的，分次授出权益的议案经董事会审议通过后，上市公司应当及时披露董事会决议公告，对拟授出的权益价格、行使权益安排、是否符合股权激励计划的安排等内容进行说明。

（6）因标的股票除权、除息或者其他原因调整权益价格或者数量的，调整议案经董事会审议通过后，上市公司应当及时披露董事会决议公告，同时公告律师事务所意见。

（7）上市公司董事会应当在授予权益及股票期权行权登记完成后、限制性股票解除限售前，及时披露相关实施情况的公告。

（8）上市公司向激励对象授出权益时，应当按照《上市公司股权激励管理办法》第四十四条规定履行信息披露义务，并再次披露股权激励会计处理方法、公允价值确定方法、涉及估值模型重要参数取值的合理性、实施股权激励应当计提的费用及对上市公司业绩的影响。

（9）上市公司董事会按照《上市公司股权激励管理办法》第四十六条、第四十七条规定对激励对象获授权益、行使权益的条件是否成就进行审议的，上市公司应当及时披露董事会决议公告，同时公告独立董事、监事会、律师事务所意见以及独立财务顾问意见（如有）。

（10）上市公司董事会按照《上市公司股权激励管理办法》第二十七条规定审议限制性股票回购方案的，应当及时公告回购股份方案及律师事务所意见。回购股份方案经股东大会批准后，上市公司应当及时公告股东大会决议。

（11）上市公司终止实施股权激励的，终止实施议案经股东大会或董事会审议通过后，上市公司应当及时披露股东大会决议公告或董事会决议公告，并对终止实施股权激励的原因、股权激励已筹划及实施进展、终止实施股权激励对上市公司的可能影响等作出说明，并披露律师事务所意见。

3. 定期报告披露的内容

上市公司应当在定期报告中披露报告期内股权激励的实施情况，具体包括以下内容。

（1）报告期内激励对象的范围。

（2）报告期内授出、行使和失效的权益总额。

（3）至报告期末累计已授出但尚未行使的权益总额。

（4）报告期内权益价格、权益数量历次调整的情况以及经调整后的最新权益价格与权益数量。

（5）董事、高级管理人员各自的姓名、职务以及在报告期内历次获授、行使权益的情况和失效的权益数量。

（6）因激励对象行使权益所引起的股本变动情况。

（7）股权激励的会计处理方法及股权激励费用对公司业绩的影响。

（8）报告期内激励对象获授权益、行使权益的条件是否成就的说明。

（9）报告期内终止实施股权激励的情况及原因。

案例 5-1　　圣邦股份（300661）2018 年股票期权激励计划的实施程序

根据东方财富网发布的圣邦微电子（北京）股份有限公司（以下简称"公司"）《2018 年股票期权激励计划（草案）》，公司采用的是股票期权的股权激励模式，以下为股票期权激励计划的实施程序。

1. 本激励计划生效程序

（1）公司董事会应当依法对本激励计划做出决议。董事会审议本激励计划时，作为激励对象的董事或与其存在关联关系的董事应当回避表决。董事会应当在审议通过本计划并履行公示、公告程序后，将本计划提交股东大会审议；同时提请股东大会授权，负责实施股票期权的授予、行权和注销。

（2）独立董事及监事会应当就本计划是否有利于公司持续发展，是否存在明显损害公司及全体股东利益的情形发表意见。公司将聘请独立财务顾问，对本计划的可行性、是否有利于公司的持续发展、是否损害公司利益以及对股东利益的影响发表专业意见。

（3）本计划经公司股东大会审议通过后方可实施。公司应当在召开股东大会前，通过公司网站或者其他途径，在公司内部公示激励对象的姓名和职务（公示期不少于 10 天）。监事会应当对股权激励名单进行审核，充分听取公示意见。公司应当在股东大会审议本计划前 5 日披露监事会对激励名单审核及公示情况的说明。

（4）公司股东大会在对本激励计划进行投票表决时，独立董事应当就本激励计划向所有的股东征集委托投票权。股东大会应当对《上市公司股权激励管理办法》第九条规定的股权激励计划内容进行表决，并经出席会议的股东所持表决权的2/3以上通过，单独统计并披露除公司董事、监事、高级管理人员、单独或合计持有公司5%以上股份的股东以外的其他股东的投票情况。

公司股东大会审议股权激励计划时，作为激励对象的股东或者与激励对象存在关联关系的股东，应当回避表决。

（5）本激励计划经公司股东大会审议通过，且达到本激励计划规定的授予条件时，公司在规定时间内向激励对象授予股票期权。经股东大会授权后，董事会负责实施股票期权的授予、行权和注销。

2. 本激励计划的权益授予程序

（1）股东大会审议通过本激励计划后，公司与激励对象签署《股权激励授予协议书》，以约定双方的权利义务关系。

（2）公司在向激励对象授出权益前，董事会应当就股权激励计划设定的激励对象获授权益的条件是否成就进行审议并公告，预留股票期权的授予方案由董事会确定并审议批准。

独立董事及监事会应当同时发表明确意见。律师事务所应当对激励对象获授权益的条件是否成就出具法律意见。

（3）公司监事会应当对股票期权授予日激励对象名单进行核实并发表意见。

（4）公司向激励对象授出权益与股权激励计划的安排存在差异时，独立董事、监事会（当激励对象发生变化时）、律师事务所、独立财务顾问应当同时发表明确意见。

（5）股权激励计划经股东大会审议通过后，公司应当在60日内向激励对象进行首次授予并完成公告、登记。公司董事会应当在授予登记完成后及时披露相关实施情况的公告。若公司未能在60日内完成上述工作，本计划终止实施，董事会应当及时披露未完成的原因且3个月内不得再次审议股权激励计划（根据《上市公司股权激励管理办法》规定，上市公司不得授出权益的期间不计算在60日内）。

预留权益的授予对象应当在本计划经股东大会审议通过后12个月内明确，超过12个月未明确激励对象的，预留权益失效。

（6）公司授予权益前，应当向证券交易所提出申请，经证券交易所确认后，由证券登记结算机构办理登记结算事宜。

3. 股票期权的行权程序

（1）期权持有人在可行权日内，以《行权申请书》向公司确认行权的数量和价格，并交付相应的购股款项。《行权申请书》应载明行权的数量、行权价以及期权持有者的交易信息等。

（2）公司董事会薪酬与考核委员会对申请人的行权数额、行权资格与行权条件审查确认。

（3）激励对象的行权申请经董事会薪酬与考核委员会确定后，公司向证券交易所提出行权申请，并按申请行权数量向激励对象定向发行股票。

（4）经证券交易所确认后，由登记结算公司办理登记结算事宜。

（5）公司向公司登记机关办理工商变更登记手续。

公司可根据实际情况向激励对象提供统一行权或自主行权方式。

4. 本激励计划的变更程序

（1）公司在股东大会审议本计划之前拟变更本计划的，需经董事会审议通过。

（2）公司在股东大会审议通过本计划之后变更本计划的，应当由股东大会审议决定，且不得包括下列情形：

① 导致加速行权的情形；

② 降低行权价格的情形。

5. 本激励计划的终止程序

（1）公司在股东大会审议本激励计划之前拟终止实施本激励计划的，需经董事会审议通过。

（2）公司在股东大会审议通过本激励计划之后终止实施本激励计划的，应当由股东大会审议决定。

三、创业板公司股权激励的业务办理

创业板公司股权激励业务办理流程与主板上市公司基本一致，主要包括审议、授予或登记、解除限售（限制性股票）、行权（股票期权）、变更或调整、终止和注销等环节。以下为具体内容。

为优化上市公司自律监管规则体系，结合监管实践，深交所对上市公司业务办理相关规则进行了整合、修订，明确业务办理程序和要求。为提高上市公司信息披露质量，深交所于 2022 年 1 月 7 日制定发布了《深圳证券交易所创业板上市公司自律监管指南第 1 号——业务办理》（以下简称《指南》），《指南》第二章第二节对股权激励的业务流程作出了详细规定。

（一）股权激励方案的制定

1. 做好内幕信息管理

上市公司筹划股权激励，应当做好内幕信息管理工作。上市公司可根据需要发布提示性公告，分阶段进行披露并报备内幕信息知情人档案。提示性公告应当至少包括以下内容。

（1）股权激励的形式（限制性股票、股票期权或法律、行政法规允许的其他方式）。

（2）股权激励计划所涉及的标的股票来源。

（3）股权激励计划所涉及的标的股票数量（或上下限）及占公司股本总额的比例。

（4）激励对象是否包括公司董事、高级管理人员。

（5）激励对象是否包含单独或合计持股5%以上的股东或实际控制人及其配偶、父母、子女以及外籍员工。

（6）股权激励尚需履行的程序、存在的不确定性及相关风险提示。

（7）预计披露股权激励计划草案的时间（自披露提示性公告之日起不得超过3个月）。

（8）深交所要求的其他内容。

2. 董事会审议

上市公司董事会审议股权激励计划草案及相关事项时，拟作为激励对象或与其有关联关系的董事应当回避表决。董事会就股权激励计划草案作出决议，应当经全体非关联董事过半数通过。出席董事会的非关联董事人数不足三人的，董事会应当将该事项直接提交上市公司股东大会审议。

3. 披露草案及摘要等

上市公司应当及时披露董事会审议通过的股权激励计划草案及其摘要，同时披露董事会决议、监事会意见、独立董事意见、股权激励计划考核管理办法、上市公司股权激励计划自查表。

上市公司披露股权激励计划草案时还应当向深交所提交以下材料。

（1）股权激励计划内幕信息知情人档案。

（2）上市公司关于披露文件不存在虚假记载等的承诺。

（3）激励对象有关披露文件虚假记载等情况下所获利益返还公司的承诺。

（4）独立财务顾问报告（如有）。

（5）有权部门的批复文件（如需）。

5. 独立董事及监事会意见

独立董事及监事会应当就股权激励计划草案是否有利于上市公司的持续发展，是否存在明显损害上市公司及全体股东利益的情形发表意见。

独立董事或监事会认为有必要的，可以建议上市公司聘请独立财务顾问，对股权激励计划的可行性、是否有利于上市公司的持续发展、是否损害上市公司利益以及对股东利益的影响发表专业意见。

上市公司未按照建议聘请独立财务顾问的，应当就此事项披露特别说明。

6. 股东大会通知

股权激励计划草案披露后，上市公司应当及时发出召开股东大会的通知。上市公司应当在不晚于发出召开股东大会通知时披露法律意见书；聘请独立财务顾问的，还需同时披露独立财务顾问报告。

7. 名单公示

上市公司应当在召开股东大会前，通过公司网站或者其他途径，在公司内部公示激励对象的姓名和职务，公示期不少于10日，股东大会召开日期不得早于公示期的结束日。

监事会应当对股权激励名单进行审核，并充分听取公示意见。上市公司应当在股东大会召开前 5 日披露监事会对激励名单的审核意见及对公示情况的说明，包括激励对象名单的公示途径、公示期、公司内部人员提出异议等情况。存在异议情形的，监事会应当督促公司董事会就异议意见涉及对象是否能够作为激励对象作出解释说明并与监事会意见同时披露，监事会、律师事务所应分别对董事会解释说明的合理性、合规性进行核查并发表意见。

8. 独立董事征集投票权

独立董事应当就股权激励计划向所有股东征集委托投票权。上市公司召开股东大会审议股权激励计划时，关联股东应当回避表决。

股权激励计划方案应当经出席会议的非关联股东所持表决权的 2/3 以上通过。中小股东应当单独计票并披露。

9. 自查报告

上市公司应当至迟在股东大会决议披露的同时披露内幕信息知情人在股权激励计划草案公告前 6 个月内买卖本公司股票及其衍生品种情况的自查报告，并说明是否存在内幕交易行为。

10. 批复（如需）

上市公司实行股权激励计划依照规定需要取得有关部门批准的，应当在取得有关批复文件后的 2 个交易日内公告批复情况。

（二）限制性股票、股票期权的授予、登记

1. 上市公司授予限制性股票、股票期权的，应符合以下要求

（1）上市公司应当在股权激励计划的授予条件成就后，按相关规定召开董事会审议激励对象的获授事宜。

（2）上市公司授予第一类限制性股票、股票期权的，需向深交所提交股权激励计划授予登记申请，经深交所确认后，及时联系结算公司办理登记事宜。上市公司应当在股权激励计划经股东大会审议通过后 60 日内（有获授权益条件的，自条件成就日起算）授出权益并完成公告、登记等相关程序。

上市公司授予第二类限制性股票的，应当在股权激励计划经股东大会审议通过后 60 日内（有获授权益条件的，自条件成就日起算）授出权益并公告。

（3）上市公司不得在相关法律、行政法规、部门规章、深交所规则规定的禁止上市公司董事、高级管理人员买卖本公司股票期间向激励对象授予限制性股票。上市公司不得授出权益的期间不计入前述规定的 60 日期限内。

（4）上市公司所确定的授予日期不得早于审议授予事宜的董事会的召开日期。授予方式为分次授予的，须在每次授予前召开董事会审议，授予价格定价原则遵循首次授予价格定价原则。

2. 董事会审议，独立董事及监事会发表意见等

上市公司在向激励对象授出权益前，董事会应当就股权激励计划设定的激励对象获授权益的条件是否成就进行审议，独立董事及监事会应当同时发表明确意见。

律师事务所应当对激励对象获授权益的条件是否成就出具法律意见书。

上市公司向激励对象授出权益与股权激励计划的安排存在差异时，独立董事、监事会、律师事务所、独立财务顾问（如有）应当同时发表明确意见。

3. 披露授予公告

董事会审议权益授予事宜后，应及时披露股权激励计划权益授予的相关公告，相关公告应当至少包括以下内容。

（1）股权激励计划简述及已履行的相关审议或审批程序。

（2）董事会对授予条件的审议结论，如授予条件是否成就；是否存在不能授予权益或不得成为激励对象情形的说明；本次授予计划与已披露计划是否存在差异，如存在差异，应披露差异情况以及重新履行审议或审批程序的情况；独立董事、监事会（当激励对象发生变化时）、律师事务所、独立财务顾问（如有）应当同时发表明确意见。

（3）实施股权激励的方式及股票来源（如发行新股或回购股份等），公司历次权益分派对股权激励计划授予相关参数的调整情况。

（4）授予日、授予对象、授予数量、授予价格或行权价格；激励对象为董事、高级管理人员的，应披露其各自可获授的权益数量、占股权激励计划拟授予权益总量的比例、占公司总股本的比例；激励对象为单独或合计持股 5% 以上股东或实际控制人及其配偶、父母、子女以及外籍员工的，参照前述要求披露；同时，应披露全部激励对象可获授的权益数量、占股权激励计划拟授予权益总量的比例、占公司总股本的比例。

（5）根据确定的授予日，说明本次股权激励计划股票期权或限制性股票的授予对公司相关年度财务状况和经营成果的影响，包括会计处理方法、公允价值确定方法、估值模型重要参数取值的合理性、实施股权激励应当计提的费用及对上市公司业绩的影响。

（6）授予限制性股票的，需披露授予股份的性质，相关股份的限售安排、归属安排、不符合解限条件、归属条件的限制性股票的处理方式，筹集资金的使用计划（如有）等。

（7）授予股票期权的，需披露相关期权的行权条件、行权期安排、不符合行权条件的股票期权的处理方式等。

（8）激励对象为董事、高级管理人员、持股 5% 以上股东的，在限制性股票授予前 6 个月买卖公司股票的情况。

（9）独立董事、监事会就激励对象获授权益条件是否成就发表的明确意见。

（10）监事会对授予日激励对象名单核实的情况。

（11）法律意见书结论性意见。

（12）独立财务顾问的专业意见（如有）。

（13）深交所要求的其他内容。

4. 办理登记手续

上市公司披露审议股权激励计划授予登记的董事会决议公告后，可办理授予登记的相关手续。上市公司至少应当在《上市公司股权激励管理办法》四十四条规定的最后期限 7 个交易日前向深交所提交以下相关材料。

（1）授予完成公告文稿。

（2）上市公司董事会填制的"创业板上市公司股权激励计划授予登记申请表"。

（3）上市公司董事会关于授予权益的决议。

（4）有权部门的批复文件（如需）。

（5）独立董事、监事会对权益授予条件是否成就的意见。

（6）监事会对授予日激励对象名单的核实意见。

（7）激励对象名单及其个人证券账户情况说明。

（8）会计师事务所出具的验资报告（如有）。

（9）法律意见书。

（10）独立财务顾问的专业意见（如有）。

（11）深交所要求的其他内容。

上市公司应及时向结算公司提交有关材料，办理限制性股票或者股票期权的授予登记手续。

5. 披露授予完成公告

上市公司应当及时联系结算公司办理授予登记手续，并及时披露股权激励计划权益授予完成公告，公告应当至少包含以下内容。

（1）限制性股票或股票期权授予的具体情况，包括但不限于授予日、授予对象、授予数量和授予价格、行权价格等；授予限制性股票的，应披露本次授予股份的上市日期、限售期安排等；授予期权的，应披露确定的期权代码、期权简称情况。

（2）激励对象获授限制性股票或股票期权与公司内部公示情况一致性的说明。

（3）授予限制性股票的，应说明股权激励计划的实施是否导致上市公司股权分布不符合上市条件、是否导致公司控制权发生变化；公司具有表决权差异安排的，还应说明本次授予前后拥有特别表决权股份的股东在上市公司中拥有的表决权比例的变化情况；参与激励的董事、高级管理人员、持股 5% 以上股东在限制性股票授予登记日前 6 个月买卖本公司股票的情况及是否构成短线交易；本次授予股份的上市日期，上市公司股份变动、按新股本计算的每股收益调整情况（如有）、授予股份认购资金的验资情况（如有）、筹集资金的使用计划（如有）情况等。

（4）授予日确定后在资金缴纳、权益登记过程中，激励对象因离职、资金筹集不足等原因放弃授予的，应说明激励对象发生变化的情况及所放弃授予权益的处理方式。

（5）深交所要求的其他内容。

（三）第一类限制性股票解除限售

1. 审议及披露

第一类限制性股票解除限售条件成就后，上市公司应当在每次解除限售前召开董事会审议股份解除限售相关事宜并披露。独立董事、监事会应同时发表明确意见，律师事务所应当对解除限售条件是否成就出具法律意见书。股权激励限制性股票授予日和首次解除限售日的间隔不得少于12个月。

公告应当至少包括以下内容。

（1）股权激励计划简述及已履行的审议程序。

（2）董事会对本期股权激励计划获得股份解除限售条件是否成就、是否存在不能解除限售或不得成为激励对象情形的说明。

（3）本次实施的股权激励计划与已披露的股权激励计划是否存在差异，如存在差异，应包括董事会关于差异情况以及重新履行审议程序的情况说明。

（4）股权激励获得股份解除限售的具体情况，包括本次解除限售股份总数、占总股本的比例等。

（5）激励对象为董事、高级管理人员的，应披露其各自已获授予的限制性股票数量、本次可解除限售的股票数量、占已获授限制性股票总量的比例等；激励对象为单独或合计持股5%以上股东或实际控制人及其配偶、父母、子女以及外籍员工的，参照前述要求披露；同时，应披露全部激励对象已获授限制性股票数量、本次可解除限售的股票数量、占已获授限制性股票总量的比例。

（6）独立董事、监事会对解限条件是否成就发表的明确意见。

（7）法律意见书结论性意见。

（8）独立财务顾问报告结论性意见（如有）。

（9）深交所要求的其他内容。

2. 交易所申请

上市公司按前款规定履行了信息披露义务后，可向深交所申请办理限制性股票解除限售手续，并提交以下材料。

（1）解除限售公告文稿。

（2）上市公司董事会填制的"创业板上市公司股权激励获得股份解除限售申请表"。

（3）董事会关于股权激励获得股票解除限售的决议。

（4）独立董事、监事会对解限条件是否成就发表的明确意见。

（5）法律意见书。

（6）独立财务顾问报告（如有）。

（7）深交所要求的其他材料。

3. 办理结算公司手续

上市公司应及时向结算公司提交有关材料，办理激励股份解除限售的相关手续，并及时披露股权激励获得股份解除限售公告，公告应当至少包括以下内容。

（1）股权激励获得股份解除限售的具体情况，包括本次解除限售股份总数、占总股本的比例、解除限售日期等。

（2）激励对象为董事、高级管理人员的，应披露其各自已获授予的限制性股票数量、本次解除限售的股票数量、占已获授限制性股票总量的比例等；激励对象为单独或合计持股 5% 以上股东或实际控制人及其配偶、父母、子女以及外籍员工的，参照前述要求披露；同时，应披露全部激励对象已获授限制性股票数量、本次解除限售的股票数量、占已获授限制性股票总量的比例。

（3）本次解限后的上市公司股本结构变动表。

（4）深交所要求的其他内容。

（四）第二类限制性股票归属

1. 审议及披露

上市公司授予第二类限制性股票的，股票归属条件成就后，上市公司应当在每次归属前召开董事会审议股权激励获得股份归属相关事宜并及时披露，独立董事、监事会应同时发表明确意见，律师事务所应当对激励对象归属条件是否成就出具法律意见书。公告应当至少包括以下内容。

（1）股权激励计划简述及已履行的相关审议或审批程序。

（2）董事会对本期股权激励计划设定的限制性股票归属条件是否成就、是否存在不能归属或不得成为激励对象情形的说明；本次归属计划与已披露的计划是否存在差异，如存在差异，应披露差异情况以及重新履行审议或审批程序的情况。

（3）限制性股票归属的具体情况，包括但不限于：

① 本次拟归属限制性股票的授予日、授予价格；

② 本次可归属的批次、归属数量、归属人数，本次归属股票的股份来源，归属数量及归属价格的历次调整情况；

③ 激励对象为董事、高级管理人员的，应披露其各自已获授予的限制性股票数量、本次可归属的股票数量、占已获授限制性股票总量的比例等；激励对象为单独或合计持股 5% 以上股东或实际控制人及其配偶、父母、子女以及外籍员工的，参照前述要求披露；同时，应披露全部激励对象已获授限制性股票数量、本次可归属的股票数量、占已获授限制性股票总量的比例。

（4）独立董事、监事会对归属条件是否成就发表的明确意见。

（5）监事会对激励对象名单的核实情况。

（6）激励对象为董事、高级管理人员、持股 5% 以上股东的，本次董事会决议日前

6个月内买卖公司股票的情况说明。

（7）法律意见书结论性意见。

（8）独立财务顾问报告结论性意见（如有）。

（9）本次归属对公司相关财务状况和经营成果的影响。

（10）深交所要求的其他内容。

2. 交易所申请

上市公司按前款规定履行信息披露义务后，可向深交所申请办理股权激励计划获得股份归属及上市，并提交以下材料。

（1）归属结果暨股份上市公告文稿。

（2）上市公司董事会填制的"创业板上市公司股权激励计划归属申请表"。

（3）董事会关于股权激励获得股份符合归属条件的决议。

（4）独立董事、监事会对归属条件是否成就的意见。

（5）监事会对激励对象名单的核实情况。

（6）法律意见书。

（7）独立财务顾问报告（如有）。

（8）激励对象名单及其个人证券账户情况说明。

（9）会计师事务所出具的验资报告。

（10）有权部门的批复文件（如需）。

（11）深交所要求的其他文件。

3. 归属日限制

股权激励限制性股票归属日不得在相关法律、行政法规、部门规章、深交所规则规定的禁止上市公司董事、高级管理人员买卖本公司股票期间内。

4. 办理结算公司手续

上市公司应及时向结算公司提交有关材料，办理股权激励股份归属及上市的相关手续，并及时披露股权激励获得股票归属及上市公告。公告至少应当包括以下内容。

（1）本次归属条件成就审议情况，股权激励获得股份归属具体情况，包括本次归属股份总数、归属人数、归属日等。

（2）激励对象为董事、高级管理人员的，其各自已获授予的限制性股票数量、本次归属的股票数量、占已获授限制性股票总量的比例等；激励对象为单独或合计持股5%以上股东或实际控制人及其配偶、父母、子女以及外籍员工的，参照前述要求披露；同时，应披露全部激励对象已获授限制性股票数量、本次归属的股票数量、占已获授限制性股票总量的比例。

（3）在限制性股票资金缴纳、股份登记过程中，激励对象因离职、资金筹集不足等原因放弃权益的，明确说明激励对象发生变化的情况、放弃权益的处理方式。

（4）本次归属股票的上市流通安排、限售安排（如有）。

（5）会计师事务所对本次归属事项的验资情况以及相关股票在结算公司办理登记手续情况。

（6）本次归属完成后，上市公司股本结构变动情况，按新股本计算的每股收益调整情况等，说明是否导致上市公司股权分布不符合上市条件、是否导致公司控制权发生变化；公司具有表决权差异安排的，还应说明本次归属前后拥有特别表决权股份的股东在上市公司中拥有的表决权比例的变化情况。

5. 限售安排

股权激励获授股份归属完成后有限售安排的，后续解锁可参照本节"第一类限制性股票解除限售"流程办理。

（五）股票期权行权

1. 审议及披露

股票期权行权条件成就后，上市公司应当召开董事会审议行权有关事宜并及时披露。独立董事、监事会应同时发表明确意见，律师事务所应当对激励对象行权条件是否成就出具法律意见书。公告应当至少包括以下内容。

（1）股权激励计划简述及已履行的审议或审批程序。

（2）董事会关于本期股权激励计划设定的行权条件是否成就，以及是否存在不得成为激励对象或禁止行权情形的说明。如出现上述情形，董事会还应当对已经授予的股票期权的处理措施和相关后续安排作出明确说明。

（3）股票期权授权日与首次可行权日的时间间隔，且不得少于12个月。

（4）本次实施的激励计划如与已披露的激励计划存在差异，董事会关于差异情况以及重新履行的审议或审批程序的情况说明。

（5）本次股票期权的行权方式（集中行权或自主行权）。

（6）本期股票期权行权股票的来源和预计数量、激励对象持有的本期可行权的股票期权数量、尚未符合行权条件的股票期权数量。

（7）激励对象为董事、高级管理人员的，应披露其各自已获授予的股票期权数量、本次可行权的期权数量、占已获授股票期权总量的比例等；激励对象为单独或合计持股5%以上股东或实际控制人及其配偶、父母、子女以及外籍员工的，参照前述要求披露；同时，应披露全部激励对象已获授予的股票期权数量、本次可行权的期权数量、占已获授股票期权总量的比例。

（8）激励对象为董事、高级管理人员、持股5%以上股东的，本次董事会确定的行权日前6个月内是否买卖公司股票的情况说明。

（9）不符合条件的股票期权的处理方式。

（10）董事会对期权行权数量、行权价格历次调整的说明（如有）。

（11）本次股票期权行权的实施对公司相关财务状况和经营成果的影响。

（12）拟选择自主行权的，还应在公告中披露选择自主行权模式对激励股票期权定价及会计核算影响及变化的说明。

（13）筹集资金的使用计划。

（14）独立董事、监事会对行权条件是否成就发表的明确意见。

（15）监事会对激励对象名单的核实情况。

（16）法律意见书结论性意见。

（17）独立财务顾问结论性意见（如有）。

（18）深交所要求的其他内容。

2. 条件未成就的处理

上市公司股权激励计划设定的当期行权条件未成就的（如未达到业绩考核指标、个别激励对象存在违规行为等），股票期权不得行权或递延至下期行权，上市公司应当注销未满足行权条件的股票期权。

3. 买卖股票限制

激励对象不得在相关法律、行政法规、部门规章、深交所规则规定的禁止上市公司董事、高级管理人员买卖本公司股票期间行权。

4. 选择自主行权情形

上市公司股权激励计划设定的期权行权条件成就时，公司或激励对象可选择集中行权或自主行权。上市公司拟选择自主行权的，需符合以下条件。

（1）聘请一家证券公司作为自主行权方案实施的承办券商，并签订股权激励期权自主行权服务协议。

（3）承办券商应确保其技术系统功能符合上市公司自主行权的业务操作及合规性需求，并已完成所有业务准备工作，符合结算公司对自主行权业务系统接口要求。

（3）上市公司及其承办券商均应出具自主行权业务承诺书，明确自主行权过程中各环节操作合法、合规性以及相关参数、数据维护及审核的责任。

5. 交易所申请

公司披露审议股权激励计划期权行权的董事会决议公告后，可向深交所提交下列材料申请办理行权，并与结算公司联系办理股权激励期权行权确认手续。

（1）期权行权公告文稿。

（2）上市公司董事会填制的《创业板上市公司股权激励计划股票期权行权申请表（集中行权适用）》或《创业板上市公司股权激励计划股票期权申请表（自主行权适用）》。

（3）董事会关于股票期权行权条件成就的决议。

（4）有权部门的批复文件（如需）。

（5）独立董事、监事会对股票期权行权条件是否成就的意见。

（6）监事会对激励对象名单的核实意见。

（7）法律意见书。

（8）独立财务顾问意见（如有）。

（9）深交所要求的其他内容。

上市公司选择集中行权的，除上述要求材料外，还需提交以下材料。

（1）会计师事务所出具的验资报告。

（2）董事会盖章确认的激励对象名单、行权数量及证券账户。

（3）行权专户资金的管理和使用计划。

上市公司选择自主行权的，除上述要求材料外，还需提交以下材料。

（1）选择自主行权模式对激励股票期权定价及会计核算影响及变化的说明。

（2）上市公司股权激励期权自主行权合规承诺书。

（3）股权激励期权自主行权承办券商业务承诺书。

（4）上市公司与激励对象及承办券商签署的自主行权服务协议。

（5）作为激励对象的董事、高级管理人员、持股 5% 以上股东关于行权后 6 个月内不转让所持股份的承诺。

6. 选择集中行权情形

上市公司选择集中行权的，在每一个行权期内，所有激励对象原则上应当一次性同时行权。如有特殊情况，经申请后最多可分两次行权。行权股份上市日不得在相关法律、行政法规、部门规章、深交所规则规定的禁止上市公司董事、高级管理人员买卖本公司股票期间。行权完成后，应及时披露股票期权行权完成公告，相关公告应至少包含以下内容。

（1）本期股票期权行权的具体情况，包括行权条件、行权时间、行权人数、行权数量、行权价格等。

（2）激励对象行权数量与方案和在公司内部公示情况一致性的说明。

（3）激励对象为董事、高级管理人员的，应披露其各自已获授予的股票期权数量、本次行权的期权数量、占已获授股票期权总量的比例等；激励对象为单独或合计持股 5% 以上股东或实际控制人及其配偶、父母、子女以及外籍员工的，参照前述要求披露；同时，应披露全部激励对象已获授予的股票期权数量、本次行权的期权数量、占已获授股票期权总量的比例。

（4）行权资金的验资情况。

（5）在行权资金缴纳、股份登记过程中，如激励对象因离职、资金筹集不足等原因放弃权益，明确说明激励对象发生变化的情况、放弃权益的处理方式。

（6）本次行权所获得股份的性质、可上市流通时间，如激励对象行权所获得股票有其他限售条件，应当说明限售情况、后续安排以及股份的上市时间，董事、高级管理人员所持股份变动锁定的情况说明。

（7）参与股权激励的董事、高级管理人员、持股 5% 以上股东前 6 个月买卖本公司股票的情况。

（8）本次行权后公司股本结构变动情况；按新股本计算的每股收益调整情况等；是否导致上市公司股权分布不符合上市条件、是否导致公司控制权发生变化的说明；公司具有表决权差异安排的，还应说明本次归属前后拥有特别表决权股份的股东在上市公司中拥有的表决权比例的变化情况。

（9）深交所要求的其他内容。

7. 行权期后的披露

上市公司选择自主行权的，股权激励计划进入行权期后，上市公司应在定期报告中或以临时报告形式披露每季度股权激励对象变化（如有）、股票期权重要参数调整情况、激励对象自主行权情况以及公司股份变动情况等信息。

（六）股权激励方案的变更和调整

1. 审议及披露

上市公司在股东大会审议通过股权激励方案之前对其进行变更的，需经董事会审议通过。

上市公司对已通过股东大会审议的股权激励方案进行变更的，应提交股东大会审议，且不得包括下列情形。

（1）导致加速行权或提前解除限售的情形。

（2）降低行权价格或授予价格的情形。

公司拟在当年第三季度报告披露后变更股票激励方案的，不得降低当年行使权益的条件。

上市公司应及时披露变更前后方案的修订情况对比说明，独立董事、监事会应当就变更后的方案是否有利于上市公司的持续发展，是否存在明显损害上市公司及全体股东利益的情形发表独立意见。律师事务所应当就变更后的方案是否符合《上市公司股权激励管理办法》及相关法律法规的规定、是否存在明显损害上市公司及全体股东利益的情形发表专业意见。

2. 发生除权、除息等情形

股权激励计划存续期内，因上市公司标的股票发生除权、除息或其他原因需要调整权益价格或者数量的，应经上市公司董事会作出决议并对外披露，按照股权激励计划约定的原则、方式和程序进行调整。

律师事务所应发表意见并披露。

（七）股权激励方案的终止

1. 出现终止或不得授予情形应当终止

上市公司发生《上市公司股权激励管理办法》第七条规定的情形之一的，应当终止实施股权激励计划，不得向激励对象继续授予新的权益，激励对象根据股权激励计划已获授但尚未行使的权益应当终止行使。

在股权激励计划实施过程中，出现《上市公司股权激励管理办法》第八条规定的不得成为激励对象情形的，上市公司不得继续授予其权益，其已获授但尚未行使的权益应当终止行使。

2. 审议流程

上市公司在股东大会审议前拟终止股权激励计划的，应提交董事会审议并披露。

上市公司在股东大会审议通过股权激励计划之后拟终止股权激励计划的，应提交股东大会审议并披露。

律师事务所应当就上市公司终止实施激励是否符合《上市公司股权激励管理办法》及相关法律法规的规定、是否存在明显损害上市公司及全体股东利益的情形发表专业意见。

3. 终止后的限制期间

上市公司股东大会或董事会审议通过终止实施股权激励计划决议的，或者股东大会审议未通过股权激励计划的，公司应当同时承诺自决议公告之日起 3 个月内，不再审议股权激励计划。

上市公司未能在股东大会审议通过股权激励计划或获授权益条件成就后 60 日内完成权益授予和公告、登记工作的，应当及时披露未完成的原因，并终止实施股权激励。自公告之日起 3 个月内，上市公司不得再次审议股权激励计划。

4. 信息披露

上市公司终止实施股权激励的，终止实施议案经股东大会或董事会审议通过后应及时披露相关决议公告，并对终止实施股权激励的原因、股权激励已实施情况、激励对象已获授权益后续处理安排、终止实施股权激励对上市公司的可能影响等作出说明，同时披露律师事务所意见。

5. 主动终止的披露内容

除《上市公司股权激励管理办法》、股权激励方案规定的情形外，上市公司主动终止股权激励计划的，公告应当包括以下内容。

（1）主动终止股权激励计划的背景和目的。

（2）已无法达到激励效果的分析说明。

（3）终止股权激励计划导致的加速行权、预计回购费用（如适用）等的具体金额及对应的具体会计处理；如无法确定回购费用等会计处理，最迟于实际完成注销时进行充分披露。

（4）对上市公司当期业绩影响的具体金额及风险提示。

6. 办理手续

履行相应审议程序及披露义务后，公司应及时向结算公司申请办理限制性股票回购注销手续或期权注销手续。

(八)限制性股票、股票期权的注销

1. 注销情形

根据上市公司已实施的股权激励计划,当出现下述情形之一时,应对已授予的限制性股票或股票期权进行注销。

(1)上市公司出现《上市公司股权激励管理办法》规定的不得实施股权激励计划的情形。

(2)相关人员发生《上市公司股权激励管理办法》规定的不得成为激励对象的情形。

(3)行权条件或解除限售条件未成就。

(4)股票期权各行权期结束后仍未行权的。

(5)终止股权激励计划。

(6)股权激励计划规定的其他应予以注销的情形。

(7)根据相关规定应予以注销的其他情形。

2. 董事会审议及公告

上市公司股权激励发生上述情形时,董事会应当自知悉或者接到相关通知时对注销条件是否成就进行审议,及时披露拟对已授予限制性股票或股票期权进行注销的公告。公告应当至少包括以下内容。

(1)公司不得实施股权激励计划或相关人员不得成为激励对象的情况说明。

(2)公司激励对象或相关人员在股权激励计划中所获授股份或期权情况。

(3)本次回购/注销对股权激励计划的影响、对相关激励对象已获授股份或股票期权的处理措施,对应的具体会计处理及对公司业绩的影响。

(4)针对限制性股票,回购股份的种类、价格及定价依据,拟用于回购的资金总额及来源,回购后对公司股本结构的影响。

(5)律师事务所就回购或注销安排合法合规性的法律意见。

(6)深交所要求的其他内容。

3. 股东大会及公告

如需对已授予的限制性股票进行回购并注销,上市公司应当及时召开董事会审议回购股份方案,并依法将回购股份方案提交股东大会批准。回购方案应当重点说明回购股份的价格及定价依据、回购后公司股本结构的变动情况及对公司业绩的影响及相关会计处理等。同时,应在股东大会决议作出之日起10日内通知债权人,并于30日内在报纸上刊登公告。

4. 交易所申请

上市公司披露拟注销限制性股票公告并履行完毕上述程序后,可向深交所提交下列材料,申请办理注销限制性股票的相关手续。

(1)注销公告文稿。

(2)上市公司董事会填制的"创业板上市公司股权激励授予限制性股票注销申请表"。

（3）独立董事、监事会关于符合注销条件的意见。

（4）监事会对拟注销股份的数量及涉及激励对象名单的核实意见。

（5）股东大会决议（如适用）。

（6）律师事务所关于本次注销事项及程序是否符合股权激励计划及有关法律法规规定的法律意见书。

（7）独立财务顾问意见（如适用）。

（8）会计师事务所出具的验资报告（如适用）。

（9）深交所要求的其他内容。

5. 办理结算公司手续

上市公司应及时向结算公司申请办理注销手续，并披露上市公司股权激励授予限制性股票或期权回购注销完成公告。注销完成公告应当包括以下内容。

（1）本次注销限制性股票或期权的数量，涉及激励对象人数，回购注销股份的价格及其确定依据、数量、占总股本的比例（如适用）等，股份注销手续办理情况。

（2）限制性股票回购注销后股本结构变动表（如适用）。

（3）验资情况（如适用）。

（4）深交所要求的其他内容。

（九）其他事项

1. 督促履行承诺

上市公司应当准确、完整地披露实施股权激励过程中相关方所做的各项承诺，并及时将承诺录入深交所承诺管理数据库，督促相关方切实履行承诺。

2. 定期报告披露

上市公司应当在定期报告中披露报告期内股权激励的实施情况，包括以下内容。

（1）报告期内激励对象的范围、变更情况。

（2）报告期内授出、行使和失效的权益总额。

（3）截至报告期末累计已授出但尚未行使的权益总额。

（4）报告期内权益价格、权益数量历次调整的情况以及经调整后的最新权益价格与权益数量；至报告期末全部有效计划持有的股票总额及其占公司总股本的比例。

（5）董事、高级管理人员，以及单独或合计持股5%以上股东或实际控制人及其配偶、父母、子女的姓名、职务以及在报告期内历次获授、行使权益的情况和失效的权益数量。

（6）因激励对象行使权益所引起的股本变动情况。

（7）股权激励的会计处理方法及股权激励事项对公司业绩的影响。

（8）报告期内激励对象获授权益、行使权益的条件是否成就的说明。

（9）报告期内预留权益失效情况及原因，终止实施股权激励的情况及原因、会计处理及对公司业绩的影响。

（10）其他应当予以披露的事项。

3. 采用回购股票方式的特殊规定

上市公司采用回购本公司股票的方式实施股权激励的，应当按照《深圳证券交易所上市公司自律监管指引第 9 号——回购股份》等相关规定，及时履行审议程序和信息披露义务。

四、科创板公司股权激励的信息披露

为了规范上海证券交易所科创板上市公司股权激励相关的信息披露行为，根据《上市公司股权激励管理办法》《科创板上市公司持续监管办法》以及《上海证券交易所科创板股票上市规则》等有关规定，上海证券交易所于 2022 年 1 月 7 日制定并发布了《上海证券交易所科创板上市公司自律监管指南第 4 号——股权激励信息披露》（以下简称《指南》），并自发布之日起实施，该业务指南主要包括如下内容。

（一）适用范围

本《指南》适用于上市公司以本公司股票为标的，采用限制性股票、股票期权或者上交所认可的其他方式，对董事、高级管理人员及其他员工进行长期性激励相关事项的信息披露。

（二）限制性股票类型

上市公司授予激励对象限制性股票，包括下列类型。

（1）激励对象按照股权激励计划规定的条件，获得的转让等部分权利受到限制的本公司股票，即第一类限制性股票。

（2）符合股权激励计划授予条件的激励对象，在满足相应获益条件后分次获得并登记的本公司股票，即第二类限制性股票。

以下为第二类限制性股票的相关定义。

归属：限制性股票激励对象满足获益条件后，上市公司将股票登记至激励对象账户的行为。

归属条件：限制性股票激励计划所设立的，激励对象为获得激励股票所需满足的获益条件。

归属日：限制性股票激励对象满足获益条件后，获授股票完成登记的日期。归属日必须为交易日。

（三）信息披露的主要内容

（1）上市公司实行股权激励，董事会应当依法对股权激励计划草案作出决议，并及时公告董事会决议、股权激励计划草案及摘要、独立董事意见及监事会意见。

（2）上市公司董事会应当在授予权益前，就股权激励计划设定的激励对象获授权益的条件是否成就进行审议，独立董事及监事会应当同时发表明确意见，律师事务所应当对激励对象获授权益的条件是否成就出具法律意见。上市公司应当及时披露董事会决议公告，同时公告独立董事、监事会、律师事务所意见以及独立财务顾问意见（如有）。

（3）上市公司授予第一类限制性股票、股票期权的，需向上交所提交股权激励计划授予登记申请，经上交所确认后，及时联系证券登记结算机构办理登记结算事宜。授予第一类限制性股票的，上市公司还应当在登记完成后及时披露授予结果。

（4）上市公司董事会应当在第一类限制性股票解除限售、第二类限制性股票归属、股票期权行权前，就股权激励计划设定的激励对象解除限售、归属、行权的条件是否成就进行审议，独立董事及监事会应当同时发表明确意见，律师事务所应当对激励对象行使权益的条件是否成就出具法律意见。上市公司应当及时披露董事会决议公告，同时公告独立董事、监事会、律师事务所意见。

上市公司授予第二类限制性股票、股票期权的，应当单独披露激励对象符合归属、行权条件的情况；授予第一类限制性股票的，应当在解除限售公告中披露激励对象符合解除限售条件的情况。

（5）上市公司授予第一类限制性股票的，应当在限制性股票解除限售前，及时履行信息披露义务。

上市公司授予第二类限制性股票、股票期权的，应当在激励对象归属、行权后及时履行信息披露义务。

（6）上市公司采用回购本公司股票的方式实施股权激励的，应当按照《上海证券交易所上市公司自律监管指引第7号——回购股份》等相关规定，及时履行审议程序和信息披露义务。

（四）附件

附件主要包括八号内容，目录如下，具体内容略，参见上海交易所网站。

第一号 科创板上市公司股权激励计划草案摘要公告

第二号 科创板上市公司股权激励计划权益授予公告

第三号 科创板上市公司股权激励计划限制性股票授予结果公告

第四号 科创板上市公司股权激励计划限制性股票解除限售暨上市公告

第五号 科创板上市公司股权激励计划限制性股票符合归属条件公告

第六号 科创板上市公司股权激励计划限制性股票归属结果暨股份上市公告

第七号 科创板上市公司股权激励计划股票期权符合行权条件公告

第八号 科创板上市公司股权激励计划股票期权行权结果暨股份上市公告

关于科创板上市公司股权激励业务的具体流程并没有详细规定，可以参照《上市公司股权激励管理办法》及上交所的相关规定执行。

五、北交所公司股权激励的实施流程

北交所上市公司股权激励的实施流程大致可以分为审议、实施、调整、变更与终止5个阶段，具体的实施流程如图5-2所示。

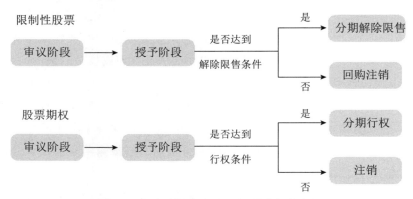

图5-2 北交所上市公司股权激励实施流程

（一）审议阶段

北交所上市公司股权激励审议阶段流程如图5-3所示。需注意，限制性股票和股票期权等模式的审议流程是一致的。

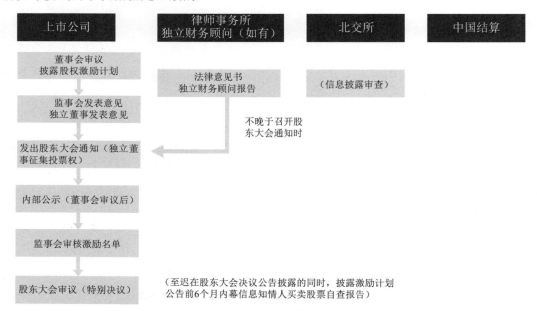

图5-3 北交所上市公司股权激励审议阶段流程

1. 董事会审议

上市公司董事会应当就股权激励计划草案等事项作出决议并披露，拟作为激励对象或与激励对象存在关联关系的董事应当回避表决。股权激励计划草案的内容应当符合《上市公司股权激励管理办法》《北京证券交易所上市公司持续监管办法（试行）》《北京证券交易所股票上市规则（试行）》和《北京证券交易所上市公司持续监管指引第 3 号——股权激励和员工持股计划》等相关规定。

2. 监事会及独立董事发表意见

上市公司监事会及独立董事应当就股权激励计划是否有利于上市公司持续发展，是否存在明显损害上市公司及全体股东利益的情形发表意见。

3. 独立财务顾问（如有）

上市公司实施股权激励，属于《上市公司股权激励管理办法》《北京证券交易所上市公司持续监管办法（试行）》《北京证券交易所股票上市规则（试行）》规定的应当聘请独立财务顾问情形的，上市公司应当聘请独立财务顾问。

除上述情形外，监事会或独立董事认为有必要的，可以建议上市公司聘请独立财务顾问，对股权激励计划的可行性、是否有利于上市公司的持续发展、是否损坏上市公司利益以及对股东利益的影响发表专业意见。上市公司未按照建议聘请独立财务顾问的，应当就此事项作出特别说明并与股权激励计划草案一并披露。

4. 披露草案等

上市公司董事会审议通过股权激励计划的，应当及时披露董事会决议公告，并同时披露股权激励计划草案、监事会意见、独立董事意见等。

5. 发出股东大会通知

股权激励计划草案披露后，上市公司应当及时发出召开股东大会的通知。

6. 独立董事征集投票权

上市公司在发出召开股东大会的通知时，独立董事应当就股权激励计划向所有股东征集委托投票权，同时披露独立董事关于公开征集委托投票权的报告书。

7. 披露法律意见书及独立财务顾问（如有）

上市公司应当在不晚于发出召开股东大会通知时披露法律意见书；聘请独立财务顾问的，还应同时披露独立财务顾问报告。

8. 内部公示

上市公司应当在召开股东大会前，通过公司网站或者其他途径，将经董事会审议通过的激励名单向全体员工公示，公示期不少于 10 个自然日。

9. 监事会审核激励名单

上市公司监事会应当充分听取公示意见，在公示期满后对激励名单进行审核。上市公司应当在股东大会审议股权激励计划前 5 个自然日披露监事会对激励名单审核及公示情况的说明公告，包括激励对象名单的公示途径、公示期、公司内部人员提出异议等情况。

10. 股东大会审议（特别决议）

上市公司股东大会应当就股权激励计划等事项作出决议，并经出席会议的股东所持表决权的 2/3 以上通过，拟作为激励对象或与激励对象存在关联关系的股东应当回避表决。

股东大会决议公告中应当包括中小股东单独计票结果。

11. 披露内幕信息知情人自查报告

上市公司应当至迟在股东大会决议公告披露的同时披露内幕信息知情人在股权激励计划草案公告前6个月内买卖本公司股票及其衍生品种情况的自查报告，并说明是否存在内幕交易行为。

12. 其他特殊事项的流程

（1）上市公司股权激励计划存在预留权益的，董事会应当在股权激励计划经股东大会审议通过后的12个月内确认预留权益的激励对象，并参照首次授予权益的要求披露；超过12个月未明确激励对象的，上市公司应当及时披露预留权益失效的公告。

（2）上市公司实施股权激励，应当合理确定限制性股票授予价格或股票期权行权价格，并在股权激励计划草案中对定价依据和定价方式进行说明。限制性股票授予价格低于市场参考价的50%，或者股票期权行权价格低于市场参考价的，上市公司应当聘请独立财务顾问对股权激励计划的可行性、相关定价依据和定价方法的合理性、是否有利于公司持续发展、是否损害股东利益等发表意见。

（二）实施阶段——限制性股票

限制性股票和股票期权模式在实施阶段的流程是有差异的，限制性股票的实施流程可以分为授予、解除限售及回购注销三个阶段。

1. 限制性股票的授予

限制性股票的授予流程如图5-4所示。

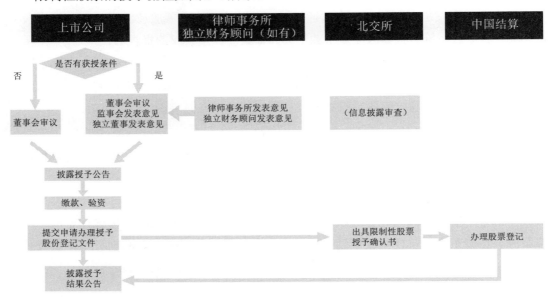

图5-4　北交所限制性股票的授予流程

1）有获授条件时

股权激励计划规定有获授权益条件的，上市公司应当在获授权益条件成就后 5 个交易日内召开董事会审议激励对象获授事宜，并在披露董事会决议公告的同时披露限制性股票授予公告。

上市公司监事会、独立董事、独立财务顾问（如有）应当就激励对象获授权益条件是否成就发表意见，律师事务所应当对激励对象获授权益的条件是否成就出具法律意见书，并与董事会决议公告同时披露。

2）无获授条件时

股权激励计划未规定获授权益条件的，上市公司应当在披露审议股权激励计划的股东大会决议公告后 5 个交易日内召开董事会审议激励对象获授事宜，并在披露董事会决议公告的同时披露限制性股票授予公告。股权激励计划规定不得成为激励对象的情形，不视为此处所称获授权益条件。

3）存在差异时

上市公司向股权激励对象授出权益与股权激励计划的安排存在差异时，监事会、独立董事、律师事务所、独立财务顾问（如有）应当就差异情形发表意见，并与限制性股票授予公告或限制性股票授予结果公告同时披露。

4）授予

上市公司应当在股权激励计划经股东大会审议通过后（有获授权益条件的，自条件成就日起算）60 个自然日内授出权益并完成公告、登记等相关程序。

上市公司未能在 60 个自然日内完成前述工作的，应当及时披露未完成的原因，并宣告终止实施股权激励，自公告之日起 3 个月内不得再次审议股权激励计划。

上市公司不得在法律法规、部门规章及北交所业务规则规定的禁止上市公司董事、高级管理人员买卖本公司股票期间向激励对象授予限制性股票。

上市公司不得授出权益的期间不计入此处规定的 60 个自然日期限内。

5）缴款、验资

激励对象按照股权激励计划要求支付限制性股票价款后，上市公司应当聘请符合《证券法》规定的会计师事务所进行验资。

6）提交申请办理授予股份登记文件

上市公司应当在符合《证券法》规定的会计师事务所完成验资后的 5 个交易日内，向北交所提交"限制性股票授予登记申请表"及要求的其他文件。

经北交所确认后，上市公司应当在取得确认文件后的 5 个交易日内向中国证券登记结算有限责任公司（以下简称中国结算）北京分公司申请办理股票登记手续。

7）披露授予结果公告

上市公司应当在完成股票登记后的 2 个交易日内披露限制性股票授予结果公告。

2. 限制性股票的解除限售

限制性股票的解除限售流程如图 5-5 所示。

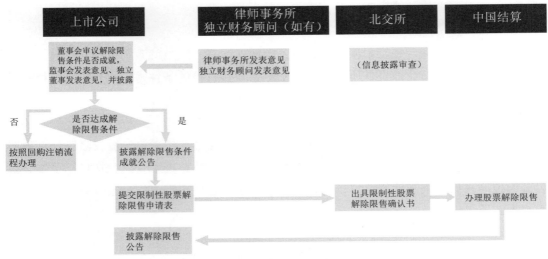

图 5-5　限制性股票的解除限售流程

（1）在限制性股票解除限售的条件成就后，上市公司应当在 5 个交易日内召开董事会审议解除限售事宜，并在披露董事会决议公告的同时披露限制性股票解除限售条件成就公告。

（2）上市公司监事会、独立董事、独立财务顾问（如有）应当就解除限售条件是否成就发表意见，律师事务所应当对解除限售条件是否成就出具法律意见书，并与董事会决议公告同时披露。

（3）上市公司应当在董事会决议公告披露后 5 个交易日内，向北交所提交"限制性股票解除限售申请表"及要求的其他文件。经北交所确认后，上市公司应当在取得确认文件后的 5 个交易日内向中国结算申请办理解除限售手续，并根据股票解除限售相关规定披露限制性股票解除限售公告。法律法规、部门规章、北交所业务规则对相关股票限售安排另有规定的，上市公司应当按照相关规定办理。

3. 限制性股票的回购注销

限制性股票的回购注销流程如图 5-6 所示。

1）董事会审议

上市公司出现股权激励计划规定的应当回购注销限制性股票情形的，董事会应当及时审议限制性股票回购注销方案，并依法将股票回购方案提交股东大会批准。

上市公司应当在披露董事会决议公告的同时披露拟对已授予限制性股票回购注销的公告。

2）限制性股票回购注销方案

限制性股票回购注销方案内容包括但不限于回购原因、回购价格及定价依据、回对象、拟回购股份的种类及数量、拟用于回购的资金总额和资金来源、回购后公司股本结构的变动情况及对公司业绩的影响等。

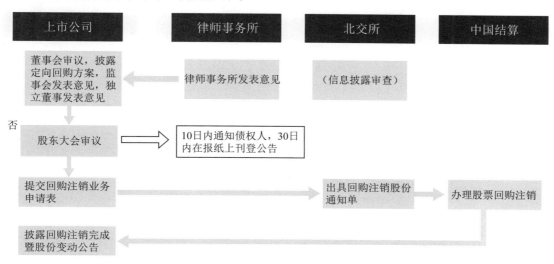

图 5-6 限制性股票的回购注销流程

3）监事会、独立董事发表意见

上市公司监事会、独立董事应当就是否出现限制性股票回购注销的情形发表意见，律师事务所应当就回购注销安排的合法合规性出具法律意见书，并与董事会决议公告同时披露。

4）股东大会审议及刊登公告

上市公司应当在股东大会审议通过限制性股票回购注销方案之日起 10 个自然日内通知债权人，并于 30 个自然日内在报纸上刊登公告。

5）注销登记及公告

上市公司应当在审议限制性股票回购注销方案的股东大会决议公告披露后 5 个交易日内，向北交所提交"限制性股票回购注销申请表"及要求的其他文件。

经北交所确认后，上市公司应当在取得确认文件后的 5 个交易日内向中国结算申请办理限制性股票回购注销手续，并在完成限制性股票注销后的 2 个交易日内披露回购注销完成暨股份变动公告。

（三）实施阶段——股票期权

股票期权的实施流程分为授予、行权及注销三个阶段。

1. 股票期权的授予

股票期权的授予流程如图 5-7 所示。

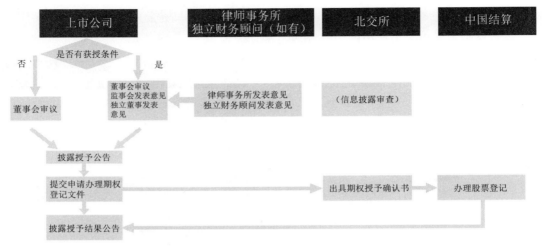

图 5-7 股票期权的授予流程

1）有获授权益条件

股权激励计划规定有获授权益条件的，上市公司应当在获授权益条件成就后 5 个交易日内召开董事会审议激励对象获授事宜，并在披露董事会决议公告的同时披露股票期权授予公告。

上市公司监事会、独立董事、独立财务顾问（如有）应当就激励对象获授权益条件是否成就发表意见，律师事务所应当对激励对象获授权益的条件是否成就出具法律意见书，并与董事会决议公告同时披露。

2）无获授权益条件

股权激励计划未规定获授权益条件的，上市公司应当在披露审议股权激励计划的股东大会决议公告后 5 个交易日内召开董事会审议激励对象获授事宜，并在披露董事会决议公告的同时披露股票期权授予公告。股权激励计划规定不得成为激励对象的情形，不视为此处所称获授权益条件。

3）存在差异时

上市公司向股权激励对象授出权益与股权激励计划的安排存在差异时，监事会、独立董事、律师事务所、独立财务顾问（如有）应当就差异情形发表意见，并与股票期权授予公告或股票期权授予结果公告同时披露。

4）授予

上市公司应当在股权激励计划经股东大会审议通过后（有获授权益条件的，自条件成就日起算）60 个自然日内授出权益并完成公告、登记等相关程序。

上市公司未能在 60 个自然日内完成上述工作的，应当及时披露未完成的原因，并宣告终止实施股权激励，自公告之日起 3 个月内不得再次审议股权激励计划。

5）提交申请办理股权登记文件

上市公司应当在授予公告披露后的 5 个交易日内，向北交所提交"股票期权授予登记申请表"及要求的其他文件。

经北交所确认后,上市公司应当在取得确认文件后的 5 个交易日内向中国结算申请办理登记手续。

6)披露授予结果公告

在完成股票期权登记后的 2 个交易日内披露股票期权授予结果公告。

2. 股票期权的行权

股票期权的行权流程如图 5-8 所示。

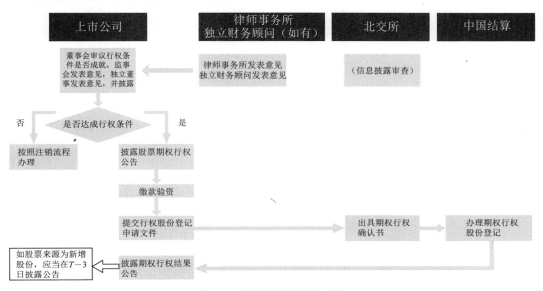

图 5-8 股票期权的行权流程

(1)股票期权证券代码前三位为"850",股票期权证券简称前四位字符从公司股票证券简称中选取,后四位字符按照期数依次为"JLC1""JLC2"等。

(2)激励对象按照股权激励计划支付行权价款后,上市公司应当在符合《证券法》规定的会计师事务所完成验资后的 5 个交易日内,向北交所提交"股票期权行权申请表"及要求的其他文件。

(3)经北交所确认后,上市公司应当在取得确认文件后的 5 个交易日内向中国结算申请办理股票登记手续,并根据新增股份登记的相关规定披露股票期权行权结果公告。

(4)激励对象不得在法律法规、部门规章、北交所业务规则规定的禁止上市公司董事、高级管理人员买卖本公司股票期间内行权。

3. 股票期权的注销

股票期权的注销流程如图 5-9 所示。

1)董事会审议、披露期权注销公告

出现股权激励计划规定的应当注销股票期权情形的,上市公司应当及时召开董事会审议相关事宜,并在披露董事会决议公告的同时披露股票期权注销公告。

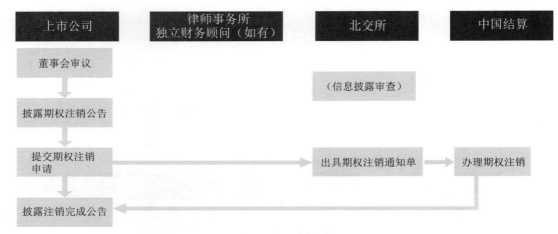

图 5-9 股票期权的注销流程

2）提交期权注销申请

上市公司应当在审议期权注销的董事会决议公告披露后的 5 个交易日内，向北交所提交"股票期权注销申请表"及要求的其他文件。

3）办理注销登记

经北交所确认后，上市公司应当在取得确认文件后的 5 个交易日内向中国结算申请办理期权注销手续。

4）披露注销完成公告

上市公司应在完成股票期权注销后的 2 个交易日内披露股票期权注销完成公告。

（四）调整阶段

1. 董事会审议

股权激励计划存续期内，因标的股票发生除权除息等原因，按照股权激励计划规定的方式对获授权益的数量、价格等要素进行调整的，应当在权益分派实施公告披露后及时召开董事会审议调整事宜，无须提交股东大会审议。

2. 律师事务所意见

上市公司应当在董事会审议通过后的 2 个交易日内披露股权激励计划调整公告，同时披露律师事务所意见。

3. 办理调整手续

股票期权涉及调整的，上市公司在履行相应的审议程序及信息披露义务后，应当及时向北交所提交"股票期权调整申请表"及要求的其他文件，申请办理股票期权调整手续。

（1）股票期权授予前涉及多次调整的，上市公司可以在办理股票期权的授予手续时，一并办理股票期权调整手续。

（2）股票期权授予后涉及多次调整的，上市公司可以在办理股票期权的行权手续时，一并办理股票期权调整手续。

（五）变更阶段

激励计划的变更是指股份来源、限制性股票授予或期权行权价格、业绩考核指标及北交所规定的其他内容发生变更。

1. 股东大会审议通过前

上市公司对尚未经股东大会审议通过的股权激励计划草案进行变更的，应当召开董事会审议变更事宜并披露。

2. 股东大会审议通过后

上市公司对已经股东大会审议通过的股权激励计划草案进行变更的，应当召开董事会、股东大会审议变更事宜并披露。

上市公司对已经通过股东大会审议的股权激励计划进行变更的，不得包括导致加速行权或提前解除限售的情形、降低行权价格或授予价格的情形。

3. 披露计划草案

上市公司应当在披露审议变更事宜的董事会决议公告的同时，披露变更后的股权激励计划草案。

4. 监事会、独立董事发表意见

上市公司监事会、独立董事应当就变更后的股权激励计划草案是否有利于上市公司持续发展，是否存在明显损害上市公司及全体股东利益的情形发表意见。

5. 法律意见书

律师事务所应当就变更后的股权激励计划草案是否符合法律法规、部门规章及本指引相关规定，是否存在明显损害上市公司及全体股东利益的情形出具法律意见书。

上市公司应当在披露董事会决议公告的同时披露监事会、独立董事意见及法律意见书。

（六）终止

1. 股东大会审议通过前

上市公司终止实施尚未经股东大会审议通过的股权激励计划的，应当召开董事会审议终止事宜并披露。

2. 股东大会审议通过后

上市公司终止实施已经股东大会审议通过的股权激励计划的，应当经董事会、股东大会审议通过并披露。

3. 监事会、独立董事、律师事务所发表意见

监事会、独立董事、律师事务所应当就是否存在明显损害上市公司及全体股东利益的情形发表意见，并与董事会决议公告同时披露。

4. 披露

上市公司应当在披露审议通过终止实施股权激励议案的董事会决议公告的同时，披

露关于终止实施股权激励计划的公告，内容包括但不限于终止实施股权激励的原因、股权激励已实施情况、股权激励对象已获授权益后续处理安排、终止实施股权激励对上市公司的影响等。

5. 回购注销

上市公司终止实施股权激励计划后，应当根据相关法律法规、部门规章及《北京证券交易所上市公司持续监管指引第 3 号——股权激励和员工持股计划》的相关规定，办理授出权益的回购注销。

六、非上市公众公司股权激励的实施流程

非上市公众公司股权激励的实施流程大致可以分为审议、实施、调整、变更与终止 5 个阶段。

（一）审议

非上市公众公司股权激励审议流程如图 5-10 所示。

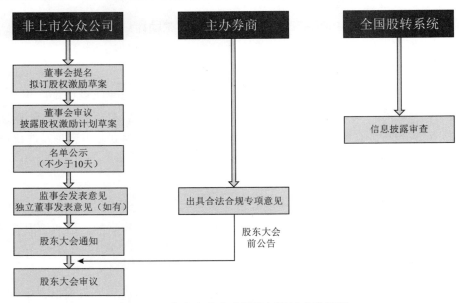

图 5-10　非上市公众公司股权激励审议流程

1. 董事会审议

挂牌公司董事会负责提名股权激励对象、拟订股权激励计划草案，并就股权激励计划草案作出决议，经公示、披露后，提交股东大会审议。

2. 主办券商出具合法合规专项意见

主办券商应当对股权激励计划草案和挂牌公司、激励对象是否符合本指引及有关法律法规规定出具合法合规专项意见，并在召开关于审议股权激励计划的股东大会前披露。

3. 名单公示

挂牌公司应当在召开股东大会前,通过公司网站或者其他途径,将经董事会审议通过的激励名单向全体员工公示,公示期不少于 10 天。

4. 监事会、独立董事(如有)发表意见

挂牌公司监事会应当充分听取公示意见,在公示期后对股权激励名单进行审核,同时就股权激励计划是否有利于挂牌公司持续发展,是否有明显损害挂牌公司及全体股东利益的情形发表意见。

挂牌公司聘任独立董事的,独立董事应当对上述事项发表意见。

5. 股东大会审议

挂牌公司股东大会就股权激励计划等股权激励事项作出决议,必须经出席会议的股东所持表决权的 2/3 以上通过,并及时披露股东大会决议。

董事会、股东大会对股权激励计划事项作出决议时,拟作为激励对象的董事、股东及与其存在关联关系的董事、股东应当回避表决。

(二)实施

1. 董事会审议

股权激励计划实施过程中,在授出权益和行使权益前,董事会应当就股权激励计划设定的激励对象获授权益、行使权益的条件是否成就进行审议。

2. 监事会、主办券商、独立董事(如有)发表意见

监事会和主办券商应当发表明确意见。

挂牌公司聘任独立董事的,独立董事应当对上述事项发表明确意见。

3. 董事会负责办理

挂牌公司董事会应当根据股东大会决议,实施限制性股票的授予、解除限售和回购以及股票期权的授权、行权和注销。

4. 授予

股权激励计划经股东大会审议通过后,挂牌公司应当在 60 日内授予权益并完成公告、登记。

有获授权益条件的,应当在条件成就后 60 日内授出权益并完成公告、登记。

挂牌公司未能在 60 日内完成上述工作的,应当及时披露未完成的原因,并宣告终止实施股权激励,自公告之日起 3 个月内不得再次审议股权激励计划。

(三)调整

因标的股票除权、除息或者其他原因需要调整权益价格或者数量的,挂牌公司董事会应当按照规定的原则、方式和程序进行调整。

（四）变更

挂牌公司在股东大会审议通过股权激励计划之前可进行变更，变更需经董事会审议通过。挂牌公司对已通过股东大会审议的股权激励计划进行变更的，应当及时公告并提交股东大会审议，且不得包括下列情形。

（1）新增加速行权或提前解除限售的情形。

（2）降低行权价格或授予价格的情形。

监事会应当就变更后的方案是否有利于挂牌公司的持续发展，是否存在明显损害挂牌公司及全体股东利益的情形发表独立意见。挂牌公司聘任独立董事的，独立董事应当对上述事项发表意见。

挂牌公司在股东大会审议股权激励计划之前拟终止实施股权激励的，需经董事会审议通过。挂牌公司在股东大会审议通过股权激励计划之后终止实施股权激励的，应当由股东大会审议决定。

主办券商应当就挂牌公司变更方案或终止实施激励是否符合本指引及相关法律法规的规定、是否存在明显损害挂牌公司及全体股东利益的情形发表专业意见。

（五）终止

出现终止行使获授权益的情形，或者当期行使权益条件未成就的，不得行使权益或递延至下一期，相应权益应当回购或注销。回购应按《公司法》规定进行，并不得损害公司利益。

（六）信息披露

挂牌公司实施股权激励计划，应按照《非上市公众公司监督管理办法》及相关文件的要求规范履行信息披露义务。

挂牌公司应当在年度报告中披露报告期内股权激励的实施情况，具体包括如下内容。

（1）报告期内的激励对象。

（2）报告期内授出、行使和失效的权益总额。

（3）至报告期末累计已授出但尚未行使的权益总额。

（4）报告期内权益价格、权益数量历次调整的情况以及经调整后的最新权益价格与权益数量。

（5）董事、高级管理人员姓名、职务以及在报告期内历次获授、行使权益的情况和失效的权益数量。

（6）因激励对象行使权益所引起的股本变动情况。

（7）股权激励的会计处理方法及股权激励费用对公司业绩的影响。

（8）报告期内激励对象获授权益、行使权益的条件是否成就的说明。

（9）报告期内终止实施股权激励的情况及原因。

第五章 循序渐进：股权激励的落地流程

（七）股权激励业务办理指南

为规范挂牌公司、主办券商等相关主体在全国股转系统办理股权激励业务，根据《非上市公众公司监督管理办法》《非上市公众公司监管指引第 6 号——股权激励和员工持股计划的监管要求（试行）》等相关规定，全国股转公司于 2021 年 11 月 15 日发布了《全国中小企业股份转让系统股权激励和员工持股计划业务办理指南》。根据该指南，新三板公司办理股权激励业务应遵循如下流程。

1. 股权激励计划的审议程序及首次信息披露要求

1）董事会审议

挂牌公司董事会应当就股权激励计划草案等事项作出决议并披露，拟作为激励对象或与激励对象存在关联关系的董事应当回避表决。股权激励计划草案的内容应当符合《非上市公众公司监管指引第 6 号——股权激励和员工持股计划的监管要求（试行）》的相关规定。

2）公司内部公示并征求意见

挂牌公司应当在召开股东大会前，通过公司网站或者其他途径，将经董事会审议通过的激励名单向全体员工公示，公示期不少于 10 日。

3）监事会、独立董事（如有）发表意见

挂牌公司监事会应当充分听取公示意见，在公示期满后对激励名单进行审核，同时就股权激励计划是否有利于挂牌公司持续发展，是否存在明显损害挂牌公司及全体股东利益的情形发表意见。挂牌公司应当及时披露监事会意见。

挂牌公司聘任独立董事的，独立董事应当在公示期满后对上述事项发表意见，挂牌公司应当及时披露独立董事意见。

4）主办券商核查并发表意见

主办券商应当对股权激励计划草案和挂牌公司、激励对象是否符合《非上市公众公司监管指引第 6 号——股权激励和员工持股计划的监管要求（试行）》及相关法律法规的规定，是否存在明显损害挂牌公司及全体股东利益的情形，挂牌公司是否已按规定履行信息披露义务以及董事会审议、公示、监事会和独立董事（如有）发表意见等程序的合法合规性进行核查，并不晚于股东大会召开时间 4 个交易日前披露核查意见。

5）股东大会审议

挂牌公司股东大会应当就股权激励计划等事项作出决议并经出席会议的股东所持表决权的 2/3 以上通过，并及时披露股东大会决议，拟作为激励对象或与激励对象存在关联关系的股东应当回避表决。

2. 限制性股票的授予登记、解除限售与回购注销

1）限制性股票授予登记

（1）审议程序及信息披露要求。股权激励计划规定有获授权益条件的，挂牌公司应

当在授予条件成就后5个交易日内召开董事会审议激励对象获授事宜，并在披露董事会决议公告的同时披露限制性股票授予公告。挂牌公司监事会、独立董事（如有）及主办券商应当就授予条件是否成就发表意见，并与董事会决议公告同时披露。

股权激励计划未规定获授权益条件的，挂牌公司应当在披露审议股权激励计划的股东大会决议公告时，一并披露限制性股票授予公告。

股权激励计划规定不得成为激励对象的情形，不视为前述获授权益条件。

（2）授予登记业务办理。激励对象按照股权激励计划支付限制性股票价款后，挂牌公司应当在会计师事务所完成验资后的5个交易日内，通过主办券商向全国中小企业股份转让系统有限责任公司（以下简称全国股转公司）提交"限制性股票授予登记申请表"及要求的其他文件。经全国股转公司审查确认后，挂牌公司应当在取得确认文件后的5个交易日内向中国结算北京分公司申请办理股票登记手续，并在完成股票登记后的2个交易日内披露限制性股票授予结果公告。

挂牌公司回购股票、股东自愿赠与的办理程序及相关信息披露要求应当符合法律、行政法规、中国证监会、全国股转公司及中国结算的相关规定。

2）限制性股票解除限售

（1）审议程序及信息披露要求。在限制性股票解除限售的条件成就后，挂牌公司应当在5个交易日内召开董事会审议解除限售事宜，并在披露董事会决议公告的同时披露限制性股票解除限售条件成就公告。挂牌公司监事会、独立董事（如有）及主办券商应当就解除限售条件是否成就发表意见，并与董事会决议公告同时披露。

（2）解除限售业务办理。挂牌公司应当在董事会决议公告披露后5个交易日内，通过主办券商向全国股转公司提交"限制性股票解除限售申请表"及要求的其他文件。经全国股转公司审查确认后，挂牌公司应当在取得确认文件后的5个交易日内向中国结算申请办理解除限售手续，并根据股票解除限售的相关规定披露限制性股票解除限售公告。

法律、行政法规、中国证监会及全国股转公司对相关股票限售安排另有规定的，挂牌公司应当按照相关规定办理。

3）限制性股票回购注销

（1）审议程序及信息披露要求。出现股权激励计划规定的应当回购注销限制性股票情形的，挂牌公司应当召开董事会审议回购注销相关事宜。挂牌公司监事会、独立董事（如有）及主办券商应当就是否存在限制性股票应当回购注销的情形发表意见，并与董事会决议公告同时披露。

（2）回购注销业务办理。挂牌公司回购注销限制性股票的办理程序及相关信息披露要求应当符合法律、行政法规、中国证监会、全国股转公司及中国结算关于股票回购的相关规定。

（3）回购价格相关要求。挂牌公司回购限制性股票的价格不得高于授予价格（扣除因权益分派导致股本和股票价格变动的影响）加上银行同期存款利息之和。

3. 股票期权的授予登记、行权与注销

1）股票期权授予登记

（1）审议程序及信息披露要求。股权激励计划规定有获授权益条件的，挂牌公司应当在授予条件成就后的 5 个交易日内召开董事会审议激励对象获授事宜，并在披露董事会决议公告的同时披露股票期权授予公告。挂牌公司监事会、独立董事（如有）及主办券商应当就授予条件是否成就发表意见，并与董事会决议公告同时披露。

股权激励计划未规定获授权益条件的，挂牌公司应当在披露审议股权激励计划的股东大会决议公告的同时披露股票期权授予公告。

股权激励计划规定不得成为激励对象的情形，不视为前述获授权益条件。

（2）授予登记业务办理。挂牌公司应当在授予公告披露后的 5 个交易日内通过主办券商向全国股转公司提交"股票期权授予登记申请表"及要求的其他文件。经全国股转公司审查确认后，挂牌公司应当在取得确认文件后的 5 个交易日内向中国结算申请办理登记手续，并在完成股票期权登记后 2 个交易日内披露股票期权授予结果公告。

2）股票期权行权

（1）审议程序及信息披露要求。在股权激励计划规定的股票期权的行权条件得到满足后，挂牌公司应当在 5 个交易日内召开董事会审议激励对象行权事宜，并在披露董事会决议公告的同时披露股票期权行权公告。挂牌公司监事会、独立董事（如有）及主办券商应当就行权条件是否成就发表明确意见并与董事会决议公告同时披露。

（2）行权登记业务办理。激励对象按照股权激励计划支付行权价款后，挂牌公司应当在会计师事务所完成验资后的 5 个交易日内，通过主办券商向全国股转公司提交"股票期权行权申请表"及要求的其他文件。经全国股转公司审查确认后，挂牌公司应当在取得确认文件后的 5 个交易日内向中国结算申请办理股票登记手续，并根据新增股份登记的相关规定披露股票期权行权结果公告。

挂牌公司回购股票、股东自愿赠与的办理程序及相关信息披露要求应当符合法律、行政法规、中国证监会、全国股转公司及中国结算的相关规定。

3）股票期权注销

（1）审议程序及信息披露要求。出现股权激励计划规定的应当注销股票期权情形的，挂牌公司应当召开董事会审议相关事宜，并在披露董事会决议公告的同时披露股票期权注销公告。挂牌公司监事会、独立董事（如有）及主办券商应当就是否存在股票期权应当注销的情形发表意见，并与董事会决议公告同时披露。

（2）期权注销业务办理。挂牌公司应当在审议期权注销的董事会决议公告披露后 5 个交易日内，向全国股转公司提交"股票期权注销申请表"及要求的其他文件。经全国股转公司审查确认后，挂牌公司应当在取得确认文件后的 5 个交易日内向中国结算申请办理期权注销手续，并在完成股票期权注销后的 2 个交易日内披露股票期权注销完成公告。

4. 股权激励计划的变更与调整

1）董事会与股东大会审议

挂牌公司在股东大会审议通过股权激励计划之前对其进行变更的，变更事宜应当经董事会审议通过并披露。

挂牌公司对已通过股东大会审议的股权激励计划进行变更的，变更事宜应当经董事会、股东大会审议通过并披露。

挂牌公司应当在披露董事会决议公告的同时，对股权激励计划进行更正披露。

2）监事会、独立董事（如有）发表意见

挂牌公司监事会应当就变更后的方案是否有利于挂牌公司持续发展，是否存在明显损害挂牌公司及全体股东利益的情形发表意见。挂牌公司应当在披露董事会决议公告的同时披露监事会意见。

挂牌公司聘任独立董事的，独立董事应当对上述事项发表意见，挂牌公司应当在披露董事会决议公告的同时披露独立董事意见。

3）主办券商核查并发表意见

主办券商应当就变更后的方案是否符合《非上市公众公司监管指引第6号——股权激励和员工持股计划的监管要求（试行）》及相关法律法规的规定，是否存在明显损害挂牌公司及全体股东利益的情形，挂牌公司是否已按规定履行信息披露义务以及董事会审议、监事会和独立董事（如有）发表意见等程序的合法合规性发表意见，并不晚于股东大会召开时间4个交易日前披露。

4）除权除息情形下的处理

股权激励计划存续期内，因标的股票发生除权除息等原因，需要按照股权激励计划规定的方式对获授权益的行权数量、行权价格等要素进行调整的，应当在董事会审议通过后的2个交易日内以临时公告的形式披露，无须提交股东大会审议。

5. 股权激励计划的终止

1）审议程序

挂牌公司在股东大会审议前拟终止股权激励计划的，应当经董事会审议通过并披露。挂牌公司在股东大会审议通过股权激励计划后拟终止股权激励计划的，应当经董事会、股东大会审议通过并披露。

挂牌公司应当在披露董事会决议公告的同时披露终止实施股权激励计划的公告。

2）主办券商核查并发表意见

主办券商应当就终止实施股权激励是否符合《非上市公众公司监管指引第6号——股权激励和员工持股计划的监管要求（试行）》及相关法律法规的规定，是否存在明显损害挂牌公司及全体股东利益的情形发表意见，并与审议终止事宜的董事会决议公告同时披露。

3）回购注销处理

挂牌公司终止实施股权激励计划后，应当根据有关法律、行政法规、中国证监会及全国股转公司关于股票回购的相关规定，办理授出权益的回购注销。

七、中小企业：四维、五核、六步落地法

中小企业在落地实施股权激励时，做好四个维度、五个核心、六个步骤，可以轻松驾驭股权激励。

（一）股权激励落地实施的四个维度

股权激励落地实施的四个维度如图 5-11 所示。

1. 高度

股权激励不是简单的股权分配，公司实施股权激励需要上升到企业顶层设计的高度。股权激励事关公司股权结构、股权设计及股东利益，是股权设计的重要体系之一。公司实施股权激励，需要从股权设计、股权布局的顶层设计角度出发，避免盲目分配股权，最终导致股权出现问题或者使公司面临风险。

图 5-11　股权激励落地实施的四个维度

公司中只要存在股权关系，就需要进行股权设计，以保证公司的稳定和发展。随着股权争端案例的不断出现，中小企业越来越意识到股权设计的重要性。现代公司的成功离不开股权激励，合理的股权设计、充分利用股权激励，能将创始人、合伙人、职业经理人以及员工的利益紧紧地绑定在一起，使上下同心，进而保障公司的稳定与快速发展。

在实务中，中小企业盲目实施股权激励，最终导致出现风险的情形比比皆是。在一些上市公司的审核反馈中，我们也会遇到针对股权激励的问询。因此，公司应高度重视股权激励，将其上升到顶层设计高度。股权激励出问题，影响的不仅仅是激励效果，而且会影响公司的股权结构、公司经营的稳定性，进而可能会影响公司未来的发展及上市等一系列资本运作事宜。

2. 远度

股权激励要立足于公司未来 5～10 年甚至更长远的发展愿景。公司实施股权激励时，一般应对应公司的中长期发展目标，结合公司经营目标、发展战略，做出系统化的安排。

股权激励不能仅着眼于当前，更重要的是激励未来，因此需要将激励对象的职业发展和公司的长远发展结合在一起，如此才能取得更好的激励效果，从而保障个人的长远利益和公司的长远利益。

大多数中小企业都有上市的想法或者梦想，实施股权激励的公司更要着眼于未来的资本市场。激励对象看重的往往不是股权分红，而是公司成长带来的股票溢价。因此，股权激励要考虑长远，保障未来资本运作时不会存在股权方面的障碍或者瑕疵。

3. 深度

股权激励不仅仅涉及股权分配的问题，它与公司的经营管理、人力资源、薪酬体系、考核机制甚至生产管理等各个环节息息相关。因此，实施股权激励要有深度，要深入公司内部，掌握公司特点，才能有针对性地制定出符合公司特点、有助于公司发展、具有长远激励效果的方案。

很多机构在辅导公司实施股权激励时往往流于形式，不深入公司做调研，对激励对象的基本诉求一无所知，最终效果可想而知，仅仅是做了股权分配，很难发挥股权激励的作用。股权激励的实施与公司的发展阶段、经营特点及管理体系有机结合，才能取得最佳的激励效果。

4. 逻辑

股权激励是自上而下、由近及远，统筹兼顾过去、现在和未来的一整套逻辑，股权激励最终输出的是一整套逻辑性很强的管理体系。公司应在保证控制权稳定的前提下，制定一套可进可退、富有弹性的制度体系，该套体系最重要的就是逻辑性，这也是股权激励的底层基础。

很多公司往往实施不止一次股权激励，这就涉及多次股权激励之间如何衔接、如何做顶层布局、如何实施等问题，因此更要综合考虑股权激励整套体系的逻辑性。中小企业需要在专业机构的辅导下实施股权激励，切莫随心所欲。

（二）股权激励落地实施的五个核心

股权激励落地实施的五个核心如图 5-12 所示。

股权激励落地实施的五个核心是股权激励方案（计划）的核心内容，主要包括五个方面，即定股（定模式）、定人（定对象）、定价（定价格）、定时（定时间）、定量（定数量）。股权激励的要素比较多，至少涉及"十二定"，但是上述五个是较为核心的部分，这五个核心确定之后，其他因素相对容易设计。

1. 定股（定模式）

图 5-12 股权激励落地实施的五个核心

本书第二章详细介绍了股权激励常见的模式，具体包括限制性股票（权）、虚拟股票（权）、股票期权、股票增值权、业绩股票（权）、延迟支付、期股、管理层收购、分红权、虚拟股票期权、账面价值增值权、干股。这 12 种模式基本包括中小企业发展过程中实施股权激励的所有需要。

每种股权激励模式都有其特点，并适用于公司发展的不同阶段。中小企业在选择股权激励模式时需要综合考虑行业特点、发展阶段、管理团队、股权结构、未来规划等，评估之后再选择适合自己的激励模式或组合模式。股权激励切忌盲目效仿，只有适合自己的模式才是最好的，也只有适合自己的模式才能达到理想的激励效果。

2. 定人（定对象）

定人是确定股权激励的对象，本书第三章"二、定对象：优胜劣汰、公平公正"中已经做了详细介绍。

中小企业可根据本书第三章的专业介绍，结合公司的自身情况，在专业机构的指导下确定激励对象。

3. 定价（定价格）

定价是确定股权激励对象的入股价格（虚拟模式除外），本书第三章"六、定价格：有理有据、兼顾效果"中已经做了详细介绍。

中小企业可根据本书第三章的专业介绍，结合公司的自身情况，在专业机构的综合评估下确定最终价格。

4. 定时（定时间）

定时是确定股权激励的时机及时间点的安排等，本书第三章"七、定时间：伺机而动、把握节奏"中已经做了详细介绍。

中小企业可根据本书第三章的专业介绍，结合公司的自身情况，在专业机构的指导下安排具体的时间节点。

5. 定量（定数量）

定量是指确定股权激励的股票总量以及各激励对象之间的分配情况，本书第三章"五、定数量：总量控制、个量分配"中已经做了详细介绍。

中小企业可根据本书第三章的专业介绍，结合公司的自身情况，在专业机构的综合评估下确定最终总量和个量。

（三）股权激励落地实施的六个步骤

股权激励落地实施的六个步骤如图 5-13 所示。

1. 聘请顾问

中小企业一般缺乏股权管理方面的专业人才，很难独立完成股权激励的全套流程，即便有专业人才，也难以独立客观地制定方案，因此，需要寻求专业咨询机构的指导。

1）专业咨询机构的价值

（1）提供专业的服务。专业咨询机构一般专业知识相对丰富，服务的客户较多，积累的经验也比较多。中小企业聘请专业咨询机构协助制定股权激励方案并指导方案落地实施，有助于取得理想的激励效果。

（2）保障客观公正。专业咨询机构一般会站在第三方的角度制定游戏规则，会根据公司的具体情况，制定股权激励定人、定股以及定量等核心要素的具体标准，该标准是根据激励对象和公司的具体情况设计的，

图 5-13 股权激励落地实施的六个步骤

对所有激励对象来说，相对公平、公正。

我们在辅导中小企业实施股权激励的过程中，经常遇到个别激励对象想要获取更多股权的情况，他们会私下去找大股东沟通以争取更多的股权，大股东会左右为难，无论怎么做都会产生争议。此时专业咨询机构的价值便得以体现，大股东可以直接告诉激励对象，游戏规则都是专业机构统一制定的，为了保障大多数人的公平、公正，不能特殊对待某个人，更不能破坏游戏规则。

（3）防范法律风险。专业咨询机构一般都会配备律师等专业人才，在股权激励实施过程中，会根据公司情况，拟定相关协议。每个激励对象都会签署对应的协议，保障股权激励可进可退，从而防范风险，以免引起纠纷，影响公司的资本运作。

2）专业咨询机构的选择

市场上的股权激励机构数不胜数、形形色色，有些机构在广告宣传中将自己吹得神乎其神，中小企业无从考量，难以抉择。根据我们的实践经验和市场状况，中小企业在选择服务机构时，可以参考以下几个标准。

（1）有无上市辅导经验。中小企业实施股权激励，并不仅仅是做股权激励，一般实施股权激励的公司，未来都有上市和资本运作的需求。如果将未来上市考虑在内，股权激励的技术含量会更高一层，需要综合考虑的因素会更多，需要站在未来3～5年甚至5～10年的角度设计股权激励方案。

因此，专业团队有无上市辅导经验至关重要，因为公司上市对股权方面的规范和要求会更多，需要兼顾的因素和问题也会更多，对专业人员的要求会更高。

（2）专业团队的水平。咨询机构专业人员的水平是至关重要的因素，因为股权激励没有绝对的标准答案，不同人设计的方案会有差异，而且企业的要求也是五花八门，所以非常考验专业团队的综合服务能力和专业能力。只有专业知识水平高、经验非常丰富的人才，才能够轻松驾驭各类股权激励的实施。

（3）切忌被牵着鼻子走。市场上也有一些咨询机构，专业能力一般，但十分擅长"忽悠"，往往会把公司带偏。我们遇到过一些中小企业在实施股权激励的过程中，被不专业的服务机构带偏，不但付出了现金成本，而且支付了股权对价，最终因股权难以清退，不得不付出高额的代价将股权回收。

2. 尽调访谈

选定咨询机构之后，便进入尽职调查和实地访谈等环节。其中，实地访谈分为两部分：第一部分是针对公司大股东或者实际控制人的访谈；第二部分是针对激励对象的访谈。

1）尽职调查

实地调查公司的基本情况，摸清与股权激励相关的所有情况，方能制定切合实际的股权激励方案。尽职调查的内容包括但不限于以下方面。

（1）公司设立及变更的相关文件。

（2）公司章程、议事规则、规章制度。

（3）公司的股权结构、主要股东及组织机构情况。

（4）公司的主营业务及经营情况，公司未来5年发展规划。

（5）公司最近两年经审计的财务报告。

（6）公司人员的构成及薪酬情况。

（7）公司现有的员工激励制度、绩效考核标准及运行情况。

（8）公司与员工之间签订的劳动合同、保密协议、竞业禁止协议等。

（9）历次股权激励情况（如有）。

（10）其他与本次股权激励有关的内容。

2）大股东访谈

通过对公司大股东或者实际控制人进行访谈，可了解大股东或实际控制人的实际想法。对于合情合理的想法，应体现在股权激励方案中；对于不合理的想法，应说明理由并采取替代方案。访谈内容包括但不限于以下方面。

（1）公司目前的经营情况，在公司管理过程中存在的问题。

（2）公司目前的薪酬体系或者激励方案。

（3）公司未来的发展目标或者未来3～5年的战略规划。

（4）公司实施股权激励的对象范围、基本情况、初步想法等。

（5）公司对股权激励的基本要求及针对性要求，例如操作模式、实施期间、计划的终止条件等。

（6）公司认为实施股权激励应关注的重点问题及可能存在的障碍。

（7）大股东或实际控制人拟采取有偿还是无偿的激励模式。如采取有偿模式，应了解其对股价的心理预期等。

（8）其他大股东或者实际控制人的一些想法或者顾虑等。

（9）历次股权激励实施背景及相关情况等。

（10）其他一些与本次股权激励相关的问题。

3）激励对象访谈

对激励对象进行访谈，主要有两个目的：一是在激励对象和公司大股东之间架起沟通的桥梁；二是了解激励对象的实际想法。对于一些需要综合考虑的问题，应通过一定的方式设计在股权激励方案中，以更好地体现激励效果。访谈内容包括但不限于以下方面。

（1）激励对象的基本情况，例如年龄、工龄、本单位入职时间、岗位等。

（2）激励对象对公司文化和价值的了解情况或者认同度。

（3）激励对象对工作岗位的满意度及未来的打算。

（4）激励对象对目前薪酬体系的建议或者意见。

（5）激励对象对股权激励的认知情况。

（6）激励对象对本公司股权激励的认可度、参与意愿等。

（7）激励对象对公司股权激励的想法或者建议。

（8）激励对象以往参与股权激励的情况（如有）。

（9）其他一些与本次股权激励相关的问题。

3. 制定方案

尽调访谈之后，便进入股权激励的核心阶段——设计股权激励方案。咨询机构需要根据公司的实际情况设计具有针对性的股权激励方案，切忌盲目照搬模板。这也是很多咨询机构的通病，拿来模板修改公司名称便直接套用。

大股东和激励对象的想法一般会有差异，两者的利益诉求和出发点也会有差异，必然会存在矛盾之处。因此，咨询机构在设计股权激励方案的过程中，需要在大股东和激励对象之间寻找一个平衡点，既要满足大股东的想法和要求，又要最大限度地顾及激励对象的诉求。只有实现两者的协调和平衡，才能保障股权激励顺利完成，达到预期的股权激励效果。

股权激励计划的核心内容是本书第二章和第三章讲到的股权激励模式、股权激励要素。模式和要素最终确定后，即可形成股权激励计划草稿，再经过和大股东反复磋商与论证，最终形成股权激励计划定稿。

中小企业股权激励计划主要包括如下内容。

（1）股权激励的目的。

（2）拟授出的权益数量，拟授出权益涉及的标的股票的种类、来源、数量及占公司股本总额的百分比。

此处所称的股本总额是指股东（大）会批准本次股权激励计划时公司的总股本。

（3）激励对象的姓名、职务、可获授的权益数量及占股权激励计划拟授出权益总量的百分比。

（4）股权激励计划的有效期，股票（权）的授予日、限售期和解除限售安排等。

（5）股票（权）的授予价格或者授予价格的确定方法，以及定价合理性的说明。

（6）激励对象获授权益、行使权益的条件。

（7）公司授出权益、激励对象行使权益的程序。

（8）调整权益数量、标的股票数量、授予价格或者行权价格的方法和程序。

（9）绩效考核指标（如有），以及设定指标的科学性和合理性说明。

（10）股权激励计划的变更、终止程序。

（11）公司发生控制权变更、合并、分立，以及激励对象发生职务变更、离职、死亡等事项时，股权激励计划的执行。

（12）公司与激励对象之间相关纠纷或争端解决机制。

（13）公司与激励对象的其他权利义务。

以上是股权激励计划方案的一个简单模板，激励模式不同，其内容略有差异。中小企业在实施股权激励时，根据选择的不同模式，在专业机构的指导下，调整股权激励计划的相应内容即可。

4. 审议决策

1）征求意见

中小企业在实施股权激励计划之前，应当充分调研，征求员工意见。

2）董事会（执行董事）

由于中小企业的公司治理结构大多比较简单，有些公司可能不设置董事会。在这种情况下，可根据公司的组织结构，由董事会或执行董事等履行相应的审议流程。

3）名单公示

为保障股权激励的公平性，应在股东（大）会审议前公示股权激励的员工名单，然后提交股东（大）会审议。对于非公众公司的中小企业，此流程不是必需的。

4）监事会（监事）

监事会（监事）应当就股权激励计划是否有利于公司的持续发展，是否损害公司及全体股东利益，公司是否以摊派、强行分配等方式强制员工参加本公司股权激励计划进行核查并发表意见。

5）股东（大）会

股权激励计划一般会涉及增资行为（虚拟模式、股权转让等方式除外），因此一般需要股东（大）会审议。股权激励计划涉及相关董事、股东的，相关董事、股东应当回避表决。

（1）在股东（大）会上，有限公司的股东按照出资比例行使表决权，但是公司章程另有规定的除外。股东（大）会作出修改公司章程、增加或者减少注册资本的决议，以及公司合并、分立、解散或者变更公司形式的决议，必须经股东所持表决权的三分之二以上通过。

（2）股份公司的股东出席股东（大）会，所持每一股份有一表决权。股东大会作出决议，必须经出席会议的股东所持表决权过半数通过。但是，股东大会作出修改公司章程、增加或者减少注册资本的决议，以及公司合并、分立、解散或者变更公司形式的决议，必须经出席会议的股东所持表决权的三分之二以上通过。

中小企业股权激励审议流程如图 5-14 所示。

5. 落地实施

公司决议流程审议通过后，便进入落地实施的环节，这一环节主要包括如下工作内容。

（1）董事会（执行董事）授权的部门负责办理相关的协议签署、工商登记等手续。

（2）签署股权激励相关的协议。相关的协议文本由专业机构拟定，并由律师负责审核。

（3）办理工商变更登记手续（如涉及）。

（4）股权激励相关档案的存档。

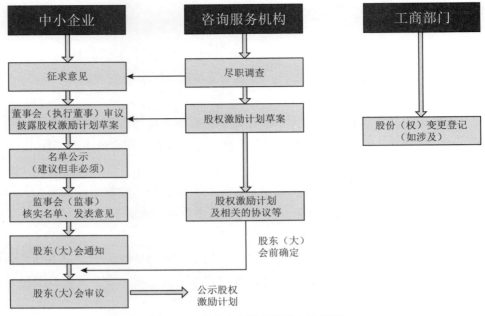

图 5-14 中小企业股权激励审议流程

(5) 举行股权激励发布仪式，授予激励对象股权证等。

(6) 其他一些相关的工作流程。

6. 跟踪辅导

股权激励落地之后，专业咨询机构一般需要跟踪辅导。有些股权激励涉及分期行权，每次行权的时候也需要由专业机构来协助完成。

跟踪辅导期的工作主要包括以下几个方面。

1）股权激励计划的变更、终止

中小企业变更、终止股权激励计划时，应当由董事会（执行董事）审议通过后，提交股东（大）会审议。股东（大）会审议通过后，实施相应的变更或者终止程序。

2）股权激励年度报告

在股权激励计划的存续期内，公司应当每年度向员工告知股权激励计划的实施情况和公司的发展情况。告知的内容包括但不限于以下方面。

(1) 本年度内持股员工的范围、人数。

(2) 本年度内股权激励计划持有的股票（权）总额及占公司股本总额的比例。

(3) 因股权激励计划持有人处分权利引起的计划股份（权）权益变动情况。

(4) 公司的经营发展情况。

(5) 其他应当予以告知的事项。

第六章

形似神异：员工持股计划的落地

员工持股计划（employee stock option plan，ESOP）是一个舶来品，源于20世纪50年代的美国。员工持股计划对适用主体没有特殊的要求，上市公司或非上市公司、有限公司或股份公司均可采用。员工持股计划目前被国内公司所熟知，并被广泛应用到各类公司的管理和激励当中。

上市公司员工持股计划与股权激励受不同法律体系的规范，因此从严格意义上讲，员工持股计划不属于股权激励。但是，员工持股计划在一定程度上具有激励的效果，与股权激励又有很多相似之处，因此很多中小企业在实际运用中难以准确地区分员工持股计划和股权激励。本章系统介绍员工持股计划的基本概念、法规体系、主要内容，并辅以经典案例，说明各个类型公司的员工持股计划实施流程。

一、重新认识员工持股计划

（一）员工持股计划的相关概念

员工持股计划，又称为员工持股制度，是指公司内部员工出资认购本公司部分或全部股权，委托员工持股管理委员会（或委托第三方，一般为金融机构）作为社团法人，托管运作、集中管理的一种激励制度。员工持股管理委员会（或理事会）作为社团法人进入董事会参与表决和分红。员工通过购买公司部分股票（权）而拥有公司的部分产权，并获得相应的管理权。实施员工持股计划的目的，是使员工成为公司的股东。

员工持股计划是一种新型股权形式，是员工所有权的一种实现形式，是公司所有者与员工分享公司所有权和未来收益权的一种制度安排。

根据《关于上市公司实施员工持股计划试点的指导意见》（以下简称《指导意见》），员工持股计划是指上市公司根据员工意愿，通过合法方式使员工获得本公司股票并长期持有，股份权益按约定分配给员工的制度安排。员工持股计划的参加对象为公司员工，包括管理层人员。

综合员工持股计划的相关概念，员工持股计划主要有如下几个特点。

（1）一般间接持股，由员工持股管理委员会或第三方（如信托计划、资管计划等）来运作、管理。

（2）通常持股人数较多，一般为公司的全部和大部分员工。

（3）参与持股计划的激励对象得到的是实实在在的股票（权），拥有相应的所有权、表决权和分配权等，所以员工持股计划是一种完全意义上的"所有权分享计划"，旨在建立公司、所有者与员工三位合一的利益共同体。

（4）员工通常需要自行出资认购股票（权），公司可以提供一定的资金支持或担保等。

（二）员工持股计划的主要作用

在国外，员工持股计划的普及程度远远高于国内，被广泛应用于各类公司的重组中，包括代替或辅助收购私人公司、资产剥离、挽救濒临倒闭的公司以及防止恶意收购等。例如，美国西北航空公司因濒临倒闭而实施员工持股计划，最终起死回生。

从公司所有者角度来看，实施员工持股计划主要有以下作用，如图6-1所示。

（1）实现民主管理。公司实施员工持股计划后，员工有了一定的话语权，能够更多地参与公司治理，有利于实现民主决策，减少公司决策的失误。

（2）增加融资渠道。员工持股计划可以作为公司筹集资金的一个渠道，有助于扩大公司的资金来源，保障公司的经营发展。

（3）为员工提供长期保障。实施员工持股计划，短期内能够增加员工收入；长期来看，能在一定程度上为员工的退休生活提供保障。

（4）防止恶意收购。实施员工持股计划后，公司股权能够进一步分散，持股人数众多，增加了竞争对手恶意收购公司的难度。

（5）股权改革。通过员工持股计划，员工能够参与公司法理，员工成为公司的股东后，公司的股权结构必然会发生变化。利用好员工持股计划，有利于完善公司股权结构，更利于公司的稳定和发展。

（6）留住人才。员工持股计划有助于公司留住人才。员工通过参与持股计划成为公司的股东，能够获得公司的分红和公司增长带来的投资收益，从而使员工更加忠心于公司，进而吸引人才、留住人才。

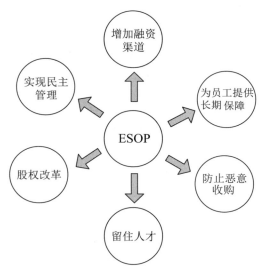

图 6-1　员工持股计划的主要作用

（三）员工持股计划的优缺点

1. 主要优点

（1）员工持股计划普及面往往比较广，大多数员工都能够获得一定的股权，丰富了员工的收入来源，有利于激发员工的积极性，提高公司管理水平，促进公司发展。

（2）员工持股计划有助于实现民主管理，有助于公司获得长远发展。

（3）员工持股计划能够防止恶意收购。

2. 主要缺点

（1）由于员工持股计划涉及人数众多，通常只能采用契约型私募基金、资产管理计划、信托计划模式，这三种模式俗称"三类股东"。对于拟上市公司而言，"三类股东"问题对上市是否构成影响，还存在较大的争议。目前涉及"三类股东"问题的案例非常之多，该问题如果不能及时解决，可能会给公司上市带来一定的麻烦。

（2）员工持股计划涉及员工数量众多，而且持股人数往往会经常变动，在一定程度上增加了管理的复杂性，会产生一定的管理成本。

（四）员工持股计划与股权激励的区别

上市公司员工持股计划与股权激励受不同法律体系的规范，因此从严格意义上来说，员工持股计划不属于股权激励，两者的区别主要体现在以下两个方面。

1. 两者在理论上的区别

员工持股计划和股权激励从理论上来说具有较大的区别，如表 6-1 所示。

表 6-1 员工持股计划和股权激励在理论上的区别

对比项目	员工持股计划	股权激励
员工角度	兼具投资属性和激励性	更看重激励性
企业角度	兼具融资和激励目的	以激励为目的
实施前提	一般没有限制	需要考虑公司发展阶段等,否则容易没有激励效果
实施模式	模式比较单一	激励模式多样化
股权性质	一般为实际持有股权	实际持有或虚拟股权
股东权利	由于股东实际持有股权,股东权利是完整的	虚拟股权等模式下无表决权等,股东权利往往是不完整的
风险承担	共享收益、风险自担、盈亏自负,与其他投资者权益平等	激励对象获得股权的条件往往更优厚,风险更小
与薪酬体系的关系	属于员工投资回报,与薪酬体系无关	一般属于员工薪酬体系的一部分,纳入薪酬体系综合设计

2. 两者在法规上的区别

员工持股计划与股权激励所适用的法规体系不同,即受不同的法规体系约束,自然具有较大差异。由于法规体系主要是针对上市公司的,此处以上市公司为例,阐述员工持股计划和股权激励的主要区别,如表 6-2 所示。

表 6-2 上市公司员工持股计划与股权激励的区别

对比项目	员工持股计划	股权激励(以主板为例)
指导法规	《关于上市公司实施员工持股计划试点的指导意见》	《上市公司股权激励管理办法》
参与对象	员工持股计划的参加对象为公司员工,包括管理层人员	激励对象包括上市公司的董事、高级管理人员、核心技术人员或者核心业务人员,以及公司认为应当激励的对公司经营业绩和未来发展有直接影响的其他员工,但不应当包括独立董事和监事
股票数量	上市公司全部有效的员工持股计划所持有的股票总数累计不得超过公司股本总额的10%,单个员工所获股份权益对应的股票总数累计不得超过公司股本总额的1%	上市公司全部在有效期内的股权激励计划所涉及的标的股票总数累计不得超过公司股本总额的10%。非经股东大会特别决议批准,任何一名激励对象通过全部在有效期内的股权激励计划获授的本公司股票,累计不得超过公司股本总额的1%
股票来源	(1)回购本公司股票; (2)从二级市场购买; (3)认购非公开发行股票; (4)股东自愿赠与; (5)法律、行政法规允许的其他方式	(1)向激励对象发行股份; (2)回购本公司股份; (3)法律、行政法规允许的其他方式
资金来源	员工持股计划可以通过以下方式解决所需资金: (1)员工的合法薪酬; (2)法律、行政法规允许的其他方式	资金来源应当合法合规,上市公司不得为激励对象依股权激励计划获取有关权益提供贷款以及其他任何形式的财务资助,包括为其贷款提供担保

（续表）

对比项目	员工持股计划	股权激励（以主板为例）
股份授予或行权条件	一般来说，员工获得对应持股计划股份，没有业绩条件约束（特殊情况除外）	通常激励对象需在满足一定业绩条件或行权条件基础上方可获得授予股份或行权
实施限制	一般没有限制	限制了上市公司不得实施股权激励的情形，同时限制了不得成为激励对象的情况
股东大会表决方式	公司股东大会对员工持股计划作出决议的，应当经出席会议的股东所持表决权的半数以上通过。员工持股计划涉及相关董事、股东的，相关董事、股东应当回避表决	股东大会应当对股权激励计划内容进行表决，并经出席会议的股东所持表决权的2/3以上通过；拟为激励对象的股东或者与激励对象存在关联关系的股东，应当回避表决
行政许可	除非公开发行方式外，证监会对员工持股计划的实施不设行政许可	需要证监会审批或注册
持股方式	通过资产管理计划或公司自主管理，员工不直接持有	持股方式多样化，直接持有、间接持有等方式均可
是否考核	一般不会附加考核条件	一般会设置上市公司和激励对象的考核指标，根据考核情况获得权益
限制期限	每期员工持股计划的持股期限不得低于12个月；以非公开发行方式实施员工持股计划的，持股期限不得低于36个月	期限一般较长，一般上市公司会设置分期行权的模式；股权激励计划的有效期从首次授予权益日起不得超过10年

二、员工持股计划的法规体系

（一）员工持股计划的规范历程

2012年8月，证监会发布《上市公司员工持股计划管理暂行办法（征求意见稿）》，正式提出员工持股计划。

2013年11月，中国共产党第十八届中央委员会第三次全体会议通过《中共中央关于全面深化改革若干重大问题的决定》，文件中提出，允许混合所有制经济实行企业员工持股，形成资本所有者和劳动者利益共同体。此文件为实施员工持股计划提供了明确的政策依据。

2014年5月，《国务院关于进一步促进资本市场健康发展的若干意见》提出，完善上市公司股权激励制度，允许上市公司按规定通过多种形式开展员工持股计划。

2014年6月，证监会正式发布《关于上市公司实施员工持股计划试点的指导意见》（以下简称《指导意见》），《指导意见》分为员工持股计划的基本原则、主要内容、实施程序及信息披露、监管四部分，共计二十条，对员工持股计划进行了具体的规定，员工持股计划自此有了正式的法律依据。

此后，上海证券交易所和深圳证券交易所陆续发布了关于员工持股信息披露的相关工作指引，员工持股计划的法规体系日趋规范和完善。

（二）《指导意见》的起草说明

1. 起草背景

作为公司鼓励其员工持有本公司股票的一种有效方式，员工持股计划在境外成熟市场相当普遍。上市公司实施员工持股计划试点，有利于建立和完善劳动者与所有者的利益共享机制，改善公司治理水平，提高员工凝聚力和公司竞争力。

中共十八届三中全会明确提出"允许混合所有制经济实行企业员工持股，形成资本所有者和劳动者利益共同体"，为公司实施员工持股计划提供了明确的政策依据。当前上市公司员工持股的现象比较普遍，持股来源多样，为上市公司实施员工持股试点奠定了相应的市场基础。目前尚无专门法规规范管理上市公司员工持股，需要及时出台规则，强化信息披露，防范风险，促使上市公司员工持股计划更加公开、透明、规范。

2. 员工持股计划的性质和基本原则

《指导意见》中所说的员工持股计划是指上市公司根据员工意愿，通过合法方式使员工获得本公司股票并长期持有，股份权益按约定分配给员工的制度安排。员工持股计划的持有人既是设立持股计划的委托人，也是持股计划的受益人。员工持股计划的持有人根据出资额享有标的股票对应的份额权益。员工持股计划持有的股票、资金为委托财产，员工持股计划管理机构不得将委托财产归入其固有财产。

《指导意见》要求员工持股计划符合三项原则：一是依法合规原则；二是自愿参与原则；三是风险自担原则。

3.《指导意见》的主要内容

1）资金、股票来源和持股数量、期限

员工持股计划资金源于员工的合法薪酬以及法律、行政法规允许的其他方式。员工持股计划可以通过以下方式解决股票来源：①上市公司回购本公司股票；②二级市场购买；③认购非公开发行股票；④股东自愿赠与；⑤法律、行政法规允许的其他方式。

员工持股计划所持有的股票总数累计不得超过公司股本总额的10%，单个员工所获股份权益对应的股票总数累计不得超过公司股本总额的1%。每期员工持股计划的最短持股期限为不低于12个月。

2）员工持股计划的管理

员工可以通过员工持股计划持有人会议选出代表或设立相应机构，监督员工持股计划的日常管理，代表员工持股计划持有人行使股东权利或者授权资产管理机构行使股东权利。

上市公司可以自行管理本公司的员工持股计划，也可以选任独立第三方机构，将员工持股计划委托给合格的资产管理机构管理。无论采取哪种管理方式，都应切实维护员工持股计划持有人的合法权益。

3）实施程序和信息披露要求

上市公司实施员工持股计划，要根据《指导意见》的规定充分履行相应程序，并做好信息披露工作，及时向市场披露持股计划的实施情况，接受市场监督。参与员工持股计划的员工，依据法律应当履行相应义务的，应依法履行。

4）员工持股计划的监管

中国证监会对员工持股计划实施监管，对存在虚假陈述、操纵证券市场、内幕交易等违法行为的，中国证监会将依法予以处罚。

为便于员工持股计划的信息披露及账户管理，《指导意见》规定证券交易所和证券登记结算机构应当在其业务规则中明确员工持股计划的信息披露要求和登记结算业务的办理要求。

4. 需要说明的几个问题

1）自愿参与原则

自愿参与是指是否参加员工持股计划由员工自愿选择。上市公司实施员工持股计划，应当充分征求员工意见，履行相应程序。上市公司不得以摊派、强行分配等方式强制员工参加本公司的员工持股计划。

2）关于资金和股票来源

关于上市公司实施员工持股计划的资金和股票来源，《指导意见》作出相应的规定，支持公司在法律、行政法规允许的范围内通过不同方式解决资金和股票来源，增强了员工持股计划的可操作性。

3）股东自愿赠与及公司回购股票奖励员工

股东自愿赠与作为解决股票来源的一种方式，需股东自愿采取且需要履行相应的股东内部审批程序。股东自愿赠与是员工获得股份的方式，员工通过此种方式取得公司股份后，与其他投资者享受平等的股东权益。

公司采取回购本公司股票奖励员工的方式解决员工持股计划股票来源时，员工自愿参与且机会平等，通过股东大会、职工代表大会等决策程序，最大限度地保障公平性。

4）员工持股计划期限与标的股票锁定期限

员工持股计划长期持续有效。每期员工持股计划持有股票的锁定期为不低于12个月，公司可以自行规定更长的持股期限。以非公开发行方式实施员工持股计划，根据《上市公司证券发行管理办法》《上市公司非公开发行股票实施细则》的规定，持股期限确定为36个月。

5）《指导意见》与相关政策的衔接

《指导意见》对所有类型的上市公司都具有直接的指导和规范作用。上市公司实施员工持股计划应依据《指导意见》的规定。此外，非金融类国有控股上市公司实施员工持股计划应当符合相关国有资产监督管理机构关于混合所有制企业员工持股的有关要求，金融类国有控股上市公司实施员工持股计划应当符合财政部关于金融类国有控股上市公司员工持股的规定。

6）实施员工持股计划是否需要行政许可

上市公司可以根据《指导意见》采取不同的方式实施员工持股计划。除非公开发行

方式外，中国证监会对员工持股计划的实施不设行政许可。

（三）规范员工持股计划的法律法规

规范员工持股计划的法律法规如表6-3所示。

表6-3 规范员工持股计划的法律法规

序号	文件名称	文号	发文单位	实施日期
1	关于上市公司实施员工持股计划试点的指导意见	证监会公告〔2014〕33号	证监会	2014年6月20日
2	关于试点创新企业实施员工持股计划和期权激励的指引	证监会公告〔2018〕17号	证监会	2018年6月6日
3	上海证券交易所上市公司员工持股计划信息披露工作指引	上证发〔2014〕58号	上交所	2014年9月22日
4	深圳证券交易所上市公司信息披露指引第4号——员工持股计划	深证上〔2019〕699号	深交所	2019年11月3日
5	上市公司员工持股计划试点登记结算业务指引		中国证券登记结算有限责任公司	2015年3月9日
6	关于上市公司员工持股计划开户有关问题的通知		中国证券登记结算有限责任公司	2014年8月15日
7	北京证券交易所上市公司持续监管办法（试行）	证监会令第189号	证监会	2021年11月15日
8	北京证券交易所股票上市规则（试行）	北证公告〔2021〕13号	北交所	2021年11月15日
9	北京证券交易所上市公司持续监管指引第3号——股权激励和员工持股计划	北证公告〔2021〕36号	北交所	2021年11月15日
10	非上市公众公司监督管理办法	证监会令第190号	证监会	2021年10月30日
11	非上市公众公司监管指引第6号——股权激励和员工持股计划的监管要求（试行）	证监会公告〔2020〕57号	证监会	2020年8月21日
12	全国中小企业股份转让系统股权激励和员工持股计划业务办理指南	股转系统公告〔2021〕1017号	全国中小企业股份转让系统有限责任公司	2021年11月15日
13	关于国有控股混合所有制企业开展员工持股试点的意见	国资发改革〔2016〕133号	国资委等	2016年8月2日

三、一般上市公司的员工持股计划

实施员工持股计划，是公司鼓励其员工持有本公司股票的一种有效方式。

在上市公司中推进员工持股计划试点，有利于建立和完善劳动者与所有者的利益共享机制，改善公司治理水平，增强员工凝聚力和公司竞争力。

目前，上市公司员工持股计划较为普遍，员工取得公司股份的途径多样，公司对员工持股的管理也各不相同，出台相关法规，有利于规范上市公司员工的持股行为，促进员工持股计划的良性发展。上市公司开展员工持股计划，可以为上市公司提供新的市值管理工具，有利于上市公司更好地开展市值管理工作。员工持股计划可以交由专业机构投资者进行日常管理，专业机构投资者能够提供更加多样的投资产品和服务，优化市场结构。

为了贯彻《中共中央关于全面深化改革若干重大问题的决定》中关于"允许混合所有制经济实行企业员工持股，形成资本所有者和劳动者利益共同体"的精神，落实《国务院关于进一步促进资本市场健康发展的若干意见》（国发〔2014〕17号）中关于"允许上市公司按规定通过多种形式开展员工持股计划"的要求，经国务院同意，中国证监会依照《中华人民共和国公司法》《中华人民共和国证券法》相关规定，在上市公司中开展员工持股计划实施试点，于2014年6月20日发布《关于上市公司实施员工持股计划试点的指导意见》（以下简称《指导意见》）。

以下为《指导意见》的主要内容。

（一）员工持股计划的基本原则

1. 依法合规原则

上市公司实施员工持股计划，应当严格按照法律、行政法规的规定履行程序，真实、准确、完整、及时地实施信息披露。任何人不得利用员工持股计划进行内幕交易、操纵证券市场等证券欺诈行为。

2. 自愿参与原则

上市公司实施员工持股计划应当遵循公司自主决定、员工自愿参加的原则，上市公司不得以摊派、强行分配等方式强制员工参加本公司的员工持股计划。

3. 风险自担原则

员工持股计划参与人盈亏自负，风险自担，与其他投资者权益平等。

（二）员工持股计划的核心要素

根据《指导意见》，上市公司员工持股计划的核心要素包括6个方面（"六定"），具体如图6-2所示。

图6-2 上市公司员工持股计划的核心要素

上市公司员工持股计划核心要素的主要内容如表 6-4 所示。

表 6-4 上市公司员工持股计划核心要素的主要内容

核心要素	主要内容
参加对象（定对象）	员工持股计划是指上市公司根据员工意愿，通过合法方式使员工获得本公司股票并长期持有，股份权益按约定分配给员工的制度安排。员工持股计划的参加对象为公司员工，包括管理层人员
资金来源（定来源）	员工持股计划可以通过以下方式解决所需资金： （1）员工的合法薪酬； （2）法律、行政法规允许的其他方式
股票来源（定来源）	员工持股计划可以通过以下方式解决股票来源： （1）上市公司回购本公司股票； （2）二级市场购买； （3）认购非公开发行股票； （4）股东自愿赠与； （5）法律、行政法规允许的其他方式
员工持股计划的管理（定模式）	（1）可以委托管理； （2）可以自行管理
持股期限（定期限）	每期员工持股计划的持股期限不得低于12个月，以非公开发行方式实施员工持股计划的，持股期限不得低于36个月，自上市公司公告标的股票过户至本期持股计划名下时起算；上市公司应当在员工持股计划届满前6个月公告到期计划持有的股票数量
计划规模（定规模）	上市公司全部有效的员工持股计划所持有的股票总数累计不得超过公司股本总额的10%，单个员工所获股份权益对应的股票总数累计不得超过公司股本总额的1%。员工持股计划持有的股票总数不包括员工在公司首次公开发行股票上市前获得的股份、通过二级市场自行购买的股份及通过股权激励获得的股份
计划草案（定方案）	员工持股计划草案至少应包含如下内容： （1）员工持股计划的参加对象及确定标准、资金、股票来源； （2）员工持股计划的存续期限、管理模式、持有人会议的召集及表决程序； （3）公司融资时员工持股计划的参与方式； （4）员工持股计划的变更、终止，员工发生不适合参加持股计划情况时所持股份权益的处置办法； （5）员工持股计划持有人代表或机构的选任程序； （6）员工持股计划管理机构的选任、管理协议的主要条款、管理费用的计提及支付方式； （7）员工持股计划期满后员工所持股份的处置办法； （8）其他重要事项

（三）员工持股计划的管理（定模式）

1. 选举代表或设立机构

参加员工持股计划的员工应当通过员工持股计划持有人会议选出代表或设立相应机构，监督员工持股计划的日常管理，代表员工持股计划持有人行使股东权利或者授权资产管理机构行使股东权利。

2. 自行管理

上市公司可以自行管理本公司的员工持股计划。

上市公司自行管理本公司员工持股计划的，应当明确持股计划的管理方，制定相应的管理规则，切实维护员工持股计划持有人的合法权益，避免产生上市公司其他股东与员工持股计划持有人之间潜在的利益冲突。

3. 委托管理

上市公司也可以将本公司员工持股计划委托给下列具有资产管理资质的机构管理。

（1）信托公司。

（2）保险资产管理公司。

（3）证券公司。

（4）基金管理公司。

（5）其他符合条件的资产管理机构。

4. 收益归属

员工享有标的股票的权益，在符合员工持股计划约定的情况下，该权益可由员工自身享有，也可以转让、继承。

员工通过持股计划获得的股份权益的占有、使用、收益和处分的权利，可以依据员工持股计划的约定行使；参加员工持股计划的员工离职、退休、死亡以及发生不再适合参加持股计划事由等情况时，其所持股份权益依照员工持股计划约定方式处置。

5. 其他管理要求

（1）上市公司委托资产管理机构管理本公司员工持股计划的，应当与资产管理机构签订资产管理协议。资产管理协议应当明确当事人的权利和义务，切实维护员工持股计划持有人的合法权益，确保员工持股计划的财产安全。资产管理机构应当根据协议约定管理员工持股计划，同时应当遵守资产管理业务相关规则。

（2）员工持股计划管理机构应当为员工持股计划持有人的最大利益行事，不得与员工持股计划持有人存在利益冲突，不得泄露员工持股计划持有人的个人信息。

（3）员工持股计划管理机构应当以员工持股计划的名义开立证券交易账户。员工持股计划持有的股票、资金为委托财产，员工持股计划管理机构不得将委托财产归入其固有财产。员工持股计划管理机构因依法解散、被依法撤销或者被依法宣告破产等原因进行清算的，委托财产不属于其清算财产。

（四）员工持股计划的审议流程

1. 征求意见

上市公司实施员工持股计划前，应当通过职工代表大会等组织充分征求员工意见。

2. 董事会审议

上市公司董事会提出员工持股计划草案并提交股东大会表决。

非金融类国有控股上市公司实施员工持股计划应当符合相关国有资产监督管理机构关于混合所有制企业员工持股的有关要求。金融类国有控股上市公司实施员工持股计划应当符合财政部关于金融类国有控股上市公司员工持股的规定。

3. 独立董事、监事会发表意见

独立董事和监事会应当就员工持股计划是否有利于上市公司的持续发展，是否损害上市公司及全体股东利益，公司是否以摊派、强行分配等方式强制员工参加本公司持股计划发表意见。

4. 聘请律师

上市公司应当聘请律师事务所对员工持股计划出具法律意见书，并在召开关于审议员工持股计划的股东大会前公告法律意见书。

5. 召开股东大会

上市公司股东大会应当就员工持股计划等事项作出决议，公司股东大会对员工持股计划作出决议的，应当经出席会议的股东所持表决权的半数以上通过。员工持股计划拟选任的资产管理机构为公司股东或股东关联方的，相关主体应当在股东大会表决时回避；员工持股计划涉及相关董事、股东的，相关董事、股东应当回避表决。

股东大会审议通过员工持股计划后 2 个交易日内，上市公司应当披露员工持股计划的主要条款。

上市公司员工持股计划审议流程如图 6-3 所示。

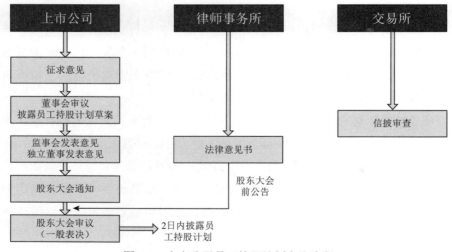

图 6-3　上市公司员工持股计划审议流程

（五）员工持股计划的实施流程

1. 二级市场购买股票的实施流程

上市公司采取二级市场购买股票方式实施员工持股计划的，员工持股计划管理机构应当在股东大会审议通过员工持股计划后 6 个月内，根据员工持股计划的安排，完成标的股票的购买。

上市公司应当每月公告一次购买股票的时间、数量、价格、方式等具体情况。

上市公司实施员工持股计划的，在完成标的股票的购买或将标的股票过户至员工持股计划名下的2个交易日内，以临时公告形式披露获得标的股票的时间、数量等情况。

上市公司员工持股计划实施流程如图6-4所示。

图6-4 上市公司员工持股计划实施流程

2. 履行相应义务

员工因参加员工持股计划，其股份权益发生变动，依据法律应当履行相应义务的，应当依据法律履行。

员工持股计划持有公司股票达到公司已发行股份总数的5%时，应当依据法律规定履行相应义务。

（六）员工持股计划的信息披露

1. 董事会后的公告

上市公司应当在董事会审议通过员工持股计划草案后的2个交易日内，公告董事会决议、员工持股计划草案摘要、独立董事及监事会意见及与资产管理机构签订的资产管理协议。

2. 法律意见书的公告

上市公司应当在召开关于审议员工持股计划的股东大会前公告法律意见书。

3. 股东大会后的公告

上市公司应当在股东大会审议通过员工持股计划后的2个交易日内，披露员工持股计划的主要条款。

4. 二级市场购买的公告

上市公司采取二级市场购买股票方式实施员工持股计划的，应当每月公告一次购买股票的时间、数量、价格、方式等具体情况。

上市公司实施员工持股计划的，应当在完成标的股票的购买或将标的股票过户至员工持股计划名下的2个交易日内，以临时公告形式披露获得标的股票的时间、数量等情况。

5. 定期报告的公告

上市公司至少应当在定期报告中披露报告期内下列员工持股计划实施情况。

（1）报告期内持股员工的范围、人数。

（2）实施员工持股计划的资金来源。

（3）报告期内员工持股计划持有的股票总额及占上市公司股本总额的比例。

（4）因员工持股计划持有人处分权利引起的计划股份权益变动情况。

（5）资产管理机构的变更情况。

（6）其他应当予以披露的事项。

（七）员工持股计划的监督

（1）除非公开发行方式外，中国证监会对员工持股计划的实施不设行政许可，由上市公司根据自身实际情况决定实施。

（2）上市公司公布、实施员工持股计划时，必须严格遵守市场交易规则，遵守中国证监会关于信息敏感期不得买卖股票的规定，严厉禁止利用任何内幕信息进行交易。

（3）中国证监会对上市公司实施员工持股计划进行监管，对利用员工持股计划进行虚假陈述、操纵证券市场、内幕交易等违法行为的，中国证监会将依法予以处罚。

（4）法律禁止特定行业公司员工持有、买卖股票的，不得以员工持股计划的名义持有、买卖股票。

（5）证券交易所在其业务规则中明确员工持股计划的信息披露要求；证券登记结算机构在其业务规则中明确员工持股计划登记结算业务的办理要求。

案例 6-1   **林洋能源（601222）2022 年员工持股计划**

根据上海证券交易所 2022 年 1 月 27 日公告的江苏林洋能源股份有限公司（以下简称"林洋能源""公司"或"本公司"）2022 年员工持股计划，该公司员工持股计划的简要内容如下所述。

第 1 章 释义

略。

第 2 章 总则

本员工持股计划依据《公司法》《证券法》《上市规则》《指导意见》《披露指引》等有关法律、法规、规章及《公司章程》制定，遵循公平、公正、公开的原则，旨在完善公司法人治理结构，建立和完善劳动者与所有者的利益共享机制，提高员工凝聚力和公司竞争力，确保公司未来发展战略和经营目标的实现。

1. 实施员工持股计划的基本原则

1）依法合规原则

公司实施员工持股计划，严格按照法律、行政法规的规定履行程序，真实、准确、完整、及时地实施信息披露。任何人不得利用员工持股计划进行内幕交易、操纵证券市场等证券欺诈行为。

2）自愿参与原则

公司实施的员工持股计划遵循公司自主决定、员工自愿参与的原则，公司不以摊派、强行分配等方式强制员工参与员工持股计划。

3）风险自担原则

员工持股计划持有人盈亏自负，风险自担，与其他投资者权益平等。

2. 实施员工持股计划的目的

1）坚定发展信心

基于对公司未来持续稳定发展的信心以及对公司价值的认可，更好地促进公司长期、持续、健康发展。

2）建立共享机制

建立劳动者与所有者的利益共享机制，实现公司、股东和员工利益的一致性，促进各方共同关注公司的长远发展，从而为股东带来更高效、更持久的回报。

3）完善公司治理结构

立足当前公司业务发展的关键时期，进一步完善公司治理结构，健全公司长期、有效的激励约束机制，确保公司长期、持续、健康发展。

4）完善激励体系

深化公司的激励体系，倡导公司与员工共同持续发展，充分调动员工的积极性和创造性，吸引和保留优秀管理人才和核心技术（业务）骨干，提高公司员工的凝聚力和公司竞争力。

第3章　员工持股计划的持有人情况

1. 员工持股计划持有人的确定依据

1）确定员工持股计划持有人的法律依据

本员工持股计划的持有人是根据《公司法》《证券法》《上市规则》《指导意见》《披露指引》等有关法律、法规、规范性文件及《公司章程》的相关规定而确定的。公司员工按照自愿参与、依法合规、风险自担的原则参加本员工持股计划。

2）确定员工持股计划持有人的职务依据

本员工持股计划的参与对象为在公司（含子公司）任职的董事（不含独立董事）、监事、高级管理人员、核心技术（业务）人员。所有参与对象均需在公司（含子公司）任职，并与公司签署劳动合同或聘用合同。

3）有下列情形之一的，不能成为参与对象

（1）最近3年内，被证券交易所公开谴责或宣布为不适当人选的。

（2）最近3年内，因重大违法违规行为被中国证监会予以行政处罚的。

（3）最近3年内，因泄露国家或公司机密、贪污、盗窃、侵占、受贿、行贿、失职或渎职等违反国家法律、法规的行为，或违反公序良俗、职业道德和操守的行为，给公司利益、声誉和形象造成严重损害的。

（4）董事会认定的不能成为本员工持股计划持有人的情形。

（5）相关法律、法规或规范性文件规定的其他不能成为本员工持股计划持有人的情形。

2. 员工持股计划持有人名单及份额分配情况

本员工持股计划以"份"作为认购单位，每份份额为1元，本员工持股计划的份数上限为12 076.35万份。员工持股计划持有人具体持有份额以员工最后确认缴纳的金额为准，持有人认购资金未按期足额缴纳的，则视为其自动放弃相应的认购权利。

本员工持股计划持有人所获份额分配情况的具体数据略。

第4章 员工持股计划的资金来源、股票来源、规模和购买价格

1. 员工持股计划的资金来源

本员工持股计划的资金来源为员工合法薪酬、自筹资金以及通过法律法规允许的其他方式获得的资金。公司不以任何方式向持有人提供垫资、担保或借贷等财务资助。

本员工持股计划筹集资金总额上限为12 076.35万元，以"份"作为认购单位，每份份额为1.00元。任一持有人所持有本员工持股计划份额所对应的公司股票数量不超过公司股本总额的1%。本员工持股计划持有人具体持有份额根据员工实际缴款情况确定。

员工持股计划的缴款时间由公司统一安排，参与对象应在规定期限内足额缴纳认购资金，未按缴款时间足额缴款的，自动丧失参与本员工持股计划的权利。

2. 员工持股计划涉及的标的股票来源

本员工持股计划的股票来源为公司专用账户回购的公司A股普通股股票。

3. 员工持股计划的标的股票规模

本员工持股计划涉及的标的股票规模不超过21 956 999股，约占本员工持股计划草案公告日公司股本总额的1.07%。具体持股数量以员工实际出资缴款情况确定，公司将根据要求及时履行信息披露义务。

本员工持股计划实施后，全部有效的员工持股计划所持有的股票总数累计不超过公司股本总额的10%，任一持有人持有的员工持股计划份额所对应的标的股票数量不超过公司股本总额的1%。标的股票总数不包括持有人在公司首次公开发行股票上市前获得的股份、通过二级市场自行购买及通过股权激励获得的股份。

4. 员工持股计划的购买价格及定价依据

1）购买价格

本员工持股计划购买公司回购股份的价格为5.50元/股，该价格高于公司股份回购均价4.58元/股。

2）定价依据

实施员工持股计划的目的是建立和完善劳动者与所有者的利益共享机制，实现公司、

股东和员工利益的一致性，进一步建立健全公司长效激励机制，从而充分有效调动公司员工的主动性、积极性和创造性，吸引和保留优秀管理人才和业务骨干，提高员工的凝聚力，提高公司核心竞争能力，推动公司稳定、健康、长远发展，同时使员工分享到公司持续成长带来的收益。

在参考相关规定、政策、公司经营情况以及行业发展情况的基础上，兼顾本员工持股计划需以合理的成本实现对参与人员的激励作用的目的，本员工持股计划受让公司回购账户股票的价格确定为5.50元/股。从激励性的角度来看，该定价具有合理性与科学性，且未损害公司及全体股东利益。

第5章 员工持股计划的存续期、锁定期和绩效考核

1. 员工持股计划的存续期

（1）本员工持股计划的存续期为48个月，自本员工持股计划草案经公司股东大会审议通过且公司公告最后一笔标的股票过户至本员工持股计划名下之日起计算，本员工持股计划在存续期届满时如未展期则自行终止。

（2）本员工持股计划的锁定期满后，当员工持股计划所持有的股票全部转出且员工持股计划项下货币资产（如有）已全部清算、分配完毕后，本员工持股计划可提前终止。

（3）本员工持股计划的存续期届满前2个月，如持有的公司股票仍未全部出售或过户至员工持股计划份额持有人，经出席持有人会议的持有人所持2/3以上（含）份额同意并提交公司董事会审议通过后，本员工持股计划的存续期可以延长。

（4）如因公司股票停牌或者信息敏感期等情况，导致本员工持股计划所持有的公司股票无法在存续期上限届满前全部变现的，经出席持有人会议的持有人所持2/3以上（含）份额同意并提交公司董事会审议通过后，员工持股计划的存续期限可以延长。

2. 员工持股计划的锁定期

（1）本员工持股计划通过非交易过户等法律法规许可的方式取得的标的股票，自公司公告最后一笔标的股票过户至本员工持股计划名下之日时起12个月后开始分三期解锁，以下为具体规定。

第一批解锁时点：自公司公告最后一笔标的股票过户至本员工持股计划名下之日起算满12个月，解锁股份数为本员工持股计划所持标的股票总数的40%。

第二批解锁时点：自公司公告最后一笔标的股票过户至本员工持股计划名下之日起算满24个月，解锁股份数为本员工持股计划所持标的股票总数的30%。

第三批解锁时点：自公司公告最后一笔标的股票过户至本员工持股计划名下之日起算满36个月，解锁股份数为本员工持股计划所持标的股票总数的30%。

本员工持股计划在存续期届满后未展期则自行终止。锁定期满后，存续期内，管理委员会有权根据员工持股计划的安排和当时的市场情况，自行出售所购买的标的股票。

（2）在锁定期内，公司发生资本公积转增股本、派送股票红利时，本员工持股计划因持有公司股票而新取得的股票一并锁定，该等股票的解锁期与相对应股票相同。

（3）在下列期间不得买卖公司股票：

①公司年度报告、半年度报告公告前30日内；

②上市公司季度报告、业绩预告、业绩快报公告前10日内；

③自可能对本公司证券及其衍生品种交易价格产生较大影响的重大事件发生之日或在决策过程中，至依法披露之日内；

④证券交易所规定的其他期间。

如未来相关法律、行政法规、部门规章或规范性文件发生变化，以新要求为准。

3. 员工持股计划的绩效考核

持有人的权益将自本员工持股计划草案经公司股东大会审议通过且公司公告最后一笔标的股票过户至本员工持股计划名下之日起的12个月、24个月、36个月后，依据2022年至2024年度的持有人绩效考核结果，将员工持股计划专用专户中的相应权益分配至持有人。

本员工持股计划将根据公司绩效考核相关制度对个人进行绩效考核，依据个人绩效考核结果确定持有人最终解锁的标的股票权益数量。持有人的绩效考核结果划分为A、B、C、D共4个档次，对应不同的解锁系数，如表1所示。

表1　考核结果档次对应的解锁系数

考核结果档次	A	B	C	D
解锁系数	100%	90%	80%	0%

个人当期解锁标的股票权益数量＝目标解锁数量×解锁系数

若持有人绩效考核为D，则该年度该持有人持有份额中应解锁部分不得解锁，由员工持股计划管理委员会收回，择机出售后以出资金额加上年化6%的利息之和与售出金额孰低值返还个人，剩余部分（如有）上缴公司并归属于公司。

若持有人绩效考核为B或者C，则该年度该持有人实际解锁股票权益数量小于目标解锁数量，剩余超出部分的标的股票权益由员工持股计划管理委员会收回，择机出售后以出资金额加上年化6%的利息之和与售出金额孰低值返还个人，剩余部分（如有）上缴公司并归属于公司。

第6章　员工持股计划的管理模式

本员工持股计划设立后将通过公司自行管理方式实施。本员工持股计划内部最高管理权力机构为持有人会议。持有人会议由本员工持股计划全体持有人组成，持有人会议选举产生管理委员会，并授权管理委员会作为管理方，负责开立员工持股计划相关账户、管理本员工持股计划日常事宜（包括但不限于在锁定期结束后减持本员工持股计划所持有的公司股票、代表本员工持股计划向持有人分配收益和现金资产等）、代表员工持股计划持有人行使股东权利等。

公司董事会负责拟定和修改本员工持股计划，并在股东大会授权范围内办理本员工持股计划的其他相关事宜。公司应采取适当的风险防范和隔离措施，切实维护员工持股计划持有人的合法权益。

持有人会议和管理委员会的具体内容略。

第7章 员工持股计划的资产构成及权益处置办法

1. 员工持股计划的资产构成

（1）公司股票。

（2）现金及产生的利息。

（3）资金管理取得的收益等其他资产。

员工持股计划的资产独立于公司固有财产，公司不得将员工持股计划资产委托归入其固有财产。因员工持股计划的管理、运用或者其他情形而取得的财产和收益归入员工持股计划资产。

2. 持有人权益的处置原则

（1）存续期内，除法律、法规、规章及管理规则、员工持股计划及员工持股计划管理办法另有规定的情形外，持有人所持有的员工持股计划份额或权益不得用于抵押、质押、担保、偿还债务或作其他类似处置。

（2）存续期内，持有人所持有的员工持股计划份额或权益未经管理委员会同意不得转让，未经同意擅自转让的，该转让行为无效。

（3）存续期内，发生如下情形之一的，应按如下办法处置持有人所持有的持股计划份额。

第1种情形：持有人职务变更

存续期内，持有人发生职务变更，但仍在公司或在公司、子公司内任职的，应分以下两种情况进行处理。

① 若为升职或平级调动，其持有的员工持股计划权益不作变更。

② 若为降职调动，由管理委员会取消该持有人参与员工持股计划的资格，并收回持有人已获授但尚未解锁的员工持股计划权益，收回价格为出资金额加上年化6%利息之和与售出金额孰低值。

董事会授权管理委员会根据实际情况将收回权益份额重新分配给符合条件的其他员工，但若获授前述份额的人员为公司高级管理人员，则该分配方案应提交董事会审议确定。

第2种情形：持有人退休

持有人正常退休的，其持有的员工持股计划权益不作变更，且授权管理委员会决定其个人绩效考核不再纳入解锁条件。

第3种情形：持有人丧失劳动能力

持有人丧失劳动能力，应分以下两种情况进行处理。

① 持有人因工丧失劳动能力导致无法胜任工作与公司终止劳动关系或聘用关系的，其持有的员工持股计划权益不作变更。

② 持有人非因工丧失劳动能力导致无法胜任工作与公司终止劳动关系或聘用关系的，由管理委员会取消该持有人参与员工持股计划的资格，并收回持有人已获授但尚未解锁的员工持股计划权益，收回价格为出资金额加上年化6%利息之和与售出金额孰低值。

董事会授权管理委员会根据实际情况将收回权益份额重新分配给符合条件的其他员工，但若获授前述份额的人员为公司高级管理人员，则该分配方案应提交董事会审议确定。

第4种情形：持有人身故

持有人身故，应分以下两种情况进行处理。

① 持有人因工身故，其持有的员工持股计划份额将由其指定的财产继承人或法定继承人代为持有，已获授但尚未解锁的员工持股计划权益按持有人身故前本员工持股计划规定的程序进行，且其个人绩效考核不再纳入解锁条件。

② 持有人非因工身故，由管理委员会取消该持有人参与员工持股计划的资格，并收回持有人已获授但尚未解锁的员工持股计划权益，收回价格为出资金额加上年化6%利息之和与售出金额孰低值。

董事会授权管理委员会根据实际情况将收回权益份额重新分配给符合条件的其他员工，但若获授前述份额的人员为公司高级管理人员，则该分配方案应提交董事会审议确定。

第5种情形：持有人因辞职、公司裁员、到期不续签合同等而离职

持有人因辞职、公司裁员、到期不续签合同等而离职，由管理委员会取消该持有人参与员工持股计划的资格，并收回持有人已获授但尚未解锁的员工持股计划权益，收回价格为出资金额加上年化6%利息之和与售出金额孰低值。

董事会授权管理委员会根据实际情况将收回权益份额重新分配给符合条件的其他员工，但若获授前述份额的人员为公司高级管理人员，则该分配方案应提交董事会审议确定。

第6种情形：持有人出现负面异动情形

（1）持有人因不能胜任工作岗位、触犯法律、违反执业道德、泄露公司机密、渎职等行为损害公司利益或声誉。

（2）持有人违反国家有关法律、行政法规或《公司章程》的规定，给公司造成重大经济损失。

（3）持有人因犯罪行为被依法追究刑事责任。

（4）持有人未经公司同意擅自离职。

（5）其他公司董事会认定的负面异动情形。

持有人出现上述负面异动情形，由管理委员会取消该持有人参与员工持股计划的资格，并收回持有人已获授但尚未解锁的员工持股计划权益，收回价格为出资金额与售出金额孰低值。

董事会授权管理委员会根据实际情况将收回权益份额重新分配给符合条件的其他员工，但若获授前述份额的人员为公司高级管理人员，则该分配方案应提交董事会审议确定。

（4）在锁定期内，持有人不得要求对员工持股计划的权益进行分配。

（5）在锁定期内，公司发生资本公积转增股本、派送股票红利时，员工持股计划因持有公司股份而新取得的股份一并锁定，不得在二级市场出售或以其他方式转让，该等股票的解锁期与相对应股票相同。

（6）在锁定期内，公司发生派息时，员工持股计划因持有公司股份而获得的现金股利计入员工持股计划货币性资产，暂不作分配，待员工持股计划各批次份额对应的锁定期结束后、存续期内，由持有人会议决定是否进行分配。

（7）本员工持股计划锁定期结束后、存续期内，由持有人会议决定是否对本员工持股计划所对应的收益进行分配。如决定分配，由持有人会议授权管理委员会在依法扣除相关税费后，按照持有人所持份额进行分配。

（8）本员工持股计划存续期届满后，若存在未分配权益份额，则出售未分配权益份额（包括该部分股份因参与送转、配股等事宜而新增的股份）所获得的资金归属于公司。

（9）如发生其他未约定事项，持有人所持的员工持股计划份额的处置方式由公司与管理委员会协商确定。

3. 本员工持股计划期满后权益的处置办法

本员工持股计划存续期届满不展期或提前终止时，由持有人会议授权管理委员会在届满或终止之日起30个工作日内完成清算，并在依法扣除相关税费后，按持有人持有的份额进行分配。

本员工持股计划的存续期届满后，如员工持股计划持有标的股票仍未全部出售，具体处置办法由管理委员会确定。

第8章 员工持股计划的变更、终止

1. 公司发生实际控制权变更、合并、分立

若因任何原因导致公司的实际控制人发生变化，或发生合并、分立等情形，本员工持股计划不作变更。

2. 员工持股计划的变更

本员工持股计划设立后的变更，包括但不限于变更员工持股计划以及员工持股计划管理办法等事项，应当经出席持有人会议的持有人所持2/3以上（含）份额同意，并由公司董事会提交股东大会审议通过，并及时披露相关决议。

3. 员工持股计划的终止

（1）本员工持股计划存续期满后，持有人会议未作出有效的延长存续期决议的，则本员工持股计划自行终止。

（2）本员工持股计划的锁定期满后，当员工持股计划所持资产均为货币性资金且清算、分配完毕后，本员工持股计划可提前终止。

（3）除前述自动终止、提前终止外，存续期内，本员工持股计划的终止应当经出席持有人会议的持有人所持2/3以上（含）份额同意并由公司董事会提交股东大会审议通过，并及时披露相关决议。

第 9 章 存续期内公司融资时员工持股计划的参与方式

本员工持股计划存续期内,公司以配股、增发、可转债等方式融资时,由管理委员会提交持有人会议、董事会审议是否参与具体方案。

第 10 章 员工持股计划的会计处理

按照《企业会计准则第 11 号——股份支付》的规定,完成等待期内的服务或达到规定业绩条件才可行权的换取职工服务的以权益结算的股份支付,在等待期内的每个资产负债表日,应当以对可行权的权益工具数量的最佳估计为基础,按照权益工具授予日的公允价值,将当期取得的服务计入相关成本或费用和资本公积。

第 11 章 员工持股计划履行的程序

(1)公司董事会负责拟订员工持股计划草案及摘要,并通过职工代表大会充分征求员工意见后提交董事会审议。

(2)董事会审议并通过本员工持股计划草案及摘要,拟参加员工持股计划的董事及其存在关联关系的董事应当回避表决,出席董事会的非关联董事人数不足 3 人的,公司应当提交股东大会审议。

(3)独立董事应当就对本员工持股计划是否有利于公司的持续发展,是否损害公司及全体股东的利益,是否存在摊派、强行分配等方式强制员工参与本次员工持股计划发表独立意见。

(4)监事会负责对持有人名单进行核实,并对本员工持股计划是否有利于公司的持续发展,是否损害公司及全体股东的利益,是否存在摊派、强行分配等方式强制员工参与本次员工持股计划情形发表意见。

(5)董事会审议通过本员工持股计划后的 2 个交易日内,公告董事会决议、员工持股计划草案及摘要、董事会关于草案是否符合《指导意见》相关规定的说明、独立董事意见及监事会意见等相关文件。

(6)发出召开审议本员工持股计划相关议案的股东大会通知。

(7)公司聘请律师事务所就本员工持股计划相关事项是否合法合规、是否已履行必要的决策和审议程序、是否已按照中国证监会和证券交易所的有关规定履行信息披露义务发表法律意见,并在召开关于审议员工持股计划的股东大会前公告法律意见书。

(8)公司召开股东大会审议员工持股计划,并授权公司董事会实施本计划。股东大会将采用现场投票与网络投票相结合的方式进行投票,公司将通过上海证券交易所交易系统向公司股东提供网络形式的投票平台,并对中小投资者的表决单独计票并公开披露。

股东可以在网络投票时间内通过上述系统行使表决权。本员工持股计划涉及相关股东及其他关联方的,相关股东及其他关联方应当回避表决,公司股东大会对员工持股计划作出决议的,经出席会议的非关联股东所持表决权的过半数通过后,本员工持股计划即可以实施。

(9)本员工持股计划成立后,应召开员工持股计划持有人会议,选举产生管理委员会委员，明确本员工持股计划实施的具体事项。

（10）公司应在完成标的股票的购买或将标的股票过户至员工持股计划名下的两个交易日内，及时披露获得标的股票的时间、数量、比例等情况。

（11）其他中国证监会、证券交易所规定需要履行的程序。

第 12 章　其他重要事项

（1）本员工持股计划经公司股东大会批准之日起生效。

（2）公司董事会与股东大会审议通过本员工持股计划不构成公司对员工聘用期限的承诺，公司与持有人的劳动合同（聘用合同）关系仍按公司与持有人签订的劳动合同（聘用合同）执行。

（3）除本员工持股计划以外，公司目前无其他员工持股计划存续，公司未来若持续实施员工持股计划，各期员工持股计划将保持独立管理，各期员工持股计划之间独立核算，本员工持股计划与其他员工持股计划之间将不存在关联关系或一致行动关系。

（4）公司实施本员工持股计划的财务、会计处理及其税收等问题，按有关法律法规、财务制度、会计准则、税务制度规定执行。

（5）本员工持股计划中的有关条款，如与国家有关法律法规及行政性规章制度相冲突，则按照国家有关法律法规及行政性规章制度执行。

（6）本员工持股计划的解释权属于公司董事会。

四、北交所上市公司的员工持股计划

为了规范北京证券交易所上市公司股权激励和员工持股计划相关业务的办理及信息披露事项，根据《中华人民共和国公司法》《中华人民共和国证券法》《上市公司股权激励管理办法》《北京证券交易所上市公司持续监管办法（试行）》《关于上市公司实施员工持股计划试点的指导意见》《北京证券交易所股票上市规则（试行）》等有关规定，北交所制定了《北京证券交易所上市公司持续监管指引第 3 号——股权激励和员工持股计划》，自 2021 年 11 月 15 日起施行。

北交所所称员工持股计划是指上市公司根据员工意愿，通过合法方式使员工获得本公司股票并长期持有，股份权益按约定分配给员工的制度安排。北交所上市公司实施员工持股计划相关事宜适用该指引，该指引未作规定的，适用中国证券监督管理委员会及北交所的其他相关规定。

（一）员工持股的一般要求

任何人不得利用员工持股计划进行内幕交易、操纵证券市场等违法活动。

上市公司实施员工持股计划，应当符合《中华人民共和国公司法》《上市公司股权激励管理办法》《北京证券交易所上市公司持续监管办法（试行）》《关于上市公司实施员工持股计划试点的指导意见》《北京证券交易所股票上市规则（试行）》《北京证券交易所上市公司持续监管指引第 3 号——股权激励和员工持股计划》和公司章程等的规定，有利于上市公司的持续发展，不得损害上市公司利益。

为上市公司员工持股计划出具意见的证券服务机构和人员，应当诚实守信、勤勉尽责，保证所出具的文件真实、准确、完整。

北交所对上市公司及相关信息披露义务人的信息披露文件和申请文件进行审查，发现存在问题的，可以采用要求说明、公开问询等方式，要求上市公司及相关信息披露义务人、独立财务顾问和其他证券服务机构等相关主体进行解释、说明、更正和补充，相关主体应当及时回复，并保证回复内容的真实、准确、完整。

上市公司及相关主体在员工持股计划中有违规行为的，北交所可以对上市公司及相关责任主体采取工作措施、自律监管措施或纪律处分。

（二）员工持股计划的核心要素

员工持股计划的核心要素主要参照《指导意见》的内容来实施，如图 6-5 所示。

1. 定对象

员工持股计划的参加对象为公司员工，包括管理层人员。

2. 定来源

员工持股计划可以通过以下方式解决股票来源：①上市公司回购本公司股票；②二级市场购买；③认购非公开发行股票；④股东自愿赠与；⑤法律、行政法规允许的其他方式。

图 6-5　北交所员工持股计划的核心要素

员工持股计划可以通过以下方式解决所需资金：①员工的合法薪酬；②法律、行政法规允许的其他方式。

3. 定模式

参加员工持股计划的员工应当通过员工持股计划持有人会议选出代表或设立相应机构，监督员工持股计划的日常管理，代表员工持股计划持有人行使股东权利或者授权资产管理机构行使股东权利。员工持股计划可以自行管理，也可以委托管理。

1）自行管理

上市公司可以自行管理本公司的员工持股计划。上市公司自行管理本公司员工持股计划的，应当明确持股计划的管理方，制定相应的管理规则，切实维护员工持股计划持有人的合法权益，避免产生上市公司其他股东与员工持股计划持有人之间潜在的利益冲突。

2）委托管理

上市公司可以将本公司员工持股计划委托给下列具有资产管理资质的机构管理：①信

托公司；②保险资产管理公司；③证券公司；④基金管理公司；⑤其他符合条件的资产管理机构。

员工持股计划的管理机构应当以员工持股计划的名义开立证券账户。

4. 定期限

每期员工持股计划的持股期限不得低于 12 个月，以非公开发行方式实施员工持股计划的，持股期限不得低于 36 个月，自上市公司公告标的股票过户至本期持股计划名下时起算，上市公司应当在员工持股计划届满前 6 个月公告到期计划持有的股票数量。

5. 定规模

全部有效的员工持股计划所持有的股票总数累计不得超过公司股本总额的 10%，单个员工所获股份权益对应的股票总数累计不得超过公司股本总额的 1%。

6. 定方案

员工持股计划方案至少应包含如下内容。

（1）员工持股计划的参加对象及确定标准、资金、股票来源。

（2）员工持股计划的存续期限、管理模式、持有人会议的召集及表决程序。

（3）公司融资时员工持股计划的参与方式。

（4）员工持股计划的变更、终止，员工发生不适合参加持股计划情况时所持股份权益的处置办法。

（5）员工持股计划持有人代表或机构的选任程序。

（6）员工持股计划管理机构的选任、管理协议的主要条款、管理费用的计提及支付方式。

（7）员工持股计划期满后员工所持股份的处置办法。

（8）其他重要事项。

（三）员工持股计划的实施流程

员工持股计划的实施流程包括审议、实施、变更与终止 3 个阶段。

1. 审议阶段

北交所员工持股计划的审议流程如图 6-6 所示。

（1）上市公司董事会应当就员工持股计划等事项作出决议，拟参与员工持股计划或与参与员工存在关联关系的董事应当回避表决。员工持股计划草案的内容应当符合《指导意见》等相关规定。

（2）上市公司监事会应当就员工持股计划是否有利于上市公司持续发展，是否损害上市公司及全体股东利益，是否以摊派、强行分配等方式强制员工参加员工持股计划发表意见。

（3）上市公司董事会审议通过员工持股计划草案的，应当及时披露董事会决议公告、监事会意见、独立董事意见及与资产管理机构签订的资产管理协议（如有）。

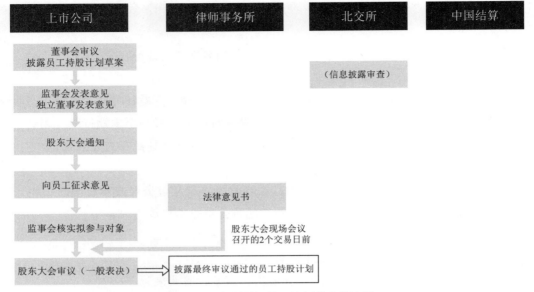

图 6-6 北交所员工持股计划的审议流程

（4）上市公司应当在召开股东大会之前通过公司职工代表大会等方式就员工持股计划向公司员工征求意见。

（5）上市公司监事会应当对拟参与对象进行核实，就拟参与对象是否符合员工持股计划规定的参与条件等事项发表意见。

（6）上市公司应当在相关股东大会现场会议召开的2个交易日前披露员工持股计划的法律意见书。法律意见书内容包括但不限于员工持股计划及其相关事项是否合法合规、是否已履行必要的决策和审批程序、是否已按照中国证监会和本所相关规定履行信息披露义务、员工持股计划一致行动关系认定的合法合规性。

（7）上市公司股东大会应当就员工持股计划等事项作出决议，并经出席会议的股东所持表决权过半数通过，股东大会决议公告中应当包括中小股东单独计票结果。拟参与员工持股计划或与参与员工存在关联关系的股东应当回避表决。员工持股计划为委托管理型的，且拟选任的资产管理机构为公司股东或股东关联方的，相关主体也应回避表决。

（8）上市公司应当在股东大会审议通过员工持股计划2个交易日内披露最终审议通过的员工持股计划。

2. 实施阶段

1) 以回购为股票来源

以回购为股票来源的，应当在股东大会审议通过设立员工持股计划且回购实施完毕后，及时向北交所提交"员工持股计划股票划转确认申请表"及要求的其他文件。经北交所确认后，上市公司应当在取得确认文件后的5个交易日内向中国结算申请办理划转手续，并在过户完成后的2个交易日内披露员工持股计划股票过户登记完成公告。

员工持股计划实施流程（以回购为股票来源）如图6-7所示。

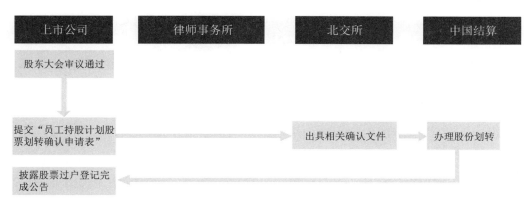

图 6-7　员工持股计划实施流程（以回购为股票来源）

2）以二级市场交易为股票来源

上市公司通过竞价交易、大宗交易等方式实施员工持股计划的，上市公司明确的员工持股计划管理方或委托的资产管理机构应当在股东大会审议通过员工持股计划后 6 个月内，根据员工持股计划的安排，完成标的股票的购买。

上市公司应在每月月末汇总披露一次购买进展公告，公告内容应当包括购买股票的时间、数量、价格、方式等情况。

上市公司应当在员工持股计划完成全部股票购买后的 2 个交易日内披露员工持股计划股票购买完成公告。

员工持股计划实施流程（以二级市场交易为股票来源）如图 6-8 所示。

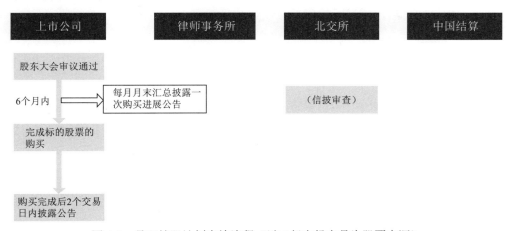

图 6-8　员工持股计划实施流程（以二级市场交易为股票来源）

3）以股东自愿赠与为股票来源

以股东自愿赠与作为员工持股计划股票来源的，上市公司应当在相关赠与合同生效后的 5 个交易日内，向北交所提交"员工持股计划股票划转确认申请表"及要求的其他文件。

经北交所确认后，上市公司应当在取得确认文件后的 5 个交易日内向中国结算申请办理相关手续，并在过户完成后的 2 个交易日内披露员工持股计划股票过户登记完成公告。股东自愿赠与的股票应当为其所持无权利限制的无限售条件的流通股。

员工持股计划实施流程（以股东自愿赠与为股票来源）如图 6-9 所示。

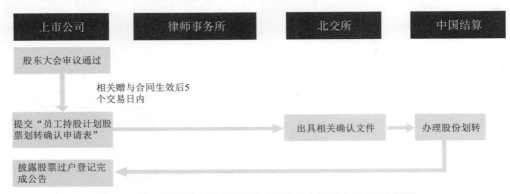

图 6-9　员工持股计划实施流程（以股东自愿赠与为股票来源）

4）其他方式

以向特定对象发行作为员工持股计划股票来源的，上市公司应当按照法律法规、部门规章、本所业务规则等相关规定办理并履行信息披露义务。

3. 变更与终止

1）审议程序

上市公司变更、终止员工持股计划，应当按照员工持股计划的约定经董事会或者股东大会审议通过。

2）信息披露

董事会审议通过后，应及时披露董事决议公告及变更、终止公告。

4. 其他办理要求

1）及时披露信息

员工持股计划存续期内，发生下列情形之一的，应当及时披露。

（1）员工持股计划变更、提前终止，或者相关当事人未按照约定实施员工持股计划的。

（2）员工持股计划持有人之外的第三人对员工持股计划的股票和资金提出权利主张的。

（3）员工持股计划锁定期届满。

（4）出现单个员工所获份额对应的股票总数累计达到公司股本总额的 1% 的。

（5）员工持股计划中约定第三方为员工参加持股计划提供的奖励、资助、补贴、兜底等安排，第三方未能如期兑现的。

（6）北交所认定的其他情形。

2）计划届满前 6 个月的披露要求

上市公司应当在员工持股计划届满前 6 个月的首个交易日，披露该员工持股计划到期时拟持有的股票数量。

3）限售办理

员工持股计划约定有限售安排，或者法律法规、部门规章、规范性文件及北交所业务规则对相关股票限售安排另有规定的，上市公司应当按照相关规定办理。

五、非上市公众公司员工持股计划

为规范股票在全国股转系统公开转让的公众公司实施员工持股计划,根据《公司法》《证券法》《国务院关于全国中小企业股份转让系统有关问题的决定》《非上市公众公司监督管理办法》等有关规定,中国证监会于 2020 年 8 月 21 日发布了《非上市公众公司监管指引第 6 号——股权激励和员工持股计划的监管要求(试行)》。

上述文件的发布实施,标志着新三板员工持股计划制度正式落地。关于非上市公众公司股权激励和员工持股计划相关制度的出台背景和制度特点,在上一章节已经做了陈述,此处不再重复。

(一)员工持股计划的基本原则

挂牌公司实施员工持股计划,应当建立健全激励约束长效机制,兼顾员工与公司长远利益,严格按照法律法规、规章及规范性文件要求履行决策程序,真实、准确、完整、及时地披露信息,不得以摊派、强行分配等方式强制员工参加持股计划。

参与持股计划的员工,与其他投资者权益平等,盈亏自负,风险自担。

(二)员工持股计划的核心要素

非上市公众公司员工持股计划的核心要素,也是六个方面("六定"),与上市公司基本一致,具体内容如表 6-5 所示。

表 6-5 非上市公众公司员工持股计划的核心要素

核心要素	主要内容
参加对象 (定对象)	员工持股计划的参与对象为已签订劳动合同的员工,包括管理层人员
资金来源 (定来源)	员工持股应以货币出资,并按约定及时足额缴纳,可以通过员工合法薪酬和法律、行政法规允许的其他方式解决
股票来源 (定来源)	员工持股计划可以通过以下方式解决股票来源: (1)挂牌公司回购本公司股票; (2)通过全国股转系统购买; (3)认购定向发行股票; (4)股东自愿赠与; (5)法律、行政法规允许的其他方式。 其中向员工持股计划定向发行股票的,应当符合《证券法》《非上市公众公司监督管理办法》的规定
持股期限 (定期限)	自行管理的,自设立之日锁定至少 36 个月;委托管理的,持股期限应在 12 个月以上
计划规模 (定规模)	未做约定

(续表)

核心要素	主要内容
计划草案（定方案）	员工持股计划草案至少应包含如下内容： （1）员工持股计划的参加对象及确定标准、资金与股票来源； （2）员工持股计划的设立形式、存续期限、管理模式、持有人会议的召集及表决程序； （3）员工持股计划的变更、终止，员工发生不适合参加持股计划情况时所持股份权益的处置办法； （4）员工持股计划持有人代表或机构的选任程序； （5）员工持股计划管理机构的选任、管理协议的主要条款、管理费用的计提及支付方式； （6）员工持股计划期满后员工所持有股份的处置办法； （7）其他重要事项

（三）员工持股计划的管理（定模式）

挂牌公司实施员工持股计划，可以自行管理，也可以委托给具有资产管理资质的机构管理。员工持股计划在参与认购定向发行股票时，不穿透计算股东人数。

1. 自行管理

自行管理的，应当由公司员工通过直接持有公司制企业、合伙制企业的股份（份额）或者员工持股计划的相应权益进行间接持股，并建立健全员工持股计划的流转、退出机制以及日常管理机制。

自行管理的员工持股计划还应符合以下要求：自设立之日锁定至少 36 个月；股份锁定期间，员工所持相关权益转让退出的，只能向员工持股计划内员工或其他符合条件的员工转让；股份锁定期满后，员工所持相关权益转让退出的，按照员工持股计划的约定处理。不穿透计算股东人数。

2. 委托管理

委托给具有资产管理资质的机构管理的，持股期限应在 12 个月以上，并按照有关法律法规的规定在中国证券投资基金业协会备案。

参加员工持股计划的员工可通过员工持股计划持有人会议选出代表或设立相应机构，监督员工持股计划的日常管理，代表员工持股计划持有人行使股东权利或者授权资产管理机构行使股东权利。

（四）员工持股计划的审议流程

1. 征求意见

挂牌公司实施员工持股计划前，应当通过职工代表大会等组织充分征求员工意见。

2. 董事会

董事会提出员工持股计划草案并提交股东大会表决。

3. 监事会、独立董事（如有）

监事会负责对拟参与对象进行核实，对员工持股计划是否有利于公司的持续发展，是否存在损害公司及全体股东利益，是否存在摊派、强行分配等方式强制员工参与员工持股计划等情形发表意见。

挂牌公司聘任独立董事的，独立董事应当对上述事项发表意见。

4. 主办券商

主办券商应就员工持股计划草案出具合法合规专项意见，并在召开关于审议员工持股计划的股东大会前披露。

5. 股东大会

员工持股计划拟选任的资产管理机构为公司股东或者股东关联方的，相关主体应当在股东大会表决时回避；员工持股计划涉及相关股东的，相关股东应当回避表决。

非上市公众公司员工持股计划审议流程如图 6-10 所示。

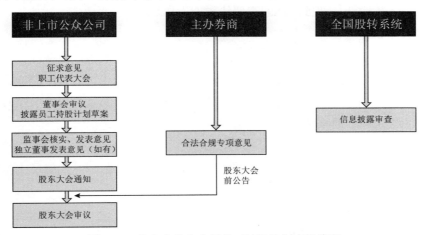

图 6-10 非上市公众公司员工持股计划审议流程

（五）员工持股计划的变更、终止

挂牌公司变更、终止员工持股计划，应当经持有人会议通过后，由董事会提交股东大会审议。

（六）员工持股计划的信息披露

1. 日常披露

挂牌公司应当规范履行信息披露义务，按照《非上市公众公司监督管理办法》及相关文件的规定披露员工持股计划决策、设立、存续期间的相关信息。

员工持股计划参与员工应依法依规履行权益变动披露义务。

2. 年底报告

挂牌公司应当在年度报告中披露报告期内下列员工持股计划实施情况。

（1）报告期内持股员工的范围、人数。

（2）实施员工持股计划的资金来源。

（3）报告期内员工持股计划持有的股票总额及占公司股本总额的比例。

（4）因员工持股计划持有人处分权利引起的计划股份权益变动情况。

（5）资产管理机构的变更情况。

（6）其他应当予以披露的事项。

（七）业务办理指南

为规范挂牌公司、主办券商等相关主体在全国股转系统办理员工持股计划业务，根据《非上市公众公司监督管理办法》《非上市公众公司监管指引第6号——股权激励和员工持股计划的监管要求（试行）》等相关规定，全国股转公司于2021年11月15日发布了《全国中小企业股份转让系统股权激励和员工持股计划业务办理指南》。根据该指南，新三板公司员工持股计划业务办理的主要流程如下所述。

1. 董事会审议

挂牌公司董事会应当就员工持股计划等事项作出决议并披露，拟参与员工持股计划或与参与员工存在关联关系的董事应当回避表决。员工持股计划草案的内容应当符合《非上市公众公司监管指引第6号——股权激励和员工持股计划的监管要求（试行）》（以下简称《监管指引》）的相关规定。

2. 内部征求意见

挂牌公司应当在召开股东大会之前通过公司职工代表大会等方式就员工持股计划向公司员工征求意见。

3. 监事会及独立董事（如有）发表意见

挂牌公司监事会应当对拟参与对象进行核实，结合征求意见情况对员工持股计划是否有利于挂牌公司持续发展，是否存在明显损害挂牌公司及全体股东利益的情形，是否存在通过摊派、强行分配等方式强制员工参与员工持股计划的情形，拟参与对象是否符合员工持股计划规定的参与条件等事项发表意见。挂牌公司应当及时披露监事会意见。

挂牌公司聘任独立董事的，独立董事应当结合征求意见情况对上述事项发表意见，挂牌公司应当及时披露独立董事意见。

4. 主办券商核查并出具意见

主办券商应当对员工持股计划是否符合《监管指引》及相关法律法规的规定，是否存在明显损害挂牌公司及全体股东利益的情形，挂牌公司是否已按规定履行信息披露义务以及董事会审议、征求意见、监事会和独立董事（如有）发表意见等程序的合法合规性进行核查，并在股东大会召开时间4个交易日前披露核查意见。

5. 股东大会审议

挂牌公司股东大会应当就员工持股计划等事项作出决议并披露，拟参与员工持股计划或与参与员工存在关联关系的股东应当回避表决。

6. 不同股票来源的业务办理要求

员工持股计划应当按照中国结算的相关规定开立证券账户，并按照下列要求取得挂牌公司股票。

1）以回购股票作为来源

以回购股票作为员工持股计划股票来源的，其回购业务办理程序及信息披露应当符合法律、行政法规、中国证监会、全国股转公司及中国结算关于股票回购的相关规定。

挂牌公司应当在股东大会审议通过设立员工持股计划后及时向全国股转公司提交"员工持股计划股票划转确认申请表"及要求的其他文件。经全国股转公司审查确认后，挂牌公司应当在取得确认文件后的5个交易日内向中国结算申请办理划转手续，并在过户完成后的2个交易日内披露员工持股计划股票过户登记完成公告。

2）通过全国股转系统购买股票作为来源

通过做市、竞价、大宗交易、特定事项协议转让等方式购买股票作为员工持股计划股票来源的，挂牌公司应在每月月末汇总披露一次购买进展公告，公告内容应当包括购买股票的时间、数量、价格、方式等情况。

挂牌公司应当在员工持股计划完成全部股票购买后的2个交易日内披露员工持股计划股票购买完成公告。

3）以股票发行作为来源

以股票发行作为员工持股计划股票来源的，其办理程序及信息披露应当符合法律、行政法规、中国证监会及全国股转公司的相关规定。

4）以股东自愿赠与作为来源

以股东自愿赠与作为员工持股计划股票来源的，挂牌公司应当在相关赠与合同生效后的5个交易日内，通过主办券商向全国股转公司提交"员工持股计划股票划转确认申请表"及要求的其他文件。经全国股转公司审查确认后，挂牌公司应当在取得确认文件后的5个交易日内向中国结算申请办理相关手续，并在过户完成后的2个交易日内披露员工持股计划股票过户登记完成公告。股东自愿赠与的股票应当为其所持无权利限制的无限售条件的流通股。

7. 限售业务办理

员工持股计划约定有限售安排，或者法律、行政法规、中国证监会及全国股转公司对相关股票限售安排另有规定的，挂牌公司应当按照相关规定办理。

案例6-2　明易达（872434）2022年员工持股计划

全国股转系统于2022年1月18日公告北京明易达科技股份有限公司（以下简称"本公司""公司""明易达"）员工持股计划（草案），以下为员工持股计划的简要内容摘录。

1. 员工持股计划的目的

公司依据《公司法》《证券法》《非上市公众公司监管指引第6号——股权激励和

员工持股计划的监管要求》等有关法律、行政法规、规章、规范性文件和《公司章程》的规定，制订了本员工持股计划草案。

挂牌公司实施本次员工持股计划的主要目的是进一步建立健全公司长效激励机制，吸引和留住公司优秀人才，充分调动公司管理层及员工的积极性和创造性；满足公司日常经营需要，扩大公司规模、提高盈利能力和抗风险能力；提升公司市场地位，增强公司综合实力，促进公司的可持续发展。

公司在充分保障股东利益的前提下，按照收益与贡献对应的原则制订本计划。

公司董事（不包含独立董事）、监事、高级管理人员和普通员工自愿、合法、合规地参与本员工持股计划，持有公司股票的目的在于实现公司、股东、员工利益的一致，实现个人与公司的共同发展。

2.员工持股计划的基本原则

公司实施员工持股计划遵守以下基本原则。

（1）公司严格按照法律法规、规章及规范性文件要求履行决策程序，真实、准确、完整、及时地披露信息。

（2）公司不以摊派、强行分配等方式强制员工参加员工持股计划。

（3）参加持股计划的员工，与其他投资者权益平等，盈亏自负，风险自担。

3.员工持股计划的参加对象及确定标准

1）确定员工持股计划参加对象的法律依据

本员工持股计划的参加对象依据《公司法》《证券法》《非上市公众公司监管指引第6号——股权激励和员工持股计划的监管要求》等有关法律、行政法规、规章、规范性文件和《公司章程》的相关规定而确定，公司不以摊派、强行分配等方式强制员工参加员工持股计划，参加持股计划的员工，与其他投资者权益平等，盈亏自负，风险自担。

2）确定员工持股计划参加对象的标准

员工持股计划的参与对象为挂牌公司或与挂牌公司子公司签订劳动合同的员工，包括董事（不包含独立董事）、监事、管理层人员及员工。

所有参加对象必须在本员工持股计划的有效期内，与挂牌公司或挂牌公司子公司签署劳动合同。

有下列情形之一的，不能成为本计划的参加对象。

（1）最近3年内被全国中小企业股份转让系统公开谴责或宣布为不适当人选的。

（2）最近3年内因重大违法违规行为被中国证监会采取行政处罚。

（3）具有《公司法》第一百四十六条规定的不得担任董事、监事、高级管理人员情形的，具体包括：

① 无民事行为能力或者限制民事行为能力；

② 因贪污、贿赂、侵占财产、挪用财产或者破坏社会主义市场经济秩序，被判处刑罚，

执行期满未逾5年，或者因犯罪被剥夺政治权利，执行期满未逾5年；

③ 担任破产清算的公司、企业的董事或者厂长、经理，对该公司、企业的破产负有个人责任的，自该公司、企业破产清算完结之日起未逾3年；

④ 担任因违法被吊销营业执照、责令关闭的公司、企业的法定代表人，并负有个人责任的，自该公司、企业被吊销营业执照之日起未逾3年；

⑤ 个人所负数额较大的债务到期未清偿。

3）员工持股计划的参加对象的具体情况

本次员工持股计划合计参加人数17人，合计通过员工持股计划间接持有公司股票合计4 192 000份，占定向发行后公司总股本的比例为20.34%。其中，挂牌公司董事、监事、高级管理人员共计6人，合计通过员工持股计划间接持有公司股票不超过2 097 000股，占定向发行后公司总股本的比例为10.17%。董事、监事、高级管理人员以外的其他参与主体共计11人，合计通过员工持股计划间接持有公司股票不超过2 095 000股，占定向发行后公司总股本的比例为10.17%。具体人员名单略。

本次员工持股计划参加对象不存在实际控制人、持股5%以上的股东。

本次员工持股计划参加对象最终认购持股计划的金额以其实际出资为准。参加对象认购资金未按期、足额缴纳的，视为自动放弃本计划下权利，其拟认购份额可以由其他参加对象或公司董事会根据本计划确定参加对象的原则重新挑选公司员工作为参加对象申报认购，执行事务合伙人根据员工实际缴款情况对参加对象名单及其认购份额进行确认。本次员工持股计划参加对象不存在实际控制人、持股5%以上的股东。

4. 员工持股计划的资金及股票来源

1）资金来源

本次员工持股计划全部实施后，参加对象通过持有员工持股计划财产份额间接持有公司股票共4 192 000股，成立时每股价格为2.50元，资金总额不超过10 480 000.00元。

本次员工持股计划的资金来源为员工合法薪酬及通过法律、行政法规允许的其他方式取得的自筹资金。

公司不存在向员工提供财务资助或为其贷款提供担保等情况。

公司不存在杠杆资金的情况。

公司不存在第三方为本计划提供奖励、资助、补贴、兜底等安排。

2）股票来源

本次员工持股计划拟持有公司股票4 192 000股，占公司总股本比例为20.34%，股票来源为认购公司定向发行的股票。

3）股票认购价格及合理性

（1）关于股票认购价格合理性的审计意见。

本公司2020年度财务报告已通过大华会计师事务（特殊普通合伙）审计，并出具"大华审字〔2021〕009586号"标准无保留意见的审计报告，截至2020年12月31日，归属于公司股东净资产为 20 739 696.92 元，公司的每股净资产为 4.15 元；公司 2020 年度经审计的净利润为 12 909 368.69 元，基本每股收益为 2.58 元。

2021 年 6 月 30 日，根据公司未经审计的 2021 年半年度报告，归属于挂牌公司股东的净资产为 35 707 415.55 元、净利润为 4 967 718.63 元，每股净资产为 2.38 元，每股收益为 0.37 元。

2021 年 9 月，未经审计的每股净资产为 2.50 元；2021 年 9 月末，每股收益为 0.49 元。本次股票认购价格不低于公司 2021 年 9 月末的每股净资产价格。

公司股票的转让方式为集合竞价转让，根据查询 CHOICE 资讯中的公司股票交易数据，截至审议本次定向发行的董事会决议之日前 6 个月内，仅有 1 笔交易，交易价格为 5.16 元/股，成交量为 1000 股。鉴于公司股票二级市场交易平均成交股数较少、换手率较低，公司股票近期二级市场价格对本次发行定价无参考价值。

公司挂牌以来未进行过权益分派。公司自挂牌以来进行过 1 次股票发行，即 2020 年第一次定向发行，发行价格为 1 元/股。

本次发行价格为 2.5 元/股，2021 年 9 月未经审计的每股净资产为 2.50 元，静态市净率为 1。

综上，本次股票发行价格综合考虑了公司本次发行的目的、经营前景、所处行业、公司成长性及公司发展规划，结合与拟认购对象的沟通最终确定。

本次发行价格定价公允，不存在损害公司及公司股东利益的情形。

（2）关于本次发行适用股份支付准则进行会计处理的意见。

根据《企业会计准则第 11 号——股份支付》，股份支付是指企业为获取职工和其他方提供服务而授予权益工具或者承担以权益工具为基础确定的负债的交易。

① 本次发行对象参与股票定向发行的行为系基于公司发展战略的自愿投资行为，公司与发行对象签署的股份认购协议中，不存在业绩承诺等其他涉及股份支付的履约条件。

② 本次定向发行以现金认购公司发行的股票，是为了满足公司日常经营需要，扩大公司规模，提高盈利能力和抗风险能力，提升公司市场地位，增强公司综合实力，促进公司的可持续发展。

③ 本次股票发行价格定价公允，不低于公司最近一期未经审计的每股净资产。因此，本次定向发行不适用于《企业会计准则第 11 号——股份支付》。

（3）董事会决议日至股份认购股权登记日期间的除权、除息事项。

在董事会决议日至股份认购股权登记日期间，公司预计不会发生除权、除息事项，无须对发行数量和发行价格做相应调整。

5. 员工持股计划的设立形式、管理模式

1）设立形式与管理模式

本员工持股计划设立后将由公司自行管理。

本次员工持股计划以员工直接持有合伙制企业股份的形式设立。

本员工持股计划设立后将由公司自行管理。内部最高权力机构为持有人会议。持有人会议授权普通合伙人为执行事务合伙人，履行本员工持股计划的日常管理职责。持有人会议代表持有人行使股东权利，维护本员工持股计划持有人的合法权益，确保本员工持股计划资产安全，避免公司其他股东与本员工持股计划持有人之间潜在的利益冲突。

2）持有人会议或其他组织

持有人会议是员工持股计划内部管理的最高权力机构，所有持有人均有权利参加持有人会议。持有人可以亲自出席持有人会议并表决，也可以委托其他持有人代为出席并表决。持有人及其代理人出席持有人会议的差旅费用、食宿费用等，均由持有人自行承担。

3）管理委员会或其他管理机构

员工持股计划授权执行事务合伙人监督员工持股计划的日常管理，代表持有人行使股东权利或者授权资产管理机构行使股东权利。

4）持有人

参加对象实际缴纳出资认购员工持股计划份额的，成为本计划持有人。每份员工持股计划份额具有同等的合法权益。

5）合伙企业

北京智维创展信息咨询中心（有限合伙）成立于2021年9月23日，主营业务为企业管理咨询、企业管理。经营场所位于北京市朝阳区广顺北大街33号院1号楼10层1单元1101室10083号。执行事务合伙人为谢沫。

6）股东大会授权董事会事项

2022年1月18日，公司召开第二届董事会第八次会议，审议通过了《提请股东大会授权董事会全权办理本次员工持股计划相关事宜》议案。上述议案尚需经过2022年第一次临时股东大会审议。

为保证公司员工持股计划的顺利实施，董事会提请股东大会授权董事会办理公司员工持股计划有关事宜，包括但不限于：

（1）授权董事会实施本员工持股计划。

（2）授权董事会办理本员工持股计划所持股票的锁定和解锁等事项。

（3）授权董事会对本员工持股计划作出解释。

（4）授权董事会办理本员工持股计划所需的其他必要事宜，但有关文件明确规定需由股东大会行使的权利除外。

本授权的有效期自公司股东大会审议通过本议案之日起至本计划实施完毕。

本员工持股计划经股东大会审议通过后，若在实施期限内相关法律、行政法规、规章、规范性文件发生变化，授权董事会按照新的政策对员工持股计划作出相应调整。

6. 员工持股计划的存续期限与锁定期限

1）存续期限

（1）本员工持股计划的存续期为10年，自员工持股计划认购公司股票登记至专项账户之日起起算。

（2）员工持股计划存续期届满或提前终止时，由持有人会议授权执行事务合伙人在依法扣除相关税费后，在届满或终止之日起 360 个工作日内完成清算，并按持有人持有的份额进行分配。如相关法律、行政法规、部门规章、规范性文件对标的股票的转让做出限制性规定，导致标的股票无法在本次员工持股计划存续期届满前全部变现，或因股票流动性不足等市场原因导致标的股票未在存续期届满前全部变现，本次员工持股计划的存续期限将按照规定程序延长。

（3）本员工持股计划的存续期届满前 2 个月，经出席持有人会议的持有人所持 2/3 以上份额同意通过后，由董事会提交股东大会审议通过，本持股计划的存续期可以延长。

2）锁定期限

（1）锁定期。本计划所持公司股票自股票登记至合伙企业名下之日起锁定 36 个月，根据《监管指引》及本员工持股计划的规定，持股计划存续期内，员工将其所持解除限售的相关权益转让退出的，参加对象应当将合伙份额转让给本员工持股计划其他持有人或者董事会指定的具备参加本员工持股计划资格的员工。

若本计划规定的解除限售期内，公司正好处于北京证券交易所、沪深交易所上市申报、审核等不宜进行解除限售的阶段，则解除限售工作暂停并顺延，待相关影响因素消除后重新启动。

未经全体持有人同意，参加对象不得在合伙份额上设置质押、收益权转让等权利限制。

如相关法律、行政法规、部门规章、规范性文件对标的股票的转让作出其他限制性规定，则相关股票的实际限售期将按照规定相应延长。因公司分配股票股利、资本公积转增股本等情形所衍生取得的股份，亦应遵守上述股份限售安排。

（2）解锁与限售。股份锁定期内，员工所持相关权益转让退出的，只能向员工持股计划内员工或其他符合条件的员工转让；在锁定期内，工商登记的股东、合伙人应与披露的员工持股计划参与主体保持一致；如进行股东、合伙人登记变更，不得违反指引关于锁定期和员工所持权益转让的相关规定。

若公司申请首次公开发行股票并上市或者转板上市或者与上市公司进行重大资产重组，参加对象为公司董事、监事及高级管理人员的，其股票解锁还需符合《公司法》的相关规定及其在公司上市或重大资产重组过程中作出的各项承诺。

本员工持股计划所取得的股票，因挂牌公司派发股票股利、资本公积转增等情形所衍生取得的股份，亦应遵守上述股份锁定安排。

3）绩效考核指标

本次员工持股计划不存在绩效考核指标。

4）持股计划的交易限制

本员工持股计划及相关主体必须严格遵守全国股转系统交易规则，遵守信息敏感期不得买卖股票的规定，各方均不得利用员工持股计划进行内幕交易、市场操纵及其他不公平交易行为。

执行事务合伙人在决定出售本计划所持有的公司股票前，应及时咨询公司董事会秘书是否处于股票买卖敏感期。

上述信息敏感期是指：

（1）公司年度报告公告前30日内，因特殊原因推迟年度报告日期的，自原预约公告日前30日起算，直至公告日日终。

（2）公司业绩预告、业绩快报公告前10日内。

（3）自可能对公司股票及其他证券品种交易价格、投资者投资决策产生较大影响的重大事件发生之日或者进入决策程序之日，至依法披露后2个交易日内。

（4）中国证监会、全国股转公司认定的其他期间。

7. 员工持股计划的变更、调整、终止以及权益处置办法

1）员工持股计划的变更

在本计划的存续期内，本计划的变更须经出席持有人会议的持有人所持2/3以上份额同意，并提交公司董事会和股东大会审议通过后方可实施，公司在审议变更事项时应及时披露相关事项。

2）员工持股计划的调整

（1）本计划公告当日至员工持股计划持有的标的股票完成股份登记期间，公司发生资本公积转增股本、派送股票红利、股份拆细、配股、缩股等事项时，应对员工持股计划持有的标的股票授予数量进行相应的调整。

（2）本员工持股计划所取得标的股票，因公司派发股票股利、资本公积转增等情形所衍生取得的股份，亦应遵守上述股份锁定安排。

（3）派息。公司在发生派息的情况下，员工持股计划有权获得派息。

（4）股票认购价格的调整。本计划公告当日至员工持股计划持有的标的股票完成股份登记期间，发生资本公积转增股本、派送股票红利、股份拆细、配股、缩股、派息等事项时，本员工持股计划持有的标的股票认购价格进行相应的调整，具体的调整方式和程序略。

3）员工持股计划的终止

（1）本员工持股计划的存续期届满后自行终止。本员工持股计划的存续期届满前2个月，经出席持有人会议的持有人所持2/3以上份额同意并由公司董事会提交股东大会审议通过后，本持股计划的存续期可以延长。

（2）本计划参与对象将其通过合伙企业间接持有的公司股票全部转让，转让所得在依法扣除相关税收及成本后支付给该参与对象，同时参与对象持有的、该等抛售股票对应的合伙份额已全部予以注销。在员工持股计划资产均为货币资金后，经持有人会议审议通过，本持股计划可提前终止，公司在审议变更事项时应及时披露相关事项。

4）持有人权益的处置

略。

5）员工持股计划期满后员工所持权益的处置办法

员工持股计划存续期届满或提前终止时，由持有人会议授权执行事务合伙人在依法扣除相关税费后，在届满或终止之日起360个工作日内完成清算，并按持有人持有的份额进行分配。如相关法律、行政法规、部门规章、规范性文件对标的股票的转让做出限制性规定，导致标的股票无法在本次员工持股计划存续期届满前全部变现的，或因股票流动性不足等市场原因导致标的股票未在存续期届满前全部变现的，本次员工持股计划的存续期限将按照规定程序延长。

8. 员工持股计划需履行的程序

（1）董事会负责拟定并审议《员工持股计划（草案）》。

（2）公司实施本员工持股计划前，应通过职工代表大会等充分征求员工意见。

（3）监事会负责对持有人名单进行核实，并对本员工持股计划是否有利于公司的持续发展，是否存在损害公司及全体股东的利益，是否存在摊派、强行分配等方式强制员工参与本员工持股计划发表意见。

（4）董事会审议通过员工持股计划后的2个交易日内，公告董事会决议、员工持股计划草案、监事会意见等相关文件。

（5）主办券商对本员工持股计划是否符合监管要求及业务办理指南及相关法律法规的规定进行核查，并不晚于股东大会召开时间4个交易日前披露合法合规性意见。

（6）召开董事会、监事会、股东大会审议员工持股计划，拟参与员工持股计划或与参与员工存在关联关系的相关人员应当回避表决。

（7）员工持股计划经公司股东大会审议通过后方可实施。

（8）其他中国证监会、全国中小企业股份转让系统规定需要履行的程序。

9. 关联关系和一致行动关系说明

略。

10. 其他重要事项

（1）公司不存在国有股东，不属于金融相关企业。

（2）公司实施本员工持股计划的财务、会计处理及其税收等问题，按有关财务制度、会计准则、税务制度规定执行；持有人因本员工持股计划实施而需缴纳的相关税费由持有人自行承担。员工持股计划有权根据国家税收法规的规定，代扣代缴本计划持有人应缴纳的个人所得税及其他税费。

（3）本员工持股计划经公司股东大会审议通过后生效。

（4）本员工持股计划的解释权属于公司董事会。

（5）持股计划应当根据本计划及相关监管机构的有关规定，积极配合满足退出条件的本计划持有人按规定退出。但若因相关监管机构的原因导致本计划持有人不能退出，公司及持股计划不承担责任。

11. 风险提示

（1）本计划及与之相关的股票定向发行事项经公司股东大会批准、全国股转公司审查通过后方可实施，存在不确定性。

（2）本计划设立后将由公司自行管理，但能否达到计划规模、目标，存在不确定性。

（3）本计划的具体出资金额、出资比例、实施方案等属初步结果，能否完成实施，存在不确定性。

（4）若公司提交上市申请，则本员工持股计划设立的持股平台应按照相关法律、法规、规章、规范性文件规定，或证券监督管理部门、证券交易所要求遵守的相关"法定禁售期"规定，在禁售期内不得转让或出售所持公司股票。

（5）公司存在实际控制人变更导致的经营不稳定的风险。

12. 备查文件

（1）公司第二届董事会第八次会议文件。

（2）公司 2019 年、2020 年审计报告，2021 年第三季度报告。

（3）合伙协议。

（4）其他与本次员工持股计划有关的重要文件。

六、试点创新企业的员工持股计划

为服务国家创新驱动发展战略，做好创新企业试点工作，支持纳入试点的创新企业（以下简称"试点创新企业"）实施员工持股计划和期权激励，发挥资本市场服务实体经济的作用，中国证监会于 2018 年 6 月 6 日发布《关于试点创新企业实施员工持股计划和期权激励的指引》，以下为该指引的主要内容。

（一）关于上市前实施的员工持股计划

1. 基本要求

试点创新企业首发上市前实施员工持股计划，应当体现增强公司凝聚力、维护公司长期稳定发展的导向，建立健全激励约束长效机制，兼顾员工与公司长远利益，为公司持续发展夯实基础，原则上应符合下列要求。

（1）试点创新企业实施员工持股计划，应当严格按照法律、法规、规章及规范性文件要求履行决策程序，并遵循公司自主决定、员工自愿参加的原则，不得以摊派、强行分配等方式强制实施员工持股计划。

（2）参与持股计划的员工，与其他投资者权益平等，盈亏自负，风险自担，不得利用知悉公司相关信息的优势，侵害其他投资者的合法权益。

员工入股应主要以货币出资，并按约定及时足额缴纳。按照国家有关法律法规，员

工以科技成果出资入股的，应提供所有权属证明并依法评估作价，及时办理财产权转移手续。

（3）试点创新企业实施员工持股计划，可以通过公司制企业、合伙制企业、资产管理计划等持股平台间接持股，并建立健全持股在平台内部的流转、退出机制，以及股权管理机制。

参与持股计划的员工因离职、退休、死亡等原因离开公司的，其间接所持股份权益应当按照员工持股计划的章程或相关协议约定的方式处置。

2. 穿透核查问题

员工持股计划符合以下要求之一的，在计算公司股东人数时，按1名股东计算；不符合下列要求的，在计算公司股东人数时，穿透计算持股计划的权益持有人数。

（1）员工持股计划遵循"闭环原则"。员工持股计划不在公司首次公开发行股票时转让股份，并承诺自上市之日起至少36个月的锁定期。试点创新企业上市前及上市后的锁定期内，员工所持相关权益拟转让退出的，只能向员工持股计划内员工或其他符合条件的员工转让。锁定期后，员工所持相关权益拟转让退出的，按照员工持股计划章程或有关协议的约定处理。

（2）员工持股计划未按照"闭环原则"运行的，员工持股计划参与人员应由公司员工组成，依法设立、规范运行，且已经在基金业协会依法依规备案。

3. 披露问题

试点创新企业应当在招股说明书中，充分披露员工持股计划的人员构成、是否遵循"闭环原则"、是否履行登记备案程序、是否规定股份锁定期等。保荐机构、发行人律师应当对员工持股计划是否遵循"闭环原则"、具体人员构成、员工减持承诺情况、规范运行情况及备案情况进行充分核查并发表明确意见。

（二）关于上市前制定、上市后实施的期权激励计划

试点创新企业在上市前制定、上市后实施期权激励计划，应体现增强公司凝聚力、维护公司长期稳定发展的导向，原则上应符合下列要求。

（1）有关激励对象条件，激励计划的必备内容与基本要求，激励工具的定义与权利限制，行权安排，回购或终止行权，实施程序，信息披露等内容，应参考《上市公司股权激励管理办法》的相关规定执行。

（2）期权的行权价格由股东自行商定，但原则上不应低于最近一年经审计的净资产或评估值。

（3）试点创新企业全部在有效期内的期权激励计划所对应的股票数量占上市前总股本的比例原则上不得超过15%。

（4）试点创新企业在审核期间，不应新增期权激励计划。

（5）试点创新企业在制定期权激励计划时应充分考虑实际控制人是否稳定，避免上

市后期权行权导致实际控制人发生变化。

（6）激励对象在试点创新企业上市后行权认购的股票，应承诺自行权日起3年内不减持，同时承诺上述期限届满后比照董事、监事及高级管理人员的相关减持规定执行。

（7）试点创新企业应当充分披露期权激励计划的相关信息，揭示期权激励计划对公司经营状况、财务状况、控制权变化等方面的影响。

七、一般中小企业的员工持股计划

大多数普通中小企业既不是上市公司，也不是非上市公众公司，应该如何设计和运行员工持股计划呢？

（一）员工持股计划的实施背景

对于普通中小企业的员工持股计划，并没有相应的规定。中小企业在实施员工持股计划时，可以参照执行上市公司的相关文件，也可以根据实际情况变通使用，只要不违背《公司法》等相关法律法规的要求即可。

因此，对于普通中小企业而言，实施员工持股计划相对比较自由和灵活，可操作的空间和自由度比较大。为了更好地指导中小企业实施员工持股计划，本文简单地给出了一些实施指导意见和思路，仅供中小企业参考。

（二）员工持股计划的基本原则

中小企业员工持股计划的原则和上市公司应该是一致的，都应遵循依法合规、自愿参与和风险自担的原则。

1. 依法合规

中小企业实施员工持股计划，应当严格按照法律、行政法规的相关规定执行，真实、准确、完整、及时地向员工披露公司的信息，不得以融资为目的，隐瞒、欺骗员工，损害员工利益。

2. 自愿参与

中小企业实施员工持股计划应当遵循公司自主决定、员工自愿参与的原则，公司不得以摊派、强行分配等方式强制员工参加本公司的员工持股计划。

3. 风险自担

员工持股计划参与人盈亏自负，风险自担，与其他投资者权益平等。

（三）员工持股计划的要素设计

1. 员工持股计划的核心要素

中小企业员工持股计划的核心要素也无非六个方面（"六定"），具体如表6-5所示。

表 6-5 中小企业员工持股计划的核心要素

核心要素	主要内容
参加对象（定对象）	员工持股计划的参加对象为公司所有签订劳动合同的员工，包括管理层人员
资金来源（定来源）	员工持股计划可以通过以下方式解决所需资金： （1）员工的合法薪酬； （2）法律、行政法规允许的其他方式
股票来源（定来源）	员工持股计划可以通过以下方式解决股票来源： （1）原股东转让； （2）公司增发； （3）股东自愿赠与； （4）法律、行政法规允许的其他方式
持股期限（定期限）	由中小企业根据自己的企业发展阶段，自行设置具体的持股期限，法律法规并没有相应的约束
持股模式（定模式）	原则上建议采用公司制或者有限合伙的模式持股，不建议采用信托计划、资管计划以及契约型基金等方式持股，但是股东人数特别多的情况再行考虑
计划规模（定规模）	原则上没有限制，由中小企业根据自己的股权结构，在充分考虑未来发展所需资金、保障公司控制权的前提下合理设置

员工持股计划持股模式采用公司制或有限合伙模式的，可以自行管理；采用信托计划、资管计划以及契约型基金等模式的，需要由第三方专业机构来进行管理。

2. 员工持股计划的主要内容（定方案）

员工持股计划主要包括如下内容。

（1）员工持股计划的参加对象及确定标准、资金、股票来源。

（2）员工持股计划的存续期限、管理模式、持有人会议的召集及表决程序。

（3）公司融资时员工持股计划的参与方式。

（4）员工持股计划的变更、终止，员工发生不适合参加持股计划情况时所持股份权益的处置办法。

（5）员工持股计划持有人代表或机构的选任程序。

（6）员工持股计划管理机构的选任、管理协议的主要条款、管理费用的计提及支付方式。

（7）员工持股计划期满后员工所持股份的处置办法。

（8）其他重要事项。

（四）员工持股计划的审议程序

1. 征求意见

中小企业在实施员工持股计划前，应当充分调研，征求员工意见。

2. 聘请专业的咨询顾问

中小企业一般缺乏专业的人才，很难独立实施员工持股计划，建议聘请专业的咨询顾问，包括律师以及咨询服务机构，由咨询机构来出具员工持股计划方案和相关的协议等内容。

3. 董事会（执行董事）

由于非公众公司的治理结构大多比较简单，有些公司可能不设置董事会，可根据公司的组织结构由董事会（执行董事）等履行相应的审议流程，公示员工持股计划草案，然后提交股东大会审议。

4. 监事会（监事）

监事会（监事）应当就员工持股计划是否有利于公司的持续发展，是否损害公司及全体股东利益，公司是否以摊派、强行分配等方式强制员工参加本公司员工持股计划进行核查并发表意见。

5. 股东（大）会

员工持股计划一般会涉及增资行为，因此需要股东（大）会审议。员工持股计划涉及相关董事、股东的，相关董事、股东应当回避表决。

（1）有限公司的股东（大）会由股东按照出资比例行使表决权，但是，公司章程另有规定的除外。股东（大）会作出修改公司章程、增加或者减少注册资本的决议，以及公司合并、分立、解散或者变更公司形式的决议，必须经代表 2/3 以上表决权的股东通过。

（2）在股份公司，股东出席股东（大）会，所持每一股份有一表决权。股东大会作出决议，必须经出席会议的股东所持表决权过半数通过。但是，股东（大）会作出修改公司章程、增加或者减少注册资本的决议，以及公司合并、分立、解散或者变更公司形式的决议，必须经出席会议的股东所持表决权的 2/3 以上通过。

中小企业员工持股计划审议流程如图 6-11 所示。

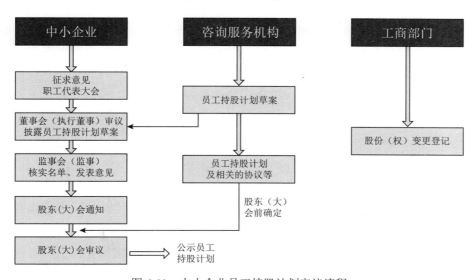

图 6-11 中小企业员工持股计划审议流程

（五）员工持股计划的变更、终止

中小企业变更、终止员工持股计划，应当经持有人会议通过后，由董事会（执行董事）提交股东（大）会审议。

（六）员工持股计划的存续管理

在员工持股计划的存续期内，公司应当每年度向员工告知员工持股计划的实施情况和公司的发展情况。告知的内容包括但不限于下列内容。

（1）本年度内持股员工的范围、人数。

（2）实施员工持股计划的资金来源。

（3）本年度内员工持股计划持有的股票总额及占公司股本总额的比例。

（4）因员工持股计划持有人处分权利引起的计划股份权益变动情况。

（5）资产管理机构的变更情况。

（6）公司的经营发展情况。

（7）其他应当予以告知的事项。

附：全国股转系统热点问答第 30 期（股权激励和员工持股计划专刊）

2020 年 10 月 28 日

1. 新三板股权激励和员工持股计划制度具有哪些特点？

答：一是契合企业特点。在授予比例方面，将股权激励比例的上限设为 30%，对单人激励比例或员工持股计划比例不设限制。在绩效考核指标方面，董事、高管作为激励对象的，应当设立绩效考核指标，对核心员工不强制设立绩效考核指标。

二是顺应市场需求。在业务流程方面，以发行股票作为激励标的股份来源的，按照规则进行审议和披露后，即可办理激励股份的登记手续，无须再履行定向发行程序。在持股计划管理模式方面，挂牌公司可以委托专业机构进行管理，将持股计划备案为封闭期不少于 12 个月的金融产品，也可以自行管理、闭环运作，但封闭期不少于 36 个月。在持股计划载体方面，既可采用专用账户、资管产品等常见类型，也允许选择公司法人或合伙制企业等作为载体。

2. 《非上市公众公司监管指引第 6 号——股权激励和员工持股计划的监管要求（试行）》（以下简称《监管指引》）发布前已实施股权激励计划的挂牌公司，是否需要调整？

答：《监管指引》发布施行时，挂牌公司已经发布股权激励和员工持股计划草案，但未经股东大会审议通过的，应当按照《监管指引》的各项要求调整；已经股东大会审议通过的，可继续执行。

如执行中存在疑问，基础层、创新层挂牌公司可与公司监管一部进行个案咨询，精选层挂牌公司可与公司监管二部进行个案咨询。

3. 以合伙企业为载体的员工持股计划，是否可以参与定向发行？根据《非上市公众公司监管问答——定向发行（二）》（以下简称《监管问答（二）》）的规定，持股平台不允许参与定向发行，应如何理解？

答：对于符合《监管指引》要求的员工持股计划，包括合伙制企业，可以参与非上市公众公司定向发行，不属于《监管问答（二）》所述的持股平台。

4. 员工持股计划以定向发行作为标的股票来源的，挂牌公司可否采取自办发行的方式发行股票？

答：员工持股计划以股票发行作为标的股票来源的，符合《非上市公众公司监督管理办法》第四十七条规定的，公司可以采取自办发行方式。

5. 员工持股计划以股票发行作为标的股票来源的，挂牌公司可否采取授权发行的方式发行股票？

答：员工持股计划以股票发行作为标的股票来源的，符合《全国中小企业股份转让系统股票定向发行指南》中关于授权发行相关规定的，公司可以采取授权发行方式。

6. 向激励对象发行股票作为股权激励标的股票来源，或以股票发行作为员工持股计划标的股票来源的，相关支付价款或认购金额能否作为定向发行融资金额？

答：向激励对象发行股票作为股权激励标的股票来源的，激励对象支付的限制性股票价款或期权行权价款，不计入定向发行股票融资金额。

以股票发行作为员工持股计划标的股票来源的，履行定向发行程序，发行对象的认购资金计入定向发行股票融资金额。

7. 公司全体股东均拟作为激励对象或均与激励对象存在关联关系，股东大会应当如何审议？

答：根据《全国中小企业股份转让系统挂牌公司治理规则》第十八条规定，股东与股东大会拟审议事项有关联关系的，应当回避表决，全体股东均为关联方的除外。此类情形不适用关联方回避制度，由全体股东进行表决。

8. 以股东自愿赠与作为员工持股计划股票来源的，股东所持限售股份可否一并赠与？

答：股东所持限售股份不得赠与。

9. 若挂牌公司进行股权激励，激励对象是否需要开通新三板合格投资者交易权限？

答：激励对象应当开通新三板证券账户。激励对象符合《全国中小企业股份转让系统投资者适当性管理办法》中适当性条件的，应开通相应类别的合格投资者交易权限；不符合上述适当性条件的，开通受限投资者交易权限，受限权限仅可用于取得和交易本挂牌公司股票。

10. 股权激励方案实施中，限制性股份的授予、股权期权的行权是否会被认定为短线交易中的"买入"行为？

答：建议尽量避开短线交易6个月的敏感期。

针对限制性股票授予，如公司持有5%以上股份的股东、董事、高级管理人员及其配偶、

父母、子女作为被激励对象,在权益授予前6个月内发生过减持股票行为,则按照《证券法》中短线交易的规定,自最后一笔减持交易之日起推迟至满6个月授予其权益。

针对期权行权,如公司持有5%以上股份的股东、董事、高级管理人员及其配偶、父母、子女作为被激励对象,在期权统一行权前6个月内存在卖出股份的行为,建议公司采用自主行权的方式,即激励对象在行权期自行择机行权,非董事会安排集中行权。

11.股权激励对象可否为挂牌公司子公司的员工?可否为外籍自然人?

答:股权激励对象可以包括挂牌公司全资子公司、控股子公司的员工,挂牌公司应当结合相应员工任职的稳定性、对公司的实际贡献等说明向其授予股权激励股份的依据及合理性。

股权激励对象不得为外籍自然人。

第七章

运筹帷幄：助中小企业决胜千里

据统计，中国中小企业的平均寿命为3年，而美国中小企业的平均寿命为7年，是中国中小企业平均寿命的2倍之多。导致这一差距的重要原因是一些中小企业家认知匮乏、格局较小，尤其对股权激励的认知不足。中国中小企业大多数以家族企业的形态存在，由家族全体成员持股，这种企业缺乏有效的股权激励，抵御风险能力较差，员工忠诚度较低。当企业处于低谷时，大多数员工便各奔东西，企业的平均寿命自然较短。

商场如战场，瞬息万变，作为驰骋商海的商业领袖，尤其需要慎思明辨，具有远见卓识，提高认知格局，运筹帷幄，善用股权激励。企业家充分运用股权激励的力量，能够更好地应对未知的未来，从而百战不殆、决胜千里。

一、提高对股权激励的认知

1. 股权激励对企业的影响

据统计，中国中小企业的平均寿命只有 3 年，每年约有 100 万家私营企业破产倒闭，60% 的企业在 5 年内破产，85% 的企业在 10 年内消亡，能够生存 3 年以上的企业只有不到 10%。中国中小企业不仅生命周期短，能做强做大的更是寥寥无几。

企业做不长、做不大的原因有很多，其中一个核心原因便是企业家的认知问题。正如某知名财经博主说过的一句话，"你永远赚不到认知之外的那部分钱"。从某种程度来说，人和人之间最大的差距，源于认知的差别。就像电影《教父》里的那句经典台词："在一秒钟内看透本质的人，和花半辈子也看不清一件事本质的人，注定是不一样的命运。"

关于认知的重要性，在股权激励中体现得尤为明显。很多企业家认识到股权激励的价值，在企业发展过程中做好股权激励的安排，选择合适的股权激励方式，企业因此发展得更加稳健，未来也将变得更好。同时，也有很多企业家没有认识到股权激励的价值，故步自封，由家族成员掌控 100% 股权。企业采用这种管理模式虽然也能取得一定的发展，但发展速度相对缓慢，员工的认同度相对较低，创业元老的归属感比较弱，自始至终的打工者身份难以让他们发挥主人翁的作用。

创业成功本身就是小概率事件，因为企业的成功受很多因素的影响。在企业从无到有、从小到大的漫长历程中，创业者在一个时间点上作出一个错误决策就可能导致企业走向失败。对创业者而言，股权代表梦想和分享，股权的背后连接着公司的经营发展、利益分配、公司治理与战略走向等，也代表创业者的认知和格局。

因此，创业者需要提高对股权激励的认知，学会利用未来可预期的股权价值达成企业发展的目标。企业在不同发展阶段需要采用不同的股权激励方式，创业者应懂得股权顶层设计，善于利用股权助力企业在不同阶段稳健、快速发展。创业者的认知水平越高，就越能提前看透事情本质，越能明晰企业中长期的发展前景，越能明白当下稀释一部分股权将蛋糕做大，以后获得的价值只会更多。

2021 年是"十四五"开局之年，中国资本市场步入高质量发展期，全面注册制的推进为上市公司股权激励的发展提供了肥沃的土壤。制度层面的持续创新和突破，不仅体现了国家对资本市场开放与国际接轨的信心和决心，同时也给企业实施股权激励注入了新动力。资本市场的快速发展为中小企业股权价值的体现提供了最好的场所，因此上市公司也热衷于实施股权激励，旨在利用股权激励带动公司业绩增长，提振市场信心，进而带动股价上涨，实现股东权益的最大化。

在这样的背景下，尚未上市的中小企业利用好股权激励，也能有效地将员工与企业绑定在一起，提升企业业绩，促进企业的长远发展，进而实现股东权益最大化，回报股东。

因此，对于广大中小企业而言，提高对股权激励的认知水平、用好股权激励，是至关重要的一步。

2. 员工越来越重视股权激励

随着资本市场的快速发展，注册制的全面推进，中小企业上市的路径日渐通畅，不再面临"蜀道之难，难于上青天"的境遇，因此中小企业资本运作的意愿也日渐强烈。企业上市的过程，很大程度上也是造富的过程。

2004年，腾讯上市，原始股造就了亿万富翁5位、千万富翁7位、百万富翁100多位。

2005年，百度上市，原始股造就了亿万富翁8位、千万富翁50多位、百万富翁240多位。

2014年，阿里巴巴上市，原始股造就了亿万富翁28位，百万富翁上千位。

越来越多的股权造富神话，驱使创业者、管理层以及公司员工更加重视股权激励，尤其是在互联网企业，股权激励尤为普遍。而传统企业也逐渐认识到股权激励的重要性，越来越重视股权激励的运用。

当一名员工刚刚入职时，他的需求可能更多地停留在温饱阶段，满足生理需求和安全需求即可；当他具有一定的地位、温饱不成问题时，他的需求会逐步提高，希望得到尊重甚至实现自我价值，而股权激励是实现员工高层次需求的最佳方式。

通过股权激励，员工与企业不再仅仅是雇佣关系，员工变成了企业的主人翁，被企业认可和尊重，这是对员工的激励和鼓舞。大多数企业员工，尤其是管理层和合伙人，也高度重视股权激励，对股权激励具有较高的认知度，都希望自己能够在企业的成长过程中，以股权激励的方式与企业共同成长，分享企业成长带来的溢价收益。

3. 企业家认知水平的提高源于企业家思想

人的认知一旦得到突破，思维就会彻底打开，不仅可以看到一个更加透彻真实的世界，还能一眼看透本质，瞬间抓到要点，从而驾驭生活、引领大众。企业家认知水平的提高源于企业家思想，企业家思想的高度有多高，认知水平便有多高。

华为的成功离不开股权激励的成功，华为的成功离不开任正非的大格局。很多中小企业学习华为模式，首先应该学习华为对股权激励的认知和企业家的思想格局。企业家的思想境界提高了，认识格局便会打开，不会排斥股权激励，敢于分享，尤其是分享股权，这样自然会让企业走得更远。

二、破解股权激励密码

本书第一章至第五章详细阐述了股权激励的各个方面，从基础理论、激励模式、激励要素、特殊主体的激励到股权激励的实施流程，呈现了股权激励的全景，破解了股权激励密码，中小企业在实施股权激励的过程中如遇到难题，可以从本书中找到答案。企业在实施股权激励的过程中需要专业机构的指导，同时企业家本人也需要熟悉股权激励、掌握股权激励密码，如此才能更有效地利用股权激励。

虽然本书展示了股权激励的全景，但是在股权激励的实施过程中，很多中小企业还是会遇到一些疑惑，根据经验，我们把核心且常见的十个问题整理出来，以供参考，有助于创业者更好地破解股权激励密码，也有助于中小企业更好地运用股权激励。

1. 股权激励的逻辑是什么

股权激励不是简单的股权分配，股权激励是一套系统、一套体系，连接公司的经营管理、公司治理甚至未来发展，影响企业文化。因此股权激励的重点不是将股权分配出去，而是激励。只有具备激励效果的股权激励才能发挥其价值，只有具备激励效果的股权激励才能促使员工发挥主人翁精神，激励员工去奋斗，进而促进公司的长远发展。

股权激励的逻辑在于熟悉公司特点、掌握员工情况，利用股权去激发员工、管理员工，进而实现激励效果。股权分配是股权激励的外在表现，有时候员工关注的不仅是股权数量，更关心这些股权未来产生的收益或者增值权。股权激励的内在逻辑是利用股权完善激励体系，最终实现认识人性—激励人性—利用人性—管理人性的演变。

2. 股权激励由谁来主导

股权激励稀释的是大股东的利益，因此公司大股东必须理解股权激励，提高对股权激励的认识，决策者理解股权激励，后续的推动才会更加顺利。

因此，股权激励的主导者应该是公司的大股东或者实际控制人，只有大股东或者实际控制人下定决心实施股权激励，后续的工作才好推进。但是股权激励的实施过程又是一个复杂的体系，因此一般需要专业机构的介入。大股东主导、专业机构介入，才能保障股权激励实施顺畅、不留隐患。

3. 股权激励什么时候做

股权激励可以贯穿企业生命周期的各个阶段，在不同的发展阶段可以采用不同的激励模式，关于这一点，本书第二章做了详细介绍。从另外一个角度来看，股权伴随公司的设立而产生，有了股权就需要进行股权设计，不注重股权设计而导致出问题、产生损失的案例比比皆是。因此，股权激励没有绝对的最佳时间点，可以说企业发展的各个阶段都需要，只是采用的激励模式与侧重点有所差异而已。

有些中小企业老板在企业发展遇到瓶颈、企业走下坡路的时候才想起利用股权激励，期待股权激励是灵丹妙药，能帮助企业起死回生。这种认知是有问题的，也容易让激励对象产生不良情绪。换另一个角度看，假定中小企业在发展过程中提前实施了股权激励，当企业发展遇到瓶颈、走下坡路的时候，这些激励对象是能够和企业共渡难关的。同样是实施股权激励，不同的认知、不同的节点将带来截然不同的效果。

4. 股权激励是否普惠全员

股权激励不能普惠全员，它不是针对全体员工的福利，股权激励只激励过去、现在为公司创造价值或者未来能够创造价值的一部分核心人员。具体如何甄选激励对象，可以根据本书第三章的内容，结合公司的具体情况，最终确定股权激励对象。

股权激励如果普惠全员，反而起不到很好的激励效果，因为很多员工会误以为，工作干好干坏都一样，都能够获得股权激励，容易产生"搭便车"现象，反而影响他们的工作积极性，起不到激励作用。如果要普惠全员，可以采用员工持股计划，这种方式更像一种投资行为，偏重的不是激励。

5. 股权激励是不是免费的午餐

很多人认为，股权激励就是给员工免费发福利，这种认知是错误的。股权激励不是员工福利，即便有些股权激励模式下员工实际没有支付现金代价，但也要具备一定的附加条件，这种方式可以看成对企业现在和未来贡献者的一种邀约（你愿意而且有能力为企业做贡献，如果做到了，企业通过股权激励的方式兑现除薪酬之外的激励）。无论从哪个角度来看，股权激励都不能是免费的。

在实际持有股权的模式下，有些企业也会采用免费给予的方式。我们通过对大量实践案例的统计和分析发现，这种方式的激励效果偏弱。因为免费给予的东西，大家对其重视程度远远不够，甚至不会珍惜。因此，我们建议中小企业在实施股权激励时，让激励对象出资购买股权，对于花费一定代价获取的股权，他们会更看重、更珍惜。激励对象付出了成本，会更愿意与企业共同成长，实现财富增长，否则自己的投资也会遭受损失。

6. 股权激励需要业绩考核吗

没有考核的股权激励，效果会大打折扣。激励与考核相伴相生，没有考核，企业就无法衡量员工的贡献，容易造成内部的不公平。激励对象根据考核结果争取激励份额，才能实现相对公平。考核是保障股权激励公平公正的重要手段，也是衡量股权激励对象能够获得多少股权激励的重要途径。因此，股权激励的考核尤为重要。

考核有两个维度：一个维度是针对过去的考核，即根据过去的考核汇总情况，筛选哪些人可以成为激励对象；另一个维度是针对未来的考核，即根据预期的业绩，决定谁可以分配更多的股权。不同企业的考核机制有所差异，股权激励制度可以和企业现有的考核机制结合起来，制定考核机制和规则，分批次实施股权激励。每个激励对象可以获得的股权数量取决于其考核结果和规则，而非管理层或某个领导的自行决定。通过考核机制创建一套相对公平的规则，对于员工而言更具可信度，对于公司而言则能减少隐患。

7. 股权激励能一步到位吗

在我们为企业服务的过程中，发现有些中小企业家对股权激励的认知水平有所提升，但是又操之过急，在实施股权激励时缺乏规划和统筹安排，大比例地将股权分配出去，以简单粗暴的方式一步到位。结果导致在后续的发展过程中，大股东的股权比例被稀释得非常低，再引进新的管理层和核心人员时，可用于激励的数量非常少，显得激励过程前后非常不匹配、不合理。因此，我们对于中小企业实施股权激励提出以下几点建议。

（1）股权激励是企业发展过程中的必需品，到了一定阶段都需要实施，但是不能一步到位，不能操之过急，需要统筹规划，需要与股权顶层设计和企业未来发展结合起来，每一次确定股权激励的比例及人员时都要通盘考虑。

（2）在中小企业的发展历程中，至少三个阶段需要股权激励：第一个阶段是企业发展初期，由于大多数企业在这个阶段资金紧张，可以通过股权激励的方式留住关键的创业合伙人；第二个阶段是企业成长期，通过股权激励留住核心人员、引进人才，为企业上市做准备；第三个阶段是企业上市之后，激励对象范围可以更广一些，通过股权激励带动公司整体业绩的上升和股票市值的增长。当然也有很多企业上市之后，做很多轮股权激励，但在企业发展过程中，至少上述几个阶段需要股权激励，企业也可以根据实际情况，在特定阶段增加股权激励的频次。

（3）每一轮股权激励，都有其特定的作用和价值；每一轮股权激励，激励对象侧重点都有所差异。前后几轮的股权激励不是孤立的，而是成系统的，前后衔接的，所以股权激励的比例和分配，需要统筹规划、通盘考虑、系统设计，切忌盲目分配，避免陷入捉襟见肘的困境。

8. 股权激励有没有退出机制

股权激励的设计应是富有弹性的，能者上、庸者下。但很多企业在设计股权激励时，只有进入机制，没有退出机制，最终导致有些激励对象难以清退，企业甚至花费很高的代价才能收回股权。可进可退、有进有出，是实施股权激励时必须考虑的方面。

在现实中，涉及股权激励退出的情形比较多，例如激励对象辞职、激励对象违法违规、激励对象死亡、激励对象发生离婚纠纷等。企业在实施股权激励时必须事先设置好未来的退出机制，以免当退出情形出现时，企业陷入被动局面。

9. 股权激励能否画大饼

有些中小企业家"画大饼"的能力比较强，但是往往不能落到实处，久而久之，核心人才会对老板产生信任危机，增加离职风险，进而影响企业稳定，给企业留下隐患。企业在实施股权激励时不能空谈、"画大饼"，也不能局限于现状，股权激励应该与企业的发展方向和战略规划结合在一起，企业家应该对企业的未来发展有清晰的、可实现的战略规划，股权激励应围绕战略规划进行设计和实施。

战略规划与股权激励有机结合，才能使激励对象明确企业的发展方向。企业通过详细分解战略规划，可明确每个激励对象的奋斗目标和考核标准。激励对象明确了企业的战略布局，也清晰了个人的奋斗目标，在股权的激励作用下，自然会脚踏实地、铆足干劲，向着既定的目标奋斗，每个激励对象都达成了既定的目标，那么企业的战略目标自然会实现。脱离企业实际、不能围绕企业战略规划开展的股权激励都是空谈、"画大饼"，最终的激励效果将会大打折扣或者失去激励的意义。

10. 股权激励能否照抄模板

虽然股权激励的模式和要素都是相对固定的，但股权激励是一项个性化很强、技术含量较高的工作，每个企业的行业情况、经营情况、发展阶段、发展诉求、员工情况及战略规划等都有明显差异，企业应因地制宜、量身定制，才能设计出贴合企业实际、具有激励效果的股权激励方案。

我们在实务工作中也遇到一些中小企业老板,参加过几次培训班,对股权激励略懂皮毛,拿到一些协议模板,便开始照搬照抄,制定自己企业的股权激励方案,其激励效果可想而知。专业的事应交给专业的人来做,每家企业的具体情况不一样,激励方案无法照抄照搬,必须量身定制。企业在专业机构的指导下实施股权激励,能避免麻烦和潜在的法律风险,达到事半功倍的效果。

三、运筹帷幄以决胜千里

(一)企业家的格局决定企业的结局

影响企业发展的首要因素是企业家的格局。谋大事者必要布大局,做人做企业皆是如此。企业的发展受限、经营受限,往往与企业家的"格局"不大有关。

大格局,即以大视角切入企业管理,力求站得更高、看得更远、做得更大。大格局决定着企业发展的大方向,掌控了大格局,也就掌控了未来。在市场竞争中能够脱颖而出、赢得未来的企业家,往往是那些有先予后取、先舍后得的度量,有统筹全局、放眼未来的高度,有运筹帷幄、决胜千里的气势的企业家。

股权激励是检验企业家格局的重要途径。在国际上,股权激励已经成为上市公司比较普遍的做法。股权激励计划可以把股东的长远利益、企业的长期发展结合在一起,从而促使企业经营者在谋求企业与股东利益最大化的同时获得自身利益的最大化。此外股权激励计划是一种长期激励机制,在一定程度上可以防止企业经营者的短期经营行为,以及防范"内部人控制"等侵害股东利益的行为。

有些中小企业家缺乏对股权激励的认知,格局较小,不舍得实施股权激励,这类企业发展到一定程度大概率会遇到瓶颈,或者发展较为缓慢;而有些企业从创业之初,便注重股权激励的使用,将股权激励自始至终贯彻在各个发展阶段,进而获得巨大成功。大家所熟知的华为便是一个典型案例,华为大多数员工都享有股权激励,而且每年的分红数目非常可观,华为的成功离不开股权激励的成功,华为的成功离不开任正非的大格局。华为的股权结构如图7-1所示。

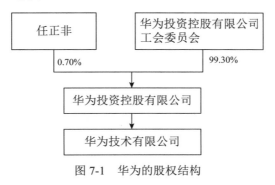

图7-1 华为的股权结构

在华为投资控股有限公司股东里，任正非的持股份额只有 0.70%。华为投资控股有限公司工会委员会为员工持股平台，参与人数超过 10 万人，合计持股 99.30%。华为真正地实现了将公司的长远发展和员工的个人贡献及发展有机结合在一起，形成了长远的共同奋斗与分享机制，真正体现了《华为基本法》的核心——"以奋斗者为本"。

虽然很多企业在学习《华为基本法》，在研究华为模式，但是没有哪一个企业有华为的格局，因为没有哪一个民营企业老板敢于拿出 99% 以上的股权用于员工股权激励。在我们实际服务和研究的案例中，能够拿出 5%～10% 的股权用于员工股权激励的企业已经算是比较有格局的企业，能够拿出 10%～20% 的股权用于员工股权激励的企业非常少见。

（二）善用激励以决胜千里

真正的商业领袖不仅为社会创造价值，同时能引领人类走向更美好的明天。"陶朱事业，端木生涯"，中国商人自古以来以此为楷模，把个人成功、社会进步与国家繁荣的统一作为自己孜孜以求的最高境界。

当前，中国企业家面临截然不同的外部环境，国内外经济、政治形势空前复杂，科技革命不断深入影响各行各业。德鲁克曾说，企业家应该视变化为理所应当，不可或缺。他或许不引起变化，但是他能够寻找变化，应对变化，将变化视为机会充分利用。

商场如战场，瞬息万变。作为驰骋商海的企业领导者，尤其需要慎思明辨，具有远见卓识，提高认知格局，善用股权激励。企业家充分运用股权激励的力量，能够更好地应对未知的未来，在市场竞争中百战不殆。

本书有助于企业家掌握股权激励精髓，从而运筹帷幄、决胜千里，成为卓越的商业领袖，把握财富人生，驾驭未知未来。

上市公司股权激励管理办法

（2016 年 7 月 13 日证监会令第 126 号公布，根据 2018 年 8 月 15 日证监会令第 148 号《关于修改〈上市公司股权激励管理办法〉的决定》修订）

第一章 总 则

第一条 为进一步促进上市公司建立健全激励与约束机制，依据《中华人民共和国公司法》（以下简称《公司法》）、《中华人民共和国证券法》（以下简称《证券法》）及其他法律、行政法规的规定，制定本办法。

第二条 本办法所称股权激励是指上市公司以本公司股票为标的，对其董事、高级管理人员及其他员工进行的长期性激励。

上市公司以限制性股票、股票期权实行股权激励的，适用本办法；以法律、行政法规允许的其他方式实行股权激励的，参照本办法有关规定执行。

第三条 上市公司实行股权激励，应当符合法律、行政法规、本办法和公司章程的规定，有利于上市公司的持续发展，不得损害上市公司利益。

上市公司的董事、监事和高级管理人员在实行股权激励中应当诚实守信，勤勉尽责，维护公司和全体股东的利益。

第四条 上市公司实行股权激励，应当严格按照本办法和其他相关规定的要求履行信息披露义务。

第五条 为上市公司股权激励计划出具意见的证券中介机构和人员，应当诚实守信、勤勉尽责，保证所出具的文件真实、准确、完整。

第六条 任何人不得利用股权激励进行内幕交易、操纵证券市场等违法活动。

第二章 一般规定

第七条 上市公司具有下列情形之一的，不得实行股权激励：

（一）最近一个会计年度财务会计报告被注册会计师出具否定意见或者无法表示意见的审计报告；

（二）最近一个会计年度财务报告内部控制被注册会计师出具否定意见或无法表示意见的审计报告；

（三）上市后最近 36 个月内出现过未按法律法规、公司章程、公开承诺进行利润分配的情形；

（四）法律法规规定不得实行股权激励的；

（五）中国证监会认定的其他情形。

第八条 激励对象可以包括上市公司的董事、高级管理人员、核心技术人员或者核心业务人员，以及公司认为应当激励的对公司经营业绩和未来发展有直接影响的其他员工，但不应当包括独立董事和监事。外籍员工任职上市公司董事、高级管理人员、核心技术人员或者核心业务人员的，可以成为激励对象。

单独或合计持有上市公司 5% 以上股份的股东或实际控制人及其配偶、父母、子女，不得成为激励对象。下列人员也不得成为激励对象：

（一）最近 12 个月内被证券交易所认定为不适当人选的；

（二）最近 12 个月内被中国证监会及其派出机构认定为不适当人选的；

（三）最近 12 个月内因重大违法违规行为被中国证监会及其派出机构行政处罚或者采取市场禁入措施的；

（四）具有《公司法》规定的不得担任公司董事、高级管理人员情形的；

（五）法律法规规定不得参与上市公司股权激励的；

（六）中国证监会认定的其他情形。

第九条 上市公司依照本办法制定股权激励计划的，应当在股权激励计划中载明下列事项：

（一）股权激励的目的；

（二）激励对象的确定依据和范围；

（三）拟授出的权益数量，拟授出权益涉及的标的股票种类、来源、数量及占上市公司股本总额的百分比；分次授出的，每次拟授出的权益数量、涉及的标的股票数量及占股权激励计划涉及的标的股票总额的百分比、占上市公司股本总额的百分比；设置预留权益的，拟预留权益的数量、涉及标的股票数量及占股权激励计划的标的股票总额的百分比；

（四）激励对象为董事、高级管理人员的，其各自可获授的权益数量、占股权激励计划拟授出权益总量的百分比；其他激励对象（各自或者按适当分类）的姓名、职务、可获授的权益数量及占股权激励计划拟授出权益总量的百分比；

（五）股权激励计划的有效期、限制性股票的授予日、限售期和解除限售安排，股票期权的授权日、可行权日、行权有效期和行权安排；

（六）限制性股票的授予价格或者授予价格的确定方法，股票期权的行权价格或者行权价格的确定方法；

（七）激励对象获授权益、行使权益的条件；

（八）上市公司授出权益、激励对象行使权益的程序；

（九）调整权益数量、标的股票数量、授予价格或者行权价格的方法和程序；

（十）股权激励会计处理方法、限制性股票或股票期权公允价值的确定方法、涉及估值模型重要参数取值合理性、实施股权激励应当计提费用及对上市公司经营业绩的影响；

（十一）股权激励计划的变更、终止；

（十二）上市公司发生控制权变更、合并、分立以及激励对象发生职务变更、离职、死亡等事项时股权激励计划的执行；

（十三）上市公司与激励对象之间相关纠纷或争端解决机制；

（十四）上市公司与激励对象的其他权利义务。

第十条 上市公司应当设立激励对象获授权益、行使权益的条件。拟分次授出权益的，应当就每次激励对象获授权益分别设立条件；分期行权的，应当就每次激励对象行使权益分别设立条件。

激励对象为董事、高级管理人员的，上市公司应当设立绩效考核指标作为激励对象行使权益的条件。

第十一条 绩效考核指标应当包括公司业绩指标和激励对象个人绩效指标。相关指标应当客观公开、清晰透明，符合公司的实际情况，有利于促进公司竞争力的提升。

上市公司可以公司历史业绩或同行业可比公司相关指标作为公司业绩指标对照依据，公司选取的业绩指标可以包括净资产收益率、每股收益、每股分红等能够反映股东回报和公司价值创造的综合性指标，以及净利润增长率、主营业务收入增长率等能够反映公司盈利能力和市场价值的成长性指标。以同行业可比公司相关指标作为对照依据的，选取的对照公司不少于 3 家。

激励对象个人绩效指标由上市公司自行确定。

上市公司应当在公告股权激励计划草案的同时披露所设定指标的科学性和合理性。

第十二条 拟实行股权激励的上市公司，可以下列方式作为标的股票来源：

（一）向激励对象发行股份；

（二）回购本公司股份；

（三）法律、行政法规允许的其他方式。

第十三条 股权激励计划的有效期从首次授予权益日起不得超过 10 年。

第十四条 上市公司可以同时实行多期股权激励计划。同时实行多期股权激励计划的，各期激励计划设立的公司业绩指标应当保持可比性，后期激励计划的公司业绩指标低于前期激励计划的，上市公司应当充分说明其原因与合理性。

上市公司全部在有效期内的股权激励计划所涉及的标的股票总数累计不得超过公司股本总额的 10%。非经股东大会特别决议批准，任何一名激励对象通过全部在有效期内的股权激励计划获授的本公司股票，累计不得超过公司股本总额的 1%。

本条第二款所称股本总额是指股东大会批准最近一次股权激励计划时公司已发行的股本总额。

第十五条 上市公司在推出股权激励计划时，可以设置预留权益，预留比例不得超过本次股权激励计划拟授予权益数量的 20%。

上市公司应当在股权激励计划经股东大会审议通过后 12 个月内明确预留权益的授予

对象；超过 12 个月未明确激励对象的，预留权益失效。

第十六条　相关法律、行政法规、部门规章对上市公司董事、高级管理人员买卖本公司股票的期间有限制的，上市公司不得在相关限制期间内向激励对象授出限制性股票，激励对象也不得行使权益。

第十七条　上市公司启动及实施增发新股、并购重组、资产注入、发行可转债、发行公司债券等重大事项期间，可以实行股权激励计划。

第十八条　上市公司发生本办法第七条规定的情形之一的，应当终止实施股权激励计划，不得向激励对象继续授予新的权益，激励对象根据股权激励计划已获授但尚未行使的权益应当终止行使。

在股权激励计划实施过程中，出现本办法第八条规定的不得成为激励对象情形的，上市公司不得继续授予其权益，其已获授但尚未行使的权益应当终止行使。

第十九条　激励对象在获授限制性股票或者对获授的股票期权行使权益前后买卖股票的行为，应当遵守《证券法》《公司法》等相关规定。

上市公司应当在本办法第二十条规定的协议中，就前述义务向激励对象作出特别提示。

第二十条　上市公司应当与激励对象签订协议，确认股权激励计划的内容，并依照本办法约定双方的其他权利义务。

上市公司应当承诺，股权激励计划相关信息披露文件不存在虚假记载、误导性陈述或者重大遗漏。

所有激励对象应当承诺，上市公司因信息披露文件中有虚假记载、误导性陈述或者重大遗漏，导致不符合授予权益或行使权益安排的，激励对象应当自相关信息披露文件被确认存在虚假记载、误导性陈述或者重大遗漏后，将由股权激励计划所获得的全部利益返还公司。

第二十一条　激励对象参与股权激励计划的资金来源应当合法合规，不得违反法律、行政法规及中国证监会的相关规定。

上市公司不得为激励对象依股权激励计划获取有关权益提供贷款以及其他任何形式的财务资助，包括为其贷款提供担保。

第三章　限制性股票

第二十二条　本办法所称限制性股票是指激励对象按照股权激励计划规定的条件，获得的转让等部分权利受到限制的本公司股票。

限制性股票在解除限售前不得转让、用于担保或偿还债务。

第二十三条　上市公司在授予激励对象限制性股票时，应当确定授予价格或授予价格的确定方法。授予价格不得低于股票票面金额，且原则上不得低于下列价格较高者：

（一）股权激励计划草案公布前 1 个交易日的公司股票交易均价的 50%；

（二）股权激励计划草案公布前 20 个交易日、60 个交易日或者 120 个交易日的公司股票交易均价之一的 50%。

上市公司采用其他方法确定限制性股票授予价格的，应当在股权激励计划中对定价依据及定价方式作出说明。

第二十四条 限制性股票授予日与首次解除限售日之间的间隔不得少于 12 个月。

第二十五条 在限制性股票有效期内，上市公司应当规定分期解除限售，每期时限不得少于 12 个月，各期解除限售的比例不得超过激励对象获授限制性股票总额的 50%。

当期解除限售的条件未成就的，限制性股票不得解除限售或递延至下期解除限售，应当按照本办法第二十六条规定处理。

第二十六条 出现本办法第十八条、第二十五条规定情形，或者其他终止实施股权激励计划的情形或激励对象未达到解除限售条件的，上市公司应当回购尚未解除限售的限制性股票，并按照《公司法》的规定进行处理。

对出现本办法第十八条第一款情形负有个人责任的，或出现本办法第十八条第二款情形的，回购价格不得高于授予价格；出现其他情形的，回购价格不得高于授予价格加上银行同期存款利息之和。

第二十七条 上市公司应当在本办法第二十六条规定的情形出现后及时召开董事会审议回购股份方案，并依法将回购股份方案提交股东大会批准。回购股份方案包括但不限于以下内容：

（一）回购股份的原因；

（二）回购股份的价格及定价依据；

（三）拟回购股份的种类、数量及占股权激励计划所涉及的标的股票的比例、占总股本的比例；

（四）拟用于回购的资金总额及资金来源；

（五）回购后公司股本结构的变动情况及对公司业绩的影响。

律师事务所应当就回购股份方案是否符合法律、行政法规、本办法的规定和股权激励计划的安排出具专业意见。

第四章 股票期权

第二十八条 本办法所称股票期权是指上市公司授予激励对象在未来一定期限内以预先确定的条件购买本公司一定数量股份的权利。

激励对象获授的股票期权不得转让、用于担保或偿还债务。

第二十九条 上市公司在授予激励对象股票期权时，应当确定行权价格或者行权价格的确定方法。行权价格不得低于股票票面金额，且原则上不得低于下列价格较高者：

（一）股权激励计划草案公布前 1 个交易日的公司股票交易均价；

（二）股权激励计划草案公布前 20 个交易日、60 个交易日或者 120 个交易日的公司股票交易均价之一。

上市公司采用其他方法确定行权价格的，应当在股权激励计划中对定价依据及定价方式作出说明。

第三十条 股票期权授权日与获授股票期权首次可行权日之间的间隔不得少于 12 个月。

第三十一条 在股票期权有效期内，上市公司应当规定激励对象分期行权，每期时限不得少于 12 个月，后一行权期的起算日不得早于前一行权期的届满日。每期可行权的股票期权比例不得超过激励对象获授股票期权总额的 50%。

当期行权条件未成就的，股票期权不得行权或递延至下期行权，并应当按照本办法第三十二条第二款规定处理。

第三十二条 股票期权各行权期结束后，激励对象未行权的当期股票期权应当终止行权，上市公司应当及时注销。

出现本办法第十八条、第三十一条规定情形，或者其他终止实施股权激励计划的情形或激励对象不符合行权条件的，上市公司应当注销对应的股票期权。

第五章　实施程序

第三十三条 上市公司董事会下设的薪酬与考核委员会负责拟订股权激励计划草案。

第三十四条 上市公司实行股权激励，董事会应当依法对股权激励计划草案作出决议，拟作为激励对象的董事或与其存在关联关系的董事应当回避表决。

董事会审议本办法第四十六条、第四十七条、第四十八条、第四十九条、第五十条、第五十一条规定中有关股权激励计划实施的事项时，拟作为激励对象的董事或与其存在关联关系的董事应当回避表决。

董事会应当在依照本办法第三十七条、第五十四条的规定履行公示、公告程序后，将股权激励计划提交股东大会审议。

第三十五条 独立董事及监事会应当就股权激励计划草案是否有利于上市公司的持续发展，是否存在明显损害上市公司及全体股东利益的情形发表意见。

独立董事或监事会认为有必要的，可以建议上市公司聘请独立财务顾问，对股权激励计划的可行性、是否有利于上市公司的持续发展、是否损害上市公司利益以及对股东利益的影响发表专业意见。上市公司未按照建议聘请独立财务顾问的，应当就此事项作特别说明。

第三十六条 上市公司未按照本办法第二十三条、第二十九条定价原则，而采用其他方法确定限制性股票授予价格或股票期权行权价格的，应当聘请独立财务顾问，对股权激励计划的可行性、是否有利于上市公司的持续发展、相关定价依据和定价方法的合理性、是否损害上市公司利益以及对股东利益的影响发表专业意见。

第三十七条 上市公司应当在召开股东大会前，通过公司网站或者其他途径，在公司内部公示激励对象的姓名和职务，公示期不少于 10 天。

监事会应当对股权激励名单进行审核，充分听取公示意见。上市公司应当在股东大会审议股权激励计划前 5 日披露监事会对激励名单审核及公示情况的说明。

第三十八条 上市公司应当对内幕信息知情人在股权激励计划草案公告前 6 个月内买卖本公司股票及其衍生品种的情况进行自查，说明是否存在内幕交易行为。

知悉内幕信息而买卖本公司股票的，不得成为激励对象，法律、行政法规及相关司法解释规定不属于内幕交易的情形除外。

泄露内幕信息而导致内幕交易发生的，不得成为激励对象。

第三十九条 上市公司应当聘请律师事务所对股权激励计划出具法律意见书，至少对以下事项发表专业意见：

（一）上市公司是否符合本办法规定的实行股权激励的条件；

（二）股权激励计划的内容是否符合本办法的规定；

（三）股权激励计划的拟订、审议、公示等程序是否符合本办法的规定；

（四）股权激励对象的确定是否符合本办法及相关法律法规的规定；

（五）上市公司是否已按照中国证监会的相关要求履行信息披露义务；

（六）上市公司是否为激励对象提供财务资助；

（七）股权激励计划是否存在明显损害上市公司及全体股东利益和违反有关法律、行政法规的情形；

（八）拟作为激励对象的董事或与其存在关联关系的董事是否根据本办法的规定进行了回避；

（九）其他应当说明的事项。

第四十条 上市公司召开股东大会审议股权激励计划时，独立董事应当就股权激励计划向所有的股东征集委托投票权。

第四十一条 股东大会应当对本办法第九条规定的股权激励计划内容进行表决，并经出席会议的股东所持表决权的 2/3 以上通过。除上市公司董事、监事、高级管理人员、单独或合计持有上市公司 5% 以上股份的股东以外，其他股东的投票情况应当单独统计并予以披露。

上市公司股东大会审议股权激励计划时，拟为激励对象的股东或者与激励对象存在关联关系的股东，应当回避表决。

第四十二条 上市公司董事会应当根据股东大会决议，负责实施限制性股票的授予、解除限售和回购以及股票期权的授权、行权和注销。

上市公司监事会应当对限制性股票授予日及期权授予日激励对象名单进行核实并发表意见。

第四十三条 上市公司授予权益与回购限制性股票、激励对象行使权益前，上市公司应当向证券交易所提出申请，经证券交易所确认后，由证券登记结算机构办理登记结

算事宜。

第四十四条 股权激励计划经股东大会审议通过后，上市公司应当在60日内授予权益并完成公告、登记；有获授权益条件的，应当在条件成就后60日内授出权益并完成公告、登记。上市公司未能在60日内完成上述工作的，应当及时披露未完成的原因，并宣告终止实施股权激励，自公告之日起3个月内不得再次审议股权激励计划。根据本办法规定上市公司不得授出权益的期间不计算在60日内。

第四十五条 上市公司应当按照证券登记结算机构的业务规则，在证券登记结算机构开设证券账户，用于股权激励的实施。

激励对象为外籍员工的，可以向证券登记结算机构申请开立证券账户。

尚未行权的股票期权，以及不得转让的标的股票，应当予以锁定。

第四十六条 上市公司在向激励对象授出权益前，董事会应当就股权激励计划设定的激励对象获授权益的条件是否成就进行审议，独立董事及监事会应当同时发表明确意见。律师事务所应当对激励对象获授权益的条件是否成就出具法律意见。

上市公司向激励对象授出权益与股权激励计划的安排存在差异时，独立董事、监事会（当激励对象发生变化时）、律师事务所、独立财务顾问（如有）应当同时发表明确意见。

第四十七条 激励对象在行使权益前，董事会应当就股权激励计划设定的激励对象行使权益的条件是否成就进行审议，独立董事及监事会应当同时发表明确意见。律师事务所应当对激励对象行使权益的条件是否成就出具法律意见。

第四十八条 因标的股票除权、除息或者其他原因需要调整权益价格或者数量的，上市公司董事会应当按照股权激励计划规定的原则、方式和程序进行调整。

律师事务所应当就上述调整是否符合本办法、公司章程的规定和股权激励计划的安排出具专业意见。

第四十九条 分次授出权益的，在每次授出权益前，上市公司应当召开董事会，按照股权激励计划的内容及首次授出权益时确定的原则，决定授出的权益价格、行使权益安排等内容。

当次授予权益的条件未成就时，上市公司不得向激励对象授予权益，未授予的权益也不得递延下期授予。

第五十条 上市公司在股东大会审议通过股权激励方案之前可对其进行变更。变更需经董事会审议通过。

上市公司对已通过股东大会审议的股权激励方案进行变更的，应当及时公告并提交股东大会审议，且不得包括下列情形：

（一）导致加速行权或提前解除限售的情形；

（二）降低行权价格或授予价格的情形。

独立董事、监事会应当就变更后的方案是否有利于上市公司的持续发展，是否存在明显损害上市公司及全体股东利益的情形发表独立意见。律师事务所应当就变更后的方案是否符合本办法及相关法律法规的规定、是否存在明显损害上市公司及全体股东利益的情形发表专业意见。

第五十一条 上市公司在股东大会审议股权激励计划之前拟终止实施股权激励的，需经董事会审议通过。

上市公司在股东大会审议通过股权激励计划之后终止实施股权激励的，应当由股东大会审议决定。

律师事务所应当就上市公司终止实施激励是否符合本办法及相关法律法规的规定、是否存在明显损害上市公司及全体股东利益的情形发表专业意见。

第五十二条 上市公司股东大会或董事会审议通过终止实施股权激励计划决议，或者股东大会审议未通过股权激励计划的，自决议公告之日起3个月内，上市公司不得再次审议股权激励计划。

第六章 信息披露

第五十三条 上市公司实行股权激励，应当真实、准确、完整、及时、公平地披露或者提供信息，不得有虚假记载、误导性陈述或者重大遗漏。

第五十四条 上市公司应当在董事会审议通过股权激励计划草案后，及时公告董事会决议、股权激励计划草案、独立董事意见及监事会意见。

上市公司实行股权激励计划依照规定需要取得有关部门批准的，应当在取得有关批复文件后的2个交易日内进行公告。

第五十五条 股东大会审议股权激励计划前，上市公司拟对股权激励方案进行变更的，变更议案经董事会审议通过后，上市公司应当及时披露董事会决议公告，同时披露变更原因、变更内容及独立董事、监事会、律师事务所意见。

第五十六条 上市公司在发出召开股东大会审议股权激励计划的通知时，应当同时公告法律意见书；聘请独立财务顾问的，还应当同时公告独立财务顾问报告。

第五十七条 股东大会审议通过股权激励计划及相关议案后，上市公司应当及时披露股东大会决议公告、经股东大会审议通过的股权激励计划以及内幕信息知情人买卖本公司股票情况的自查报告。股东大会决议公告中应当包括中小投资者单独计票结果。

第五十八条 上市公司分次授出权益的，分次授出权益的议案经董事会审议通过后，上市公司应当及时披露董事会决议公告，对拟授出的权益价格、行使权益安排、是否符合股权激励计划的安排等内容进行说明。

第五十九条 因标的股票除权、除息或者其他原因调整权益价格或者数量的，调整议案经董事会审议通过后，上市公司应当及时披露董事会决议公告，同时公告律师事务所意见。

第六十条 上市公司董事会应当在授予权益及股票期权行权登记完成后、限制性股票解除限售前，及时披露相关实施情况的公告。

第六十一条 上市公司向激励对象授出权益时，应当按照本办法第四十四条规定履行信息披露义务，并再次披露股权激励会计处理方法、公允价值确定方法、涉及估值模型重要参数取值的合理性、实施股权激励应当计提的费用及对上市公司业绩的影响。

第六十二条 上市公司董事会按照本办法第四十六条、第四十七条规定对激励对象获授权益、行使权益的条件是否成就进行审议的，上市公司应当及时披露董事会决议公告，同时公告独立董事、监事会、律师事务所意见以及独立财务顾问意见（如有）。

第六十三条 上市公司董事会按照本办法第二十七条规定审议限制性股票回购方案的，应当及时公告回购股份方案及律师事务所意见。回购股份方案经股东大会批准后，上市公司应当及时公告股东大会决议。

第六十四条 上市公司终止实施股权激励的，终止实施议案经股东大会或董事会审议通过后，上市公司应当及时披露股东大会决议公告或董事会决议公告，并对终止实施股权激励的原因、股权激励已筹划及实施进展、终止实施股权激励对上市公司的可能影响等作出说明，并披露律师事务所意见。

第六十五条 上市公司应当在定期报告中披露报告期内股权激励的实施情况，包括：

（一）报告期内激励对象的范围；

（二）报告期内授出、行使和失效的权益总额；

（三）至报告期末累计已授出但尚未行使的权益总额；

（四）报告期内权益价格、权益数量历次调整的情况以及经调整后的最新权益价格与权益数量；

（五）董事、高级管理人员各自的姓名、职务以及在报告期内历次获授、行使权益的情况和失效的权益数量；

（六）因激励对象行使权益所引起的股本变动情况；

（七）股权激励的会计处理方法及股权激励费用对公司业绩的影响；

（八）报告期内激励对象获授权益、行使权益的条件是否成就的说明；

（九）报告期内终止实施股权激励的情况及原因。

第七章 监督管理

第六十六条 上市公司股权激励不符合法律、行政法规和本办法规定，或者上市公司未按照本办法、股权激励计划的规定实施股权激励的，上市公司应当终止实施股权激励，中国证监会及其派出机构责令改正，并书面通报证券交易所和证券登记结算机构。

第六十七条 上市公司未按照本办法及其他相关规定披露股权激励相关信息或者所披露的信息有虚假记载、误导性陈述或者重大遗漏的，中国证监会及其派出机构对公司及相关责任人员采取责令改正、监管谈话、出具警示函等监管措施；情节严重的，依照《证券法》予以处罚；涉嫌犯罪的，依法移交司法机关追究刑事责任。

第六十八条 上市公司因信息披露文件有虚假记载、误导性陈述或者重大遗漏，导致不符合授予权益或行使权益安排的，未行使权益应当统一回购注销，已经行使权益的，所有激励对象应当返还已获授权益。对上述事宜不负有责任的激励对象因返还已获授权益而遭受损失的，可按照股权激励计划相关安排，向上市公司或负有责任的对象进行追偿。

董事会应当按照前款规定和股权激励计划相关安排收回激励对象所得收益。

第六十九条 上市公司实施股权激励过程中，上市公司独立董事及监事未按照本办法及相关规定履行勤勉尽责义务的，中国证监会及其派出机构采取责令改正、监管谈话、出具警示函、认定为不适当人选等措施；情节严重的，依照《证券法》予以处罚；涉嫌犯罪的，依法移交司法机关追究刑事责任。

第七十条 利用股权激励进行内幕交易或者操纵证券市场的，中国证监会及其派出机构依照《证券法》予以处罚；情节严重的，对相关责任人员实施市场禁入等措施；涉嫌犯罪的，依法移交司法机关追究刑事责任。

第七十一条 为上市公司股权激励计划出具专业意见的证券服务机构和人员未履行勤勉尽责义务，所发表的专业意见存在虚假记载、误导性陈述或者重大遗漏的，中国证监会及其派出机构对相关机构及签字人员采取责令改正、监管谈话、出具警示函等措施；情节严重的，依照《证券法》予以处罚；涉嫌犯罪的，依法移交司法机关追究刑事责任。

第八章 附则

第七十二条 本办法下列用语具有如下含义：

标的股票：指根据股权激励计划，激励对象有权获授或者购买的上市公司股票。

权益：指激励对象根据股权激励计划获得的上市公司股票、股票期权。

授出权益（授予权益、授权）：指上市公司根据股权激励计划的安排，授予激励对象限制性股票、股票期权的行为。

行使权益（行权）：指激励对象根据股权激励计划的规定，解除限制性股票的限售、行使股票期权购买上市公司股份的行为。

分次授出权益（分次授权）：指上市公司根据股权激励计划的安排，向已确定的激励对象分次授予限制性股票、股票期权的行为。

分期行使权益（分期行权）：指根据股权激励计划的安排，激励对象已获授的限制性股票分期解除限售、已获授的股票期权分期行权的行为。

预留权益：指股权激励计划推出时未明确激励对象、股权激励计划实施过程中确定激励对象的权益。

授予日或者授权日：指上市公司向激励对象授予限制性股票、股票期权的日期。授予日、授权日必须为交易日。

限售期：指股权激励计划设定的激励对象行使权益的条件尚未成就，限制性股票不得转让、用于担保或偿还债务的期间，自激励对象获授限制性股票完成登记之日起算。

可行权日：指激励对象可以开始行权的日期。可行权日必须为交易日。

授予价格：上市公司向激励对象授予限制性股票时所确定的、激励对象获得上市公司股份的价格。

行权价格：上市公司向激励对象授予股票期权时所确定的、激励对象购买上市公司股份的价格。

标的股票交易均价：标的股票交易总额／标的股票交易总量。

本办法所称的"以上""以下"含本数，"超过""低于""少于"不含本数。

第七十三条 国有控股上市公司实施股权激励，国家有关部门对其有特别规定的，应当同时遵守其规定。

第七十四条 本办法适用于股票在上海、深圳证券交易所上市的公司。

第七十五条 本办法自2016年8月13日起施行。原《上市公司股权激励管理办法（试行）》（证监公司字〔2005〕151号）及相关配套制度同时废止。

关于上市公司实施员工持股计划试点的指导意见

中国证券监督管理委员会公告〔2014〕33号

为规范、引导上市公司实施员工持股计划及其相关活动，我会制定了《关于上市公司实施员工持股计划试点的指导意见》，经国务院同意，现予公布，自公布之日起施行。

中国证监会

2014年6月20日

为了贯彻《中共中央关于全面深化改革若干重大问题的决定》中关于"允许混合所有制经济实行企业员工持股，形成资本所有者和劳动者利益共同体"的精神，落实《国务院关于进一步促进资本市场健康发展的若干意见》（国发〔2014〕17号）中关于"允许上市公司按规定通过多种形式开展员工持股计划"的要求，经国务院同意，中国证监会依照《公司法》《证券法》相关规定，在上市公司中开展员工持股计划实施试点。上市公司实施员工持股计划试点，有利于建立和完善劳动者与所有者的利益共享机制，改善公司治理水平，提高职工的凝聚力和公司竞争力，使社会资金通过资本市场实现优化配置。为稳妥有序开展员工持股计划试点，现提出以下指导意见。

一、员工持股计划基本原则

（一）依法合规原则

上市公司实施员工持股计划，应当严格按照法律、行政法规的规定履行程序，真实、准确、完整、及时地实施信息披露。任何人不得利用员工持股计划进行内幕交易、操纵证券市场等证券欺诈行为。

（二）自愿参与原则

上市公司实施员工持股计划应当遵循公司自主决定，员工自愿参加，上市公司不得以摊派、强行分配等方式强制员工参加本公司的员工持股计划。

（三）风险自担原则

员工持股计划参与人盈亏自负，风险自担，与其他投资者权益平等。

二、员工持股计划的主要内容

（四）员工持股计划是指上市公司根据员工意愿，通过合法方式使员工获得本公司股票并长期持有，股份权益按约定分配给员工的制度安排。员工持股计划的参加对象为

公司员工，包括管理层人员。

（五）员工持股计划的资金和股票来源

1. 员工持股计划可以通过以下方式解决所需资金：

（1）员工的合法薪酬；

（2）法律、行政法规允许的其他方式。

2. 员工持股计划可以通过以下方式解决股票来源：

（1）上市公司回购本公司股票；

（2）二级市场购买；

（3）认购非公开发行股票；

（4）股东自愿赠与；

（5）法律、行政法规允许的其他方式。

（六）员工持股计划的持股期限和持股计划的规模

1. 每期员工持股计划的持股期限不得低于12个月，以非公开发行方式实施员工持股计划的，持股期限不得低于36个月，自上市公司公告标的股票过户至本期持股计划名下时起算；上市公司应当在员工持股计划届满前6个月公告到期计划持有的股票数量。

2. 上市公司全部有效的员工持股计划所持有的股票总数累计不得超过公司股本总额的10%，单个员工所获股份权益对应的股票总数累计不得超过公司股本总额的1%。员工持股计划持有的股票总数不包括员工在公司首次公开发行股票上市前获得的股份、通过二级市场自行购买的股份及通过股权激励获得的股份。

（七）员工持股计划的管理

1. 参加员工持股计划的员工应当通过员工持股计划持有人会议选出代表或设立相应机构，监督员工持股计划的日常管理，代表员工持股计划持有人行使股东权利或者授权资产管理机构行使股东权利。

2. 上市公司可以自行管理本公司的员工持股计划，也可以将本公司员工持股计划委托给下列具有资产管理资质的机构管理：

（1）信托公司；

（2）保险资产管理公司；

（3）证券公司；

（4）基金管理公司；

（5）其他符合条件的资产管理机构。

3. 上市公司自行管理本公司员工持股计划的，应当明确持股计划的管理方，制定相应的管理规则，切实维护员工持股计划持有人的合法权益，避免产生上市公司其他股东与员工持股计划持有人之间潜在的利益冲突。

4. 员工享有标的股票的权益；在符合员工持股计划约定的情况下，该权益可由员工自身享有，也可以转让、继承。员工通过持股计划获得的股份权益的占有、使用、收益和处分的权利，可以依据员工持股计划的约定行使；参加员工持股计划的员工离职、退休、死亡以及发生不再适合参加持股计划事由等情况时，其所持股份权益依照员工持股计划约定方式处置。

5. 上市公司委托资产管理机构管理本公司员工持股计划的，应当与资产管理机构签订资产管理协议。资产管理协议应当明确当事人的权利义务，切实维护员工持股计划持有人的合法权益，确保员工持股计划的财产安全。资产管理机构应当根据协议约定管理员工持股计划，同时应当遵守资产管理业务相关规则。

6. 员工持股计划管理机构应当为员工持股计划持有人的最大利益行事，不得与员工持股计划持有人存在利益冲突，不得泄露员工持股计划持有人的个人信息。

7. 员工持股计划管理机构应当以员工持股计划的名义开立证券交易账户。员工持股计划持有的股票、资金为委托财产，员工持股计划管理机构不得将委托财产归入其固有财产。员工持股计划管理机构因依法解散、被依法撤销或者被依法宣告破产等原因进行清算的，委托财产不属于其清算财产。

三、员工持股计划的实施程序及信息披露

（八）上市公司实施员工持股计划前，应当通过职工代表大会等组织充分征求员工意见。

（九）上市公司董事会提出员工持股计划草案并提交股东大会表决，员工持股计划草案至少应包含如下内容：

1. 员工持股计划的参加对象及确定标准、资金、股票来源；
2. 员工持股计划的存续期限、管理模式、持有人会议的召集及表决程序；
3. 公司融资时员工持股计划的参与方式；
4. 员工持股计划的变更、终止，员工发生不适合参加持股计划情况时所持股份权益的处置办法；
5. 员工持股计划持有人代表或机构的选任程序；
6. 员工持股计划管理机构的选任、管理协议的主要条款、管理费用的计提及支付方式；
7. 员工持股计划期满后员工所持有股份的处置办法；
8. 其他重要事项。

非金融类国有控股上市公司实施员工持股计划应当符合相关国有资产监督管理机构关于混合所有制企业员工持股的有关要求。金融类国有控股上市公司实施员工持股计划应当符合财政部关于金融类国有控股上市公司员工持股的规定。

（十）独立董事和监事会应当就员工持股计划是否有利于上市公司的持续发展，是否损害上市公司及全体股东利益，公司是否以摊派、强行分配等方式强制员工参加本公司持股计划发表意见。上市公司应当在董事会审议通过员工持股计划草案后的 2 个交易日内，公告董事会决议、员工持股计划草案摘要、独立董事及监事会意见及与资产管理

机构签订的资产管理协议。

（十一）上市公司应当聘请律师事务所对员工持股计划出具法律意见书，并在召开关于审议员工持股计划的股东大会前公告法律意见书。员工持股计划拟选任的资产管理机构为公司股东或股东关联方的，相关主体应当在股东大会表决时回避；员工持股计划涉及相关董事、股东的，相关董事、股东应当回避表决；公司股东大会对员工持股计划作出决议的，应当经出席会议的股东所持表决权的半数以上通过。

（十二）股东大会审议通过员工持股计划后2个交易日内，上市公司应当披露员工持股计划的主要条款。

（十三）采取二级市场购买方式实施员工持股计划的，员工持股计划管理机构应当在股东大会审议通过员工持股计划后6个月内，根据员工持股计划的安排，完成标的股票的购买。上市公司应当每月公告一次购买股票的时间、数量、价格、方式等具体情况。

上市公司实施员工持股计划的，在完成标的股票的购买或将标的股票过户至员工持股计划名下的2个交易日内，以临时公告形式披露获得标的股票的时间、数量等情况。

（十四）员工因参加员工持股计划，其股份权益发生变动，依据法律应当履行相应义务的，应当依据法律履行；员工持股计划持有公司股票达到公司已发行股份总数的5%时，应当依据法律规定履行相应义务。

（十五）上市公司至少应当在定期报告中披露报告期内下列员工持股计划实施情况：

1. 报告期内持股员工的范围、人数；
2. 实施员工持股计划的资金来源；
3. 报告期内员工持股计划持有的股票总额及占上市公司股本总额的比例；
4. 因员工持股计划持有人处分权利引起的计划股份权益变动情况；
5. 资产管理机构的变更情况；
6. 其他应当予以披露的事项。

四、员工持股计划的监管

（十六）除非公开发行方式外，中国证监会对员工持股计划的实施不设行政许可，由上市公司根据自身实际情况决定实施。

（十七）上市公司公布、实施员工持股计划时，必须严格遵守市场交易规则，遵守中国证监会关于信息敏感期不得买卖股票的规定，严厉禁止利用任何内幕信息进行交易。

（十八）中国证监会对上市公司实施员工持股计划进行监管，对利用员工持股计划进行虚假陈述、操纵证券市场、内幕交易等违法行为的，中国证监会将依法予以处罚。

（十九）法律禁止特定行业公司员工持有、买卖股票的，不得以员工持股计划的名义持有、买卖股票。

（二十）证券交易所在其业务规则中明确员工持股计划的信息披露要求；证券登记结算机构在其业务规则中明确员工持股计划登记结算业务的办理要求。

北京证券交易所上市公司持续监管指引第 3 号——股权激励和员工持股计划

北证公告〔2021〕36 号

为了明确北京证券交易所（以下简称本所）上市公司股权激励和员工持股计划相关业务办理及信息披露要求，本所制定了《北京证券交易所上市公司持续监管指引第 3 号——股权激励和员工持股计划》，现予以发布，自 2021 年 11 月 15 日起施行。

北京证券交易所
2021 年 11 月 2 日

第一章 总则

第一条 为了规范北京证券交易所（以下简称本所）上市公司股权激励和员工持股计划相关业务办理及信息披露事项，根据《中华人民共和国公司法》（以下简称《公司法》）、《中华人民共和国证券法》（以下简称《证券法》）、《上市公司股权激励管理办法》（以下简称《管理办法》）、《北京证券交易所上市公司持续监管办法（试行）》（以下简称《持续监管办法》）、《关于上市公司实施员工持股计划试点的指导意见》（以下简称《指导意见》）、《北京证券交易所股票上市规则（试行）》（以下简称《上市规则》）等有关规定，制定本指引。

第二条 本所上市公司实施股权激励和员工持股计划相关事宜，适用本指引。本指引未作规定的，适用中国证券监督管理委员会（以下简称中国证监会）及本所其他相关规定。

本指引所称股权激励是指上市公司以本公司股票为标的，采用限制性股票、股票期权或者本所认可的其他方式，对董事、高级管理人员及其他员工（以下简称激励对象）进行的长期性激励。

本指引所称员工持股计划是指上市公司根据员工意愿，通过合法方式使员工获得本公司股票并长期持有，股份权益按约定分配给员工的制度安排。

第三条 上市公司可以采用回购、向特定对象发行、股东自愿赠与及其他法律法规、部门规章允许的方式实施股权激励或员工持股计划。

第四条 任何人不得利用股权激励和员工持股计划进行内幕交易、操纵证券市场等违法活动。

第五条 上市公司实施股权激励和员工持股计划，应当符合《公司法》《管理办法》《持续监管办法》《指导意见》《上市规则》、本指引和公司章程等规定，有利于上市公司的持续发展，不得损害上市公司利益。

第六条 为上市公司股权激励和员工持股计划出具意见的证券服务机构和人员，应当诚实守信、勤勉尽责，保证所出具的文件真实、准确、完整。

第二章 股权激励

第一节 股权激励计划的审议及披露

第七条 上市公司董事会应当就股权激励计划草案等事项作出决议并披露，拟作为激励对象或与激励对象存在关联关系的董事应当回避表决。股权激励计划草案的内容应当符合《管理办法》《持续监管办法》《上市规则》和本指引等相关规定。

第八条 上市公司监事会及独立董事应当就股权激励计划是否有利于上市公司持续发展，是否存在明显损害上市公司及全体股东利益的情形发表意见。

第九条 上市公司实施股权激励，属于《管理办法》《持续监管办法》《上市规则》规定的应当聘请独立财务顾问情形的，上市公司应当聘请独立财务顾问。

除上述情形外，监事会或独立董事认为有必要的，可以建议上市公司聘请独立财务顾问，对股权激励计划的可行性、是否有利于上市公司的持续发展、是否损坏上市公司利益以及对股东利益的影响发表专业意见。上市公司未按照建议聘请独立财务顾问的，应当就此事项作特别说明并与股权激励计划草案一并披露。

第十条 上市公司董事会审议通过股权激励计划的，应当及时披露董事会决议公告，并同时披露股权激励计划草案、监事会意见、独立董事意见等。

第十一条 股权激励计划草案披露后，上市公司应当及时发出召开股东大会的通知。

上市公司在发出召开股东大会的通知时，独立董事应当就股权激励计划向所有股东征集委托投票权，同时披露独立董事关于公开征集委托投票权的报告书。

第十二条 上市公司应当在不晚于发出召开股东大会通知时披露法律意见书；聘请独立财务顾问的，还应同时披露独立财务顾问报告。

第十三条 上市公司应当在召开股东大会前，通过公司网站或者其他途径，将经董事会审议通过的激励名单向全体员工公示，公示期不少于 10 个自然日。

第十四条 上市公司监事会应当充分听取公示意见，在公示期满后对激励名单进行审核。上市公司应当在股东大会审议股权激励计划前 5 个自然日披露监事会对激励名单审核及公示情况的说明公告，包括激励对象名单的公示途径、公示期、公司内部人员提出异议等情况。

第十五条 上市公司股东大会应当就股权激励计划等事项作出决议，并经出席会议的股东所持表决权的 2/3 以上通过，拟作为激励对象或与激励对象存在关联关系的股东应当回避表决。股东大会决议公告中应当包括中小股东单独计票结果。

第十六条 上市公司应当至迟在股东大会决议公告披露的同时披露内幕信息知情人在股权激励计划草案公告前 6 个月内买卖本公司股票及其衍生品种情况的自查报告，并说明是否存在内幕交易行为。

第十七条 上市公司股权激励计划存在预留权益的，董事会应当在股权激励计划经股东大会审议通过后的 12 个月内确认预留权益的激励对象，并参照首次授予权益的要求披露；超过 12 个月未明确激励对象的，上市公司应当及时披露预留权益失效的公告。

第十八条 上市公司实施股权激励，应当合理确定限制性股票授予价格或股票期权行权价格，并在股权激励计划草案中对定价依据和定价方式进行说明。

限制性股票授予价格低于市场参考价的 50%，或者股票期权行权价格低于市场参考价的，上市公司应当聘请独立财务顾问对股权激励计划的可行性、相关定价依据和定价方法的合理性、是否有利于公司持续发展、是否损害股东利益等发表意见。

第二节 限制性股票的授予、解除限售及回购注销

第十九条 股权激励计划规定有获授权益条件的，上市公司应当在获授权益条件成就后 5 个交易日内召开董事会审议激励对象获授事宜，并在披露董事会决议公告的同时披露限制性股票授予公告。

股权激励计划未规定获授权益条件的，上市公司应当在披露审议股权激励计划的股东大会决议公告后 5 个交易日内召开董事会审议激励对象获授事宜，并在披露董事会决议公告的同时披露限制性股票授予公告。

股权激励计划规定不得成为激励对象的情形，不视为本条所称获授权益条件。

第二十条 上市公司监事会、独立董事、独立财务顾问（如有）应当就激励对象获授权益条件是否成就发表意见，律师事务所应当对激励对象获授权益的条件是否成就出具法律意见书，并与董事会决议公告同时披露。

第二十一条 上市公司向股权激励对象授出权益与股权激励计划的安排存在差异时，监事会、独立董事、律师事务所、独立财务顾问（如有）应当就差异情形发表意见，并与限制性股票授予公告或限制性股票授予结果公告同时披露。

第二十二条 上市公司应当在股权激励计划经股东大会审议通过后（有获授权益条件的，自条件成就日起算）60 个自然日内授出权益并完成公告、登记等相关程序。

上市公司未能在 60 个自然日内完成前述工作的，应当及时披露未完成的原因，并宣告终止实施股权激励，自公告之日起 3 个月内不得再次审议股权激励计划。

上市公司不得在法律法规、部门规章及本所业务规则规定的禁止上市公司董事、高级管理人员买卖本公司股票期间向激励对象授予限制性股票。

上市公司不得授出权益的期间不计入本条规定的 60 个自然日期限内。

第二十三条 激励对象按照股权激励计划支付限制性股票价款后，上市公司应当在符合《证券法》规定的会计师事务所完成验资后的 5 个交易日内，向本所提交《限制性股票授予登记申请表》及要求的其他文件。经本所确认后，上市公司应当在取得确认文件后的 5 个交易日内向中国证券登记结算有限责任公司北京分公司（以下简称中国结算）申请办理股票登记手续，并在完成股票登记后的 2 个交易日内披露限制性股票授予结果公告。

第二十四条 在限制性股票解除限售的条件成就后，上市公司应当在 5 个交易日内召开董事会审议解除限售事宜，并在披露董事会决议公告的同时披露限制性股票解除限售条件成就公告。

第二十五条 上市公司监事会、独立董事、独立财务顾问（如有）应当就解除限售条件是否成就发表意见，律师事务所应当对解除限售条件是否成就出具法律意见书，并与董事会决议公告同时披露。

第二十六条 上市公司应当在董事会决议公告披露后 5 个交易日内，向本所提交《限制性股票解除限售申请表》及要求的其他文件。经本所确认后，上市公司应当在取得确认文件后的 5 个交易日内向中国结算申请办理解除限售手续，并根据股票解除限售相关规定披露限制性股票解除限售公告。

法律法规、部门规章、本所业务规则对相关股票限售安排另有规定的，上市公司应当按照相关规定办理。

第二十七条 上市公司出现股权激励计划规定的应当回购注销限制性股票情形的，董事会应当及时审议限制性股票回购注销方案，并依法将回购股份方案提交股东大会批准。

上市公司应当在披露董事会决议公告的同时披露拟对已授予限制性股票回购注销的公告。

第二十八条 限制性股票回购注销方案内容包括但不限于回购原因、回购价格及定价依据、回购对象、拟回购股份的种类及数量、拟用于回购的资金总额和资金来源、回购后公司股本结构的变动情况及对公司业绩的影响等。

第二十九条 上市公司监事会、独立董事应当就是否出现限制性股票回购注销的情形发表意见，律师事务所应当就回购注销安排的合法合规性出具法律意见书，并与董事会决议公告同时披露。

上市公司应当在股东大会审议通过限制性股票回购注销方案之日起 10 个自然日内通知债权人，并于 30 个自然日内在报纸上刊登公告。

第三十条 上市公司应当在审议限制性股票回购注销方案的股东大会决议公告披露后 5 个交易日内，向本所提交《限制性股票回购注销申请表》及要求的其他文件。经本所确认后，上市公司应当在取得确认文件后的 5 个交易日内向中国结算申请办理限制性股票回购注销手续，并在完成限制性股票注销后的 2 个交易日内披露回购注销完成暨股份变动公告。

第三节 股票期权的授予、行权及注销

第三十一条 股权激励计划规定有获授权益条件的，上市公司应当在获授权益条件成就后 5 个交易日内召开董事会审议激励对象获授事宜，并在披露董事会决议公告的同时披露股票期权授予公告。

股权激励计划未规定获授权益条件的，上市公司应当在披露审议股权激励计划的股东大会决议公告后 5 个交易日内召开董事会审议激励对象获授事宜，并在披露董事会决

议公告的同时披露股票期权授予公告。

股权激励计划规定不得成为激励对象的情形，不视为本条所称获授权益条件。

第三十二条 上市公司监事会、独立董事、独立财务顾问（如有）应当就激励对象获授权益条件是否成就发表意见，律师事务所应当对激励对象获授权益的条件是否成就出具法律意见书，并与董事会决议公告同时披露。

第三十三条 上市公司向股权激励对象授出权益与股权激励计划的安排存在差异时，监事会、独立董事、律师事务所、独立财务顾问（如有）应当就差异情形发表意见，并与股票期权授予公告或股票期权授予结果公告同时披露。

第三十四条 上市公司应当在股权激励计划经股东大会审议通过后（有获授权益条件的，自条件成就日起算）60个自然日内授出权益并完成公告、登记等相关程序。

上市公司未能在60个自然日内完成上述工作的，应当及时披露未完成的原因，并宣告终止实施股权激励，自公告之日起3个月内不得再次审议股权激励计划。

第三十五条 上市公司应当在授予公告披露后的5个交易日内，向本所提交《股票期权授予登记申请表》及要求的其他文件。经本所确认后，上市公司应当在取得确认文件后的5个交易日内向中国结算申请办理登记手续，并在完成股票期权登记后的2个交易日内披露股票期权授予结果公告。

第三十六条 股票期权证券代码首三位代码为850，股票期权证券简称首四位字符从公司股票证券简称中选取，后四位字符按照期数依次为"JLC1""JLC2"等。

第三十七条 激励对象按照股权激励计划支付行权价款后，上市公司应当在符合《证券法》规定的会计师事务所完成验资后的5个交易日内，向本所提交《股票期权行权申请表》及要求的其他文件。经本所确认后，上市公司应当在取得确认文件后的5个交易日内向中国结算申请办理股票登记手续，并根据新增股份登记的相关规定披露股票期权行权结果公告。

激励对象不得在法律法规、部门规章、本所业务规则规定的禁止上市公司董事、高级管理人员买卖本公司股票期间内行权。

第三十八条 出现股权激励计划规定的应当注销股票期权情形的，上市公司应当及时召开董事会审议相关事宜，并在披露董事会决议公告的同时披露股票期权注销公告。

第三十九条 上市公司应当在审议期权注销的董事会决议公告披露后5个交易日内，向本所提交《股票期权注销申请表》及要求的其他文件。经本所确认后，上市公司应当在取得确认文件后的5个交易日内向中国结算申请办理期权注销手续，并在完成股票期权注销后的2个交易日内披露股票期权注销完成公告。

第四节 股权激励计划的调整、变更和终止

第四十条 股权激励计划存续期内，因标的股票发生除权除息等原因，按照股权激励计划规定的方式对获授权益的数量、价格等要素进行调整的，应当在权益分派实施公告披露后及时召开董事会审议调整事宜，无须提交股东大会审议。上市公司应当在董事

会审议通过后 2 个交易日内披露股权激励计划调整公告，同时披露律师事务所意见。

股票期权涉及调整的，上市公司在履行相应审议程序及信息披露义务后，应当及时向本所提交《股票期权调整申请表》及要求的其他文件，申请办理股票期权调整手续。股票期权授予前涉及多次调整的，上市公司可以在办理股票期权的授予手续时，一并办理股票期权调整手续；授予后涉及多次调整的，上市公司可以在办理股票期权的行权手续时，一并办理股票期权调整手续。

第四十一条 上市公司对尚未经股东大会审议通过的股权激励计划草案进行变更的，应当召开董事会审议变更事宜并披露。

上市公司对已经股东大会审议通过的股权激励计划草案进行变更的，应当召开董事会、股东大会审议变更事宜并披露。本指引所称激励计划的变更是指股份来源、限制性股票授予或期权行权价格、业绩考核指标及本所规定的其他内容发生变更。

第四十二条 上市公司应当在披露审议变更事宜的董事会决议公告同时，披露变更后的股权激励计划草案。

第四十三条 上市公司监事会、独立董事应当就变更后的股权激励计划草案是否有利于上市公司持续发展，是否存在明显损害上市公司及全体股东利益的情形发表意见。

律师事务所应当就变更后的股权激励计划草案是否符合法律法规、部门规章及本指引相关规定，是否存在明显损害上市公司及全体股东利益的情形出具法律意见书。

上市公司应当在披露董事会决议公告的同时披露监事会、独立董事意见及法律意见书。

第四十四条 上市公司终止实施尚未经股东大会审议通过的股权激励计划的，应当召开董事会审议终止事宜并披露。

上市公司终止实施已经股东大会审议通过的股权激励计划的，应当经董事会、股东大会审议通过并披露。监事会、独立董事、律师事务所应当就是否存在明显损害上市公司及全体股东利益的情形发表意见，并与董事会决议公告同时披露。

上市公司应当在披露审议通过终止实施股权激励议案的董事会决议公告的同时，披露关于终止实施股权激励计划的公告，内容包括但不限于终止实施股权激励的原因、股权激励已实施情况、股权激励对象已获授权益后续处理安排、终止实施股权激励对上市公司的影响等。

第四十五条 上市公司终止实施股权激励计划后，应当根据相关法律法规、部门规章及本指引相关规定，办理授出权益的回购注销。

第三章 员工持股计划

第四十六条 上市公司董事会应当就员工持股计划等事项作出决议，拟参与员工持股计划或与参与员工存在关联关系的董事应当回避表决。员工持股计划草案的内容应当符合《指导意见》等相关规定。

第四十七条 上市公司监事会应当就员工持股计划是否有利于上市公司持续发展，

是否损害上市公司及全体股东利益，是否以摊派、强行分配等方式强制员工参加员工持股计划发表意见。

第四十八条 上市公司董事会审议通过员工持股计划草案的，应当及时披露董事会决议公告、监事会意见、独立董事意见及与资产管理机构签订的资产管理协议（如有）。

全部有效的员工持股计划所持有的股票总数累计不得超过公司股本总额的10%，单个员工所获股份权益对应的股票总数累计不得超过公司股本总额的1%。

第四十九条 上市公司应当在召开股东大会之前通过公司职工代表大会等方式就员工持股计划向公司员工征求意见。

第五十条 上市公司监事会应当对拟参与对象进行核实，就拟参与对象是否符合员工持股计划规定的参与条件等事项发表意见。

第五十一条 上市公司应当在相关股东大会现场会议召开的2个交易日前披露员工持股计划的法律意见书。法律意见书内容包括但不限于员工持股计划及其相关事项是否合法合规、是否已履行必要的决策和审批程序、是否已按照中国证监会和本所相关规定履行信息披露义务、员工持股计划一致行动关系认定的合法合规性。

第五十二条 上市公司股东大会应当就员工持股计划等事项作出决议，并经出席会议的股东所持表决权过半数通过，股东大会决议公告中应当包括中小股东单独计票结果。

拟参与员工持股计划或与参与员工存在关联关系的股东应当回避表决。员工持股计划为委托管理型的，且拟选任的资产管理机构为公司股东或股东关联方的，相关主体也应回避表决。

第五十三条 上市公司应当在股东大会审议通过员工持股计划2个交易日内披露最终审议通过的员工持股计划。

第五十四条 以回购为股份来源的，应当在股东大会审议通过设立员工持股计划且回购实施完毕后，及时向本所提交《员工持股计划股票划转确认申请表》及要求的其他文件。经本所确认后，上市公司应当在取得确认文件后的5个交易日内向中国结算申请办理划转手续，并在过户完成后的2个交易日内披露员工持股计划股票过户登记完成公告。

第五十五条 上市公司通过竞价交易、大宗交易等方式实施员工持股计划的，上市公司明确的员工持股计划管理方或委托的资产管理机构应当在股东大会审议通过员工持股计划后6个月内，根据员工持股计划的安排，完成标的股票的购买。

上市公司应当每月月末汇总披露一次购买进展公告，公告内容应当包括购买股票的时间、数量、价格、方式等情况。

上市公司应当在员工持股计划完成全部股票购买后的2个交易日内披露员工持股计划股票购买完成公告。

第五十六条 以股东自愿赠与作为员工持股计划股票来源的，上市公司应当在相关赠与合同生效后的5个交易日内，向本所提交《员工持股计划股票划转确认申请表》及要求的其他文件。经本所确认后，上市公司应当在取得确认文件后的5个交易日内向中国结算申请办理相关手续，并在过户完成后的 2 个交易日内披露员工持股计划股票过户登记完成公告。股东自愿赠与的股票应当为其所持无权利限制的无限售条件的流通股。

第五十七条 以向特定对象发行作为员工持股计划股份来源的，上市公司应当按照法律法规、部门规章、本所业务规则等相关规定办理并履行信息披露义务。

第五十八条 员工持股计划存续期内，发生下列情形之一的，应当及时披露：

（一）员工持股计划变更、提前终止，或者相关当事人未按照约定实施员工持股计划的；

（二）员工持股计划持有人之外的第三人对员工持股计划的股票和资金提出权利主张的；

（三）员工持股计划锁定期届满；

（四）出现单个员工所获份额对应的股票总数累计达到公司股本总额的 1% 的；

（五）员工持股计划中约定第三方为员工参加持股计划提供的奖励、资助、补贴、兜底等安排，第三方未能如期兑现的；

（六）本所认定的其他情形。

第五十九条 上市公司变更、终止员工持股计划，应当按照员工持股计划的约定经董事会或者股东大会审议通过。

第六十条 上市公司应当在员工持股计划届满前 6 个月的首个交易日，披露该员工持股计划到期时拟持有的股票数量。

第六十一条 员工持股计划约定有限售安排，或者法律法规、部门规章、规范性文件及本所业务规则对相关股票限售安排另有规定的，上市公司应当按照相关规定办理。

第四章 日常监管

第六十二条 本所对上市公司及相关信息披露义务人的信息披露文件和申请文件进行审查，发现存在问题的，可以采用要求说明、公开问询等方式，要求上市公司及相关信息披露义务人、独立财务顾问和其他证券服务机构等相关主体进行解释、说明、更正和补充，相关主体应当及时回复，并保证回复内容的真实、准确、完整。

第六十三条 上市公司及相关主体在股权激励和员工持股计划中有违规行为的，本所可以对上市公司及相关责任主体采取工作措施、自律监管措施或纪律处分。

第五章 附则

第六十四条 本指引所称的市场参考价是指股权激励计划草案公布前 1 个交易日、20 个交易日、60 个交易日或 120 个交易日股票交易均价孰高者。交易均价按股票交易总额除以股票交易总量计算，且不包含大宗交易。

第六十五条 本指引由本所负责解释。

第六十六条 本指引自 2021 年 11 月 15 日起施行。

非上市公众公司监管指引第 6 号——股权激励和员工持股计划的监管要求（试行）

中国证券监督管理委员会公告〔2020〕57 号

现公布《非上市公众公司监管指引第 6 号——股权激励和员工持股计划的监管要求（试行）》，自公布之日起施行。

中国证监会
2020 年 8 月 21 日

为规范股票在全国中小企业股份转让系统（以下简称全国股转系统）公开转让的公众公司（以下简称挂牌公司）实施股权激励和员工持股计划，根据《公司法》《证券法》《国务院关于全国中小企业股份转让系统有关问题的决定》《非上市公众公司监督管理办法》（证监会令第 161 号，以下简称《公众公司办法》）等有关规定，明确监管要求如下：

一、股权激励

（一）挂牌公司实施股票期权、限制性股票等股权激励计划的，应当符合法律、行政法规、部门规章、本指引和公司章程的规定，有利于公司的持续发展，不得损害公司利益，并履行信息披露义务。

本指引所称股票期权是指挂牌公司授予激励对象在未来一定期限内以预先确定的条件购买本公司一定数量股份的权利；限制性股票是指激励对象按照股权激励计划规定的条件，获得的转让等部分权利受到限制的本公司股票。

挂牌公司实施股权激励，应当真实、准确、完整、及时、公平地披露信息，不得有虚假记载、误导性陈述或者重大遗漏。挂牌公司的董事、监事和高级管理人员在实施股权激励中应当诚实守信、勤勉尽责，维护公司和全体股东的利益。为股权激励出具意见的主办券商和相关人员，应当诚实守信、勤勉尽责，保证所出具的文件真实、准确、完整。

（二）激励对象包括挂牌公司的董事、高级管理人员及核心员工，但不应包括公司监事。挂牌公司聘任独立董事的，独立董事不得成为激励对象。

核心员工的认定应当符合《公众公司办法》的规定。

（三）拟实施股权激励的挂牌公司，可以下列方式作为标的股票来源：

1. 向激励对象发行股票；

2. 回购本公司股票；

3. 股东自愿赠与；

4. 法律、行政法规允许的其他方式。

（四）挂牌公司依照本指引制定股权激励计划的，应当在股权激励计划中载明下列事项：

1. 股权激励的目的；

2. 拟授出的权益数量，拟授出权益涉及的标的股票种类、来源、数量及占挂牌公司股本总额的百分比；

3. 激励对象的姓名、职务、可获授的权益数量及占股权激励计划拟授出权益总量的百分比；设置预留权益的，拟预留权益的数量、涉及标的股票数量及占股权激励计划的标的股票总额的百分比；

4. 股权激励计划的有效期，限制性股票的授予日、限售期和解除限售安排，股票期权的授权日、可行权日、行权有效期和行权安排；

5. 限制性股票的授予价格或者授予价格的确定方法，股票期权的行权价格或者行权价格的确定方法，以及定价合理性的说明；

6. 激励对象获授权益、行使权益的条件；

7. 挂牌公司授出权益、激励对象行使权益的程序；

8. 调整权益数量、标的股票数量、授予价格或者行权价格的方法和程序；

9. 绩效考核指标（如有），以及设定指标的科学性和合理性；

10. 股权激励会计处理方法、限制性股票或股票期权公允价值的确定方法、涉及估值模型重要参数取值合理性、实施股权激励应当计提费用及对挂牌公司经营业绩的影响；

11. 股权激励计划的变更、终止；

12. 挂牌公司发生控制权变更、合并、分立、终止挂牌以及激励对象发生职务变更、离职、死亡等事项时股权激励计划的执行；

13. 挂牌公司与激励对象之间相关纠纷或争端解决机制；

14. 挂牌公司与激励对象的其他权利义务。

本条所称的股本总额是指股东大会批准本次股权激励计划时已发行的股本总额。

（五）挂牌公司可以同时实施多期股权激励计划。同时实施多期股权激励计划的，挂牌公司应当充分说明各期激励计划设立的公司业绩指标的关联性。

挂牌公司全部在有效期内的股权激励计划所涉及的标的股票总数累计不得超过公司股本总额的30%。

（六）挂牌公司应当合理设立激励对象获授权益、行使权益的条件，并就每次激励对象行使权益分别设立条件。

激励对象为董事、高级管理人员的，挂牌公司应当设立绩效考核指标作为激励对象行使权益的条件。绩效考核指标应当包括公司业绩指标和激励对象个人绩效指标。相关指标应当客观公开、清晰透明，符合公司的实际情况，有利于促进公司竞争力的提升。

权益行使前不得转让、用于担保或偿还债务。

（七）股权激励计划的有效期从首次授予权益日起不得超过10年。挂牌公司应当规定分期行使权益，激励对象获授权益与首次行使权益的间隔不少于12个月，每期时限不得少于12个月，各期行使权益的比例不得超过激励对象获授总额的50%。

股权激励计划预留权益的，预留比例不得超过本次股权激励计划拟授予权益数量的20%，并应当在股权激励计划经股东大会审议通过后12个月内明确预留权益的授予对象；超过12个月未明确激励对象的，预留权益失效。

（八）限制性股票的授予价格、股票期权的行权价格不得低于股票票面金额。

限制性股票的授予价格原则上不得低于有效的市场参考价的50%；股票期权的行权价格原则上不得低于有效的市场参考价。对授予价格、行权价格低于有效的市场参考价标准的，或采用其他方法确定授予价格、行权价格的，挂牌公司应当在股权激励计划中对定价依据及定价方法作出说明。主办券商应对股权激励计划的可行性、相关定价依据和定价方法的合理性、是否有利于公司持续发展、是否损害股东利益等发表意见。

（九）激励对象参与股权激励计划的资金来源应当合法合规，不得违反法律、行政法规、中国证监会及全国中小企业股份转让系统有限责任公司（以下简称全国股转公司）的相关规定。挂牌公司不得为激励对象依股权激励计划获取有关权益提供贷款以及其他任何形式的财务资助，包括为其贷款提供担保等。

（十）挂牌公司应当与激励对象签订协议，确认股权激励计划的内容，并依照本指引约定双方的其他权利义务。

挂牌公司及其董事、监事、高级管理人员应当承诺，股权激励计划相关信息披露文件不存在虚假记载、误导性陈述或者重大遗漏。

所有激励对象应当承诺，公司因信息披露文件中有虚假记载、误导性陈述或者重大遗漏，导致不符合授予权益或者行使权益安排的，激励对象应当自相关信息披露文件被确认存在虚假记载、误导性陈述或者重大遗漏后，将由股权激励计划所获得的全部利益返还公司。

（十一）挂牌公司董事会负责提名股权激励对象、拟订股权激励计划草案，并就股权激励计划草案作出决议，经公示、披露后，提交股东大会审议。

主办券商应当对股权激励计划草案和挂牌公司、激励对象是否符合本指引及有关法律法规规定出具合法合规专项意见，并在召开关于审议股权激励计划的股东大会前披露。

挂牌公司应当在召开股东大会前，通过公司网站或者其他途径，将经董事会审议通过的激励名单向全体员工公示，公示期不少于10天。

挂牌公司监事会应当充分听取公示意见，在公示期后对股权激励名单进行审核，同时就股权激励计划是否有利于挂牌公司持续发展，是否有明显损害挂牌公司及全体股东利益的情形发表意见。挂牌公司聘任独立董事的，独立董事应当对上述事项发表意见。

挂牌公司股东大会就股权激励计划等股权激励事项作出决议，必须经出席会议的股东所持表决权的 2/3 以上通过，并及时披露股东大会决议。

（十二）挂牌公司董事会应当根据股东大会决议，实施限制性股票的授予、解除限售和回购以及股票期权的授权、行权和注销。

股权激励计划实施过程中，授出权益和行使权益前，董事会应当就股权激励计划设定的激励对象获授权益、行使权益的条件是否成就进行审议，监事会和主办券商应当发表明确意见。挂牌公司聘任独立董事的，独立董事应当对上述事项发表明确意见。

出现终止行使获授权益的情形，或者当期行使权益条件未成就的，不得行使权益或递延至下一期，相应权益应当回购或注销。回购应按《公司法》规定进行，并不得损害公司利益。

因标的股票除权、除息或者其他原因需要调整权益价格或者数量的，挂牌公司董事会应当按照规定的原则、方式和程序进行调整。

（十三）股权激励计划经股东大会审议通过后，挂牌公司应当在 60 日内授予权益并完成公告、登记；有获授权益条件的，应当在条件成就后 60 日内授出权益并完成公告、登记。挂牌公司未能在 60 日内完成上述工作的，应当及时披露未完成的原因，并宣告终止实施股权激励，自公告之日起 3 个月内不得再次审议股权激励计划。

（十四）挂牌公司在股东大会审议通过股权激励计划之前可进行变更，变更需经董事会审议通过。挂牌公司对已通过股东大会审议的股权激励计划进行变更的，应当及时公告并提交股东大会审议，且不得包括下列情形：

1. 新增加速行权或提前解除限售情形；
2. 降低行权价格或授予价格的情形。

监事会应当就变更后的方案是否有利于挂牌公司的持续发展，是否存在明显损害挂牌公司及全体股东利益的情形发表独立意见。挂牌公司聘任独立董事的，独立董事应当对上述事项发表意见。

挂牌公司在股东大会审议股权激励计划之前拟终止实施股权激励的，需经董事会审议通过。挂牌公司在股东大会审议通过股权激励计划之后终止实施股权激励的，应当由股东大会审议决定。

主办券商应当就挂牌公司变更方案或终止实施激励是否符合本指引及相关法律法规的规定、是否存在明显损害挂牌公司及全体股东利益的情形发表专业意见。

（十五）董事会、股东大会对股权激励计划事项作出决议时，拟作为激励对象的董事、股东及与其存在关联关系的董事、股东应当回避表决。

（十六）挂牌公司实施股权激励计划，应按照《公众公司办法》及相关文件的要求规范履行信息披露义务。

挂牌公司应当在年度报告中披露报告期内股权激励的实施情况：

1. 报告期内的激励对象；

2. 报告期内授出、行使和失效的权益总额；

3. 至报告期末累计已授出但尚未行使的权益总额；

4. 报告期内权益价格、权益数量历次调整的情况以及经调整后的最新权益价格与权益数量；

5. 董事、高级管理人员姓名、职务以及在报告期内历次获授、行使权益的情况和失效的权益数量；

6. 因激励对象行使权益所引起的股本变动情况；

7. 股权激励的会计处理方法及股权激励费用对公司业绩的影响；

8. 报告期内激励对象获授权益、行使权益的条件是否成就的说明；

9. 报告期内终止实施股权激励的情况及原因。

（十七）股权激励相关用语含义参照《上市公司股权激励管理办法》（证监会令第148号）附则的相关规定。

二、员工持股计划

（一）挂牌公司实施员工持股计划，应当建立健全激励约束长效机制，兼顾员工与公司长远利益，严格按照法律法规、规章及规范性文件要求履行决策程序，真实、准确、完整、及时地披露信息，不得以摊派、强行分配等方式强制员工参加持股计划。

员工持股计划的参与对象为已签订劳动合同的员工，包括管理层人员。参与持股计划的员工，与其他投资者权益平等，盈亏自负，风险自担。

（二）员工持股应以货币出资，并按约定及时足额缴纳，可以由员工合法薪酬和法律、行政法规允许的其他方式解决。

（三）员工持股计划可以通过以下方式解决股票来源：

1. 挂牌公司回购本公司股票；

2. 通过全国股转系统购买；

3. 认购定向发行股票；

4. 股东自愿赠与；

5. 法律、行政法规允许的其他方式。

其中向员工持股计划定向发行股票的，应当符合《证券法》《公众公司办法》的规定。

（四）挂牌公司实施员工持股计划，可以自行管理，也可以委托给具有资产管理资质的机构管理；员工持股计划在参与认购定向发行股票时，不穿透计算股东人数。

自行管理的，应当由公司员工通过直接持有公司制企业、合伙制企业的股份（份额）或者员工持股计划的相应权益进行间接持股，并建立健全持股在员工持股计划内部的流转、退出机制以及日常管理机制。自行管理的员工持股计划还应符合以下要求：自设立之日锁定至少36个月；股份锁定期间内，员工所持相关权益转让退出的，只能向员工持股计划内员工或其他符合条件的员工转让；股份锁定期满后，员工所持相关权益转让退出的，按照员工持股计划的约定处理。

委托给具有资产管理资质的机构管理的，持股期限应在12个月以上，并按照有关法律法规的规定在中国证券投资基金业协会备案。

参加员工持股计划的员工可通过员工持股计划持有人会议选出代表或设立相应机构，监督员工持股计划的日常管理，代表员工持股计划持有人行使股东权利或者授权资产管理机构行使股东权利。

（五）挂牌公司实施员工持股计划前，应当通过职工代表大会等组织充分征求员工意见。董事会提出员工持股计划草案并提交股东大会表决。员工持股计划拟选任的资产管理机构为公司股东或者股东关联方的，相关主体应当在股东大会表决时回避；员工持股计划涉及相关股东的，相关股东应当回避表决。

员工持股计划草案至少应包含如下内容：

1. 员工持股计划的参加对象及确定标准、资金与股票来源；

2. 员工持股计划的设立形式、存续期限、管理模式、持有人会议的召集及表决程序；

3. 员工持股计划的变更、终止，员工发生不适合参加持股计划情况时所持股份权益的处置办法；

4. 员工持股计划持有人代表或机构的选任程序；

5. 员工持股计划管理机构的选任、管理协议的主要条款、管理费用的计提及支付方式；

6. 员工持股计划期满后员工所持有股份的处置办法；

7. 其他重要事项。

监事会负责对拟参与对象进行核实，对员工持股计划是否有利于公司的持续发展，是否存在损害公司及全体股东利益，是否存在摊派、强行分配等方式强制员工参与员工持股计划等情形发表意见。挂牌公司聘任独立董事的，独立董事应当对上述事项发表意见。

主办券商应就员工持股计划草案出具合法合规专项意见，并在召开关于审议员工持股计划的股东大会前披露。

挂牌公司变更、终止员工持股计划，应当经持有人会议通过后，由董事会提交股东大会审议。

（六）挂牌公司应当规范履行信息披露义务，按照《公众公司办法》及相关文件的规定披露员工持股计划决策、设立、存续期间的相关信息。员工持股计划、参与员工应依法依规履行权益变动披露义务。

挂牌公司应当在年度报告中披露报告期内下列员工持股计划实施情况：

1. 报告期内持股员工的范围、人数；

2. 实施员工持股计划的资金来源；

3. 报告期内员工持股计划持有的股票总额及占公司股本总额的比例；

4. 因员工持股计划持有人处分权利引起的计划股份权益变动情况；

5. 资产管理机构的变更情况；
6. 其他应当予以披露的事项。

三、附则

（一）任何人不得利用实施股权激励、员工持股计划掌握相关信息的优势进行内幕交易、操纵市场等违法活动，侵害其他投资者合法权益。挂牌公司回购本公司股份用于股权激励、员工持股计划的，应当遵守《公司法》等相关要求，防范利用股份回购进行内幕交易、市场操纵、利益输送等违法活动。

（二）本指引自公布之日起施行。

致谢

在本书写作过程中,笔者得到了云鼎咨询的大力支持,书中大部分案例由云鼎咨询提供,大部分法律法规的整理工作由云鼎咨询协助。

云鼎控股集团涵盖云鼎咨询、云鼎基金、云鼎酒业、云鼎教育等业务板块。其中,云鼎咨询是隶属于云鼎控股集团的一家全国性咨询公司,公司秉承"以中小企业资本之路为导向、全方位赋能企业智慧与资本服务"的使命,助力中小企业做大做强,走向资本市场。云鼎咨询业务板块涵盖中小企业顶层设计、私募融资、上市培育以及上市顾问的主要领域,业务区域覆盖全国大部分地区,客户包括大中小型国企和民营企业、境内外上市公司等。云鼎咨询起步于2008年,目前已形成以北京、深圳、山东为中心,辐射全国的集团化战略布局。

相关业务咨询、文中案例及法律法规汇编的索取,详见微信公众号"股权设计密码",微信公众号"股权设计密码"也是本书读者学习和交流的统一平台。